广东省公路收费及监控员职业技能培训教材

# 高速公路收费员
## EXPRESSWAY TOLL COLLECTOR

广东省高速公路发展促进会　主编

人民交通出版社

北京

## 内 容 提 要

本书为广东省公路收费及监控员职业技能培训教材,《高速公路收费员》分册。全书共分三篇,包括第一篇公路收费及监控员综合基础知识、第二篇高速公路收费管理原理及方法、第三篇车辆通行费收费员职业技能等级认定实务。另有附录一广东省高速公路路线命名和编号表、附录二常见高速公路标志标线。全书系统介绍了高速公路收费员需要掌握的相关知识和职业技能。

本书主要用作公路收费及监控员职业技能培训的学习用书,也可作为交通类高职及本科院校相关专业的教学参考书,还可供高速公路收费及监控从业人员入职培训、继续教育和自学使用。

### 图书在版编目(CIP)数据

高速公路收费员 / 广东省高速公路发展促进会主编.
北京 : 人民交通出版社股份有限公司, 2024.6.
ISBN 978-7-114-19598-3

Ⅰ. F540.4

中国国家版本馆 CIP 数据核字第 20249T3G41 号

广东省公路收费及监控员职业技能培训教材
Gaosu Gonglu Shoufeiyuan

| | |
|---|---|
| 书　　名： | 高速公路收费员 |
| 著 作 者： | 广东省高速公路发展促进会 |
| 策划编辑： | 李　瑞 |
| 责任编辑： | 王景景 |
| 责任校对： | 赵媛媛　刘　璇 |
| 责任印制： | 刘高彤 |
| 出版发行： | 人民交通出版社 |
| 地　　址： | (100011)北京市朝阳区安定门外外馆斜街 3 号 |
| 网　　址： | http://www.ccpcl.com.cn |
| 销售电话： | (010)59757973 |
| 总 经 销： | 人民交通出版社发行部 |
| 经　　销： | 各地新华书店 |
| 印　　刷： | 北京建宏印刷有限公司 |
| 开　　本： | 787×1092　1/16 |
| 印　　张： | 26 |
| 字　　数： | 535 千 |
| 版　　次： | 2024 年 6 月　第 1 版 |
| 印　　次： | 2024 年 8 月　第 2 次印刷 |
| 书　　号： | ISBN 978-7-114-19598-3 |
| 定　　价： | 98.00 元 |

(有印刷、装订质量问题的图书,由本社负责调换)

# 编 委 会

**主编单位：**

广东省高速公路发展促进会

**副主编单位：**

华南理工大学土木与交通学院

**参编单位：**

广东省高速公路有限公司

广东省公路建设有限公司

广东省路桥建设发展有限公司

广东省南粤交通投资建设有限公司

广东利通科技投资有限公司

广州交通投资集团有限公司

东莞市交通投资集团有限公司

# 特邀评审委员会

**主任：**

王富民　一级巡视员　　　　　　　　　　广东省交通运输厅

**副主任：**

曹晓峰　党委委员、副总经理　　　　　　广东省交通集团有限公司
叶　磊　主任　　　　　　　　　　　　　广东省人力资源和社会保障厅
　　　　　　　　　　　　　　　　　　　广东省职业技能服务指导中心

**委员：**

张儒波　公路运营管理处处长　　　　　　广东省交通运输厅
黎　侃　科技处处长　　　　　　　　　　广东省交通运输厅
刘小峰　经营管理部部长　　　　　　　　广东省交通集团有限公司
梁　翠　试题科科长　　　　　　　　　　广东省人力资源和社会保障厅
　　　　　　　　　　　　　　　　　　　广东省职业技能服务指导中心
杨　伟　企业技能等级备案工作负责人　　广东省人力资源和社会保障厅
　　　　　　　　　　　　　　　　　　　广东省职业技能服务指导中心
刘志宏　职业技能等级教材编辑室副主任　中国人力资源和社会保障出版集团
　　　　　　　　　　　　　　　　　　　有限公司
辛镜坤　党委副书记、工会主席　　　　　广东省高速公路有限公司
肖广成　副总经理　　　　　　　　　　　广东省公路建设有限公司
崔宏涛　副总经理　　　　　　　　　　　广东省路桥建设发展有限公司
潘　放　副总经理　　　　　　　　　　　广东省南粤交通投资建设有限公司
谢灿文　副总经理　　　　　　　　　　　广东交通实业投资有限公司
朱其俊　副总经理　　　　　　　　　　　广东省高速公路发展股份有限公司
戴连贵　副董事长　　　　　　　　　　　广东利通科技投资有限公司
林　楠　副总经理　　　　　　　　　　　广东联合电子服务股份有限公司
王粤荣　生产经营部部长　　　　　　　　广州交通投资集团有限公司
张君瑞　董事长　　　　　　　　　　　　深圳高速运营发展有限公司
谭云芳　副总经理　　　　　　　　　　　佛山市高速公路营运管理有限公司

# 以人为本向未来

## （代序）

改革开放以来，我国交通建设取得了举世瞩目的伟大成就。截至2023年底，公路通车总里程超过了544万km，其中高速公路通车里程达到了18.4万km，位居世界首位。在这一宏大的历史变革中，广东省以其敢为人先的勇气，率先试行"贷款修路、收费还贷"政策，勇立公路建设改革开放的潮头，为全国各地树立了标杆。

尤其是近十余年来，随着一批世纪工程的建设，广东省产生了一批世界级超级明星工程项目，如港珠澳大桥项目、虎门二桥项目、广乐高速公路项目、深中通道项目、黄茅海跨海通道项目，等等。与此同时，投资主体多元化且收费模式最多、最复杂的广东省在高速公路运营管理上不断创新，由单一投资路段项目封闭式收费管理，到逐步取消跨项目之间主线收费站管理，实施ETC不停车收费，分阶段分片区实现无主线收费站管理等，率先实现全省统一联网收费管理，继而为2020年年初取消高速公路省界收费站、实现全国联网收费管理奠定了坚实的基础。

在迈上加快建设交通强国的新征程中，广东省作为全国高速公路投资额最大、投资主体最多、高速公路车流量最大的省份，同样面临着由大向强、由有向优转变的挑战。如何提供最快捷、最高效、最安全的高速公路出行服务，除了有安全可靠的高速公路硬件设施之外，关键还在于提高从业者素质，特别是每天负责高速公路正常运营的大量一线员工的综合水平和业务处理能力的提升。

作为规模庞大的一线群体公路收费及监控从业人员迫切需要加强自身职业技能教育，提升和锻炼自身现场综合处置能力。为适应高速公路运营管理发展需求，人力资源和社会保障部联合交通运输部于2022年制定了《公路收费及监控员国家职业技能标准(2022年版)》(简称《标准》),广东省高速公路发展促进会和华南理工大学土木与交通学院以《标准》为依据,结合广东高速公路运营管理实际,编写出版了"广东省公路收费及监控员职业技能等级认定培训教材"(简称"教材")。

"教材"从高速公路基本知识、高速公路发展历史出发,详细叙述了高速公路收费及监控原理、方法,以及未来技术发展趋势,并且针对可能发生的各种特情案例进行剖析,帮助高速公路从业人员学习理论知识并提高业务技能,引导他们刻苦钻研,不断改革创新,解决好现场技术和管理难题,从而达到提升其工作水平和能力的目的。

结合"教材"有针对性地学习和培训,期待能够培养更多技师、高级技师等专业人才,为广大公路收费及监控员拓宽职业发展通道,帮助他们通过技能等级认定,不断提高其薪酬水平,提升公路行业基层员工的获得感和幸福感,同时也达到稳定员工队伍,降低公路收费及监控员流失率,减少培训新员工成本的目的。 相信"教材"的出版,对广东省培养更多高质量的高速公路运营管理高技能型人才、培育高素质的高速公路运营管理团队具有积极的作用,也必将对交通运输行业的健康发展产生有益的影响。

交通运输部专家委员会主任
交通运输部原总工程师
2024 年 1 月 16 日

# 前言
## PREFACE

　　随着我国国民经济的快速发展及其对交通运输巨大需求的日益增长,我国的公路建设得到了前所未有的大发展,高速公路网已遍布全国,且有21个省、自治区、直辖市已实现县县通高速。作为一种通达范围广、安全性能高、通行能力强、运输效益显著的交通运输方式,高速公路对我国社会和经济发展起到了重要的促进作用。

　　对公路建设的规划、设计、建设至运营管理的全寿命周期而言,规划、设计、建设只是其中的一个阶段,而运营管理则是一个长久的过程。目前,我国公路行业已从建设高潮逐步过渡到运营管理阶段,对高速公路进行科学、规范、高效的管理是确保高速公路安全、畅通,提高道路通行能力、服务水平的关键,也是今后公路交通领域长期的工作重点。高速公路收费及监控员工作在高速公路运营管理的第一线,对确保高速公路的安全、畅通,提高道路通行能力和服务水平起着直接的、至关重要的作用。而随着交通流量的递增、科技的发展,高速公路运营管理对公路收费及监控员的从业素质提出了更高的要求。为了规范公路收费及监控员的从业行为,引导职业教育培训的方向,为收费及监控员的职业技能认定及培训提供依据,人力资源和社会保障部于2022年颁布了《公路收费及监控员国家职业技能标准(2022年版)》(简称《标准》),对高速公路收费及监控从业人员的职业活动内容进行了规范,对不同级别从业者所需具备的职业技能水平和理论知识水平进行了明确。

　　为了提升高速公路收费及监控员业务能力,广东省高速公路发展促进会组织编写了本套"广东省公路收费及监控员职业技能培训教材"。本套教材紧紧围绕交通行业发展实际需要，以高速公路收费及监控员的职业需求为导向，以职业能力为核心，遵循思想性、科学性、系统性、规范性、实用性的基本原则进行编写。

考虑到高速公路收费及监控从业人员众多，且人员来源广泛，文化水平参差不齐，尽管国家职业技能标准对各个等级从业人员的业务工作内容、职业技能水平和理论知识水平进行了明确、具体的规定，但是从业人员本身若不能对高速公路的基本概念，以及高速公路运营管理基本原理和方法有全面、系统的了解，也难以融会贯通地理解和掌握高速公路运营管理的业务工作内容和相关知识要求。

为了全面提高高速公路运营管理从业人员的职业技能及综合素养，本套教材出于"知其然，更要知其所以然"的培训目的，按照公路收费及监控员综合基础知识，高速公路收费管理原理及方法，高速公路监控原理和方法，以及公路收费及监控员职业技能等级认定实务等内容由浅入深进行编写，力图全面涵盖目前广东省高速公路收费与监控方面的工作内容、工作要求和相关技术，并兼顾高速公路运营管理方面的新理论、新技术以及行业技术发展趋势。考虑到监控员也需要掌握收费员的工作内容和职业技能，为便于收费员和监控员有针对性地学习和参考，将本套教材分为《高速公路收费员》和《高速公路监控员》两本。

本教材为《高速公路收费员》，内容包括公路收费及监控员综合基础知识、高速公路收费管理原理及方法、车辆通行费收费员职业技能等级认定实务三篇。其中，公路收费及监控员综合基础知识篇主要结合《标准》的职业技能等级认定考核要求，对高速公路收费及监控员需要掌握的相关基础知识进行了全面、系统的介绍。高速公路收费管理原理及方法篇系统讲述了高速公路计算机收费系统、联网收费系统、电子收费系统等系统的基本知识方法，并对其相关技术和操作技能等方面进行了系统介绍。车辆通行费收费员职业技能等级认定实务篇则完全对标《标准》提出的职业技能鉴定要求，有针对性地对高速公路收费员的职业技能鉴定培训相关知识及要求进行了全面、系统的介绍。内容涵盖五级（初级工）、四级（中级工）、三级（高级工）收费员的职业功能、工作内容、技能要求和相关知识要求。

另一本教材为《高速公路监控员》，内容包括高速公路运营监控原理及方法、高速公路监控员职业技能等级认定培训实务两篇。其中，高速公路运营监控原理及方法篇系统讲述了高速公路运营监控的目的、发展状况以及趋势，介绍了收费监控系统、道路监控系统、收费站安全报警系统、称重系统、交通流信息采集系统、道路条件检测系统、交通诱导信息系统、通信及通信系统、供配电及照明系统等系统的基本知识。高速公路监控员职业技能等级认定培训实务篇根据《标准》的职业技能鉴定要求，对高速公路监控员的职业技能鉴定培训的相关知识及技能要求进行了全面、系统的介绍，内容涵盖了五级（初级工）、四级（中级工）、三级（高级工）、二级（技师）、一级（高级技师）监控员的职业功能、工作内容、技能要求和相关知识要求。

本套教材主要用作公路收费及监控员职业技能培训的学习用书，也可作为交通类高职及本科院校相关专业的教学参考书，还可供高速公路收费及监控从业人员入职培训、继续教育和自学使用。

编 者
2024 年 1 月

# 目录

## 第一篇 公路收费及监控员综合基础知识

### 第一章 概述 ··· 3
第一节 高速公路基本概念及特点 ··· 3
第二节 高速公路发展概况 ··· 5
第三节 我国高速公路网概述 ··· 14
第四节 高速公路交通工程及沿线设施 ··· 22

### 第二章 高速公路运营管理 ··· 32
第一节 高速公路运营管理概述 ··· 32
第二节 高速公路运营管理模式 ··· 33
第三节 高速公路运营管理主要内容 ··· 35
第四节 广东省高速公路运营管理组织架构 ··· 37

### 第三章 收费及监控员基础知识 ··· 40
第一节 安全基础知识 ··· 40
第二节 计算机基础知识 ··· 59

第三节　电工、电子、通信、机械基础知识 …………………………… 63

## 第四章　职业道德及综合素质　73
第一节　职业道德 ………………………………………………………… 73
第二节　文明服务要求 …………………………………………………… 76
第三节　心理健康及情绪管理 …………………………………………… 78
第四节　匠人追求与培养综合技能人才的方法 ………………………… 83

## 第五章　相关法律法规及政策　88
第一节　《中华人民共和国民法典》（摘选） …………………………… 88
第二节　《中华人民共和国劳动法》（摘选） …………………………… 89
第三节　《中华人民共和国劳动合同法》（摘选） ……………………… 90
第四节　交通相关法律法规 ……………………………………………… 91
第五节　公路收费及监控相关标准及政策 ……………………………… 99
第六节　收费异常事件处理政策指引范例 ……………………………… 102

**本篇参考文献** ……………………………………………………………… 106

# 第二篇　高速公路收费管理原理及方法

## 第一章　收费公路概述　111
第一节　收费公路的发展概况 …………………………………………… 111
第二节　收费系统的组成与涉及的技术 ………………………………… 114
第三节　收费的条件、对象、原则及收费公路的类型 ………………… 116
第四节　通行费收取的意义 ……………………………………………… 120

## 第二章　收费系统基本知识　122
第一节　高速公路管理体制与收费制式 ………………………………… 122

第二节　收费方式及基本原则 …………………………………………… 127
　　第三节　通行费付款方式 ………………………………………………… 133
　　第四节　车辆分类分型知识 ……………………………………………… 136
　　第五节　联网收费基础知识 ……………………………………………… 139

## 第三章　收费广场及收费车道 …………………………………………… 145
　　第一节　收费站类型和形式 ……………………………………………… 145
　　第二节　收费广场的通行能力与服务水平 ……………………………… 148
　　第三节　收费车道系统构成 ……………………………………………… 153

## 第四章　高速公路计算机收费系统 ……………………………………… 155
　　第一节　高速公路计算机收费系统功能要求 …………………………… 155
　　第二节　高速公路计算机收费系统结构设计 …………………………… 157
　　第三节　高速公路计算机收费系统软件设计 …………………………… 159

## 第五章　高速公路联网收费系统 ………………………………………… 161
　　第一节　高速公路联网收费系统概述 …………………………………… 161
　　第二节　联网收费系统组成和设计原则 ………………………………… 163
　　第三节　高速公路联网收费系统业务需求 ……………………………… 172
　　第四节　高速公路联网收费系统功能设计 ……………………………… 180
　　第五节　高速公路联网收费系统网络设计 ……………………………… 187
　　第六节　高速公路联网收费系统软件设计 ……………………………… 191
　　第七节　高速公路联网收费系统安全管理 ……………………………… 193

## 第六章　电子收费系统 …………………………………………………… 196
　　第一节　电子收费系统概述 ……………………………………………… 196
　　第二节　电子标签 ………………………………………………………… 200
　　第三节　电子收费系统关键技术 ………………………………………… 207
　　第四节　电子收费系统设计 ……………………………………………… 213

**本篇参考文献** ……………………………………………………………… 221

# 第三篇

# 车辆通行费收费员职业技能等级认定实务

## 第一章　通行介质、现金管理 ······ 225
### 第一节　复合通行卡管理 ······ 225
### 第二节　纸质通行券管理 ······ 232
### 第三节　现金管理 ······ 235
### 第四节　票据业务处理 ······ 239

## 第二章　收费业务 ······ 242
### 第一节　高速公路收费流程及方法 ······ 242
### 第二节　车道业务处理 ······ 243
### 第三节　出行服务 ······ 250
### 第四节　收费基础参数信息查找方法 ······ 257
### 第五节　ETC 收费特情业务处理 ······ 257
### 第六节　非 ETC 收费特情业务处理 ······ 267
### 第七节　特种车辆处理 ······ 280

## 第三章　清分结算 ······ 284
### 第一节　一般规定 ······ 284
### 第二节　通行费交易清分结算 ······ 285
### 第三节　拓展应用交易清分结算 ······ 287
### 第四节　省级交易清分结算 ······ 289
### 第五节　结算效果评价 ······ 289

## 第四章　预约通行 ······ 291
### 第一节　鲜活农产品运输车辆预约服务 ······ 291
### 第二节　跨区作业联合收割机(插秧机)运输车辆预约服务 ······ 300

## 第五章　优惠政策 ·········· 305
### 第一节　优惠政策解读 ·········· 305
### 第二节　通行费优惠金额计算 ·········· 309

## 第六章　高速公路收费系统设备使用与维护 ·········· 310
### 第一节　收费系统车道设备使用及保养 ·········· 310
### 第二节　设备常见异常判断及检测排除 ·········· 320

## 第七章　安全畅通保障 ·········· 335
### 第一节　超限超载车辆管控 ·········· 335
### 第二节　工作场所安全防护 ·········· 340
### 第三节　火灾处置与消防应急预案编制要点 ·········· 346
### 第四节　网络安全行为管控 ·········· 350
### 第五节　收费站保畅措施指引 ·········· 351

## 第八章　车辆通行费收费员职业技能等级认定考核要点 ·········· 361
### 第一节　职业概况及技能等级 ·········· 361
### 第二节　车辆通行费收费员（五级/初级工） ·········· 362
### 第三节　车辆通行费收费员（四级/中级工） ·········· 367
### 第四节　车辆通行费收费员（三级/高级工） ·········· 372

## 本篇参考文献 ·········· 378

## 附录一　广东省高速公路路线命名和编号表 ·········· 381

## 附录二　常见高速公路标志标线 ·········· 385

## 后记 ·········· 398

# 第一篇

# 公路收费及监控员综合基础知识

高速公路收费及监控员工作在高速公路运营管理的第一线，随着交通流量的递增、科技的发展，高速公路运营管理对高速公路收费及监控员的从业素质的要求也越来越高。为了使收费员和监控员能适应日益提升的工作要求，全面提高高速公路运营管理从业人员的技术水平及综合素养，本篇结合《公路收费及监控员国家职业技能标准（2022年版）》的职业技能认定考核要求，对高速公路收费及监控员需要掌握的相关基础知识进行了系统介绍。

本篇内容涵盖高速公路的基本概念及特点、国内外及广东省高速公路发展概况、国家公路网规划及高速公路命名和编号规则、高速公路交通工程及沿线设施、高速公路运营管理特点及目的、高速公路运营管理的主要内容等，并对收费及监控员所需掌握的安全相关知识，计算机基础知识，电工、电子、通信、机械知识，职业道德及综合素养的要求，以及相关法律、法规等内容进行了阐述。

# 第一章 概　述

## 第一节　高速公路基本概念及特点

### 一　高速公路基本概念

"公路"是指经公路主管部门验收认定的城间、城乡间、乡间能行驶汽车的公共道路。公路包括路基、路面、桥梁、涵洞、隧道等。《中华人民共和国公路法》第六条对公路分级的规定为："公路按其在公路路网中的地位分为国道、省道、县道和乡道，并按技术等级分为高速公路、一级公路、二级公路、三级公路和四级公路。具体划分标准由国务院交通主管部门规定。"《公路工程技术标准》(JTG B01—2014)中将高速公路定义为专供汽车分方向、分车道行驶，全部控制出入的多车道公路。高速公路的年平均日设计交通量宜在15000辆小客车以上，设计车速为80～120km/h。高速公路技术标准高、线形顺畅、路面平整、沿线设施齐全，且全立交控制出入、全封闭管理、双向隔离行驶、无混合交通干扰，为公路运输的安全、快速、高效、便捷和舒适提供了技术保障。高速公路对国家经济社会发展起着举足轻重的作用，也是一个国家综合国力的具体表现。

高速公路在世界各国的称谓各不相同。欧洲多数国家称其为"汽车公路""汽车专用公路"；美国部分控制出入的快速公路被称为"Expressway"，全部控制出入的高速公路被称为"Freeway"；日本称其为"高速道路"等。

尽管各国对高速公路概念的表述不尽相同，但"汽车专用""各行其道"和"控制出入"三个基本特征是相同的。正是高速公路的这些特征，保证了汽车能高速、连续、安全和舒适地运行，避免了横向或对向车辆的干扰，从而使高速公路通行能力、服务水平、运行效率和安全性得到极大提升，这对提高汽车运输在综合运输系统中的地位和作用产生了深远的影响。

## 二、高速公路的特点及优势

### 1. 高速公路的特点

与普通公路相比,高速公路具有以下特点:

(1)汽车专用

针对普通公路混合交通相互干扰大、安全性不高、车速低的缺点,高速公路实行交通限制,专供汽车高速行驶。

(2)分方向行驶

高速公路通过设置中央分隔带实行不同方向车流分向行驶,使车辆行驶更为有序,保证了高速公路安全畅通和良好的运行秩序。

(3)控制出入

高速公路采用全封闭、全立交、严格控制出入的方式,有效消除了横向干扰,为汽车安全快速通行提供了保障。

(4)设施及服务完善

高速公路设置了功能齐全的交通安全设施、监控设施及各种服务设施,提供了停车、休息、餐饮、加油等多功能综合服务。这些设施及服务有助于驾驶员快速、安全、舒适地行车。

(5)技术指标高

高速公路采用较高的设计速度和荷载标准,使道路平纵线形、车道宽度、车道数量、路侧环境、标志标线、路面等级、桥涵隧道以及互通式立交等所有技术指标都能适应驾驶员舒适、安全、快速行车的要求。

### 2. 高速公路的优势

公路运输本身具有机动灵活、适应性强、"门对门"服务、量大面广等特点,而普通公路存在线形等技术标准较低,车速低、混合交通相互干扰大、开放式管理易造成横向行人、非机动车与机动车相互干扰,安全性较差、事故风险较大等问题。相较于普通公路,高速公路具有更突出的优势:

(1)行驶速度高、运输费用省

针对普通公路混合交通相互干扰大、安全性较差且影响车速的缺点,高速公路规定汽车专用并对车辆种类加以限制。为防止车辆行驶速度相差过大,减少同向车流的相互干扰,一般规定低速车辆不得进入高速公路,并限定最高车速。我国高速公路规定最高行驶速度不超过120km/h,最低车速不得低于60km/h,较普通公路行驶速度有了大幅度提高。而运行速度的提高,也缩短了车辆运行时间,节省了运输成本。

(2)通行能力强、运输效率高

一条双向四车道的高速公路,行车速度为80~100km/h,平均每昼夜可通过25000~

50000 辆车次。若以客货车各占一半估算(货车按 5t 计算),高速公路每年可承运货物约 4500 万 t。而一级铁路的设计年货运量是 1500 万 t,只相当于高速公路年货运量的 1/3,普通公路的运输效率则更低。

(3)具有鲜明的级差效益特性

高速公路与普通公路相比,在经济上的最主要特性是具有鲜明的"级差效益"。所谓级差效益,是指同种汽车完成相同的运输工作,使用高速公路时得到的效益高于使用普通公路的效益。

高速公路所特有的级差效益经济特性,也为高速公路的筹资、建设及运营管理采用不同于普通公路的方式奠定了基础。该特性使得其在建设期和运营期适宜采用市场经济的方法。例如,高速公路可以借款贷款建设,建成后利用收费方式还贷。在高速公路建设历史悠久的发达国家,也通常采用上述方法。

(4)设施完善、管理先进、安全性能好

高速公路除车道较多、全封闭、全立交并具有良好的线形和路面条件外,为了提高管理效率,还设置了覆盖高速公路全线的设施,如安全、监控、通信等设施,以及沿线布设的收费站、加油站、紧急电话、服务区等各种服务设施。特别是随着基于 AI 技术的智慧高速公路系统的发展,在充分整合高速公路已有的外场监控及信息采集设备,建立起覆盖高速公路网的智慧感知网络,实现对高速公路网全方位的实时、动态监控,实现交通流量、平均车速、车道占有率、气象状况、交通异常事件等信息自动获取的基础上,建立了具有协调联动机制并且集路网运行监测、信息采集与预警、交通紧急救援、公众信息发布和应急指挥调度于一体的智慧高速公路系统。这些先进的设施和系统,对保障驾驶员快速、安全、舒适地行车具有重要作用,极大地提高了高速公路的行车安全性。

## 第二节 高速公路发展概况

### 一 国外高速公路发展概况及趋势

#### 1. 国外高速公路发展概况

国外发达国家高速公路的兴建,是从第一次世界大战结束后开始的。在政治、经济、社会、军事等各种因素的推动下,德国于 1928—1932 年修建了世界上第一条符合现代高速公路标准的真正意义上的高速公路(长约 20km 的科隆至波恩高速公路);1933 年又建成了从柏林至汉堡的高速公路;1957 年通过《长途公路建设法》;1959—1970 年分别制定了三个四年建设计划,进入了高速公路大发展时期。根据德国交通部联邦公路院

(BASt)的数据,截至 2023 年,德国高速公路的总里程为 13079km。

美国作为"车轮上的国家",是世界上高速公路最发达的国家之一。1937 年,其在加利福尼亚州修筑了第一条长为 11.2km 的高速公路。1956 年,美国国会通过了《联邦资助公路法》,正式开始全国高速公路网(州际与国防公路系统)的建设。到 1997 年,全美国已建成高速公路总里程达 8.9203 万 km,占公路总里程的 14%。其网络几乎贯通全国所有城市,其中纽约至洛杉矶的高速公路里程达 4556km,是当时世界上最长的一条高速公路。由于市际间及大城市区内主要城镇间已基本实现快速化,故美国不再称高速公路为 Freeway、Motorway 或 Autobus,而一律简称为 Highway,即公路主干道。车行部分一般为 6 车道,接近大城市的路段为 8 车道,进出纽约、芝加哥以及亚特兰大等特大城市的路段为 10 车道。

意大利也是最早发展高速公路的国家之一,其汽车专用公路的建设始于 1920 年,大规模高速公路建设则是从 20 世纪 50 年代开始,1956—1970 年,其基本建成国家高速公路框架,到 1990 年前后,高速公路网络进一步完善,高速公路里程逾 6000km,成为意大利交通运输的主动脉。由于意大利国土 80% 是山地和丘陵,因此为了达到技术标准和利于环境保护,高速公路大量采用高架桥和隧道,其工程量之大,耗资之多,在各国高速公路建设中也是罕见的。

日本于 1957 年颁布了《高速公路干道法》,1963 年第一条高速公路——名神高速公路建成通车,到 2021 年已建成高速公路里程约 9000km,形成了以东京为中心,纵贯南北的高速公路网。

高速公路的产生和发展改变了世界交通运输的宏观格局,进一步显示公路运输便捷灵活、速度快、"门到门"的优势。高速公路的快速建设和发展,有力地促进了世界各国经济社会的发展。根据相关资料,截至 2021 年,各国高速公路建设里程排名见表 1-1-1。

**截至 2021 年各国高速公路建设里程排名表** 表 1-1-1

| 序号 | 国名 | 高速公路里程(km) | 序号 | 国名 | 高速公路里程(km) |
|---|---|---|---|---|---|
| 1 | 中国 | 约 161000 | 6 | 日本 | 约 9000 |
| 2 | 美国 | 约 97600 | 7 | 加拿大 | 约 8000 |
| 3 | 西班牙 | 约 26000 | 8 | 韩国 | 约 6500 |
| 4 | 德国 | 约 13000 | 9 | 意大利 | 约 6000 |
| 5 | 法国 | 约 11000 | 10 | 墨西哥 | 约 5200 |

### 2. 国外高速公路发展趋势

国外高速公路发展趋势可分为以下几个方面:通过智能交通监控系统和智能收费系统的创新应用,加强交通流量监测、车辆管理和提升收费效率;在建设和运营过程中,注重环境影响评估和生态保护,采用可再生能源和采取节能减排措施,实现可持续发展;在提升用户体验和服务质量方面,主要通过建立智能导航系统、提供路况信息和服务区设施等措施,为驾乘人员提供便捷、舒适的出行体验。此外,全球范围内高速公路建设与管理的新技术和新理念不断形成,数字化技术的运用也日益普遍,通过大数据分析和物联网技术,实现智能化的交通管理和决策支持。在未来,国外高速公路发展将持续关注科技创新和环境保护,提升运营效率和用户体验,并进一步加强国际合作与经验交流。这些发展趋势将推动高速公路行业朝着更加智能、绿色、高效和人性化的方向迈进。

## 二 国内高速公路发展概况

我国大陆地区高速公路建设起步较晚,到20世纪80年代中期才开始对高速公路的前身——汽车专用公路的探索。

改革开放初期,随着我国国民经济的快速发展,公路客货运输量急剧增加,公路建设长期滞后所产生的交通瓶颈充分暴露了出来。20世纪80年代初,交通部开始着手收集和研究发达国家解决干线公路交通拥堵问题的经验,并对我国主要干线公路交通存在的主要问题进行研究。我国大陆高速公路正是在这样的背景下酝酿产生的。

### 1. 起步阶段(1978—1988年)

随着改革开放逐步深入,公路运输需求持续增加,交通行业对建设高等级公路(汽车专用公路、高速公路)已有了一定的认识。在这一时期,社会各界对修建高速公路问题也非常关注,对于"中国要不要修建高速公路"的问题各执己见,甚至可以说争论激烈。

1981年,国务院授权国家计委、国家经委和交通部以《关于划定国家干线公路网的通知》(计交〔1981〕789号)确定了由12射、28纵、30横组成的国道网,总规模10.92万km。作为我国第一个国家级干线公路网规划,其虽未明确公路等级标准,但解决了国道网的布局问题,意义重大。

1982年,交通运输方面专家以及部分社会上的有识之士对修建高速公路的呼声日益高涨。基于当时的社会环境,1984年,沈(阳)大(连)公路按照一级汽车专用公路的标准开工建设。沪嘉高速公路(上海—嘉定)、西临高速公路(西安—临潼)、广佛高速公路(广州—佛山)三条高速公路长度均不足20km。按当时的规定,长度在20km以内的高等级公路,可不按高速公路审批程序,经省级、部级主管部门审批立项。

1984年5月,中共中央、国务院下发《关于天津港实行体制改革试点的批复》(中委〔1984〕17号),明确要加快修建京津塘高速公路。随后,交通部组织当时全国部属三大设计院(交通部公路规划设计院、交通部第一公路勘察设计院和交通部第二公路勘察设计院)组成强大的测设队伍赴现场踏勘、测量和设计,京津塘高速公路作为大陆经国务院批准的第一条高速公路,利用世界银行贷款分段陆续开工建设。

1988年是我国大陆高速公路的"元年"。其中,沪嘉高速公路(南起上海市区祁连山路,北至嘉定南门)于10月31日全线通车,高速路段全长15.9km,加上两端入城连接线,全长20.5km;11月4日,辽宁沈大高速公路沈阳至鞍山和大连至三十里堡两段共

131km 建成通车。到 1988 年底，我国大陆高速公路总里程达到 147km，高速公路实现了零的突破，彻底结束了中国大陆没有高速公路的历史。

#### 2. 稳步发展阶段(1989—1997 年)

1988 年以后，沪嘉和沈大两条高速公路的通车运营获得了良好的经济效益，社会反响巨大，人们对高速公路的优点有了更深认识，社会舆论和各界的观点开始向有利于高速公路发展的方向转变。交通部适时抓住这一机遇，于 1989 年 7 月 18—20 日在辽宁沈阳召开了我国高速公路发展史上具有里程碑意义的"高等级公路建设经验交流现场会"，会议上明确了高速公路发展的重要性与必要性，为我国高速公路的发展奠定了基础，也拉开了我国高速公路快速发展的序幕。

1990 年，被誉为"神州第一路"的全长 375km 的沈大高速公路全线建成通车，标志着我国高速公路发展进入了一个新的时代。1993 年，京津塘高速公路建成通车。

20 世纪 80 年代末到 90 年代初，交通部提出建设国道主干线、水运主通道、港站主枢纽和支持保障系统(即"三主一支持")发展设想，组织编制了《国道主干线系统规划》，布局方案由五纵七横 12 条路线组成，规划里程约 3.5 万 km。除少数交通量小的路段外，主要按汽车专用公路标准(实际上大部分为高速公路)建设。这是我国第一个涉及高速公路建设的公路网建设规划。

1993 年，交通部印发了《国道主干线系统规划布局方案》，为我国高速公路持续、快速、健康发展奠定了基础。

1993 年 6 月，"全国公路建设工作会议"在山东济南召开，会议确定了我国公路建设将以高等级公路为重点实施战略转变，同时明确了 2000 年前我国公路建设的主要目标是：集中力量抓好高等级公路建设，"两纵两横"(两纵为北京至珠海、同江至三亚，两横为连云港至霍尔果斯、上海至成都)国道主干线应基本以高等级公路贯通，"三个重要路段"(北京至沈阳、北京至上海、重庆至北海)高速公路力争建成通车，形成几条对国民经济和社会发展具有重要战略意义的大通道。

随后，全国掀起了高速公路建设新高潮，把我国高速公路建设推到了一个新的发展阶段。这一时期，公路行业努力克服高速公路建设缺乏经验、缺乏技术标准、缺乏人才和缺乏设计施工技术等诸多困难，突破多项重大技术瓶颈，积累了设计、施工、监理和运营等全过程建设和管理的经验。到 1997 年底，我国高速公路通车总里程达到 4771km，10 年间年均增长 477km，相继建成了沈大、京津塘、成渝、广深、济青等一批具有重要意义的高速公路。

#### 3. 加快发展阶段(1998—2007 年)

1998 年，为克服亚洲金融危机对我国的不利影响，党中央、国务院做出了"实施积极财政政策和较为宽松的货币政策、加快各项基础设施建设"、扩大内需，稳定经济增长的决策，决定重点实施公路、铁路、通信、环保、农林及水利等基础设施建设，高速公路建设则是重中之重。

1998年,全年新增高速公路里程3962km,总里程达到8733km,居世界第六位,创下了年度新增高速公路的新纪录。全年实际完成公路建设投资2168亿元,比1997年增长72.6%。"五纵七横"规划中的大部分高速公路项目开工建设,全国在建高速公路里程超过1.26万km。

1999年,党中央、国务院做出了另一项重大战略部署——西部大开发。交通部认真落实中央精神,于2000年7月在四川成都召开"西部开发交通基础设施建设工作会议",提出加快建设"八条西部开发省际公路通道",将其作为"五纵七横"国道主干线在西部地区的重要补充和延伸,这八条通道是西部地区连接东中部地区、西北与西南、通江达海、连接周边的重要公路通道,由四纵四横8条路线组成,包括:甘肃兰州—云南磨憨口岸、内蒙古阿荣旗—广西北海、新疆阿勒泰—红其拉甫口岸、宁夏银川—湖北武汉、陕西西安—安徽合肥、重庆—湖南长沙、青海西宁—新疆库尔勒、四川成都—西藏樟木口岸,总里程近1.5万km。

1999年10月,我国高速公路里程突破1万km,达到1.1605万km,跃居世界第四位;到2000年底,我国高速公路里程达到1.6285万km,跃居世界第三位。

"十五"期间,我国高速公路继续保持举世瞩目的快速发展势头,建成高速公路2.47万km,总里程相继突破2万km、3万km和4万km三大关口,2005年底,高速公路达4.1万km,仅次于美国,居世界第二位,我国用几年的时间走完西方发达国家几十年的发展历程。

同时,为了应对未来我国经济社会发展对交通运输提出的新要求、新挑战,参照发达国家的经验,交通部组织编制《国家高速公路网规划》,由国务院于2004年12月下发。此次国家高速公路网由7条首都放射线、9条南北纵线、18条东西横线以及若干联络线、并行线、环线组成,简称"7918网",规划里程约8.5万km。这是我国历史上第一个国家高速公路网规划。

在"十一五"规划开局之年的2006年,高速公路建设翻开了新的一页。交通部明确要重点组织实施《国家高速公路网规划》,确定了"十一五"期间交通工作的主要目标。

到2007年底,高速公路里程迈上了5万km的台阶,达到5.39万km;经过15年的艰苦努力,总里程3.5万km的"五纵七横"国道主干线系统比原计划提前13年基本贯通,国家高速公路骨架初步成网,高速公路网对经济社会发展的推动作用更加显著。

### 4. 跨越式发展阶段(2008—2015年)

2008年,为应对亚洲金融危机,党中央、国务院又一次做出扩大内需、促进经济增长的重大决策部署,又一次为交通运输业实现新的发展提供了机遇。为贯彻落实国家"促内需、保增长"的战略部署,公路行业以国家高速公路建设为重点,进一步加快了高速公路建设步伐。

2009年,全年完成公路建设投资超过9668亿元,同比增长40%以上;同年底,高速公路里程达到6.51万km。2010年,公路建设投资历史性地突破了万亿元大关,高速公路总里程突破7万km,达到7.4113万km。

"十二五"期间,针对全国尚有900多个县没有高速公路连入国家干线网、规模明显不足,国家高速公路网中主要通道能力不足、新的城镇人口在20万以上的城市没有连接等问题,交通运输部及时研究编制《国家公路网规划(2013年—2030年)》,2013年经国务院批复后印发。国家公路网规划方案由国家高速公路和普通国道两个路网层次构成。国家高速公路网由7条首都放射线、11条南北纵线、18条东西横线以及地区环线、并行线、联络线等组成,总里程约11.8万km,另规划远期展望线1.8万km,简称"71118网"。普通国道网由12条首都放射线、47条南北纵线、60条东西横线和81条联络线组成,总里程约26.5万km。《国家公路网规划(2013年—2030年)》的颁布,对指导新时期国家公路网建设发挥着十分重要的作用。

"十二五"期间,在《国家公路网规划(2013年—2030年)》("71118"网)指引下,全国高速公路建设取得历史性新突破。五年间,公路累计完成投资7.1万亿元,是"十一五"期的1.74倍。全国高速公路年均新增里程9900km,是"十一五"期的1.5倍。2012年,高速公路通车里程达9.6万km,首次超越美国,居世界第一。到2015年底,高速公路通车里程达12.4万km,覆盖全国97.6%的城镇人口20万以上的城市。

随着京哈、京沪、青银、沪渝等一批长距离、跨省的高速公路大通道相继贯通,拥挤路段相继扩容改造完成,我国主要公路运输通道交通运输紧张状况得到明显缓解,长期存在的运输能力紧张状况得到明显改善。高速公路的快速发展,大大缩短了省与省之间、重要城市之间的时空距离,加快了区域间人员、商品、技术、信息的交流速度,在更大空间上实现了资源有效配置,对促进国民经济发展和社会进步起到了重要的作用。随着高速公路里程的不断延伸,规模效益逐步发挥,人们的时空观念和生活方式也日益改变。

### 5. 全面规范和高质量智能化发展阶段(2016—2020年)

经过改革开放40余年的发展,我国公路交通运输走过了从"瓶颈制约"到"总体缓解",再到"基本适应""适度超前"的发展历程,公路规模总量已位居世界前列,其中高速公路里程稳居世界第一。

到2020年底,高速公路总里程达16.10万km,国家高速公路网主线基本建成,覆盖约99%的城镇人口20万以上的城市及地级行政中心。

"十三五"期间,一大批重大工程项目陆续开工建设和建成,有力支撑了国家重大战略的落地实施。"一带一路"交通基础设施互联互通。长江经济带交通建设方面,芜湖长江公路二桥、池州长江公路大桥、南京长江五桥、武汉沌口长江大桥、嘉鱼大桥、石首长江公路大桥等多座跨江大桥的建成通车，使长江两岸联系更加紧密。在粤港澳大湾区建设方面，港珠澳大桥、南沙大桥等重大项目建成通车，深中通道项目、黄茅海跨海通道项目开工建设，沈海高速公路多个路段实施扩容改造，公路交通基础设施建设水平不断提升。

"十三五"以来，高速公路发展步入了全面深化改革与规范发展的新时期，从注重里程规模和速度转向更注重科学合理、可持续发展。交通运输部印发《关于实施绿色公路建设的指导意见》（交办公路〔2010〕93号），明确提出建设以质量优良为前提，以资源节约、生态环保、节能高效、服务提升为主要特征的绿色公路，提出了五大建设任务，决定开展五个专项行动，推动实现公路建设健康可持续发展。先后确定了延崇高速公路等33个试点工程项目，编制《绿色公路建设技术指南》《绿色公路建设发展报告》等，初步形成一批可推广、可复制的绿色公路建设经验成果。

与此同时，智慧高速公路的建设也逐步开展。我国智慧公路的研究起始于20世纪90年代，前期开展了大量的基础理论研究、智能交通系统基本框架的研究，以及相关技术和系统的研发，为智慧高速公路的应用和发展奠定了良好的基础。在"十三五"期间，我国高速公路行业逐步开展了智慧高速公路系统的产品研发和落地应用。

2016年，交通运输部提出了《交通运输信息化"十三五"发展规划》，国家发展改革委和交通运输部印发《推进"互联网+"便捷交通 促进智能交通发展的实施方案》；2017年，交通运输部印发《推进智慧交通发展行动计划（2017—2020年）》，又提出智慧交通在服务、决策、应急、管理方面的应用目标；2018年，交通运输部发文在北京、河北、吉林、江苏、浙江、福建、江西、河南、广东九省（市）安排了加快推进新一代国家交通控制网建设，开展智慧公路试点工作的部署；2019年9月，国务院颁布的《交通强国建设纲要》提出大力发展智慧交通，推动大数据、互联网、人工智能、超级计算等新技术与交通行业深度融合及实现交通强国的分阶段规划和战略目标；2019年，交通运输部办公厅印发《交通运输部办公厅关于印发〈全国高速公路视频联网监测工作实施方案〉和〈全国高速公路视频联网技术要求〉的通知》（交办公路函〔2019〕1659号），在全国范围内开展高速公路视频上云联网监测工作；2020年，交通运输部印发《交通运输部关于推动交通运输领域新型基础设施建设的指导意见》（交规划发〔2020〕75号），提出建设集监测、调度、管控、应急、服务于一体的智慧路网云控平台。这些政策和措施对高速公路的智能化建设产生了极大的推进作用。

在此期间，涌现出诸如电子不停车收费、交通运行数据采集、异常交通事件自动检测、交通事故紧急救援等一大批研究成果和实用系统，并在高速公路运营监控中逐步得到应用。智慧高速公路系统的研究及工程应用，推动我国公路建设进入信息化、智慧化提质增效的发展阶段，建设智慧高速公路已经成为我国提升高速公路运行效率，提高公路通行能力和服务水平，提高公路安全运行水平的重要手段，对促进智慧交通系统的技术研发和落地应用,提高高速公路管理水平和能力起到了积极作用。

**6. 智慧交通发展阶段(2021年至今)**

习近平总书记在第二届联合国全球可持续交通大会开幕式上指出,"新中国成立以来,几代人逢山开路、遇水架桥,建成了交通大国,正在加快建设交通强国""交通成为中国现代化的开路先锋"。

当前,全球新一轮科技革命和产业变革深入发展,以人工智能、大数据、云计算等为代表的信息革命对世界交通现代化进程产生了革命性影响,正在塑造全球交通竞争新优势。智慧交通已成为交通运输行业创新实践最为活跃的领域,也是新型基础设施建设的重要领域和数字经济的重要组成部分。面对新形势新要求,必须完整、准确、全面贯彻新发展理念,深入推动交通数字化转型,以智慧交通创新发展推动交通运输高质量发展,为全面建设社会主义现代化国家当好先行。

近十年来,我国智慧交通方兴未艾,交通运输数字化、网络化、智能化水平不断迈上新的台阶,展现出广阔的发展空间,成为交通运输事业取得历史性成就、发生历史性变革的生动缩影。电子不停车收费技术加快推广,高速公路省界收费站全面取消,实现"一张网运行",人民群众"一脚油门踩到底"的愿景成为现实。

经过40多年的发展,我国高速公路建设取得了举世瞩目的成就。截至2022年底,高速公路总里程已超17.7万 km,高速公路网已遍布全国,相关技术领域得到长足发展,涌现了诸如青藏公路、塔里木沙漠公路、港珠澳大桥等一大批具有代表性的重大工程项目。

## 三 广东省高速公路发展概况

截至2022年底,广东省高速公路通车总里程达1.1211万 km,连续9年居全国第一,全省实现"县县通高速"的目标。以"九纵五横两环"为主骨架,以加密线和联络线为补充,形成了以珠江三角洲为核心、以沿海为扇面、以沿海港口(城市)为龙头向山区和内陆省区辐射的快速路网。内联外通、便捷高效的现代综合交通运输体系正在加速形成,为交通强省建设打通了快速通道。

**1. 初期建设阶段**

广东省首条高速公路——广佛高速公路于1986动工建设,1989年建成通车,属于我国最早一批建设完工的高速公路。

20 世纪90 年代,借着改革开放的有利形势,广东加快了高速公路的建设步伐,先行在广州、东莞和深圳三市重点推进高速公路的建设。广深高速公路、惠盐高速公路、深汕高速公路、虎门大桥等成批主干高速公路相继贯通,大幅缩短了相邻大城市之间的车程和时间,极大提高了运输效率,高速公路建设的重要性和紧迫性得到充分体现。

### 2. 中期建设阶段

21世纪的第一个十年里，全国掀起空前的高速公路建设热潮，广东全省大面积、大规模地开展主干高速路网的建设，大力配合国家实施《国家高速公路网规划》。这十年间，广东高速公路以建设国家干线为主、地方支线为辅，实现了全省城市通高速、发达城市通快速，大致完成了国家高速路网广东段的建设，基本实现高速出省的目标。二、三、四线城市纷纷告别未通高速的历史，特大、一线城市陆续迎来快速路的时代。

2005年，广东通往广西、江西的渝湛、粤赣两条出省大动脉建成通车，省内的梅河高速公路、广云高速公路、西部沿海高速公路等众多欠发达地区的高速线路完工。至此，广东完成了地级市全通高速公路的建设任务，实现到相邻省（除海南外）至少有1条高速公路出省通道，基本形成以珠江三角洲为中心，连接港澳、以沿海为扇形面向山区和内陆省份辐射的高速公路网络，为泛珠三角区域合作奠定良好的基础。

2008年，广东一、二线城市开始进入快速路时代，广园快速路、华南快速路、南沙港快速路、东部快速路、南坪快速路等多条城市快速路建成通车，并被纳入广东高速公路网中，高标准一级公路也陆续加入省高速公路网的行列。

2009年，广东省高速公路通车里程4100km；2010年达到5000km。

### 3. 党的十八大至今

随着广东省国民经济的发展、汽车保有量的快速增加，交通运输需求持续增长，掀起了高速公路的新一波建设高潮，高速公路通车里程实现了跨越式增长。

2013—2015年，广东省新建成高速公路1316km（扣除改扩建项目，下同）。其中，2014年建成8个高速公路项目共581km，全省高速公路通车总里程达到6280km，跃居全国第一；2015年底，全省高速公路通车总里程达到7018km，实现县县通高速，继续保持全国第一。

2017年底，广东省高速公路通车总里程达到8100km，与陆路相邻省份各开通4条以上高速公路省际通道。

2019年，新建成南沙大桥等12个项目共528km，新增通车里程493km。其中，河惠莞高速公路龙川至紫金段、汕湛高速公路清远至云浮段两条新高速公路正式建成，粤东、粤西各添一条大通道。粤港澳大湾区高速公路互联互通取得新进展，大湾区在已建成的珠江黄埔大桥、虎门大桥、港珠澳大桥3条跨江通道的基础上，增加南沙大桥并建成通车；新建成从莞高速公路惠州段、花莞一期等9项300多km高速公路，大湾区高速公路通车总里程达4500km，核心区路网密度约8.2km/100km$^2$，高于纽约、东京都市圈。全省高速公路出省通道26条，由广西、湖南、江西、福建4个陆路相邻省区至粤港澳大湾区均保持4条以上的高速公路连通。全省高速公路总里程达9495km，连续6年居全国第一。

2020年，完成高速公路建设投资超1200亿元，超额完成年度投资计划，高速公路及过江通道建设取得新突破。续建高速公路项目55项(段)2743km。汕湛高速公路惠州至清远段等建成通车,新建、改扩建高速公路26项约1300km(新增里程约1200km),高速公路通车里程达到1.0488万km,连续7年居全国第一。深中通道岛隧工程沉管隧道已沉放近千米,黄茅海跨海通道提前开工建设,狮子洋通道前期工作有序推进。

2021年,完成高速公路总投资约1147亿元,超额完成年度计划。韶新、罗信二期、阳茂改扩建等14项新(扩)建高速公路建成通车,其中广连一期三凤里互通至连州段193km提前建成。全省高速公路通车里程1.1万km,连续8年位居全国第一。深中通道沉管隧道铺设已逾3000m,黄茅海跨海通道、南中高速公路、中山西部外环高速公路等粤港澳大湾区重点互联互通项目有序推进,狮子洋通道工程先行开工,京港澳高速公路等改扩建项目前期工作加快推进。

2022年,建成(含改扩建)广连高速公路花都至从化段、宁莞高速公路潮州连接线等9个高速公路项目,全省建成高速公路240km,新增高速公路169km,新增高速公路车道里程1002km,全省高速公路通车总里程达1.1211万km,连续9年居全国第一。高速公路出省通道达30条,与陆路相邻省区各开通5条以上高速公路,通港澳的5条高速公路全部建成。

2023年,完成高速公路总投资约1200亿元,南三岛大桥、连贺支线、新塘立交、兴汕二期、茂湛改扩建等16项新(扩)建高速公路项目建成通车,全省新增高速公路通车里程约268km,全省通车高速公路累计里程约1.1479万km。深中通道主线全线贯通,黄茅海跨海通道桥隧节点倍道兼进;狮子洋通道、广珠东线扩建等项目全面开工;广深高速公路改扩建穗莞段、广肇高速公路改扩建、广云高速公路改扩建等改扩建项目顺利开工建设;广深高速公路改扩建深圳段、广惠高速公路改扩建等改扩建项目前期工作加快推进。

随着广东省着力打造粤港澳大湾区的交通建设,港珠澳大桥、南沙大桥等重大交通基础设施的建成,以及深中通道、狮子洋通道、黄茅海跨海通道等即将建成通车,粤港澳大湾区内联外通、便捷高效的现代综合交通运输体系正在加速形成,高速公路的发展为交通强省建设打通了快速通道。

## 第三节　我国高速公路网概述

高速公路与社会经济发展关系密切,在综合运输体系及公路运输中扮演重要角色。因此,规划建设充分体现战略性、全局性、前瞻性、可行性、高效性和协调性的国家高速公路网是十分必要的。

## 一　国家高速公路网规划目标

国家高速公路网是我国公路网中层次最高的公路主通道,是综合运输体系的重要组成部分。作为具有全国性政治、经济、军事意义的重要干线公路,其主要连接大中城市,包括国家和区域性经济中心、交通枢纽、重要对外口岸和军事战略要地;能够承担区域间、省际以及大中城市间的中长距离运输,为全社会生产和生活提供安全、舒适、高效、可持续的运输服务,并为应对战争、自然灾害等突发性事件提供快速交通保障。

国务院于 2004 年 12 月发布了《国家高速公路网规划》,提出了连接所有目前城镇人口超过 20 万的城市,确立高效运输网络的规划目标。2013 年 5 月,国务院批准《国家公路网规划(2013年—2030年)》。近年来,在该规划指导下,国家公路实现快速发展,总体适应经济社会发展需要,有力支撑了国家重大战略实施,为全面建成小康社会提供了坚实保障。同时,随着国际国内发展形势的变化和人民群众高质量出行需求的日益增长,国家公路网主通道能力不充足、城市群都市圈区域网络不完善、路网覆盖深度不够、路网韧性和安全应急保障能力还需提高等问题逐步显现。

2021 年 2 月,中共中央、国务院印发了《国家综合立体交通网规划纲要》;2022 年,国务院批准了新的《国家公路网规划》,规划期至 2035 年,规划目标为到 2035 年,基本建成覆盖广泛、功能完备、集约高效、绿色智能、安全可靠的现代化高质量国家公路网,形成多中心网络化路网格局,实现国际省际互联互通、城市群间多路连通、城市群城际便捷畅通、地级城市高速畅达、县级节点全面覆盖、沿边沿海公路连续贯通。

## 二　国家高速公路网布局方案

按照"保持总体稳定、实现有效连接、强化通道能力、提升路网效率"的思路,补充完善国家高速公路网。保持国家高速公路网络布局和框架总体稳定,优化部分路线走向,避让生态保护区域和环境敏感区域;补充连接城区人口 10 万以上的市县、重要陆路边境口岸;以国家综合立体交通网"6 轴 7 廊 8 通道"主骨架为重点,强化城市群及重点城市间的通道能力,补强城市群内部城际通道、临边快速通道,增设都市圈环线,增加提高路网效率和韧性的部分路线。

### 1. 国家高速公路网组成

国家高速公路网由 7 条首都放射线、11 条北南纵线、18 条东西横线,以及 6 条地区环线、12条都市圈环线、30条城市绕城环线、31条并行线、163条联络线组成。

#### 2. 普通国道网组成

按照"主体稳定、局部优化,补充完善、增强韧性"的思路,优化完善普通国道网。以既有普通国道网为主体,优化路线走向,强化顺直连接,改善城市过境线路,避让生态保护区域和环境敏感区域;补充连接县级节点、陆路边境口岸、重要景区和交通枢纽等,补强地市间通道、沿边沿海公路及并行线;增加提高路网效率和韧性的部分路线等。

普通国道网由12条首都放射线、47条北南纵线、60条东西横线,以及182条联络线组成。

### 三 广东省高速公路网发展概况

#### 1. 广东省高速公路网现状

广东省高速公路网,是指由国家、广东省和各市等交通主管部门规划,政府或企业投资建设并运营管理的所有高速公路和城市快速路。它由国家高速路线广东段和广东高速路线所有段两大部分构成,包括全部对外省际高速公路、部分对内城际高快速路和部分地方城市高快速路,是我国华南地区最重要的交通网络系统。

根据《广东省高速公路网规划(2020—2035年)》,至2025年底,广东高速公路出省通道将达到36条(通福建6条,通江西7条,通湖南6条,通广西11条,通海南1条,通香港3条,通澳门2条),高速公路对外联通能力进一步增强。

#### 2. 广东省高速公路网的规划

为贯彻实施《粤港澳大湾区发展规划纲要》和《交通强国建设纲要》,加快构建"一核一带一区"区域发展新格局,支持深圳建设中国特色社会主义先行示范区,支持广州推动"四个出新出彩",实现老城市新活力,支持汕头和湛江建设省域副中心城市,更好支撑全省经济社会和综合交通运输体系发展,2020年广东省交通运输厅组织开展了省高速公路网规划修编工作,进一步优化完善了《广东省高速公路网规划(2004—2030年)》,形成了《广东省高速公路网规划(2020—2035年)》。新规划旨在形成布局更加合理、覆盖更加全面、功能更加完善、运行更加可靠的全省高速公路网络。

该规划坚持系统性、前瞻性、战略性原则,并保持适度开放性。规划总规模约1.5万km,并预留了约1200km的远景展望线,为今后广东省经济社会和交通发展预留空间。

(1)规划目标

规划到2035年,广东省建成布局科学、覆盖全面、功能完善、安全可靠的高速公路网络,综合立体交通网络更加完善,交通发展与国土空间、生态环境更加协调,有效支撑交通强国建设和省重大战略实施。

(2)具体目标

形成覆盖全省辐射泛珠的高速公路网。实现珠江三角洲核心区通往粤东、粤西各有5条高速公路通道,通往粤北有8条高速公路通道,广东与各陆路相邻省区之间有6条以上高速公路通道。

实现主要综合交通枢纽和重点景区全覆盖。实现全省重要港口、民航机场、铁路枢纽15min左右进入高速公路,AAAA级及以上旅游景区30min左右进入高速公路,90%以上乡镇30min左右进入高速公路。

(3)通车目标

到2020年底,广东省高速公路通车里程约1.069万km(其中珠江三角洲地区约5140km,粤东粤西粤北地区约5550km)。基本完成国家高速公路粤境段建设任务,珠江三角洲联系粤东西北的主通道基本贯通。高速公路出省通道达到25条,与陆路相邻省区各开通5条以上高速公路通道;通港澳的5条高速公路全部建成,其中,通香港3条,通澳门2条。

到2025年底,全省高速公路通车里程约1.25万km(其中珠江三角洲地区约5500km,粤东粤西粤北地区约7000km),全省高速公路网主骨架基本建成。高速公路建设重点转向跨江通道、路网扩容以及加密线和联络线。高速公路出省通道达到31条,其中,通福建6条,通江西7条,通湖南6条,通广西11条,通海南1条。

到2035年底,广东省高速公路通车里程约1.5万km(其中珠江三角洲地区约7100km,粤东粤西粤北地区约7900km),全面完成广东省高速公路建设任务。部分远景展望线开展前期研究或启动实施。广东省与相邻省区间34条高速公路出省通道全部打通,其中,通福建6条,通江西7条,通湖南7条,通广西13条,通海南1条。

## 四 高速公路的命名及编号规则

为了便于公众使用和实现交通管理的信息化、智能化,我国借鉴国际经验,按照统一、规范、简明的原则,制定了国家高速公路网路线的编号方案。

### (一)国家高速公路网路线命名和编号规则

根据交通部《关于开展国家高速公路网路线命名和编号调整工作的通知》(交公路发〔2007〕385号)的要求及《公路路线标识规则和国道编号》(GB/T 917—2017)的规定。国家高速公路命名和编号规则如下:

**1.命名规则**

(1)高速公路路线的命名,应按照首都或省会放射线、北南纵线和东西横线的起讫

点方向顺序排名,采用起讫点所在地的主要行政区划名称:

——放射线以首都或省会城市为起点,放射线止点为终点;

——北南纵线以路线北端为起点,南端为终点;

——东西横线以路线东端为起点,西端为终点。

(2)高速公路路线的全称,由路线起讫点的地名中间加连接符"—"组成,称为"××—××高速公路"。起讫点地名宜采用县级及以上的地名。

(3)高速公路路线的简称,用起讫点地名的首位汉字组合表示,或采用起讫点城市或所在省、自治区、直辖市的法定地名简称表示,称为"××高速"。

示例:"沈阳—海口高速公路"简称"沈海高速"。

(4)高速公路为地区环线时,以路线所在的区名称命名,全称为"××地区环线高速公路",简称为"××环线高速"。

示例:"杭州湾地区环线高速公路"简称"杭州湾环线高速"。

(5)高速公路为城市绕城环线时,以路线所在的城市名称命名,全称为"××市绕城高速公路",简称为"××绕城高速"。

示例:"沈阳市绕城高速公路"简称"沈阳绕城高速"。

(6)国家和省级行政区域内高速公路的全称和简称不应重复。不同起讫点高速公路简称出现重复时,采用起讫点地名的第二或第三位汉字替换等方式加以区别。相同起讫点间存在两条及以上高速公路时,后通车高速公路称为"××—××第二高速公路",简称为"××第二高速";也可根据路线的方位或者地理特征命名,如"机场北线高速""广深沿江高速"等;也可增加一中间途经点,如"××—××—××高速公路"。同一城市或地区出现多条高速环线时,应以路线的编号顺序或方位顺序进行区别。

(7)省级高速公路与相邻省级行政区域的省级高速公路连接贯通时,宜视为一整条高速公路统一命名,命名规则参照(1)。

(8)高速公路路线的起讫点地名,应取其所在地的主要行政区单一名称;名称不宜太长,全称不宜超过 12 个汉字,简称不宜超过 8 个汉字。

(9)高速公路路线名称应用规范化的汉字地名表示,地名按《中华人民共和国行政区划代码》(GB/T 2260—2007)的规定。未列入标准而实际存在或新变更的地区(地级市)、县(县级市)名称,也可采用国家或省级地名主管部门颁布的地名。

**2. 编号规则**

(1)编号结构

国家高速公路的首都放射线、北南纵线、东西横线和地区环线等主线编号,应由一位国道字母标识符"G"和不超过两位的数字编号"×"或"××"组配表示;国家高速公路的城市绕城环线、联络线和并行线编号,应由一位国道字母标识符"G"和两位主线编号

"××"、一位路线类型识别号"＊"和一位顺序号"#"组配的四位数字编号表示，见表1-1-2。

国家高速公路路线编号结构　　　　　　　　　表1-1-2

| 国家高速公路类型 | | 路线编号结构 |
| --- | --- | --- |
| 主线 | 首都放射线 | G× |
| | 北南纵线 | G×× |
| | 东西横线 | G×× |
| | 地区环线 | G×× |
| 城市绕城环线 | | G××＊# |
| 联络线 | | G××＊# |
| 并行线 | | G××＊# |

省级高速公路的省会放射线、北南纵线、东西横线等主线编号，应由一位省道字母标识符"S"和不超过两位的数字编号"×"或"××"组配表示；省级高速公路的城市绕城环线和联络线的编号，宜由一位省道字母标识符"S"和两位数字编号"××"组配表示，见表1-1-3。

省级高速公路路线编号结构　　　　　　　　　表1-1-3

| 省级高速公路类型 | | 路线编号结构 |
| --- | --- | --- |
| 主线 | 省会放射线 | S× |
| | 北南纵线 | S×× |
| | 东西横线 | S×× |
| 城市绕城环线 | | S×× |
| 联络线 | | S×× |

(2)编号规则

①国家高速公路的主线编号，由国道标识符"G"和一至两位数字编号组配表示；城市绕城环线、联络线和并行线编号，由国道标识符"G"和四位数字编号组配表示。

②国家高速公路的首都放射线数字编号为一位数，总体上由正北开始按顺时针方向升序编排。

③国家高速公路的北南纵线数字编号为两位奇数，总体上由东向西按升序编排。

④国家高速公路的东西横线数字编号为两位偶数，总体上由北向南按升序编排。

⑤国家高速公路的地区环线数字编号为两位数，其中第1位为"9"，在全国范围总体上按照由北向南的顺序编排。

⑥纳入国家高速公路的城市绕城环线的数字编号为四位数，由两位主线编号加一位

识别号"0",再加一位顺序号组成,即G××0#,在全国范围内统一编排。主线编号和顺序号的选取应符合下列规定:

——主线编号应优先选取该城市绕城环线所连接的北南纵线、东西横线和地区环线中编号最小者,如该主线所连接的城市绕城环线编号空间已全部使用,则选用主线编号次小者,依此类推;

——城市绕城环线仅连接首都放射线时,主线编号前应以"0"补位,即G0×0#;

——同一条国家高速公路穿越多个省(自治区、直辖市)时,所连接城市绕城环线的顺序号,宜沿主线起讫方向增序排列。

⑦国家高速公路的联络线数字编号为四位数,由两位主线编号加一位识别号"1",再加一位顺序号组成,即G××1#,在全国范围内统一编排。联络线数量突破容量时,可将识别号扩容至"3",即G××3#。主线编号和顺序号的选取应符合下列规定:

——主线编号应优先选取联络线所连接的北南纵线、东西横线和地区环线中编号最小者,如该主线所连接的联络线编号空间已全部使用,则选用主线编号次小者,依此类推;

——联络线仅连接首都放射线时,主线编号前以"0"补位,即G0×1#;

——同一条国家高速公路主线穿越多个省(自治区、直辖市)时,所连接的联络线的顺序号宜沿主线起讫方向增序排列。

⑧国家高速公路的并行线数字编号为四位数,由两位主线编号加一位识别号"2",再加一位顺序号组成,即G××2#,在全国范围内统一编排。并行线数量突破容量时,可将识别号扩容至"4",即G××4#。主线编号和顺序号的选取应符合下列规定:

——主线编号应优先选取并行线所连接的北南纵线和东西横线中编号最小者,如该主线所连接的并行线编号空间已全部使用,则选用主线编号次小者,依此类推;

——并行线仅连接首都放射线时,主线编号前以"0"补位,即G0×2#;

——同一条国家高速公路主线穿越多个省(自治区、直辖市)时,所连接的并行线的顺序号宜沿主线起讫方向增序排列。

⑨当新增国家高速公路路线时,原国家高速公路路线编号维持不变,新增的路线按其走向及所在位置,分别在原路线编号序列中的预留区间内顺序编号,预留区间不足时,在下一预留区间内编号;利用原有路线延伸起点或终点的国家高速公路,仍采用原路线的编号。

### (二)广东省高速公路网路线命名和编号规则

#### 1. 范围

《广东省高速公路网路线命名和编号规则(2017年修订版)》规定了广东省高速公路网组成路线的命名和编号规则,以及各路线的全称、简称和路线编号。该规则适用于《广东省高速公路网规划(2020—2035年)》和近期建设计划中确定的高速公路路线,以及广东部分承担高速公路功能且纳入高速公路联网收费的城市快速路。

广东省境内纳入国家高速公路网的路线,其命名和编号方案由交通运输部制定。

**2. 命名规则**

(1)广东省高速公路网各路线的名称一般用路线起讫点的地名加连接符"—"组成,全称为"××—××高速公路"。路线简称一般用起讫点地名的首位汉字组合表示。如"汕头—湛江高速公路",简称"汕湛高速"。

(2)路线起讫点按照"路线由北向南、由东向西"的原则确定(出省通道和省会放射线除外),起讫点地名一般用县(或区)名称。

(3)广东省高速公路网各路线的全称和简称不得重复。为避免重复,可选择起讫点地名中的其他汉字组成路线的全称和简称,也可采用3位及以上汉字组成路线简称。如"广州—佛山—肇庆高速公路",简称"广佛肇高速"。

(4)城市(或地区)高速公路环线,其名称一般以城市(或地区)命名,全称为"××环城高速公路",简称为"××环城高速"。

(5)高速公路联络线或支线的简称,一般以其连接的目的地命名。如"梅龙高速梅州东联络线"简称"梅州东线"。

**3. 编号规则**

广东省高速公路网路线的编号规则与国家高速公路网路线的编号规则总体上保持一致。

(1)编号结构

广东省高速公路网路线编号结构,由字母"S"+阿拉伯数字组成。

(2)编号类型

按路线在广东省高速公路网中的走向和功能,路线编号分为省会放射线、纵线、横线、环线、联络线与支线等。

(3)编号规则

①省会放射线:编号为一位数,由正北开始按顺时针依序编排,编号区间S1—S9。

②纵线:编号为两位奇数,总体上由东向西依序编排,编号区间S11—S79。

③横线:编号为两位偶数,总体上由北向南依序编排,编号区间S10—S80。

④环线:编号为两位数,编号区间S81—S89。根据广东省高速公路网结构特点,环线编号仅用于广州、深圳、韶关、潮汕等城市(或地区)。

⑤联络线与支线:编号为四位数,编号前两位数字一般取其连接的主线编号数字,后两位数字从"11"起编排;对于连接两条国家高速公路或主线为省会放射线的路线,编号前两位数字用"99",后两位数字从"11"起编排。

⑥与国家高速公路网路线的终点对接的路线,其数字编号一般沿用国家高速公路路

线编号数字。如广三高速与二广高速(G55)对接,编号为S55。

### 4. 其他

(1)该规则内包含的高速公路路线(项目),其规划建设等有关事项,应以国家和广东省印发的高速公路网规划和建设计划为依据。

(2)根据高速公路联网收费、干线路网运行监测和交通应急管理等工作需要,该规则对部分城市快速路一并进行了编号,但不改变其城市道路属性。涉及城市道路管理和养护等事项,应按照国家和广东省相关法律法规执行。

(3)对于部分已通车运行而名称与该规则不符的高速公路,宜尊重群众使用习惯,不再对其名称进行调整。如广珠西线高速、西部沿海高速、广深沿江高速等。

## 第四节　高速公路交通工程及沿线设施

### 一　高速公路交通安全设施

高速公路交通安全设施主要包括护栏、隔离设施、防眩设施、视线诱导设施及交通标志与标线等。交通安全设施对避免交通事故的发生、减轻事故的严重程度、排除各种纵向和横向干扰,保证车辆运行安全、畅通等起着非常重要的作用,也有助于提高道路的服务水平。此外,交通安全设施也是道路景观的重要构成要素。当前,交通事故成为我国民众非正常死亡的第一大原因,设置合理的交通安全设施,利用设施对交通事故进行充分防控,具有重要的社会意义与经济价值。

#### 1. 护栏

护栏是一种纵向吸能结构,通过自体变形或车辆爬高来吸收碰撞能量,从而改变车辆行驶方向,阻止车辆越出路外或进入对向车道,将对乘客的伤害及对车辆的损坏减至最低,使车辆恢复正常行驶方向并诱导驾驶员的视线。

(1)按护栏纵向设置位置,可将护栏分为路基护栏和桥梁护栏两类。

①设置于路基上的护栏,称为路基护栏。

②设置于桥梁上的护栏,称为桥梁护栏。

(2)按护栏横向设置位置,可将护栏分为路侧护栏和中央分隔带护栏两类。

①路侧护栏。路侧护栏是指设置于路侧建筑限界以外的护栏,用来防止失控车辆越出路外或碰撞路侧构造物和其他设施。

②中央分隔带护栏。中央分隔带护栏是指设置在中央分隔带内的护栏,用来防止失控车辆穿越分隔带闯入对向车道,并保护分隔带内的构造物和其他设施。

（3）按碰撞后护栏的变形程度，可将护栏分为刚性护栏、柔性护栏和半刚性护栏三类。

①刚性护栏。刚性护栏是一种基本上不变形的护栏结构，它利用失控车辆碰撞后爬高并转向来吸收碰撞能量。混凝土护栏是刚性护栏的主要形式，是一种以一定形状的混凝土块相互连接而组成的墙式结构，如图 1-1-1 所示。

图 1-1-1　混凝土护栏

②柔性护栏。柔性护栏是一种具有较强缓冲能力的韧性护栏结构。缆索护栏是柔性护栏的代表形式，是一种以数根施加初张力的缆索固定于立柱上而组成的连续结构，其主要依靠缆索的拉应力来抵抗车辆的碰撞及吸收碰撞能量，如图 1-1-2 所示。

图 1-1-2　缆索护栏

③半刚性护栏。半刚性护栏是一种连续的梁柱式护栏结构，具有一定的强度和刚度。它利用土基、立柱、横梁的变形来吸收碰撞能量，并迫使失控车辆改变方向。波形梁护栏是半刚性护栏的主要形式，是一种以波纹状钢护栏板相互拼接，并由立柱支撑而组成的连续结构，如图 1-1-3 所示。

图 1-1-3　波形梁护栏

### 2. 隔离设施

隔离设施又称隔离栅,是阻止行人、牲畜进入高速公路,防止非法占用公路用地的基础设施。它可有效地排除横向干扰,避免由此产生的交通延误或交通事故,保障公路效益的发挥。由于我国高速公路是全封闭道路,所以一般情况下必须全线设置隔离设施。

### 3. 防眩设施

防眩设施是设置在高速公路的中央分隔带上,防止夜间行车时对面车辆前照灯眩目的构造物。防眩设施是众多交通安全设施中一个很重要的部分。防眩设施的作用主要是减少会车时眩光对驾驶员的影响,因而设置在中央分隔带上。防眩设施的遮光方式有两种:一种是使车辆前照灯的灯光完全照射不到对向行车或照射到的光线很少,此种属于全部遮光;另一种是部分阻挡车辆前照灯的灯光,此类属于部分遮光。研究表明,防眩设施既要有效地遮挡眩光,也要满足横向通视好和对驾驶员心理影响小的要求。而完全遮光缩小了驾驶员的视野,对驾驶员有压迫感。国外试验结果表明,防眩设施不需要很大的遮光角就可以获得良好的遮光效果,可采用部分遮光原理,允许部分车辆前照灯灯光穿过防眩设施。因此,我国高速公路防眩设施多采用不完全遮光形式,即设置防眩板和植树。图 1-1-4 是高速公路常见的防眩板。

图 1-1-4　防眩板

#### 4. 视线诱导设施

视线诱导设施是沿车行道两侧设置,用于明示道路线形、方向、车行道边界及危险路段位置,诱导驾驶员视线的设施。车辆在道路上行驶时需有一定的通视距离,以便驾驶员掌握道路前方的情况,尤其是在夜间行驶时,仅依靠汽车前照灯照明来弄清前方道路线形、明确行驶方向是有一定困难的。因为汽车前照灯的照明范围有限,要想达到白天的通视距离,就要依赖于视线诱导设施。

视线诱导设施按功能可分为轮廓标,分、合流诱导标和线形诱导标。轮廓标用以指示道路线形轮廓,分、合流诱导标用以指示交通流分合,线形诱导标用以指示或警告改变行驶方向。它们以不同的侧重点来诱导驾驶员的视线,使行车更趋于安全、舒适。

#### 5. 交通标志与标线

道路交通标志以颜色、形状、字符、图形等向道路使用者传递交通控制、引导信息;道路交通标线是由标划或安装于路面上的各种线条、箭头、文字、图案立面标记、突起路标和轮廓标等构成的交通安全设施,可以与道路交通标志配合使用或单独使用,以管制和引导交通。道路交通标志与标线是交通组织与交通管理的"硬件",是交通执法的依据。合理设置的道路交通标志与标线,可以使交通流更加顺畅,提高道路通行能力,减少交通事故,防止交通阻塞,节省能源,减少公害及美化路容。为规范道路交通标志,国家市场监管总局、国家标准化管理委员会发布了现行《道路交通标志和标线　第2部分:道路交通标志》(GB 5768.2—2022)、《道路交通标志和标线　第3部分:道路交通标线》(GB 5768.3—2009)。

1)道路交通标志分类

(1)道路交通标志按其作用分类,分为主标志和辅助标志两大类。

①主标志。

a. 禁令标志:禁止或限制道路使用者交通行为的标志。

b. 指示标志:指示道路使用者应遵循的标志。

c. 警告标志:警告道路使用者注意道路、交通的标志。

d. 指路标志:传递道路方向、地点、距离信息的标志。

e. 旅游区标志:提供旅游景点方向、距离的标志。

f. 告示标志:告知路外设施、安全行驶信息以及其他信息的标志。

②辅助标志。

辅助标志是设在主标志下方,对主标志进行辅助说明的标志。

(2)道路交通标志按标志传递信息的强制性程度分类,分为必须遵守标志和非必须遵守标志。

禁令标志、指示标志为道路使用者必须遵守标志;其他标志仅提供信息,如指路标志、旅游区标志。

禁令标志中的停车让行标志、减速让行标志不应套用。其他禁令标志、指示标志不宜套用。除停车让行标志与减速让行标志外的禁令标志、指示标志套用于白色无边框的底板上,为必须遵守标志。

禁令标志、指示标志套用于其他标志上,仅表示提供相关禁止、限制和遵行信息,作为补充说明或预告,为非必须遵守标志。

2) 常用交通标志

(1) 指路标志

指路标志用来向道路使用者提供沿线道路经由的地名、方向和距离,或与之相交道路的编号、名胜古迹、游乐休息或服务区等信息。高速公路指路标志是高速公路交通标志中最重要的部分,其设计与广大驾驶员的驾驶效率和交通安全有着极为密切的关系。

(2) 禁令标志、指示标志和警告标志

禁令标志、指示标志和警告标志是体现道路交通管理措施最主要的交通标志,同时也是作为交通执法和交通事故处理依据的标志。由于高速公路有明确的特殊管理办法,所以与普通公路相比,高速公路上设置的禁令标志、指示标志和警告标志相对较少。

① 禁令标志。

禁令标志是禁止车辆或限制车辆、行人交通行为,维护交通安全、畅通,保护公路结构和设施,防止交通事故出现的一种交通标志。禁令标志的颜色为白底、红圈、红杠、黑图案,图案压杠。

高速公路入口处常用的禁令标志主要有:限速标志、限制质量标志、限制高度标志、禁止摩托车驶入标志、禁止非机动车进入标志、禁止行人进入标志。路段上常用禁令标志有车道限速标志。

② 指示标志。

指示标志是指示车辆、行人行进的标志,道路使用者应遵循。除个别标志外,指示标志的颜色为蓝底、白图形。

③ 警告标志。

警告标志是警告车辆驾驶员、行人前方有危险的标志,道路使用者需谨慎行动。驾驶员在道路上行车常常会遇到各种危险情况,所以必须提前设置警告标志以提醒驾驶员。

高速公路常用的警告标志有急弯路标志、陡坡标志、连续下坡标志、窄路标志、注意落石标志、注意横风标志、隧道标志、避险车道标志等。

3) 道路交通标线分类

道路交通标线是交通安全设施的重要组成部分,由标划于路面上的各种线条、箭头、文字、图案立面标记、突起路标和轮廓标等构成,是引导驾驶员视线、管制驾驶员驾驶行为的重要设施。因此,对道路交通标线的可见性、耐久性、施工性等有严格的要求。

(1) 按功能分类

道路交通标线按功能可分为指示标线、禁止标线和警告标线。

①指示标线是指用于指示车行道、行车方向、路面边缘、人行道、停车位、停靠站及减速丘等的标线。

②禁止标线是指用于告示道路交通的遵行、禁止、限制等特殊规定,车辆驾驶员及行人需严格遵守的标线。高速公路禁止标线的种类主要包括禁止超车标线和禁止变换车道标线。

③警告标线是指用于促使车辆驾驶员及行人了解道路上的特殊情况,提高警觉、准备防范应变措施的标线。

(2)按设置方式分类

道路交通标线按设置方式可分为纵向标线、横向标线和其他标线。

①纵向标线是指沿道路行车方向设置的标线。

②横向标线是指与道路行车方向交叉设置的标线。

③其他标线是指字符标记或其他形式的标线。

(3)按标线形态分类

道路交通标线按形态可分为线条、字符标记、突起路标和路边轮廓标。

①线条是指施划于路面、缘石或立面上的实线或虚线。

②字符标记是指施划于路面上的文字、数字及各种图形、符号。

③突起路标是指安装于路面上用于标示车道分界、边缘、分合流、弯道、危险路段、路宽变化、路面障碍物位置等的反光或不反光体。

④路边轮廓标是指安装于道路两侧,用以指示道路边界轮廓、道路前进方向的反光柱或反光片。

4)广东省高速公路收费广场标志标线

在交通流量大、路况复杂的高速公路收费站路段上,创造良好的交通环境,建立完善的ETC(Electronic Toll Collection,电子收费系统)、人工、超限检测等指引标志系统,是提高高速公路服务水平的一项重要措施。

为应对高速公路收费模式的改变,规范广东省高速公路收费广场相关标志标线的设置,提升公路路网的服务水平,广东省交通运输厅委托广东省公路事务中心及广东省交通规划设计研究院股份有限公司,对收费广场相关标志标线设置条文、样例等进行汇总、整合,编制了《广东省高速公路收费广场标志标线及其他安全设施设置指南》(简称《指南》)。

(1)收费广场安全设施分级

根据《指南》,收费广场安全设施根据其必要性和重要程度,分为3级:

①L1级为基本指引和安全防护级别,指用以引导车流、分割及安全防护所必须设置的安全设施,如非技术条件无法设置,其他情况均应设置。

②L2级为增强指引和安全防护级别,保证新设置的标志标线等设施在教育过渡期被更好地辨识和接纳,在收费广场处于交通流较为复杂或收费广场处于线形较差路段,

发生较多交通拥堵或交通事故的情况下,交通组织及安全防护需要特殊处理时才进行设置的安全设施,在技术条件允许的情况下经必要性论证后应设置。

③L3级为额外指引和安全防护级别,指收费广场技术条件较充裕且形象要求较高时,交通组织及安全防护存在提升需求时设置的安全设施,经必要性论证后可设置。

(2)交通标志、标线、设置情况

《指南》给出了16个L1级标志,1个L2级标志。

收费广场范围应根据相关规范设置道路边缘线、导流带、横向减速标线,以上设施均为L1级。除此以外,可设置ETC专用车道和限速组合文字标记、ETC/人工混合车道和限速组合文字标记,以上设施均为L2级。

其他设施包含了L1级的收费岛立面标记,L1级的中央隔离设施,L1级的路侧护栏、轮廓标、突起路标以及L2级的其他缓冲设施。

收费广场标志、标线布设如图1-1-5所示。

## 二 高速公路沿线服务设施

为了确保车辆在高速公路上安全行驶,缓解连续高速行驶给驾驶员带来的疲劳和紧张,并及时给车辆加油、加水或进行维修检查等,使车辆处于良好的技术状态,必须建设高速公路服务区。服务区是高速公路重要的组成部分,高速公路服务区是为使用高速公路的驾驶员和旅客、车辆、员工等提供服务的公用设施,主要包括:为驾驶员和旅客提供服务的休息室和旅馆、商店与餐厅、公共厕所、医务室和急救站、信息服务和通信设施等;为车辆提供服务的设施,如停车场、加油站和修理所;为员工提供服务的设施,如员工宿舍和员工食堂、园林和绿化带、广场、通道及贯穿车道、天桥和地下通道、管理用房等。

## 三 高速公路交通监控系统

高速公路交通监控系统的作用和目的是利用摄像机、交通参数采集设备和事件监测设备等对高速公路网的交通运行状态进行全面、实时的监控,对影响交通安全和畅通的事件或趋势通过信息发布设备进行诱导、预警和干预,以保障高速公路网的安全和畅通,提高路网的整体运行效率。

由于交通监控是高速公路网运行管理的一个组成部分,因此高速公路交通监控系统体系结构的设计必须适应高速公路的运行管理体制和管理模式。通常,高速公路网运行管理范围与省级行政区划相对应,即每个省、自治区、直辖市形成一个省级高速公路网,设一个高速公路网交通监控中心,再按照路段或区域设若干个交通监控分中心,特长隧道和特大桥梁可以根据管理需求另设交通监控分中心。高速公路交通监控系统的框架如图1-1-6所示。

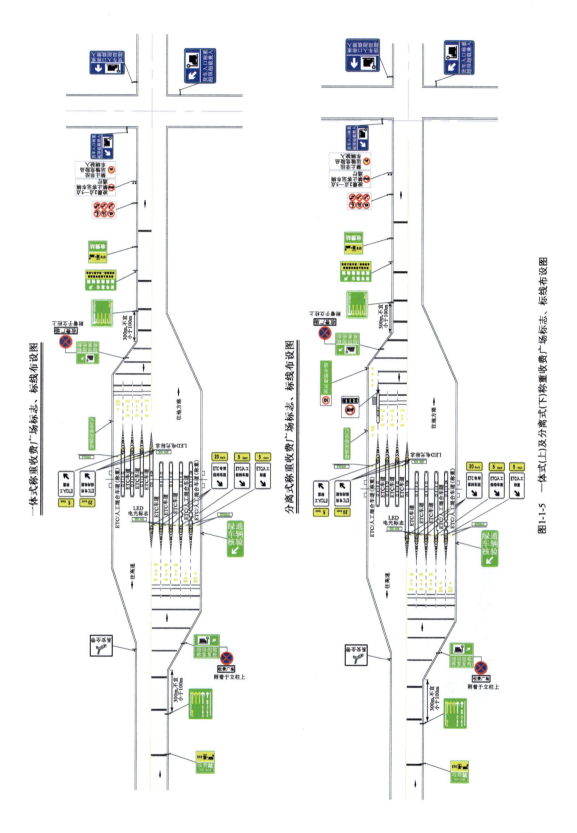

图1-1-5 一体式(上)及分离式(下)称重收费广场标志、标线布设图

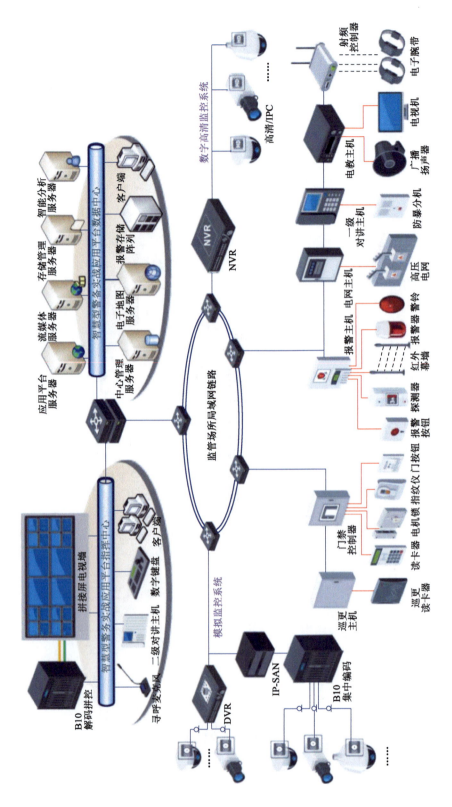

图1-1-6 高速公路交通监控系统框架

## 四 高速公路收费运营管理系统

我国高速公路普遍实行收费经营和企业化管理,通过收取通行费回收高速公路建设资金,这对于支持高速公路网的超常规发展和健康运营具有重要作用。

高速公路收费运营管理系统的规划设计包括收费政策制定、收费经济评价分析、收费运营管理体制建设、收费技术比选等环节,涉及运输经济、交通工程、运营管理、信息技术、控制理论等多个学科领域。

高速公路收费运营管理系统需要解决的问题主要包括准确判别车辆的类型(或质量)及其在高速公路网中的行驶里程和路径,根据核定的费率快速计算应收取的通行费、汇总收费数据完成通行费的清算和拆分,以及通过数据分析加强监管从而堵住财务漏洞等。

## 五 高速公路通信系统

高速公路通信系统是实现高速公路智能化管理必不可少的基础设施,是实现监控系统和收费系统的数据、语音和图像等信息准确而及时传输的网络平台。

随着高速公路网规模不断扩大,通信系统已实现全国联网。高速公路通信系统特点如下:

(1)业务种类多,包括语音、数据、图像业务。

(2)业务分布均匀且流量不大,即沿线各站点均同时具有语音、数据、图像三类业务的需求,与公网相比,各站点的业务流量均不大,主要满足专网内部各业务的互通需求。

(3)业务流向集中,基本为通信站(收费站、停车区、服务区等)—通信分中心(管理处、路中心等)—通信省中心(省结算总中心、监控总中心等)自下而上的逐级汇集型业务,为集中型业务。

# 第二章
# 高速公路运营管理

## 第一节　高速公路运营管理概述

### 一　高速公路运营管理概念

　　高速公路运营管理是指高速公路建成通车后,对高速公路的收费、养护、交通、安全、服务等进行计划、组织、指挥、控制和协调,使高速公路使用者获得快速、高效、安全、畅通的行车环境及高质量服务的同时,让高速公路运营企业获得最大经济效益。

### 二　高速公路运营管理特点

　　高速公路运营管理与一般公路管理相比,具有以下显著特点。

#### 1. 高速公路运营管理是一个庞大的系统工程

　　高速公路运营管理包括硬件环境与软件环境两个方面。硬件环境是指监控、照明、通信、计算机收费、气象传感、房屋建筑、道路桥梁、隧道及其附属设施等,软件环境是指依此形成的管理观念与管理手段。高速公路建设提供的现代化设施使高速公路管理打破了原公路管理的行业界限,形成了多工种、多专业、密切协作、互相配合的系统工程。在这个系统中,硬件环境决定了管理的规模,软件环境则体现了管理的力度,两者的有机结合不仅形成了高速公路运营管理的有机体系,也决定了高速公路运营管理的综合水平。充分研究和认识这个系统的运转特点,是建立适合我国国情的高速公路管理方式的前提。

#### 2. 高速公路运营管理是技术密集的现代化管理

　　高速公路的管理系统具有技术密集型的特点,大部分岗位体现了高科技、高技能。现代化管理设施的普及使管理层与操作层形成了一个连续运作的整体,特别是基于监控、通信、计算机收费等硬件环境的现代化管理手段的实施,逐步形成了以养护、路政、供电管理为代表的道路通行保障系统与以监控、通信、收费管理为代表的路上信息跟踪系统并行的管理格局。这种管理格局需要大批计算机操作维护人员及机电一体化的维护人员,以及"一人多职,一专多能"的高素质管理人员及复合型人才。管理方向进一步向高智能转变,这是高速公路运营管理区别于一般公路管理的主要特点之一。

**3. 高速公路运营管理面向管理客体提供全面服务**

高速公路运营管理的目的是向用户提供安全畅通的行车环境,这是由高速公路封闭式收费的特点决定的。高速公路不同于一般公路,在管理上更多体现的是其商品属性。我国高速公路大都是通过贷款或其他融资方式修建的,因此基本上都采用收费还贷的形式。高速公路运营企业在向使用者收取通行费的同时,有义务向用户提供优质的服务。由于高速公路运营管理是一种综合管理,因此,提供的服务渗透在管理的各个环节之中,特别在管理意识、管理方式、管理制度上要充分体现,而树立良好的服务意识是高速公路管理决策的关键。

## 三 高速公路运营管理目的

高速公路运营管理的目的是保证公路各种设施及附属构造物处于完好状态,从而为车辆运行提供快速、安全、舒适、畅通的环境;确保通行费收取,以便尽快偿还贷款本息,保证支付管理费等;保护国有资产、路权,及时排除路障、救援、急救,保证路线畅通、安全;维护交通秩序,及时处理交通事故,防止交通阻塞;利用监控、通信系统,及时收集交通信息,监控道路交通并采取有效的管控措施,为驾乘人员提供舒适、安全的驾乘环境和方便、周到的服务。

# 第二节　高速公路运营管理模式

## 一 "一路一公司"模式(1988—2000年)

1988年10月31日,中国迎来了第一条高速公路——沪嘉高速的通车运营。受限于当时的投融资模式和技术条件,我国在20世纪末的高速公路建设与管理主要是分段进行、独立管理。截至2000年,从全国范围来看,"两纵三横"的规划建设已圆满完成,而"五纵七横"的3.5万km规划虽已出台,但实际通车的高速公路仅有1.63万km。从各个省份来看,无论是高速公路的基础设施,还是收费、监控、路政等业务,都呈现出每一段高速公路"各自为政"的局面。我国早期著名的沈大高速、京津塘高速、沪宁高速、广深高速等,都是这一时期的典型代表。

## 二 "省域区域联网"模式（2001—2010年）

从"十五"到"十一五"，我国高速公路从不足2万km发展到7.41万km，"五纵七横"国道主干线建设于2008年提前13年完成，省际高速公路骨干网初具规模，也导致省域内联网运行需求逐渐增长，"一路一公司"模式已不适应。2000年9月，交通部发布《高速公路联网收费暂行技术要求》，拉开了高速公路联网运行的序幕。2003年底，广东省在国内率先完成省域范围联网收费系统建设，至2010年底，共计取消省内高速公路主线收费站54个。

在此期间，通过长期的技术探索与实践，并经历了数次技术路线之争。2007年，以"双片式ETC"为代表的中国ETC技术标准体系正式确立，随之也拉开了京津冀和长三角（包括沪、苏、浙、皖4个省市）区域联网电子不停车收费示范工程建设序幕。至2010年底，示范工程基本完成，全国各省、自治区、直辖市也完成了省域联网收费系统的建设，省级联网监控管理中心陆续组建运行，以"省"为单位的高速公路联网运行模式正式确立。

## 三 "全国联网"模式（2011—2015年）

随着我国高速公路里程突破10万km，跃居世界第一，特别是京津冀和长三角区域联网模式的成功运行，以及我国自主研发的双片式ETC、联网监控等技术体系的成熟，全国高速公路联网运行也被提上日程。在此期间，涉及高速公路"全国联网"的政策制度、管理体制、标准规范等也取得突破性进展。2012年，交通运输部路网监测与应急处置中心成立，公路网运行管理体制取得重大进展；2011—2014年，《收费公路联网电子不停车收费技术要求》《公路网运行监测与服务暂行技术要求》等相关标准规范陆续出台，有效支撑了"全国联网"运行模式的建立。2014年，为充分发挥ETC的规模效益，交通运输部组织开展全国ETC联网工作，分两批完成了全国29个省、自治区、直辖市ETC联网运行，推动ETC实现跨越式发展，系统规模、用户数量、产业规模均实现成倍增长。

## 四 "取消省界收费站"模式（2016—2020年）

随着经济社会快速发展，部分省界收费站拥堵现象日益凸显，严重影响了高速公路通行效率，增加了公路运输时间和成本。2016—2018年，ETC呈现出快速增长态势，部分地区ETC使用率开始超过MTC（Manual Toll Collection，人工收费）。

2019年,按照党中央、国务院重要部署,为深化供给侧结构性改革,推进交通运输高质量发展,交通运输部组织深化收费公路改革,取消高速公路省界收费站工程,2019年12月31日24时,全国高速公路联网收费系统顺利切换,487座省界收费站如期取消,圆满落实了"取消高速公路省界收费站"这一党中央、国务院交办的重大决策部署和完成我国乃至世界交通运输史上的里程碑式任务,建成了24588套ETC门架系统,完成ETC车道改造48211条。经过2020年一整年的磨合运转,系统运行稳定有序,服务支撑了全网2亿ETC用户及日均3000余万辆流量与500万张通行费电子发票开具需求,近15万km高速公路进入"一张网"运行新阶段。截至2020年底,全国累计ETC客户数量达到2.2亿,占全国汽车保有量的78%,ETC使用率超过66%,彻底结束了高速公路省界收费站拥堵的历史。

## 第三节　高速公路运营管理主要内容

高速公路是现代交通网络的重要组成部分,它的运营管理对保障道路运输的安全和顺畅起着至关重要的作用。高速公路运营管理主要包括以下几个方面。

### 一、收费管理

作为一种特殊的公共设施,高速公路的建设和维护需要投入大量的资金。为了有效地回收投资和确保运营资金有持续来源,高速公路采取收费制度,收费管理是高速公路运营管理中的重要环节。

收费管理主要包括对收费站进行日常运营管理,确保收费设备正常运行;对收费员进行培训和管理,保障收费工作的规范和准确;对收费数据进行统计和分析,为高速公路运营管理层决策提供依据。

### 二、设备维护管理

高速公路运营过程中涉及大量的设备,包括道路设备、桥梁设备、隧道设备、收费设备等。设备的正常运行对保障高速公路的安全和顺畅至关重要。

设备维护管理包括设备的日常巡检、维修和保养,通过定期维护措施,确保设备处于良好的使用状态,减少设备故障对高速公路运营造成的影响。此外,还需要建立健全设备维护管理制度,对设备进行台账管理和维修记录,及时进行设备的淘汰、更新。

## 三 信息化管理

随着信息技术的发展,高速公路运营管理逐渐实现了信息化。信息化管理能够提高管理效率和服务质量。

信息化管理包括建立高速公路运营管理信息系统,进行数据的采集、存储和分析;建立电子收费系统,提供便利的收费服务;开展电子监控和远程管理,实时监控高速公路的运营状况。

## 四 交通安全管理

交通安全是高速公路运营管理的核心任务之一。为了保障高速公路上的车辆和驾乘人员的安全,需要进行全方位的交通安全管理。

交通安全管理包括制定和执行交通规则;加强对驾驶员的教育和培训,提高驾驶员的安全意识和驾驶技能;设置和维护交通安全设施,如护栏、标志、照明设施等;建立高速公路巡逻和救援体系,及时处置交通事故和紧急情况。

## 五 道路维护管理

道路是高速公路的核心组成部分,其质量直接影响其使用寿命和行车安全。

道路维护管理包括道路的定期检测和评估,及时发现和修复道路上的缺陷和损毁处;路面的养护和病害治理,保持道路的平整和稳定;交通量的监测和分析,及时调节道路的通行能力和车流分配。

## 六 服务设施及环境管理

高速公路沿线设置有收费站及高速公路服务区等收费站场和服务设施,为车辆、驾乘人员和旅客提供服务。站场及服务设施管理包括设施的建设和维护、服务质量的监督等。

高速公路环境工程是综合应用自然科学、社会科学原理和工程技术手段协调环境与发展,保护和改善环境质量的新兴技术工程,其主要研究内容包括环境污染防治、环境监测、环境质量评价、环境规划与管理、自然资源保护与合理利用以及环境系统过程控制等。高速公路环境管理对实施可持续发展战略,促进社会、经济与环境协调发展起着重要的作用。

# 第四节　广东省高速公路运营管理组织架构

根据《中华人民共和国公路法》和高速公路运营管理机构的设置原则，高速公路运营管理组织宜采用"三级直线-职能型结构模式"。这种结构模式是一种较理想的管理模式，其特点是在不同的管理层次上，形式简单，权责分明，专业技术职能明确。

当前各省高速公路运营管理各有特点，因此各省的高速公路运营管理机构及工作流程并不统一。本节仅以广东省为例，对高速公路运营管理机构及工作流程进行介绍。

目前广东省高速公路运营管理的组织架构，基本有5种模式，包括集团控股型、专业扁平型、独立项目管理型、建管养复合型、委托管理型。

## 一、集团控股型组织架构

集团控股型组织架构所管理的高速公路里程长、人员多，而且管理的业务种类繁杂，管理范围广、规模大。根据前述特点，该类型组织架构采取了职能分层分级管理。其组织架构如图1-2-1所示。

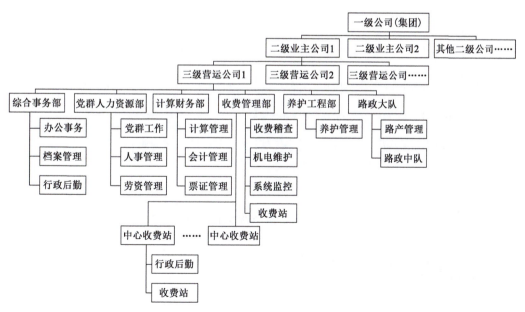

图1-2-1　集团控股型组织架构图

## 二 专业扁平型组织架构

专业扁平型组织架构一般是某个区域随着路段逐渐开通后合并为一个专业的联合运营公司管理,以便进行片区化、专业化、规模化管理。其组织架构如图1-2-2所示。

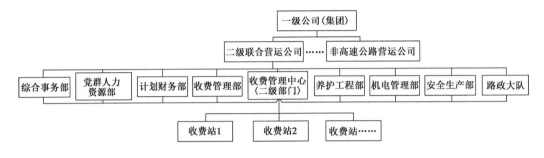

图1-2-2 专业扁平型组织架构图

## 三 独立项目管理型组织架构

独立项目管理型组织架构多为外资、民企的投资者投资的单一路段、特大桥、隧道等里程少、范围小,需要以公司进行独立管理的模式。其组织架构如图1-2-3所示。

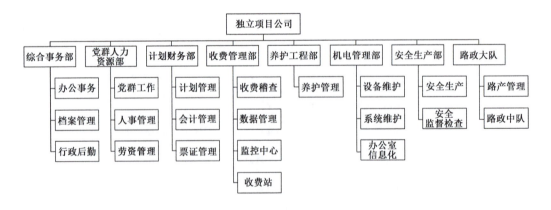

图1-2-3 独立项目管理型组织架构图

## 四 建管养复合型组织架构

建管养复合型组织架构多为分期分批投资建设、运营管理以及后续的改扩建合并管理。其组织架构如图1-2-4所示。

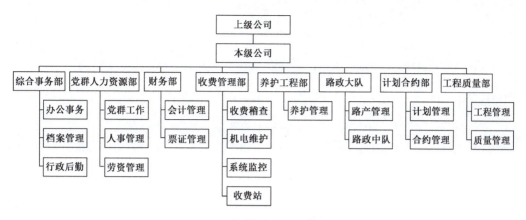

图 1-2-4 建管养复合型组织架构图

## 五 委托管理型组织架构

委托管理型的高速公路公司由于管理里程短,多为全部委托管理和部分委托管理的单位。全部委托管理单位仅保存法人公司,其业务全部委托给相邻路段项目公司管理,少量股东委派人员及少量综合服务人员参与被委托公司的工作,主要处理股东权益、委托合同等事项;而部分委托管理单位,其组织架构存在的部门主要为未委托的业务部门,如工程养护部、综合业务部,委托给相关路段公司管理的主要为收费、路政等业务。

# 第三章
# 收费及监控员基础知识

## 第一节 安全基础知识

### 一 消防安全基础知识

为了预防火灾和减少火灾危害，加强应急救援工作，保护人身、财产安全，维护公共安全，2021年4月29日第十三届全国人民代表大会常务委员会第二十八次会议通过了《中华人民共和国消防法》。根据该法，消防工作贯彻"预防为主，防消结合"的方针，坚持专门机关与群众相结合的原则，实行消防安全责任制。任何单位、个人都有维护消防安全、保护消防设施、预防火灾、报告火警的义务，任何单位、成年公民都有参加有组织的灭火工作的义务。

高速公路收费站及监控中心具有管理对象复杂的特点，是消防安全防护的重点区域，收费及监控员应该具备以下消防基础知识。

**1. 火灾特点**

(1) 燃烧猛烈，蔓延快。火灾极易沿着电气线路和通风管道蔓延，短时间内就可以形成大面积火灾。

(2) 造成的伤亡大。建筑物内结构复杂，疏散通道狭长曲折，安全出口少，不利于疏散。一旦发生燃烧，会产生大量高温有毒的烟气，极易使人中毒窒息，造成巨大伤亡。

(3) 造成的经济损失大。收费站及监控室内有大量设备设施，一旦发生火灾，就会造成巨大的经济损失。

(4) 扑救困难。由于收费站及监控中心使用性质、设备设施的复杂性，可燃物多且集中，燃烧快而凶猛，扑救难度大。

**2. 燃烧发生的条件**

燃烧的发生必须具备四个条件，即可燃物、助燃物、着火源和链式反应基。

(1) 可燃物。凡是能与空气中的氧或其他氧化剂发生化学反应的物质，均称为可燃物；

(2)助燃物。凡是与可燃物结合能导致和支持燃烧的物质,均称为助燃物;

(3)引火源。使物质开始燃烧的外部热源称为引火源;

(4)链式反应自由基。链式反应自由基是一种高度活泼的化学基团,能与其他自由基和分子起反应,从而使燃烧按链式反应的形式扩展,也称游离基。

燃烧是指可燃物与氧化剂作用发生的放热反应,通常伴有火焰、发光、发烟现象。

燃烧过程中,燃烧区的温度较高,使其中白炽的固体粒子和某些不稳定的中间物质分子内电子发生能级跃迁,从而发出各种波长的光。发光的气相燃烧区就是火焰,它是燃烧过程中最明显的标志。出于燃烧不完全等原因,燃烧产物中会产生些小颗粒,这样就形成了烟。

### 3.火灾的分类

火灾分为 A、B、C、D、E、F 六类。A 类是固体物质引发的火灾,如木材、棉花、麻、纸张等引发的火灾。B 类是液体和可熔化的固体物质引发的火灾,如汽油、煤油、原油、甲醇、乙醇、沥青、石蜡等引发的火灾。C 类是气体引发的火灾,如煤气、天然气、甲烷、乙烷、丙烷、氢气等引发的火灾。D 类是金属引发的火灾,如钾、钠、镁、钛、锆、锂、铝等引发的火灾。E 类是带电火灾,如物体带电燃烧的火灾。F 类是烹饪器具内的烹饪物(如动植物油脂)引发的火灾。

### 4.防止火灾发生的基本措施

(1)控制可燃物,以难燃或不燃的材料代替易燃或可燃的材料。

(2)隔绝空气,易燃物质的生产应在密闭的设备中进行。

(3)消除着火源。

(4)阻止火势蔓延,如在建筑物之间筑防火墙,设防火间距,防止火灾扩大。

### 5.灭火方法

一切灭火措施都是为了破坏已经产生的燃烧条件或使燃烧反应停止,根据物质燃烧原理和救火的实践经验,现行灭火基本方法有以下四种:

(1)冷却法:降低燃烧物的温度,使温度低于燃点,促使燃烧过程停止。例如使用水灭火。

(2)窒息法:减少燃烧区域的氧气量或采用不能燃烧的物质冲淡空气,使火焰熄灭。例如用砂土埋没燃烧物,使用二氧化碳灭火器扑救火灾。

(3)隔离法:把燃烧物与未燃烧物隔离。例如将起火点附近的可燃、易燃或助燃物搬走。

(4)抑制法:让灭火剂参与燃烧反应过程,中断燃烧的连锁反应。

### 6.消防安全常识

(1)火灾预防:保持工作场所的整洁,定期检查电气设备和线路,确保安全使用电器和燃气设备。

(2)火灾侦测与报警:安装烟雾探测器和火灾报警器,定期检查测试设备的有效性,确保设备正常运作。

（3）安全用电：避免电源过载，不使用破损的电线和插座。定期检查电线、插座和电器设备。

（4）燃气安全：定期检查燃气管道和燃气设备，确保煤气灶和热水器正常工作。

（5）室内安全：确保所有疏散通道畅通无阻，了解疏散通道的走向和位置，不将物品堆放在通道中阻碍逃生。

（6）烟雾中毒：了解烟雾中毒的危险性，尽量避免吸入烟雾。当发生火灾时，用湿毛巾捂住口鼻，尽量以低姿势爬行到安全出口。

（7）火灾逃生：熟悉工作场所的火灾逃生路线和紧急出口，定期进行火灾演习，确保员工都知道逃生计划。

（8）火灾扑救：学习使用灭火器和掌握灭火器的类型，遵循使用灭火器的正确程序。合理配备灭火器和灭火毯，且要定期检查和维护。在火灾无法控制时，立即撤离并拨打紧急救援电话。

（9）救援电话：记住当地的紧急救援电话号码（通常火警是119，急救是120，报警是110），并在需要时拨打。

（10）急救知识：学习基本的急救知识，包括灼伤、烟雾中毒和其他与火灾相关的急救知识，以及在紧急情况下处理意外伤害的措施。

（11）定期演习：定期组织员工开展火灾应急演练，以确保员工都清楚逃生路线和相关应对措施。

## 二　用电安全基础知识

安全用电是指在保证人身及设备安全的前提下，正确地使用电力。

安全用电的内容包括人身用电安全与设备用电安全两个方面。人身用电安全指在从事电气工作及电气设备操作使用过程中人员的安全。设备用电安全指电气设备及相关其他设备，包括建筑物的安全。其中，人身用电安全方面包括防止人员触电的安全防护技术，设备用电安全方面包括设备的防火防爆、过电压保护等技术。

收费及监控员应该掌握以下用电安全基础知识。

### 1. 电气事故分类

（1）雷击事故

雷电是一种大气放电现象。雷击是在雷电发生时，强大的电流通过人、畜、树木、建筑物等造成的杀伤或破坏。

（2）电气火灾爆炸事故

电气火灾爆炸是指由电气引燃源（如电火花和电弧等）引发的火灾和爆炸。

(3) 电气误操作事故

一般来说,主要有以下4种恶性电气误操作事故:

①带负荷拉(合)隔离开关。

②带电挂(合)接地线(接地开关)。

③带接地线(接地开关)合断路器或隔离开关。

④误分(合)断路器。

(4) 静电事故

静电事故是指由静电放电或静电力作用导致发生危险或损害的现象。

(5) 电磁辐射危害事故

电磁辐射危害事故是指以电磁波形式的能量释放,产生对人体有害的生理效应,以及影响各类电气设备正常工作而引发的事故。

(6) 电路故障及事故

电路故障及事故主要是指电能失控,包括整个电流流通的回路中任何一个环节上的事故及故障。从能量角度看,在整个电流流通的回路之中,任何一个环节发生了故障,都有可能产生电路故障或事故。电路故障及事故的危害也很严重,例如,即使一个小灯泡的熄灭故障,也可能导致人的死亡。

**2. 用电安全措施**

(1) 正确购买并使用符合安全标准的电器和设备,避免使用损坏、老化或破损的电器。

(2) 了解插座的负载能力,正确使用插座。

(3) 确保电气设备正确接地,以减少电击和过电压的风险。

(4) 人离开时关闭电器,拔掉电器插头,以避免发生火灾和电击危险。

(5) 紧急情况下迅速切断电源,学习如何关闭主断路器或熔断器。

(6) 确保电气设备放置在通风良好的区域,远离易燃物和湿度较高的环境。

(7) 潮湿环境下,合理使用电器。

(8) 在雷暴天气中,及时拔掉重要电器的电源插头,以防止雷击造成的电击损坏。

(9) 定期请具有相应资质的电工进行电路和电气设备的维护和检查,确保安全性。

## 三 交通安全基础知识

交通运输安全是运输生产系统运行秩序正常、旅客生命财产平安无险、货物和运输设备完好无损的综合表现,也是在运输生产全过程中为达到上述目的而进行的全部生产活动协调运作的结果。交通运输生产的根本任务是把旅客和货物安全及时地运送到目的地,而交通运输生产的作用、性质和特点,决定了交通运输必须把安全生产摆在各项工作的首要位置。

收费及监控员日常工作与交通安全密不可分,为保证自身安全及保障工作顺利进行,应该掌握以下交通安全基础知识。

**1. 高速公路运输的主要风险源辨识**

高速公路运输的风险源多种多样,这些风险源可能导致交通事故和其他安全问题。包括驾驶员违规驾驶,驾驶员操作错误,驾驶员注意力分散,其他交通参与者的不安全行为;车辆技术状况不良,主动安全装置失效,被动安全装置失效;道路结构存在安全隐患;气象环境出现不利于驾驶的状况等高速公路主要风险源。

**2. 高速公路运输的安全生产风险管理要点**

面对上述风险源,高速公路运输的安全生产风险管理主要针对以下6个方面:

(1)人的不安全因素,主要是驾驶员的操作失误和其他交通参与者(其他车辆驾驶员、乘客、行人等)违反通行规则或个人疏忽、注意力不集中等不安全行为。

(2)车辆不安全因素,主要是车辆技术状况和安全装置、车载物品货物装载处于不安全状态。

(3)载货的不安全因素,如运输具有剧毒性、爆炸性、腐蚀性、放射性等特性的危险品。

(4)路况的不安全因素,如路面施工、障碍物、路政设施损坏等造成的不安全状态。

(5)环境的不安全因素,如雨、雪、大雾等天气影响路面安全和驾驶员视野。

(6)其他不安全因素,如修理车间、加油站仓库等可能发生安全事故。

**3. 收费及监控员日常工作及生活中的交通安全防范措施**

(1)步行安全

熟悉各种交通标志和标线的含义,行走时选择行人过街标志、人行横道和人行道等安全区域;行走时注意安全,保持警惕,不要佩戴耳机或看手机;注意周围环境,要时刻目视道路,注意车辆行驶情况;避免在不安全区域行走。

(2)非机动车通行安全

佩戴头盔和其他保护装备,检查非机动车状况,确保非机动车制动系统和车轮、链条、车架的完好无损,遵守行车道通行规则,不逆行,确保车铃声响亮且清晰,行车前后确认安全,在通过路口和转弯处之前注意观察,确保自身安全。

(3)机动车驾驶安全

遵守交通规则,熟悉交通规则和交通信号。安全驾驶,保持安全车距,遵守车道通行规则,不疲劳驾车、驾车不饮酒和使用手机等。保持安全速度,不超速行驶。安全停车,选择停车场或有停车标志的区域,确保停车有充足空间且安全灵活。正确使用安全带和儿童安全座椅,驾驶员应提醒乘客系上安全带。

(4)交通事故发生时的应对方法

立即联系警方和求助;保持冷静,并尽量避免与其他涉事人员发生争执或冲突;获取事故现场证据,找到相应证人。

(5)公共交通工具乘坐安全

在上下公共交通工具时,等待其完全停稳后再行动;乘车时站稳,如果有座位可坐下;注意保护个人物品。

## 四 作业安全防护基础知识

为了加强安全生产工作,防止和减少生产安全事故,保障人民群众生命和财产安全,促进经济社会持续健康发展,2021年6月10日,第十三届全国人民代表大会常务委员会第二十九次会议通过《全国人民代表大会常务委员会关于修改〈中华人民共和国安全生产法〉的决定》。

《中华人民共和国安全生产法》规定,从业人员应当接受安全生产教育和培训,掌握本职工作所需的安全生产知识,提高安全生产技能,增强事故预防和应急处理能力。从业人员在作业过程中,应当严格落实岗位安全责任,遵守本单位的安全生产规章制度和操作规程,服从管理,正确佩戴和使用劳动防护用品。从业人员发现事故隐患或者其他不安全因素,应当立即向现场安全生产管理人员或者本单位负责人报告;接到报告的人员应当及时予以处理。

工作场所的安全防护是一项关乎员工健康和生命安全的重要工作。收费员及监控员应该掌握以下关于作业安全防护的基础知识:

(1)了解并熟悉工作场所的安全规章制度和操作规程,包括紧急撤离路线、安全设备的使用方法以及报告事故的程序等,及时向上级领导报告可能存在的安全隐患和问题,并积极参与公司组织的安全培训和演练活动,提高自己的安全意识。

(2)正确使用个人防护装备。

(3)遵守机械设备操作规程。

(4)了解相关的电气安全知识,并遵守电气安全操作规程。

(5)正确使用和储存化学品。了解化学品的危险性,遵守涉及化学品的相关操作规程,使用个人防护装备,并确保室内有良好的通风条件。

(6)保持正确的工作姿势,预防工作损伤。避免长时间保持同一姿势和做重复性动作,适时进行休息和拉伸运动。

### 1. 收费员安全操作规程

(1)牢固树立安全意识,认真遵守安全工作规定及程序,做到不违规操作、不简化程序、不越权操作。

(2)按规定着装,穿戴整齐,清理与工作无关的物品,提前进入财务室领取上班用品,并随手反锁财务室防盗门。

(3)在班长带领下到规定地点列队并按规定路线上下岗,行进途中和在广场走动时应注意周围陌生人员或车辆。严禁个人携带现金、票款单独提前或延后上下岗。

(4)横穿广场、车道时,必须做到"一停、二看、三通过"(先停在黄色安全线内,面向来车方向看清楚有无车辆行驶过来,没有或车辆已经停下缴款、取卡,方可通过车道),密切注意来往车辆,严禁与进、出车道车辆抢道,在栏杆降下、车辆停止前进时,从栏杆外侧快速通过,严禁在车道停留。

(5)按班长分工进入收费亭内交接,票、款、卡和水杯按规定摆放,不得在设备上摆放水杯。

(6)在落实文明服务"五要素"时,手部与车辆保持安全距离,不得将手过于伸出窗外。

(7)缴费车辆未停稳时,头部不得伸出窗外,以防在车辆停靠位置不当或制动失灵时碰伤。

(8)在亭外作业时必须穿反光衣,面对来车。

(9)上岗期间,收费亭门必须处于反锁状态。

(10)中途因用餐等离开岗亭时,必须按规定存放好票、款、卡,同时记得关窗、锁门。

(11)中途因换零钞等问题需要他人协助时,应通过监控或收费班长解决,禁止收费员私自离开岗亭自行处理。

(12)机动收费员协助站岗时,应站于安全岛中线位置并穿着反光衣。

(13)机动收费员协助核验"绿色通道"(简称"绿通")车辆时,必须穿着反光衣,待车辆停稳后,尽量在车辆两侧不容易剐蹭的安全位置进行核验,并减少在车尾站立的时间,防止车辆尾撞。

(14)下班时应迅速到达指定地点列队,在班长带领下按规定路线列队返回,尽量减少在广场逗留的时间。收费员中途不得离队。

(15)进入财务室(含投包机房)交款时,收费员必须随手反锁防盗门,当面清点票、款、卡,并由收费员本人将钱袋投入投包机金库内。未结算完毕,收费员不得离开。

(16)严禁在收费亭内使用超配置电器,不得在收费亭内使用明火、取暖炉或私拉电线,避免引起火灾、触电事故。

(17)手动栏杆处于关闭状态时,严禁顶棚信号灯处于通行状态。

(18)发现超限车辆或装载不规范的车辆进入车道时,必须停止收费或发卡并通知班长处理,由班长指挥该车辆从超宽车道通过,避免其从正常车道通过时破坏收费设施。

(19)发现闯关逃费车辆时,严禁采取用身体阻挡车辆、扒车等危及人身安全的行为。

(20)收费亭内着火时,应尽可能转移票款,并立即正确使用灭火器灭火。

(21)注意观察来往车辆的车速、车况,及早发现失控车、起火车,及时撤离。

（22）发生抢劫等突发事件时，在确保人身安全的情况下，能够正确、熟练使用脚踏报警器和110报警器，及时开展自救。

（23）收费现场发生化学品泄漏并危及人身安全时，应在班长组织下迅速关闭收费亭门窗后撤离。

**2. 收费班长安全操作规程**

（1）牢固树立安全意识，认真遵守安全工作规定及程序，做到不违规操作、不简化程序、不越权操作。

（2）按规定着装，穿戴整齐（必须穿反光衣），清理个人物品，带领班员提前进入财务室领取上班用品，并随手反锁财务室防盗门。

（3）带领班员在规定地点列队并按规定路线上下岗，行进途中和在广场走动时，应注意观察，发现有陌生人或车辆靠近时，应明确予以警告、制止。严禁个人携带票款单独上下岗。

（4）横穿广场、车道时，必须做到"一停、二看、三通过"，密切注意来往车辆，严禁与进、出车道车辆抢道，在栏杆降下、车辆停止前进时，从栏杆外侧快速通过，严禁在车道停留。

（5）交接班应在安全岛上或其他安全位置进行，必须按规定做好交接，做到交接清楚、责任分明。

（6）检查、监督收费员，制止和纠正违规、违章行为。

（7）疏导、指挥车辆时应面向来车，保持安全距离。

（8）安排收费员到指定车道收费亭上岗，并根据顶棚信号灯的状态及时按程序开关手动栏杆、摆放或移除在车道前端中央位置的禁行交通锥。

（9）定期检查信号灯、栏杆、消防器材等设施设备和当班亭门反锁、物品摆放等安全作业情况，发现问题及时处理和纠正，如果隐患无法立即整改，必须上报处理。

（10）随时观察收费广场的车辆和岗亭周围的情况，及时劝离滞留在收费广场的闲杂人员及车辆。

（11）站岗时应站于安全岛中线位置并面向来车，尽可能避免与驾乘人员近距离、长时间接触。

（12）核验"绿通"车辆时，应安排一名核查人员做好车辆指挥和安全瞭望工作，遇到危险情况时及时提醒。核查前，核查人员必须站在安全岛上，面向来车，车辆完全停稳后，亭内收费员提醒司机拉好手刹，通知核查人员检查。核查时，尽量在车辆两侧不容易剐蹭的安全位置进行核验，并减少在车尾站立时间，防止车辆尾撞。打开车厢、包裹时要求对方操作，并站在车厢门侧方安全区域，注意货物倾倒、坠落。如需攀爬车辆核查时，应戴好手套，同时安排一人扶稳梯子。核查完毕，核查人员回到安全岛上才能放行车辆。

（13）清扫作业时，应先关闭车道（信号灯处于封闭状态、手动栏杆关闭，车道前端中央摆放交通锥），不得用水直接冲洗设备。

(14)浓雾天气时,应及时开启防雾灯和增开车道照明灯、广场照明灯,摆放警示牌。遇雷雨天气时,应尽量避免走出收费亭。

(15)下班时迅速组织班员列队并按规定路线返回,尽量减少在广场逗留的时间。禁止收费员中途离队。

(16)返回财务室(含投包机房)交款时,必须随手反锁防盗门,监督收费员当面清点票款和现金投包。未结算完毕,收费员不得离开。

(17)修改车型、更换零钞或使用亭内通信工具时,应进入收费亭内操作,严禁站在车道内或趴在收费窗口操作。

(18)严禁在收费亭内使用超配置电器,不得在收费亭内使用明火、取暖炉或私拉电线,避免引起火灾、触电事故。

(19)手动栏杆处于关闭状态时,严禁顶棚信号灯处于通行状态。

(20)遇装载易滑动或倾斜货物的车辆通过车道时,应注意观察和避让。

(21)发现闯关逃费车辆时,严禁采取用身体阻挡车辆、扒车等危及人身安全的行为。

(22)收费亭内着火时,应迅速组织班员尽可能转移票款,并正确使用灭火器灭火。

(23)在收费现场或上下岗途中遭遇抢劫时,在确保人身安全的情况下,应及时报警和向值班站长、监控中心报告,并尽可能开展自救。

(24)收费现场发生化学品泄漏并危及人身安全时,应迅速上报值班站长、监控中心,组织班员、驾乘人员迅速撤离。

### 3. 监控员安全操作规程

(1)按规定着装,提前到岗,清理个人物品,做好上岗前的准备工作。

(2)进入监控中心后,严格执行交接班制度,履行签字手续,做到交接清楚、责任分明。

(3)检查监控系统、通信、空调、供电等设施设备运行是否正常,发现异常情况时,按规定流程及时报修,不得自行维护、修理。

(4)按规定切换监控视频,通过监控图像实时监控各收费现场的业务操作、车辆通行、设备运行、突发事件和路面路况等情况,及时稽查、核实特殊车辆和图像记录,妥善处理巡查发现的问题。

(5)按规定轮流使用监控室、机房的空调,以避免空调长时间不间断工作引发设备损坏、火灾、漏水等意外事件。

(6)当班期间定时巡查通信机房、设备机房,发现异常时及时通知维护人员,发现重大故障应迅速上报主管领导。

(7)接到驾乘人员咨询、投诉、求助电话时,应准确记录内容,热情、礼貌给予答复或协助,当场不能答复的,应在问询和请示相关部门后及时回复。

(8)监控巡查遇到交通事故、交通阻塞或逃费、抢劫等特殊情况时,应视情况及时通知相关收费站、路政、交警、救护等相关部门和上报公司相关领导、上级监控中心,正确指引收费站进行正确处理,视情况及时发布情报板信息和填报公路交通阻断信息,并做好录像跟踪、数据备份等相关工作。

(9)认真填写工作日志、各类表格,做到清晰明了、简明扼要。

(10)清洁设备时应注意安全,按要求戴胶手套或绝缘手套,使用拧干的毛巾,防止设备损坏和发生漏电事故。

(11)认真做好监控室防火、防盗、防潮、防鼠措施。

(12)不得在监控室内吸烟、饮酒、吃零食、会客,不得在机器设备上摆放重物、水杯和与工作无关的杂物。

(13)不得擅自拆卸、搬移、连接、更换机房内的各种硬件设备,不得擅自接驳电线、插座等用电设施。

(14)严禁无关人员进入监控室。外来人员经批准进入监控室时,必须做好询问、确认和登记工作。

(15)未经批准,严禁外传外借监控资料。

(16)严禁将易燃易爆、强腐蚀、强磁性物品和食物、杂物带入监控室。

(17)严禁私自在计算机上使用优盘、光盘和其他存储介质复制、修改数据库和进行软件设置,禁止工作权限以外的一切操作。

(18)电器着火时,应立即切断电源,选用二氧化碳灭火器灭火。

(19)发现监控室、机房温度过高,应迅速采取降温措施。

## 五 公共安全防范基础知识

公共安全(Public Safety,PS)是指公民进行正常的社会活动所需的安全、稳定的环境和秩序。公共安全包括与社会公众相关的自然灾害、生产安全事故、公共卫生事件、社会治安事件等涉及安全和健康的问题。

以下是收费及监控员应了解的与公共安全防范相关的基础知识:

(1)辨识控制风险源:对潜在的危险源进行评估和管理,包括对化学品、危险场所、高危工作等进行规范监管,并采取有效措施控制危险源。

(2)安全监测和预警系统:建立和完善安全监测体系,及时掌握各种潜在威胁和风险信息,并提前发出警报。

(3)安全规章制度:制定和执行相关安全规章制度,如交通规则、建筑安全标准、消防安全要求等,确保公共场所的安全。

(4)紧急应急救援机制:建立健全应急救援机制,包括培训应急救援人员,设置应急逃生通道，配备应急救援设备等。

（5）信息宣传教育：利用各种渠道向公众宣传安全知识和技能，提高公众对各种安全风险的认识和警觉性。

（6）安全演练和培训：定期组织安全演练和培训活动，提高公众和相关人员应对紧急情况和灾害事件的应急能力。

防范公共安全风险需要各个层面的合作和共同努力，同时个人也应增强自我保护意识，学习相应的安全知识，提升风险应对能力，积极落实安全防范措施，共同为建设安全稳定的社会环境贡献力量。

## 六 突发事件应急处置基础知识

在2006年1月8日颁布实施的《国家突发公共事件总体应急预案》中，突发公共事件是指"突然发生，造成或者可能造成重大人员伤亡、财产损失、生态环境破坏和严重社会危害，危及公共安全的紧急事件"；在2007年11月1日起施行的《中华人民共和国突发事件应对法》中，突发事件是指"突然发生，造成或者可能造成严重社会危害，需要采取应急处置措施予以应对的自然灾害、事故灾难、公共卫生事件和社会安全事件"。

面对日常工作中的突发事件，收费及监控员需要掌握以下相关基础知识。

### 1. 突发事件的分类及总体特征

1）突发事件的分类

《中华人民共和国突发事件应对法》中的"突发事件"实际上是指"突发公共事件"，突发公共事件又包括以下四类：

（1）自然灾害

《国家自然灾害救助应急预案》对自然灾害的类型做了总体概括：洪涝、干旱等水旱灾害，台风、风雹、低温冷冻、高温、雪灾、沙尘暴等气象灾害，地震灾害，崩塌、滑坡、泥石流等地质灾害，风暴潮、海浪、海啸、海冰等海洋灾害，森林草原火灾和生物灾害等。

（2）事故灾难

《国家突发公共事件总体应急预案》指出事故灾难主要包括：工矿商贸等企业的各类安全事故，交通运输事故，公共设施和设备事故，环境污染和生态破坏事件等。

（3）公共卫生事件

《突发公共卫生事件应急条例》把突发公共卫生事件界定为"突然发生，造成或者可能造成社会公众健康严重损害的重大传染病疫情、群体性不明原因疾病、重大食物和职业中毒以及其他严重影响公众健康的事件"。

（4）社会安全事件

除自然灾害、事故灾难、公共卫生事件之外，涉及政治、经济、生活等各方面，对国家和社会的稳定与发展造成巨大影响的各种突发事件都可被认为是社会安全事件,如恐怖袭击、经济危机、群体性事件等。

2)突发事件的总体特征

各类突发事件具有以下七个共同特征:

(1)突发性

突发事件的突发性是指对于突发事件能否发生,于什么时间、在什么地点、以什么方式爆发,以及爆发的程度等情况,人们都始料未及,难以准确地把握。突发事件的起因、规模、事态的变化、发展趋势以及事件影响的深度和广度也不能事先描述和确定,是难以预测的。这就反映了突发事件具有极强的偶然性和随机性,正是由于突发事件的突发性,它能在较短的时间内迅速成为社会关注的焦点和热点,并产生巨大的震撼力和影响力。

(2)公共性

突发事件一般都涉及公共领域,影响民众的生活,对民众的生命和财产安全构成威胁,即对公共利益造成损害;突发事件发生后会迅速传播并引起社会大众的关注,成为社会的焦点;同时,突发事件要动用大量的人员和社会资源,组织公共力量进行有序的协调,直至不良影响被消除。

(3)破坏性

从某种意义上说,突发事件以人员伤亡、财产损失为标志。不论什么性质和规模的突发事件,都会不同程度地给国家和人民造成政治、经济上的损失或精神上的伤害,都会影响政治局面的稳定,破坏经济建设,危及人们正常的工作和生活秩序,甚至威胁人类的生存。

(4)机遇性

突发事件中也存在机遇,例如,新的市场机会、技术的创新、企业的合作、品牌的提升、人才的储备等。虽然面对的是机遇,但也需要有忧患意识,做到预先准备,及时准确地获取深层次、预警性的信息是掌握处置突发事件主动权的前提。为此,加强对全局性、区域性各种可能引发突发事件的资讯情况的预测和判断,及时准确地掌握重点地区、敏感时节的情况动态,特别是做到对不同类型的突发事件有相应的应对措施,并且根据形势和情况的变化,制定出相对完善的应对突发事件的行动方案,是非常必要的。

(5)复杂性

首先,造成突发事件的原因相当复杂。既有纯自然因素造成的突发事件,又有人为因素造成的突发事件,还有自然因素和人为因素共同影响而造成的突发事件。其次,突发事件的发展过程十分复杂,瞬息万变,往往难以准确预测和把握,加之可靠信息有限,人们在突发事件面前往往无所适从,加剧了内心的恐慌感和不安全感。最后,突发事件的后果也是复杂的。突发事件影响的地域比较广,涉及的人员比较多。此行业、此地区的突发事件可能影响到彼行业、彼地区。地方性的突发事件可能演变为区域性的突发事件,甚至演变为国际性的突发事件。这种连锁反应(如"多米诺骨牌效应")带来的一个直接后果就是突发事件的复杂化,已经脱离纯粹的经济、政治和文化话题,变成一种含有多项内容的综合性社会危机,突发事件的这种特点增加了应对、处置的难度。

(6)可控性

随着现代科技的发展,人类对突发事件的控制能力不断提高,同等规模和破坏性的突发事件给人类带来的损害越来越小。人类已能在一定程度上阻止突发事件的发生、缩短突发事件的进程、减轻突发事件的危害、减少或消除突发事件带来的负面影响。

(7)持续性

对于突发事件的持续性,可以分两个方面来理解:其一,就整个人类的文明进程而言,突发事件从来没有停止过;其二,就单个的突发事件而言,任何突发事件都不会像它突然来临一样突然消失,突发事件一旦爆发,就会持续一段时间。

**2. 突发事件应急处置措施**

突发事件应急处置是指在突发事件发生时,迅速采取合适的措施和行动来保护生命安全、减轻损失、维护社会秩序和恢复社会正常运转。以下是一些常见突发事件的应急处置措施:

(1)保护自身安全:首先要确保自己的安全,尽量迅速躲避和撤离事发地点,避免暴露在危险区域或受到伤害。

(2)拨打紧急电话:如火警119、报警110、急救120等,及时通知相关部门并提供准确信息,协助他们快速响应和开展救援工作。

(3)防止事态扩大:根据自身的能力和条件,采取必要的措施遏制事态的扩大和蔓延,如扑灭火源、封锁危险区域等。

(4)采取适当的自救措施:根据具体情况,采取适当的自救措施,如封堵漏水管道、紧急断电等,以减轻损失和危害。

(5)汇报情况:向相关部门或上级报告情况,将事发地点、事态严重程度、受影响人数等情况进行汇报,以便组织协调救援工作。

(6)指引疏导人群:尽量指引人群有序撤离事发地点,避免踩踏和堵塞,同时遵循救援人员的指示和引导。

(7)损害评估与急救:尽量对事故或伤亡情况进行初步评估,采取简单的急救措施,在专业救援人员到达前提供临时救助。

(8)灾后恢复:在事态得到控制后,着手进行灾后恢复工作,如清理、修复物品,患者救治,心理疏导等,恢复正常的社会秩序和生活。

这些仅是针对常见突发事件的应急处置知识,具体的应急处置方法和实施步骤需根据不同突发事件的特点和实际情况进行调整和补充。因此,参加相关培训、掌握应急预案、提高自身安全意识和应对能力非常重要。

## 七 危险货物运输安全基础知识

### 1. 危险货物的基本概念及常见知识

危险货物指的是具有爆炸、燃烧、腐蚀、毒性或放射性等潜在危险性的物质。这些物质容易造成人身伤害、财产损毁或环境污染等危险后果。

《中华人民共和国道路交通安全法》规定,机动车载运爆炸物品、易燃易爆化学物品以及剧毒、放射性等危险物品,应当经公安机关批准后,按指定的时间、路线、速度行驶,悬挂警示标志并采取必要的安全措施。

在危险货物运输过程中,需要严格遵守相关的安全规定和采取相应措施,确保运输安全。以下是收费及监控员应该掌握的与危险货物运输安全相关的常见知识:

（1）标识和包装

危险货物在运输时必须在包装上标明相应的危险品标志、标签和警示语,确保正确识别和警示。同时,包装应符合相关标准,能够防止泄漏和损坏。

（2）装卸操作

在装卸过程中,应采取必要的安全措施,如戴好防护装备、使用合适的装卸设备、防止物品碰撞和摩擦,确保安全操作。

（3）运输工具选择

根据危险货物的性质和数量,选择适合的运输工具和容器,确保其能够安全运输,并由具有相应资质的驾驶员或工作人员进行操作。

（4）驾驶员和工作人员的素质

确保驾驶员和工作人员具备相关的资质并经培训,具备安全驾驶和操作技能,了解危险货物的性质、危险特性和安全作业方法。

（5）安全通道和路线选择

选择合适的运输通道和路线,避免经过人口密集区、易发生事故的区域或危险区域,降低安全风险。

（6）事故预防

开展风险评估和安全培训,提高从业人员的安全意识和应对能力。制订应急预案,并定期进行演练和检查。

（7）紧急应对准备

配备必要的紧急应对设备,如泄漏应急处理装置、防护装备、急救箱等,以应对突发情况。

（8）文档和记录

确保危险货物运输的相关证件、文件和记录的完善和准确，如危险货物运输许可证、运输记录单、危险货物清单等。

### 2. 危险化学品泄漏现场应急处置示例

危险货物安全运输是一项复杂的工作，要求相关从业人员具备一定的专业知识和技能，并具有高度安全意识和预防措施。在任何时候都应将安全放在首位，确保危险货物运输过程中的人员和环境安全。下面以高速公路危险化学品泄漏现场应急处置为例，介绍公路收费及监控员的实际工作内容。

1）收费站

（1）收费员

收费员在现场接到封道及分流通知后，应迅速封闭通往事故现场的入口车道，摆放交通标志，阻止车辆进入，同时增开出口车道分流并疏散车辆。如遇危及收费人员安全的情况，在封闭入口车道后迅速撤离，并呼喊驾乘人员撤离，同时上报值班班长，做好文明解释等其他工作。

（2）收费班长

收费班长应及时安排收费员做好上述工作，加强现场指挥，开通应急救援专用车道。

在确保安全的情况下，尽可能了解事故信息。如遇危及收费人员安全的情况，应迅速组织收费人员撤离，上报监控中心、值班站长，并做好其他相关工作。

（3）值班站长

值班站长应及时指导、协调现场应急处置工作。危及收费人员及站区人员安全时，应迅速组织现场及站区人员撤离，上报公司值班领导及相关职能部门，做好其他相关工作。

2）路政中队

（1）路政员

路政员应及时佩戴好防毒面具等防护用品，配合交警部门实施交通管制，阻止车辆进入。尽可能了解事故信息，并及时上报路政班长，配合各应急救援队伍工作，并确保救援车辆快速通行。危及路政人员安全时，应迅速撤离。

（2）路政班长

路政班长应及时安排路政员做好上述工作，通知养护单位，上报值班队长、监控中心（上报内容应包括化学品名称、泄漏程度、危害性、伤亡情况等）和报警等。

（3）值班队长

值班队长应及时指导、协调路政人员开展应急处置工作，上报路政大队等相关部门，通知高速公路交警部门负责人等。

3）监控中心

（1）监控员

监控员应迅速通知收费站（队）采取应急措施，上报公司值班领导及应急指挥中心并报警（消防、急救、环保等），同时发布可变情报板警示信息，报送公路交通阻断信息，及时向各应急救援队伍、相邻路段及国省道通报最新信息，做好记录并保存录像资料等相关工作。

（2）监控班长

监控班长及时安排、指导监控员做好上述及其他相关工作。

危险化学品泄漏现场应急处置措施流程如图 1-3-1 所示。

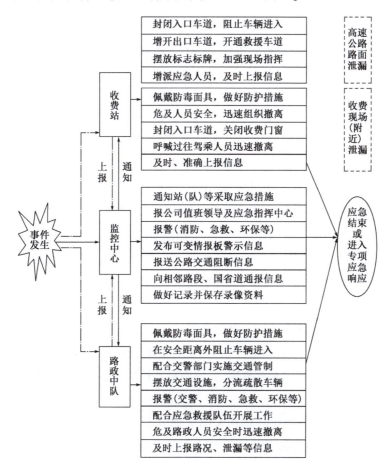

图 1-3-1　危险化学品泄漏现场应急处置措施流程图

## 八 职业健康安全基础知识

在现代社会中，职业健康安全已成为每个职场人士不可或缺的知识。它不仅关系个人的生命安全和身体健康，更与企业的发展、社会的稳定息息相关。因此，掌握职业健康安全基础知识显得尤为重要。通过掌握职业健康安全基础知识,我们可以更好地预防和减少职业伤害和职业疾病的发生,保障自己和他人的生命安全和身体健康。同时,企业也应该加强职业安全健康管理,采取有效的措施保障员工的安全,实现企业的可持续发展。

### 1. 职业健康安全的概念与重要性

职业健康安全,简称职业安全,是指在生产过程中,通过对各种危险因素的识别、评估和控制,预防和减少职业伤害和职业疾病的发生,保障劳动者的生命安全和身体健康。它是企业可持续发展的重要保障,也是企业社会责任的体现。

### 2. 职业病危害因素

职业病危害因素是指在职业活动中产生和(或)存在的可能对职业人群健康、安全和作业能力造成不良影响的因素或条件,包括物理、化学、生物等因素,可能涉及工作环境、工作性质、工作条件等多个方面。

根据《关于印发〈职业病危害因素分类目录〉的通知》(国卫疾控发〔2015〕92号),职业病危害因素主要可以分为六大类:

(1)物理因素:指与物理环境有关的危害因素,如高温、低温、高气压、低气压、噪声、振动、电离辐射和非电离辐射等。这些因素长期或短期对工人健康产生不良影响,可能引发各种职业病,如听力损失、辐射病等。

收费员长期工作在收费岗亭或者收费车道,身体健康容易受恶劣天气影响。如炎热季节高温辐射,容易引发中暑,寒冷冬季窗门紧闭而导致通风不良等。

(2)化学因素:这类因素主要涉及各种化学物质,如有毒物质、刺激性气体、腐蚀性物质等。这些化学物质在生产过程中可能会泄漏或挥发,对工人的健康造成直接威胁,如中毒、过敏等。

高速公路危险化学物品泄漏时,收费员等工作人员的生命安全很容易受到这些化学物质的威胁。他们可能会吸入刺激性气体,导致呼吸道受损;皮肤接触到腐蚀性物质,引发化学烧伤;甚至不慎接触到有毒物质,导致中毒。这些健康风险不容忽视,需要采取严格的防护和应对措施。

(3)生物因素:通常指与生物体相关的危害因素,如致病性微生物、寄生虫、动植物毒素等。这些因素可能在特定的生产环境中存在,如农场、牧场等,对工人健康构成潜在威胁。

(4)粉尘:指由自然力或机械力产生的,能够悬浮于空气中的固态微小颗粒。粉尘的来源多种多样,包括工业生产、交通运输、建筑施工、农业活动以及自然界的风尘、火山灰等。

(5)劳动过程中的有害因素:主要包括不合理的劳动组织、劳动制度、劳动体位、劳动工具、劳动场所等。例如,长时间保持同一姿势、重复性劳动、工作环境恶劣等都可能对工人健康产生不利影响。

（6）其他因素：除了上述五大类因素外，还有一些其他因素也可能对职工健康产生危害。例如不良的生活习惯、个人健康状况、遗传因素、心理因素等。这些因素虽然与工作环境和工作性质无直接关系，但也可能与职业病的发生和发展有关。

### 3. 收费及监控员常见职业病危害防治措施

（1）噪声的主要控制措施

①吸声降噪。②隔声技术。③消声措施。

（2）振动的主要控制措施

控制振动的方法有很多，作为工程措施主要归纳为减少扰动、防止共振、采取隔振措施等三类。

（3）高温的主要控制措施

高温职业危害的主要控制措施包括作业管理措施和技术措施两类。

作业管理措施主要包括：为高温场所作业的工作人员适时、足量地供应清凉饮料与防暑药品；高温场所作业个人防护。

技术措施主要包括：隔热技术、通风技术。

### 4. 职业健康安全管理措施

（1）工作场所环境监测：定期对工作场所进行环境监测，包括空气质量、噪声水平、辐射强度等，确保工作环境符合相关的安全标准。

（2）职业病防护：采取必要的防护措施预防职业病的发生，包括配备通风设备、个人防护装备及改善工作条件等。

（3）风险评估和管理：对工作场所的风险进行评估和管理，确定潜在的健康和安全风险，并采取相应的防控措施，减少或消除风险。

（4）事故预防和应急准备：制订和执行事故预防计划，包括事故风险分析、设备维护、应急救援等，以减少事故的发生或使事故影响最小化。

（5）应急响应和报告：建立健全应急响应机制，确保发生事故或紧急情况时能够迅速响应、报告和处置，保障工作人员的安全和健康。

（6）职业健康监护：提供职业健康监护服务，如职业病早期筛查、身体检查等，及时掌握工作人员的健康状况并提供适当的保健指导。

（7）安全培训和教育：为工作人员进行必要的安全培训和教育，使他们了解工作场所的安全风险和应对措施，提高他们的安全意识和风险处置技能。

（8）领导层的承诺和责任：公司领导层应承担起职业健康安全的领导责任，并提供资源和支持，确保公司的安全生产方针得到贯彻执行。

（9）合规性和监管：确保公司遵守相关的职业健康安全法律法规和标准，接受监管机构的检查和评估。

企业管理者和员工应共同努力,建立安全健康的工作环境,并持续关注和改进职业健康安全管理措施。

## 九 卫生防疫基础知识

狭义的卫生防疫是指为预防、控制疾病的传播而采取的一系列措施,防止传染病的传播流行。广义的卫生防疫是指卫生防疫站的卫生防疫工作,包括卫生监督和疾病控制两大部分内容。

长时间暴露在公共环境中的收费及监控员需要了解以下卫生防疫基础知识。

### 1. 卫生防疫的分级

现代预防医学理论认为,采取卫生保健措施应是全方位的,通过不同级别在全民中实施,统称三级预防原则。卫生防疫作为预防医学的一部分,也遵循这一原则。

（1）第一级预防

第一级预防又称病因预防,包括三方面措施。

①宏观根本性措施。即从全球性预防战略、各国政府策略和政策考虑,建立和健全社会、经济、文化等方面的预防措施。如为了保障人民身体健康,国家和政府可颁布各种卫生防疫法规来实施第一级预防。

②针对机体的措施。如开展健康教育,如注意营养均衡和身体锻炼,培养良好的习惯与生活方式,提高抗病能力,有组织地进行预防接种,提高人群免疫水平,预防各种传染性疾病等。

③针对环境的措施。开展环境保护,防止大气、水源等被污染;开展环境卫生、劳动卫生、食品卫生、学校卫生等的监督管理工作,加强对公共场所、厂矿车间、食品生产经营单位和学校的卫生监督监测,防止有害、有毒物质对人体健康产生危害,以创造一个有益于身心健康的自然环境和生活工作环境。

（2）第二级预防

第二级预防也称临床前期预防,即在临床前期做好早期发现、早期诊断、早期治疗的"三早"预防措施。

（3）第三级预防

第三级预防即临床预防,如对已患某病的患者及时采取有效的治疗措施,防止病情恶化,预防并发症或伤残的出现;对伤残者积极进行生理和心理的康复治疗。

### 2. 收费及监控员工作及生活中常见的防疫措施

卫生防疫知识涉及保护个人免受传染病侵袭和防控其他健康风险的方法。以下是收费及监控员与卫生防疫相关的常见措施:

（1）手卫生:经常洗手,每次用肥皂和流水洗手至少 20s,在无条件洗手时可使用含酒精的免洗洗手液。

(2)咳嗽和打喷嚏的礼仪:使用纸巾或手肘掩盖嘴和鼻子,避免直接用手遮挡。

(3)社交距离:至少保持1m的社交距离,避免近距离接触,特别是与咳嗽、打喷嚏或发热的人。

(4)戴口罩:在公共场所、交通工具上或与他人接触时,佩戴口罩保护自己和他人。

(5)避免触摸面部:尽量避免触摸眼睛、鼻子和嘴巴,因为这些是病毒进入身体的通道。

(6)室内通风:确保室内空气流通,开窗通风,加强新鲜空气的流动。

(7)定期清洁和消毒:定期对常接触的物体表面进行清洁和消毒,如门把手、手机屏幕、电脑键盘等。

(8)遵循健康指导:遵循卫生部门和医疗专家的健康建议和指导,包括接种疫苗、居家隔离、接受测试等。

(9)健康监测:密切关注自己的健康状况,如果有发热、咳嗽、呼吸困难等症状,及时就医并采取相关的隔离和治疗措施。

(10)责任意识:每个人都有责任保护自己和他人的健康,积极采取预防措施,并在出现疑似症状时遵循医疗建议。

需要注意的是,卫生防疫知识会因疫情和疾病的变化而有所差异。请根据当地卫生部门和专业机构的最新指导意见进行健康防护。

## 第二节　计算机基础知识

### 一、计算机硬件基础知识

#### 1. 计算机的定义

计算机是一种智能电子设备,能够按照程序执行各种操作和任务,能够处理和存储数据,进行各种计算、逻辑运算、数据操作和信息处理。它由硬件和软件两部分组成。

硬件部分包括中央处理器(Central Processing Unit,CPU)、内存、输入设备、输出设备和存储设备等。其中,CPU是计算机的核心部件,负责执行程序和处理数据;内存用于存储数据和程序;输入设备用于输入数据和指令;输出设备用于显示结果和输出数据;存储设备用于长期保存数据和程序。

软件部分包括操作系统和应用软件。操作系统是控制和管理计算机硬件和软件资源的核心软件,为用户提供基本的操作环境和服务。应用软件是用户根据自己的需求选择和安装的各种功能软件,例如文字处理软件、图像处理软件、收费车道软件、监控软件等。计算机能够利用输入设备接收用户的指令和数据,经过中央处理器的处理,通过输出设备显示结果或输出数据。它能够高效地进行大规模数据的处理和存储,具有计算高速、精确和可靠的特点。

### 2. 计算机分类

计算机可按照不同标准进行分类,每种类型的计算机都有各自的特点和应用领域。其常见的分类方式有以下几种:

1)按照用途分类

按照用途,计算机可以分为个人计算机、服务器、超级计算机、嵌入式计算机、工业计算机。

(1)个人计算机(Personal Computer,PC):专为个人使用而设计的计算机,如台式机和笔记本电脑。

(2)服务器(Server):用于提供网络服务和资源共享的计算机,如 Web 服务器、文件服务器、数据库服务器等。

(3)超级计算机(Super Computer):拥有极强计算能力,主要用于处理复杂的科学和工程计算问题。

(4)嵌入式计算机(Embedded Computer):嵌在其他设备中,用于控制和管理设备的操作,如手机、汽车、家电等。

(5)工业计算机(Industrial Computer):专为工业应用环境开发和设计的计算机。与普通个人计算机相比,工业计算机需要具备更高的可靠性、稳定性和耐用性,以适应恶劣的工业环境条件和满足长时间运行的需求。如收费车道使用的计算机为工业计算机或工控机。

2)按照体积和性能分类

按照体积和性能,计算机可以分为大型计算机、小型计算机、微型计算机。

(1)大型计算机(Mainframe Computer):体积庞大,适用于大型企业和机构,具备处理大量数据和复杂任务的能力。

(2)小型计算机(Minicomputer):较大型计算机略小,适用于中小型企业和科研机构。

(3)微型计算机(Microcomputer):个人计算机的通用名称,适用于个人,如台式机、笔记本电脑、平板电脑等。

3)按照指令集架构分类

(1)CISC(Complex Instruction Set Computer),中文名为"复杂指令集计算机"。它是一种基于微处理器或中央处理器的计算机系统,其指令集很大且很复杂,单条指令执行功能较多。

(2) RISC(Reduced Instruction Set Computer),中文名为"精简指令集计算机"。它是一种基于精简指令集的计算机系统架构。这种架构采用了较少、更简单的指令集合,单条指令执行功能较少,但执行效率高。与复杂指令集计算机(CISC)形成对比。

(3) x86,是一种广泛应用于个人计算机和服务器的处理器架构,由英特尔公司开发并推广。它是基于 Intel 8086 处理器的扩展架构,因此得名 x86。是广泛应用于个人计算机的指令集架构。

(4) ARM(Advanced RISC Machine),是一种基于精简指令集计算机(RISC)架构的处理器架构,是广泛应用于移动设备和嵌入式系统的指令集架构。

4) 按照工作方式分类

(1) 数字计算机:使用数字电路进行数据处理和计算。

(2) 模拟计算机:使用模拟信号进行连续的数据处理和模拟计算。

(3) 混合计算机:结合了数字计算机和模拟计算机的特点,同时具备数字和模拟信号处理能力。

## 二 计算机操作基础知识

### 1. 常用操作系统

操作系统(如 Windows、MacOS、鸿蒙)是计算机的核心软件,它管理和控制计算机的硬件和软件资源,提供界面供用户操作应用程序。Windows 和 MacOS 是两个常见的操作系统。

### 2. 常用的网络浏览器及邮件客户端

网络浏览器(如 Google Chrome、Mozilla、Firefox)用于访问互联网和浏览网页。它们提供友好的用户界面,并支持各种网页内容、插件和扩展,方便用户进行在线活动。

邮件客户端(如 Microsoft Outlook、Gmail)是用于接收、发送和管理电子邮件的软件。它们提供电子邮件的组织、过滤、搜索和防垃圾邮件等功能,使得电子邮件的处理更加高效、便捷。

### 3. 常用的图文处理软件

Microsoft Office 是一个包含多个办公软件的套件,包括 Word、Excel、PowerPoint 等。它们分别用于文字处理、电子表格和幻灯片制作,广泛应用于工作、学习和业务活动。

图片编辑软件(如 Adobe Photoshop、GIMP)提供了对图像进行编辑、修饰和处理等功能,可以调整图像的亮度、对比度、颜色,添加滤镜、特效和文字等,常用于设计、摄影和图像处理领域。

#### 4. 常用的视频播放软件

视频播放软件（如 VLC、Windows Media Player）用于播放各种文件格式视频,包括电影、电视节目、网页视频等。它们支持不同的视频编解码器,提供播放控制、字幕显示、音频调整等功能。

## 三 计算机网络基础知识

#### 1. 计算机网络

计算机网络基础知识涵盖了计算机网络的概念、网络类型、网络协议和常见网络设备。

1）计算机网络的概念

计算机网络是指连接在一起的多台计算机和其他设备的集合,通过传输介质(如以太网、无线网络)和通信协议进行数据交换和通信。构建网络是为了实现计算机之间的数据共享、通信。

2）网络的类型

（1）局域网(LAN)是在较小范围内连接在一起的计算机和设备的网络,如家庭网络或办公室网络。

（2）广域网(WAN)是跨越较大地理范围的网络,通常通过公共或专用的传输线路连接多个局域网,如互联网。

（3）无线局域网(WLAN)是使用无线技术连接设备的局域网,如 Wi-Fi 网络。

3）网络协议

（1）传输控制协议/互联网协议(TCP/IP)是互联网上数据通信的基本协议。它包括 IP 地址分配、数据传输和路由等功能。

（2）超文本传输协议/安全超文本传输协议(HTTP/HTTPS)是在 Web 浏览器和 Web 服务器之间进行数据传输的协议。HTTPS 使用加密保护数据安全。

（3）文件传输协议(FTP)是用于在计算机之间进行文件传输的协议。

（4）域名系统(DNS)用于将域名转换为 IP 地址,使计算机能够通过名称识别和访问网络资源。

4）常见网络设备

（1）路由器负责在不同的网络之间进行数据转发和路由选择,实现不同网络之间的连接。

（2）交换机用于局域网内部的数据传输,它可以根据 MAC(Media Access Control)地址将数据包转发到目标设备。

（3）网络接口卡(Network Interface Controller,NIC)是计算机连接到网络的接口,通常位于计算机的扩展槽或内置到主板上。

(4)网络集线器是一种简单的设备,用于将多个计算机连接到局域网上形成共享网络,但它不具备智能化的数据处理能力。

**2. 计算机网络通信方式**

有线和无线通信传输是计算机网络中常见的两种通信方式,它们在数据传输和连接方式上有所不同。

1)有线通信传输

(1)传输介质。有线通信使用物理连接来传输数据,常见的传输介质包括双绞线、同轴电缆和光纤。双绞线常用于以太网,同轴电缆常用于电视信号传输,而光纤具有更高的传输速率和更强的抗干扰能力。

(2)传输速率。有线通信通常能提供更高的传输速率,这意味着数据可以更快地从一个设备传输到另一个设备。

(3)连接方式。有线连接可以直接将设备通过电缆或线缆连接起来,如通过网线连接计算机和路由器。

2)无线通信传输

(1)传输介质。无线通信通过无线电波或红外线等无线技术传输信息。常见的无线通信传输介质包括无线电波、微波、红外线等。通过这些传输介质,可以实现手机通信、无线网络通信、卫星通信等各种无线通信技术。

(2)传输速率。相对于有线通信,无线通信的传输速率通常较低,受到信号强度、干扰和距离等因素的影响。

(3)连接方式。无线通信通过无线网络设备(如无线路由器和接收设备)进行连接,设备之间通过无线信号进行数据传输。

选择有线或无线通信传输的因素有:速度需求、灵活性和便携性、成本和安装难度。

# 第三节 电工、电子、通信、机械基础知识

## 一 电缆、光纤应用基础知识

电缆和光纤是常用的传输介质,用于在计算机网络和通信系统中传输信号和数据。它们在不同的应用场景中具有各自的特点和优势,电缆和光纤的一些主要应用如下。

**1. 电缆的应用**

(1)以太网(Ethernet)

双绞线是最常用的以太网传输介质。它广泛应用于家庭网络、办公室网络和数据中

心等,用于连接计算机、路由器、交换机和其他网络设备。双绞线由绞合在一起的两根导线组成,通常有4对8根导线,每对导线之间通过绞合的方式来减少外界干扰,提高信号传输的流量和速度。

(2)同轴电缆

同轴电缆常用于电视信号传输和有线电视网络。它具有较高的传输速率和较弱的信号干扰,适用于长距离传输。

### 2. 光纤的应用

(1)长距离通信

光纤被广泛应用于长距离通信网络,如电话网络和互联网骨干网络。它具有高带宽、低损耗和抗干扰性能,可以传输大量的数据和信号。

(2)数据中心

在数据中心中,光纤用于连接服务器、网络设备和存储设备,以实现高速、可靠的数据传输,支持云计算和大数据处理。

(3)光纤局域网(Fiber LAN)

光纤局域网越来越受关注,在需要高速和可靠网络连接的企业和机构中多采用该局域网。

(4)光纤传感器

光纤传感器可以利用光信号实现对温度、压力、振动等物理量的测量和监测,广泛应用于工业自动化、环境监测和医疗设备等领域。

总的来说,电缆(如双绞线和同轴电缆)适用于短距离和低速传输的场景,而光纤适用于长距离、高带宽和抗干扰要求较高的应用场景,如通信网络、数据中心和光纤局域网等。选择何种传输介质取决于特定的需求、预算和环境条件。

## 二 电缆、光纤检测基础知识

对于电缆和光纤,可以使用以下方法和工具来检测和评估其质量和性能。

### 1. 电缆检测

(1)电阻测量

使用万用表或电阻测量仪测量电缆的电阻值,以确定是否存在断路或短路等问题。

(2)电缆测试仪

使用专门的电缆测试仪,如时域反射仪(Time-domain Reflectometer,TDR)或电线追踪仪(Cable Tracer)来确定电缆的长度、开路、短路、电缆损耗和连接正确性等。

(3)网络测试仪

使用网络测试仪(LAN Cable Tester)来检测以太网电缆的连通性、传输速率和信号质量,以保证网络的正常运行。

### 2. 光纤检测

(1)光源和功率计

使用光纤光源和功率计来测量光纤的传输损耗和光信号的强度,以确保光纤连接的质量和稳定性。

(2)光时域反射仪(Optical Time-domain Reflectometer,OTDR)

OTDR是一种高精度的光纤检测设备,可以测量光纤的长度、连接点的反射损耗,识别光纤断点、弯曲和损坏等。

(3)光纤视检器

使用光纤视检器来对光纤连接点进行视觉检查,以发现可能存在的损坏、弯曲、污染或断裂等问题。

这些工具和方法可以帮助检测和评估电缆和光纤的质量和性能。在安装或维护网络时,定期对电缆和光纤进行检测,有助于及早发现和解决潜在的问题,确保网络和通信的稳定和可靠性。对于复杂的网络或大规模的光纤布局,可能需要专业的网络工程师或光纤技术人员进行更深入的检测和分析。

## 三 电子、电路基础知识

### 1. 电子、电路的基本概念

电子和电路是电子技术的基础,了解其基础知识对于理解电子设备和电路工作原理至关重要。以下是电子和电路的基础知识。

(1)原子和电子

原子是构成物质的最基本单位,由质子、中子和电子组成。电子是带有负电荷的基本粒子,负责电流的流动。

(2)电荷和电压

电荷是电子的属性,带有正电荷的物体缺少电子,带有负电荷的物体有多余的电子。电压用来描述电荷之间的差异,电压差推动电子在电路中运动。

(3)电流

电流是电子流动的量度,以安培(A)为单位。电流的方向由正电荷流动的方向决定,但实际上电子是以相反的方向流动的。

(4)电阻和电阻率

电阻是阻碍电流流动的元件,以欧姆(Ω)为单位。电阻率是物质电阻能力的度量。

(5)功率和能量

功率是电流在单位时间内做的功,用来表示消耗电能快慢的物理量,以瓦(W)为单位。能量是功率在一段时间内的累积,以焦耳(J)为单位。

(6)欧姆定律

欧姆定律描述了电流、电压和电阻之间的关系,在同一电路,电流与电压成正比,与电阻成反比,可以表示为 $I = U/R$。

### 2. 电路元件

(1)电源

电源是提供电流和电压的能源,如电池、电源适配器。

(2)电阻器

电阻器是用来限制电流流动的元件,控制电路的功率和性能。

(3)电容器

电容器是用于存储和释放电荷的元件,对变化的电压响应迅速。

(4)电感器

电感器是用于存储电能的元件,在变化的电流和电压方面响应迅速。

(5)二极管

二极管具有单向导电特性,在电路中充当整流器、开关等。

(6)晶体管

晶体管是具有放大电信号和开关电路功能的控制器。

(7)集成电路(Integrated Circuit,IC)

集成电路是将多个电子元件集成到一个芯片上,可实现特定功能。

### 3. 电路类型

(1)直流电路

直流电路是电流方向不变的电路。

(2)交流电路

交流电路是指电源的电动势随时间作周期性变化,使得电路中的电压、电流也随时间作周期性变化。

(3)电压分压和电流分流

电压分压指通过串联电阻器来降低电压,电流分流指通过并联电阻器来分配电流。

(4)串联和并联电路

在串联电路中,电子依次通过连接的元件,电流保持不变,而电压分布在各个元件上。

在并联电路中,电子可以选择不同的路径流动,电流分配给并联元件,而电压保持不变。

(5)放大器

放大器是一种电路,可以增加输入信号的幅度,常用于音频和射频信号的放大。

(6)振荡器

振荡器是一种电路,可以产生连续的周期性信号,常用于时钟系统和通信系统中。

（7）滤波器

滤波器可以选择性地通过或阻止特定频率范围的信号，常用于去除噪声、调整频率响应等。

（8）数字电路和模拟电路

数字电路处理离散的数字信号，常用于计算机和数字通信系统。模拟电路处理连续的模拟信号，常用于音频、视频和通信系统。

（9）逻辑门

逻辑门是数字电路的基本构建块，用于完成基本的逻辑操作，如与门、或门、非门等。

以上是电子和电路的一些基础知识。掌握这些概念是理解电子设备和电路工作原理的基础，方便进一步学习和应用电子技术。

### 4.电路排查

电路排查是解决电路故障和问题的一个关键步骤。以下是一些电路排查的基础知识和步骤。

（1）理解电路图

首先，要仔细阅读并理解电路图或电路原理图。电路图是电路连接和组成元件的图形表示，可以帮助理解电路结构和信号流动路径。

（2）观察电路外部状况

检查电路的外部状况，例如指示灯是否亮起、显示屏显示是否异常等。根据这些线索来确定电路中的故障位置。

（3）检查电源

检查电源连接的电压、电源适配器是否正确，以确保电源正常工作。

（4）检查连线和连接器

检查电路中的连线和连接器，确保它们连接牢固且没有损坏。有时，不良的连接可能导致电路故障。

（5）检查元件

检查电路中的元件，例如电阻、电容、二极管、晶体管等。检查它们是否损坏、烧毁或短路。

（6）使用仪器测量

使用合适的测量仪器（如万用表、示波器等）对电路进行测量和测试，以确定电流、电压、阻抗等参数是否符合预期。这有助于确定电路中的问题和故障位置。

（7）逐渐排除法

通过逐步检查电路的不同部分和组件，逐渐缩小问题范围。例如，首先检查电源和开关是否正常，然后检查主要元件，最后排查辅助元件。

（8）注意安全

在进行电路排查时,务必注意安全。确保电路处于关闭状态,并断开与电源的连接。避免触及电路元件和电路中的裸露导线,以免发生触电或短路事故。

（9）记录和分析

在进行电路排查时,建议记录测量结果和排查的方法。这有助于比较不同排查步骤的效果。

以上是电路排查的基础知识和步骤。根据具体情况,可能需要进一步学习和应用更高级的技术和工具。在电路排查过程中,如果遇到困难,最好寻求专业人士的帮助和指导。

## 四 通信、机械基础知识

### 1. 通信基础知识

（1）通信系统

消息的传递必然有发送者和接收者,发送者和接收者可以是人,也可以是各种机器。换句话说,通信可以发生在人与人之间,也可以发生在人与机器之间、机器与机器之间。如今大量的通信最终都是通过各种机器,并在机器间进行的。广播、电视、计算机等之间的通信都属于机器间的通信。

通信系统在传递消息时,首先要把消息变成电信号,对方接收到信号后按相同的逆规则将电信号再生为消息。在发送端利用发送设备中的各种元器件,将非电信息变换成初级电信号,或称为原始电信号,然后送到信道中去传输。信道是传输电信号的通道。信道可以是有线的也可以是无线的,可以是模拟的也可以是数字的。在接收端利用接收设备中的各种部件将从信道中得到的电信号变换成非电信息,这是一次完整的通信过程。结合该过程可以将通信系统概括为如图1-3-2所示的模型。

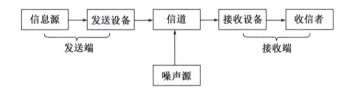

图1-3-2 通信系统的一般模型

通信系统由信息源、发送设备、信道、接收设备和收信者几部分组成。按照信道中传输的信号类型,可以把通信系统分为模拟通信系统和数字通信系统。

①模拟通信系统

模拟通信系统是一种基于模拟信号传输的通信系统,其工作原理是将模拟信号转换成电信号,通过传输媒介传递到接收端,再将电信号转换回模拟信号。

②数字通信系统

数字通信系统是一种利用数字信号传输信息的通信系统。在数字通信系统中,信息经过模数转换器转换为数字信号,然后通过传输介质(如光纤、电缆或无线信道)传输到接收端,再经过解调器将数字信号转换为原始信息。图1-3-3是数字通信系统的一般模型。

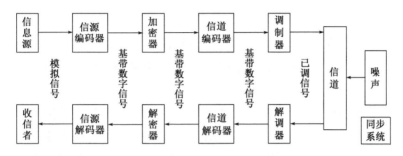

图1-3-3 数字通信系统的一般模型

图中,信源编/解码器实现模拟信号与数字信号之间的转换;加/解密器实现数字信号的保密传输;信道编/解码器实现差错控制功能,用以对抗由信道条件造成的误码;调制/解调器实现数字信号的传输与复用。

(2)信号与频谱

信号是消息的载体,消息是靠信号来传递的。信号一般为某种形式的电磁能(电信号、无线电、光)。通信的目的是完成信息的传输和交换。

信号是消息的表现形式,消息被承载在电信号的某一参量上。信号同样可以分为模拟信号与数字信号。

模拟信号是电信号的该参量连续取值,如普通电话机收发的语音信号。

数字信号是电信号的该参量离散取值,如计算机内 PCI(Peripheral Component Interconnect)/ISA(Industry Standard Architecture)总线的信号。

模拟信号和数字信号可以互相转换。因此,任何一个消息既可以用模拟信号表示,也可以用数字信号表示。

对于一个信号,它的各分量的幅度和相位分别是频率的函数;或者合起来,它的复数幅度是频率的函数。这种幅度(或相位)关于频率的函数,就称为信号频谱。

(3)调制和解调

在发送端把基带信号频谱(频谱分布在零频附近)搬移到给定信道通带(处在较高频段)内的过程称为调制,而在接收端把已搬到给定信道通带内的频谱还原为基带信号频谱的过程称为解调。调制和解调在一个通信系统中总是同时出现的,因此,把调制和解调合起来称为调制系统。从信号传输的角度看,调制和解调是通信系统中一个极为重要的组成部分,通信系统的性能,在很大程度上由调制和解调方式来决定。

（4）无线通信

无线通信是利用电磁波信号可以在自由空间中传播的特性进行信息交换的一种通信方式。在信息通信领域中,近些年发展最快、应用最广的就是无线通信技术。在移动中实现的无线通信又通称为移动通信,人们把二者合称为无线移动通信。

### 2. 机械基础知识

机械原理主要研究机械产品的共性问题及机械产品中常用机构设计的基本知识、基本理论和基本方法,进行机械系统运动方案设计和机械创新设计,开发新产品。

（1）机构

机构是一个机械学名词,指传递运动和力,或者改变运动形式的构件系统。机械机构有不同的组成和分类,包括运动副、转动副和平动副等。机构在机械产品设计中占据很重要的位置,是整个机械产品构成中一个不可缺少的部分。机构设计直接影响机械产品设计的功能、形态等最基本的要素。机构设计除了直接满足机械产品的基本功能外,还对改善和扩展机械产品功能起到显著的作用。机械设计需进行机构的运动分析,包括连杆机构、齿轮机构和减速器等。

（2）机械制图

机械制图是用图样确切表示机械结构形状、尺寸大小、工作原理和技术要求的学科。图样由图形、符号、文字和数字等组成,是表达设计意图和制造要求以及交流经验的技术文件,常被称为工程界的语言。在机械制图这门学科中,需学习机械制图的基本符号、尺寸标注和视图投影方法,了解正交投影和透视投影,以及如何进行三维模型的制图和图纸的阅读。

（3）液压与气动

液压是机械行业、机电行业的一个名词。液压可以作为动力传动方式,称为液压传动。液压也可作为控制方式,称为液压控制。

液压传动是以液体作为工作介质,利用液体的压力能来传递动力。

液压控制是一种利用液体传递压力和控制力来实现机械运动或执行任务的控制技术。用液压技术构成的控制系统称为液压控制系统。一个完整的液压控制系统由五个部分组成,即能源装置、执行装置、控制调节装置、辅助装置、液体介质。

气动是利用撞击作用或转动作用产生的空气压力使其运动或做功。气动是以压缩空气为动力源,带动机械完成伸缩或旋转动作。因为空气具有压缩性的特点,吸入空气压缩储存,空气便像弹簧一样具有了弹力,然后用控制元件控制其方向,带动执行元件的旋转与伸缩。从大气中吸入多少空气就会排出多少到大气中,不会产生任何化学反应,也不会消耗、污染空气的任何成分,另外,气体的黏性较液体要弱,所以说流动速度快,也很环保。

（4）机械传动、机械工程控制和反馈

机械传动是指机械之间的动力传递。也可以说将机械动力通过中间媒介传递给终端设备，这种传动方式包括链条传动、摩擦传动、液压传动、齿轮传动以及皮带式传动等。传动分为机械传动、流体传动和电力传动三大类。

机械工程控制实质上是研究机械工程技术中广义系统的动力学问题。具体地说，它研究的是机械工程技术中的广义系统在的外界条件（即输入或激励，包括外加控制与外加干扰）作用下，从系统的初始状态出发，所经历的由其内部的固有特性（即由系统的结构与参数所决定的特性）所决定的整个动态历程；研究这一系统及其输入、输出三者之间的动态关系。

反馈是机械工程控制论中一个最基本、最重要的概念，是工程系统的动态模型或许多动态系统的一大特点。一个系统的输出，部分或全部地被反过来用于控制系统的输入，称为系统的反馈。

以上是通信和机械领域的一些基础知识。掌握这些知识将有助于理解通信系统的原理和技术，以及机械工程的基本概念和应用。

## 五 常用网络和电气仪器使用知识

### 1. 网络仪器

（1）网络分析仪（Network Analyzer）

网络分析仪用于分析和测试网络中的信号传输和性能。了解如何设置和校准网络分析仪，包括选择合适的测量参数、频率范围和测量端口。熟悉如何进行信号捕获和分析，包括测量信号的幅度、频率响应和时域特性等。

（2）电缆测试仪（Cable Tester）

电缆测试仪用于测试和诊断网络电缆的连通性和性能。学习如何正确连接电缆测试仪，并进行连通性测试、线序识别以及电缆长度和故障检测等。

（3）光纤测试仪（Optical Fiber Tester）

光纤测试仪用于测试和分析光纤通信系统中的光信号质量和性能。了解如何使用光纤测试仪来测量光功率、衰减、损耗、传输距离和信号的光谱特性。

（4）无线信号测试仪（Wireless Signal Tester）

无线信号测试仪用于测试和分析无线网络的信号强度、覆盖范围、速率和干扰等。熟悉如何设置和操作无线信号测试仪，以及如何收集、分析和解释无线网络数据。

（5）网络探针（Network Probe）

网络探针用于监测和分析网络中的流量、延迟和吞吐量等。了解如何安装和配置网络探针以收集和分析网络流量数据，并进行网络故障排除和性能优化等。

### 2. 电气仪器

（1）数字多用表（Digital Multimeter）

数字多用表用于测量电压、电流和电阻等电气参数。熟悉如何选择适当的测量范围和功能，正确连接测量引线，以及解读和记录测量结果。

（2）电能质量分析仪（Power Quality Analyzer）

电能质量分析仪用于监测和分析电力系统中的电能质量问题，如谐波、电压波动和电压中断等。掌握如何正确安装和连接电能质量分析仪，收集和分析电力质量数据，并进行故障诊断和方法改进。

（3）绝缘电阻测试仪（Insulation Resistance Tester）

绝缘电阻测试仪用于测量电气设备和电路的绝缘电阻。了解如何正确连接绝缘电阻测试仪，进行绝缘电阻测量，并解读和评估测量结果。

（4）接地电阻测试仪（Ground Resistance Tester）

接地电阻测试仪用于测量电气设备和系统的接地电阻。学习如何正确设置和操作接地电阻测试仪，进行接地电阻测量，并评估接地系统的性能。

（5）电流钳式表（Current Clamp Meter）

电流钳式表用于测量交流电流，无须中断电路。熟悉如何连接和使用电流钳式表，并正确选择适当的测量范围和功能。

这些仪器都是在网络和电气领域中常用的工具，了解它们的基本原理和正确使用方法，有助于开展测试、故障排查和优化工作。需要注意的是，在使用任何仪器之前，须阅读并遵循相关的安全注意事项和操作指南，确保测量过程的安全和测量结果的准确。

# 第四章
# 职业道德及综合素质

习近平总书记在中南海同中华全国总工会新一届领导班子谈话时强调,"要围绕深入实施科教兴国战略、人才强国战略、创新驱动发展战略,深化产业工人队伍建设改革,加快建设一支知识型、技能型、创新型产业工人大军,培养造就更多大国工匠和高技能人才"。进入新时代以来,党中央高度重视培养和造就大国工匠和高技能人才工作,先后出台了《国家职业教育改革实施方案》《关于健全完善新时代技能人才职业技能等级制度的意见(试行)》《关于加强新时代高技能人才队伍建设的意见》等一系列政策文件,在全社会弘扬劳动精神、工匠精神,为优秀产业工人发挥作用提供舞台,为培养造就更多大国工匠、高技能人才搭建平台。各种有力措施的实行促进技能人才队伍不断发展壮大,更多的大国工匠和高技能人才从中脱颖而出。

当前,广东省高速公路通车总里程近12000km,全省约45000名收费员与监控员成为高速公路运营企业生产业务的主力军,其职业素养及综合技能水平直接影响企业的社会效益和经济效益。本章介绍了收费员与监控员的职业道德、服务要求、心理健康及情绪管理、培养工匠型综合技能等内容,旨在提升收费员与监控员的职业素养,在规范文明服务的基础上,提高该系列人员的综合素质及技能水平,以工匠精神为导向,打造新时代产业工人的工作风貌,为社会大众提供更温馨、细致、便捷与周到的人性化服务。

## 第一节　职　业　道　德

**一、职业道德的概念**

职业道德,是指所有从业人员在职业活动中应遵循的行为准则,涵盖了从业人员与服务对象、职业与职工、职业与职业之间的关系。不同的职业有不同的职业道德,如教师的师德、医生的医德、公职人员的公德等。不同行业的职业道德反映出不同的职业心理、职业习惯、职业传统和职业理想。职业道德体系主要包括职业道德原则、职业道德规范、职业道德观念、职业道德评价及职业道德养成等。

## 二 高速公路收费及监控员职业守则

随着我国高速公路总体规模不断扩大，从业人员素质不断提高，服务水平不断增强，他们为交通运输事业发展和满足人民群众生产生活运输需求做出了重要贡献。为加快推进交通运输提质增效升级，更好地适应经济社会发展的新要求，不断满足人民群众对服务质量的新期待，作为交通运输行业精神文明建设的窗口岗位，高速公路收费及监控员应遵循以下职业守则。

### 1. 遵纪守法，照章办事

遵纪守法就是遵守各项规章和纪律。规章和纪律作为职业行为规范，是维护职业活动正常秩序、调节职业之间关系、进行正常职业活动的保证。公路收费及监控员应以国家、集体和人民的利益为一切行为的出发点和归宿，在处理个人与职业、职业与社会和他人利益关系上，做到遵纪守法、严于律己。同时全面熟悉并掌握相关法律条文，确保在收费和监控操作中严格遵循规定，同时积极配合交通执法部门的工作。坚守职业道德底线，坚决拒绝任何违法违规行为，以展现行业的正面形象，为公众提供安全、有序的通行环境。

照章办事就是按照规定办事，高速公路收费及监控员的工作性质决定了其在工作中必须按照既定的规章制度和操作规程执行任务，对违章犯规行为既不能不闻不问、放弃原则，也不能网开一面、顾及私情，更不能将钱款据为己有。每个人必须提高自身警觉性，时刻保持高度警惕，做到严格按章办事。

高速公路通行费收费人员，要严格遵守各项收费政策，按照上级部门公布的收费规定收费，努力做到"应收不漏，应免不收"，按规定日期全额收取通行费。各高速公路营运管理单位要加强收费站内部管理，建立健全各项管理制度，认真考核各部门、各岗位对制度的执行情况，及时总结经验，表扬先进，纠正不正之风，使收费站始终保持正常的工作秩序。

### 2. 诚实守信，操作规范

诚实守信是做人的基本准则，也是社会道德和职业道德的一项基本规范。诚实就是真实无欺，既不自欺，也不欺人；守信就是信守诺言，讲信誉，重信用，忠实履行自己应承担的义务。以诚实守信为重点是社会主义市场经济对道德建设的一个重要要求，是提高人们思想素质、改善社会风尚、保障经济秩序良性运行的支撑。诚信经营是行业企业树立信誉的前提。高速公路是公益性的服务型行业，其服务对象是所有驶入高速公路的车主，时时刻刻接受着来自广大民众的监督。诚实守信能够树立企业良好的品牌形象，能够赢得广大车主的信任和支持,能够提高企业的竞争力,能够助力行业企业的可持续发展。

操作规范是指在特定操作过程中按规定的操作步骤和标准进行操作。它可以确保操作的正确、高效和安全,提高工作效率,减少错误和事故的发生。对于公路收费及监控员来说,遵守操作规范极为重要,因为它可以使员工准确地掌握操作要领和流程,从而避免出现问题或错误。公路收费及监控员在服务过程中应进行规范操作,做到动作流畅、快捷、准确;应熟知与本岗位工作相关的各类应急预案,具有灵活处理特殊情况的能力;应具备安全操作意识,熟知安全操作规范。

规范管理高速公路收费站,可以提高通行效率,降低交通事故发生率,保证高速公路的正常运营。因此,相关部门应加强高速公路管理规范的制定和执行,为人们出行提供更加便捷和安全的交通环境。

### 3. 恪尽职守,勤勉履职

恪尽职守,是指认真地做好本职工作,严守自己的工作岗位;勤勉履职,是指勤奋工作、忠于职守、尽到责任。作为一名合格的收费人员,必须忠于职守、勤业精业,熟练地掌握车辆分类标准,入口发卡,出口收卡、收钱、打印票据等操作技能,正确填写收费报表,并掌握计算机操作、点钞、识别伪币等相关业务知识,做到"干一行,专一行"。

高速公路收费人员要耐心坚守、细心服务,时刻保持工作激情和热情,用实际行动服务车户,与驾乘人员构建和谐的收缴关系,做到尽职尽责,勤劳细心,在做好收费工作的同时,还应把收费亭里面物品摆放整齐,备齐安全器材,时刻保持岗亭、车道干净卫生。除此之外,一名合格的高速公路收费人员还应不断学习,提高自身综合素质,精益求精,熟知高速公路收费相关法律法规以及各项收费政策。

高速公路监控工作是一个严、细、精的工作。作为监控员,应时刻与各收费站、稽查、路政及高速交警积极配合,及时按要求填写各类报表,不断学习各种监控业务知识,锻炼操作技能,熟知特殊情况的处理流程。

### 4. 团结协作,开拓创新

团结协作是一切事业成功的基础,其本质是共同奉献。在一个团队里面,只有不断地发挥自己的长处和优点、不断吸取其他成员的长处和优点,遇到问题及时交流,才能让团队的力量发挥得淋漓尽致。公路收费及监控员要互相支持、互相配合,顾全大局,明确工作任务和共同目标,在收费时要尊重他人,积极主动协同他人做好各项事务,提高团队的工作效率。团队成员之间需要建立深厚的感情,增强彼此之间的信任和理解,形成强大的团队凝聚力。每个人在团队中应明确自己的职责和任务,可以从他人身上学习到更多的知识和技能,从而促进个人的成长和发展;团队成员相互支持,相互协作,从而共同促进社会的发展。

开拓创新是指通过探索新的思路、方法或技术,开辟新的领域或解决新的问题。公路收费及监控员要具备创新的意识,发扬创新的精神,锐意进取、与时俱进,不断研究新方法,主动解决新问题,善于总结新经验、新规律,使工作不断提档升级。

### 5. 公平公正,清正廉洁

公平是指处理事情合情合理,不偏袒某一方或某个人,即参与社会合作的每个人承担着他应承担的责任,得到他应得的利益。公正即社会公平和正义,它以人的自由平等权利获得为前提,是国家、社会应然的根本价值理念。公平公正是指按照原则办事,处理事情合情合理、不徇私情。公路收费及监控员在具体的职业活动中,应做到办事公道、权益平衡。

清正廉洁的内涵是以国家、集体和人民的利益为一切职业行为的出发点和归宿,在处理个人与职业、职业与社会和他人利益关系问题上,做到公私分明,不收取不义之财,不以工作之便牟取个人和小团体的私利。清正廉洁是每个从业者的必备素质。对于职工来说,能力有强有弱是正常的,但清正廉洁绝不是可有可无、可强可弱的,它是保证职工综合能力得以充分发挥的重要基础。职工只有具备廉洁自律的政治品格,才能保持清醒、牢记宗旨、坚定立场、明确方向。高速公路通行费收费人员的工作性质,决定了其在工作中必须要做到公正无私、廉洁自爱。每一个收费人员都必须提高自身的防腐能力和拒贿的自觉性,时刻保持高度的警惕性,做到知法、懂法、护法、守法。

### 6. 着装整洁,文明礼貌

着装整洁是一个人文明程度和道德修养的一种外在表现形式。公路收费及监控员应注重着装整洁、适度得体,以展现出良好的形象和职业素养。只有讲究礼仪,才能更好地树立高速公路窗口的行业形象。

文明礼貌是人类为维系社会正常生活而要求共同遵守的最基本的道德规范,它是人们在长期共同生活和相互交往中逐渐形成,并以风俗、习惯和传统等方式固定下来的。文明礼貌不仅是个人素质、教养的体现,也是个人道德和社会公德的体现,更是社会风气的现实反映。高速公路行业的文明礼貌服务应在确保道路安全、畅通、快捷的基础上,全方位展现出来。

# 第二节 文明服务要求

## 一、收费站文明服务要求

高速公路营运公司是服务型企业,为高速公路的使用者提供快速、高效、安全、畅通的道路环境及服务。如果说通行能力是道路通行服务的硬件,那么文明服务就是道路通行服务的软件。优质的服务是高速公路行业提高核心竞争力的重要组成部分。收费窗口是高速公路企业的展示窗口,员工的一言一行,事关企业乃至行业的形象和声誉,一个真诚的笑容、一句看似简单的问候、一束亲切的目光都会给驾乘人员留下深刻的印象,收费员的服务态度,也将直接影响到驾乘人员对整条高速公路的认知与评价。

(1)收费站是高速公路营运公司面向社会提供收费服务的窗口,收费人员要恪守职业操守和服务标准,进行文明收费,提供优质服务,做到"应收不漏,应免不收"。

(2)收费站按广东省交通运输厅2020年印发的《广东省高速公路收费广场标志标线及其他安全设施设置指南》的有关要求悬挂相关收费站标志,公布批准收费机关、审批文号、主管部门、收费性质、收费单位、收费标准、收费期限和监督电话。

(3)收费站区、广场、收费亭等构造物和设施要整洁;车道路面无杂物、油垢和渣土;收费亭玻璃洁净,亭内物品摆放整齐。

(4)当班人员要密切注意收费现场动态情况,合理指挥、疏导过往车辆,维持好收费现场秩序,提供限时服务。

(5)当班人员应熟悉本路段出口的名称、出口指示牌指示地名以及本站出口附近的主要地名,以便驾乘人员咨询。

(6)当驾乘人员在收费站场遇到困难时,当班人员应主动询问并提供力所能及的帮助(便民服务)。

## 二 高速公路监控员服务要求

高速公路监控是确保道路交通安全、顺畅运行的重要环节。随着科技的不断进步,高速公路监控系统的性能也在不断提升,以满足日益增长的交通需求和更高的安全管理标准。高速公路监控员是保障道路交通安全和顺畅运行的重要角色。他们通过监控摄像头、传感器等设备,实时观察和分析道路交通状况,确保高速公路的安全与畅通。为了确保高速公路监控员能够提供高效、准确的服务,我们需要设定一些服务要求。

(1)监控员应具备丰富的专业知识和扎实的业务技能,熟悉高速公路交通规则、交通安全法律法规以及应急处理流程。

(2)监控员应具备较好的观察力,要通过监控和传感器等技术设备来实时监测和记录高速公路各个车道的车辆状况和交通流量情况。

(3)监控员应具备较好的应变能力,能及时发现并应对高速公路中可能出现的各种突发事件,如车祸、交通拥堵、道路损坏等。能及时发送消息给紧急救援机构,并在客流高峰期及时疏导交通,确保高速公路通行顺畅。

(4)监控员应具有对监控数据进行分析和处理的能力,筛选出异常情况并及时报告。数据分析可以帮助他们更好地了解高速公路的流量情况和交通运行状况,为公路运营管理提供有力支持。

(5)监控员需要维护监控设备的正常运行,保障设备的稳定性和可靠性,及时发现和解决设备故障,确保设备的长期有效运行。

(6)监控员应具备较好的沟通协调能力,在接到驾乘人员的咨询或帮助请求时,语言组织及表达能力良好,解答问题流利、有条理,并及时提供各种道路信息以便驾乘人员更好地规划路线,维护交通安全。

# 第三节　心理健康及情绪管理

高速公路收费员负责收取高速公路车辆通行费、维护交通秩序、提供信息咨询和服务、安全防范以及日常勤务管理等工作,监控员负责监控高速公路交通流量、交通安全、应对突发事件、数据分析等工作,为在高速公路行车的社会大众提供优质便捷服务。收费及监控员职工队伍庞大,其心理健康状况直接影响其工作态度和效率,其精神面貌也间接影响大众对高速公路的印象与评价,因此关注高速公路收费员和监控员的心理健康问题至关重要。随着交通路网的快速发展,高速公路通行车流量连年攀升,高速公路收费员和监控员的工作、生活节奏明显加快,面对来自工作、家庭、婚恋、人际关系等各方面的困扰和压力,部分工作人员心理上出现了一定程度的焦虑、压抑甚至忧郁等问题。

## 一　收费及监控员心理现状

为深入研究高速公路一线员工的心理健康状况,广深珠高速公路有限公司高桂屏心理咨询室在开展公益心理咨询课巡讲中,针对珠三角地区 20 家高速公路营运企业共 1200 名员工,开展了心理健康状况调查。此次调查主要以线上问卷调查的形式开展,共发放问卷 1200 份,回收率 100%。主要从收费员和监控员对自我心理健康的认知和体验、上级管理部门对员工的心理健康重视程度及管理现状、员工对上级管理部门在关心他们心理健康方面的认同程度等 3 个大项 19 个小项开展。在回收问卷后,工作组对每个问题进行了统计分析,调查显示如下:

(1)对于"目前工作的适应状况如何",60% 以上的员工选择"很好"或"还可以",只有 10% 的员工选择"比较差"。

(2)70% 的员工认为工作中最大的挫折是对未来发展感到很迷茫;50% 是面对驾乘

人员的无理取闹逐渐失去耐心,脾气变得暴躁。这也是大部分员工进入高速公路行业会遇到的问题。部分员工因为性格内向以及对自己信心不足,经常会出现郁闷、焦虑的情绪,甚至是茫然无措。

(3) 55%的员工认为自身心理承受能力比较强,对待压力能够转移化解,很少有借物发泄或压抑自己的情况。而且数据显示80%以上的员工在遇到心理方面的问题时,都会找家人、朋友甚至同事倾诉。

(4) 在另外一组数据中发现,员工开展文明服务时,最大的心理问题不尽相同,50%的员工提出是来自驾乘人员的不理解,30%的员工表现出了不自信,另有20%的员工认为车流量过大,无暇微笑或长时间微笑让自己不舒服。

(5) 由于高速公路企业需24h运作,因此大部分收费及监控员难以分配好时间和精力照顾家庭。统计中发现有超过50%的员工表示曾经遭到"另一半"抱怨,75%的员工认为心理辅导和咨询非常有必要,20%的员工认为可以自己解决心理上的问题,还有15%的员工对心理咨询的效果持怀疑态度。在回答"倾向于哪种心理咨询服务"时,40%的员工选择与心理咨询老师面对面交流,35%的员工认为面对面难以启齿,选择网络聊天咨询,还有25%的员工认为应该开展群体交流,参加心理咨询讲座。

## 二 收费及监控员心理问题产生的原因

从上述问卷结果中我们可以看到,收费员和监控员产生不健康心理的原因是多方面的,来自社会、单位、家庭,以及在长期的工作和生活中形成了一些具有代表性的心理特征,主要包含以下几个方面。

### 1. 工作环境因素

高速公路站点多、线长、面广,收费员和监控员多采取三班轮换的工作形式,工作时活动范围受限、工作内容单一,在工作过程中与社会外界交流较少,与过往驾乘人员也只有简单的语言交流,缺乏情感性的语言沟通。此外,高速公路收费站、生活区多位于高速公路附近,距离市区、城镇较远,工作人员在工作过程中回家机会较少,因此与家人分离时间较多。同时,收费员多为独处工作,因此与其他工作人员沟通与交流的机会也较少,以上因素都会让收费员和监控员产生一定程度的内心封闭感和孤独感。

### 2. 工作性质因素

各高速公路运营管理单位为了对收费员和监控员进行日常管理,制定了一整套管理制度、岗位规范和考核办法,对员工进行严格的绩效考评,一旦员工出现差错,会在考核考评中扣分。严格的工作制度以及工作性质的单一化,加大了收费员和监控员的心理压力。

#### 3. 工作不确定因素

进入大数据时代,面对交通行业技术革新、企业机构改革、人员分流等压力,员工缺乏职业安全感。据统计,当员工发现现实与理想的差距较大时,会出现"高不成、低不就"的消极心理,从而导致自卑、偏执、幻想、虚伪等心理问题。

#### 4. 角色定位因素

近年来,随着高速公路路网规模的不断扩大和相应通行费减免政策的出台,各种逃费现象日趋增多,甚至出现违规驾乘人员殴打收费员的恶性事件,严重威胁了收费员的人身安全,其心理不安感也会增加;高速公路行业是服务行业,社会对高速公路的服务要求越来越高,部分驾乘人员的素质较低,对收费员和监控员不尊重,容易产生语言上的冲突和矛盾。而作为服务窗口人员,要时刻保持良好服务态度,不能与驾乘人员发生正面冲突,导致他们无法及时发泄自己的不良情绪,容易压抑负面情绪,进而影响心理健康。

按照美国心理学大师萨提亚"家庭治疗模式"中对沟通模式的分类,这种情况下,面对处于"指责"模式的驾乘人员,收费员和监控员处于"讨好"模式,忽略了"自我"的感受,导致身体、心理和行为产生消极变化,负面情绪日益积聚。

#### 5. 婚恋问题因素

大多收费员和监控员由于与外界的沟通少,很难找到适婚对象。在亲人的期盼、朋友的询问、收入水平不高等因素的影响下,形成了巨大的心理压力,有的产生种种不良或极端的做法,有的不经深入了解就草率结婚,给自己的终身幸福埋下了隐患。

#### 6. 家庭矛盾因素

高速公路运营企业绝大部分员工远离家庭出来工作,这就容易引起一系列的家庭矛盾。由于与伴侣长期分居,不少夫妻往往因感情淡化、对方无法承担家务事等而感情破裂,最终导致婚姻关系不和谐甚至破裂;与此同时,也不易与子女建立良好的亲子关系。工作和家庭生活的双重压力也会加剧自身的焦虑、烦躁情绪。

#### 7. 社交脱离因素

长期重复的工作导致收费员和监控员精神疲劳,尤其是上完夜班后要补充睡眠,有时整个白天都在补觉,不规律的作息时间使部分员工放弃了兴趣爱好。尽管高速公路运营企业会成立各类文体组织,开展各类集体活动,但是部分一线员工的参与度并不高,而是沉迷于网络游戏等,在现实中与人交往的意愿不强烈。

### 三 收费及监控员职业心理健康的调适

在市场竞争日益激烈的新形势下,现代企业的优胜劣汰的竞争机制,导致"高压"已经成为一种屡见不鲜的生活状态。解决收费员和监控员"高压"心理问题离不开企业管理,更离不开个体的自身调节。收费员和监控员应该学会正视自己遇到的问题、困难和压力,学会正确地认识自我、调节自我,学会面对现实,提高心理承受能力,有效地排解不良情绪,形成奉献社会的思想,以更加积极的心态自觉遵循行业标准,全心全意地投入工作中。

**1. 积极参加党工团组织活动**

(1)强化政治理论学习

"90后""00后"员工的行为特点是乐于展现自己,喜欢竞争,渴求实现自我价值,充分发挥自身的效能。员工的学习要由八小时之内向八小时之外的休闲时间延伸,通过党工团组织持之以恒地接受政治教育和形势教育,不断地加强思想政治学习和融合企业文化管理,从全局利益出发,树立集体主义观念,排除不良因素的干扰,把精力和热情集中到工作中来。针对自身出现的新思想和新问题,通过参加集中学习、座谈会、写心得体会等方式,及时向单位汇报;积极参加教育学习,正确处理个人利益与集体利益、眼前利益与长远利益之间关系,对症下药,力求把思想问题解决在萌芽之中;增强抵制腐朽思想的自觉性和免疫力,全面提高自身的服务意识、廉政意识和法治意识,从根本上清除阻碍工作开展的不利因素,努力挖掘内在潜力,做到由外促内、内外结合;切实用党的基本理论、基本线路、基本纲领、习近平新时代中国特色社会主义理论武装头脑,用社会主义核心价值观锤炼自己的思想境界,规范自己的行为。

(2)注重学习先进、争当先进

收费员和监控员工作在一线,要积极参与企业开展的先进性教育活动,积极向行业推广的典型、树立的榜样学习,把"学先进"作为奋斗目标,把"当先锋"作为行动指南,通过参与"身边人讲身边事、身边人讲自己事、身边事教身边人"、参与"业务技能竞赛""青年文明号""青年岗位能手""工人先锋号""三八红旗手"等"争手创号"活动,全面提升自身的综合素质,不断创造出新的业绩,切实增强自身的责任感、团队协作意识,为推动窗口单位精神文明建设和物质文明建设向前发展,形成"比、学、赶、帮、超"的浓厚氛围贡献自己的力量。

**2. 寻求支持和陪伴**

心理健康存在问题容易导致人们郁闷痛苦,当我们遭遇挫折或心情低潮时,一定要有朋友或者家人的帮助。密歇根大学的研究进一步指出,不只是找到支持的力量,还要有归属感,要找可信任、可依赖的社会力量给予我们支持与帮助。收费员和监控员的心理压力很大一部分来自家庭,因此,要重视家庭生活,重视与亲朋好友之间的交往,建立良好的人际关系,处理好家庭成员之间的关系,及时化解矛盾,营造良好的家庭环境。家庭和谐,收费员和监控员自身心理压力就会大大降低,才能全身心地投入工作。

**3. 自我情绪调节**

人都是有自我调节能力的,收费员和监控员应学会调节自我情绪,促进自身心理健康。可以从以下三个方面来调节：

(1) 学会转移不良情绪

不良情绪是产生心理疾病的根源，人长期处于抑郁状态就会产生心理障碍，从而引发疾病。因此必须对工作和生活中产生的不良情绪进行转移，使不良情绪得以宣泄和平衡，这对个人的身体和心灵健康大有裨益。转移不良情绪的方法有很多，比如早晨到安静的地方高声大喊或进行百米冲刺等。

(2) 培养兴趣爱好

培养兴趣爱好有助于陶冶情操，有利于调节人的情绪，使人获得精神上的满足。比如琴棋书画等有助于形成冷静思维，球类、舞蹈等康体活动有助于宣泄心中闷气。

(3) 主动消化工作压力

学会管理自己的情绪，注重业余生活质量，不要把工作上的压力带回家。比如留出完整的空间与他人共享时光，交谈、倾诉、阅读、冥想、听音乐、处理家务、参与体力劳动等都是获得内心安宁的绝佳方式；选择适宜的运动，锻炼忍耐力、灵敏度或体力……持之以恒地运用自己喜欢的方式消化工作压力。

### 4. 心理疾病防治措施案例

2023年，一辆运载活鱼的"绿通车"在驶出收费站时，因重量超标，出口收费员提示超重缴费，司机称是收费站地磅出现问题不肯付费并要求复称。车辆倒出后，司机在复称前故意泄水再驶入收费车道，仍旧超重。收费员向司机宣贯绿通免费车辆相关政策后，遭司机谩骂，直至其付款离开，但就在车辆即将驶出收费车道时，司机将装满水的矿泉水瓶砸向收费员并加速驶离车道。

受辱收费员感到十分委屈，当场痛哭、精神崩溃，收费站现场工作人员马上将其带离现场，并仔细检查伤口，确认无碍后，安排其他人员进行陪伴安抚。所在收费站管理人员与该收费员进行多次交谈，对其认真工作表示肯定和鼓励，并为其调整假期，同时安排心理咨询师积极引导。事后，管理人员多次鼓励员工参加站场、单位组织的文体活动，帮助其重新树立积极向上乐观的心态，该收费员很快从不愉快的工作经历中解脱出来，重新投入工作岗位中。

### 5. 收费产生纠纷时的沟通技巧

高速公路收费窗口属于服务窗口，收费员在收费时，面向的主体是各种驾乘人员，在收费的过程中有时会产生一些矛盾和纠纷，根据"控制事态、有理有据、维护利益、保障畅通"的基本原则，以下介绍几点与驾乘人员沟通的小技巧。

一是必须掌握收费业务知识，了解收费相关政策性文件，能够从专业的角度对事件做出准确判断，做到收费遵照规定、符合政策。

二是要有良好的心态，及时为驾乘人员排忧解难，提供优质、快捷、热情、周到的人性化服务；要保持良好的心态，有一定化解矛盾纠纷以及抗压的能力。假如收费员承受不住一些谩骂和责怪,甚至与其对抗,那不仅不能维护收费工作秩序,还会激发矛盾、纠纷,使事态扩大化。

三是在处理纠纷时做到换位思考,灵活有效地消除驾乘人员的负面情绪。学会"避重就轻",当矛盾出现导致当事人情绪很激动时,要避开正面的冲突,等待对方情绪相对平静缓和时再做处理。

四是在处理矛盾、纠纷的全过程中,始终要有高度的法律意识和安全意识,在做好个人防范和保护身边工作人员安全的同时,根据现场情况及时报警并告知对方,以警示对方切勿将事态扩大。

# 第四节　匠人追求与培养综合技能人才的方法

在快速发展的现代社会中,工匠型人才越来越受到青睐。工匠型人才不仅具备精湛的专业技术,还兼具创新思维、团队协作意识、解决问题的能力等。工匠型人才不仅具备扎实的专业基础知识,还能够在实践中不断创新、追求卓越。他们善于从多个角度思考问题,具备跨界整合的能力。同时,他们注重细节,追求精益求精,对工作充满热情与责任感。

## 一　精益求精的匠人追求

匠人精神的精髓,是对自身技艺的精益求精,是对产品与服务的不断升级。对于公路收费及监控员而言,其工作具有很强的政策性、业务性,日常工作看似简单、重复、枯燥,实则也需要精益求精的"技艺"。只要我们把"追求卓越,习以为常"当作自己的人生格言和工作写照,把工作看成不仅是谋生的工具,更是展现才华、实现理想的舞台,对工作执着、对所做事情精益求精,以"勤、严、细、慎、实"来要求自己,把简单的事、简单的动作不停地用心重复,做到极致,不断雕琢自己的"技艺",以"择一事终一生"的执着专注,"干一行钻一行"的精益求精,"偏毫厘不敢安"的一丝不苟,"千万锤成一器"的卓越追求,大力弘扬劳模精神、劳动精神、工匠精神,就能以勤学长知识,以苦练精技艺,以创新求突破,在平凡的岗位上干出不平凡的业绩。

我们要以"铁肩担道义,实干立碑"为己任,时刻牢记初心使命,恪尽职守,勇当排头兵,发挥主旗手的作用,发扬"见旗就扛,见优就争"的精神,服务行业、服务社会,方能不负新时代、不辱新使命。

## 二 培养综合技能人才的方法

综合技能人才是指在生产和服务等领域岗位一线的从业者中,除了具备精湛专业技能,还能在关键环节发挥作用,解决生产操作难题的人员,包括技能劳动者中取得技师职业资格及相应职级的人员,是我国人才队伍的重要组成部分,是各行各业产业大军的优秀代表。同时,综合技能人才能发挥示范引领作用,带动影响身边人,共同为实现基层单位、部门甚至企业目标发挥自身的积极作用。综合技能人才是产业发展的第一动力,是支撑中国制造、中国创造的重要力量,是高质量发展的生力军,那么,如何成为高速公路行业的综合技能人才?

### 1. 明确提升目标与定位

专业知识是构建个人知识结构的基石,只有不断钻研专业知识和技术,深入了解工作所涉及学科的历史、现状和发展趋势,并将所学专业与其他相关领域紧密结合,我们才能真正塑造出自身的核心竞争力。基础知识和基本理论是知识体系的根基,扎实的基础是持续学习和发展稳固的支撑和源源不断的动力。

明确的目标是激发信仰和毅力的源泉。对于高速公路收费员和监控员而言,提升专业技能的首要步骤是进行自我能力评估,从而确定自己当前的水平和位置。有了明确的定位,我们才能对自己的能力有客观的认识。

一旦明确了自己的能力级别或层次,接下来就需要选择一个合适的参照系。这个参照系将作为我们能力提升的标杆,也是我们努力超越的对象。明确了这一点,我们就为自己设定了明确的提升方向和超越目标。

### 2. 心无旁骛练好本领

有了明确的目标与参照系之后如何炼成硬本领?这需要适当的工作条件,也需要自身心无旁骛。良好的习惯、科学的方法也能提高学习效率,实践是培养和提高能力的重要途径,是检验学习成果的标准。而把工作做到最好是对所学知识的最好检验,全心全意地投入工作、投入生活,就能领悟得更多。与其说是选择一份工作,不如说是选择一种生活。真正做到从心里热爱工作的人,最终都会得到丰厚的回报。

### 3. 培养身心素质

身体素质和心理素质合称为身心素质。身心素质对事业有着重大影响,故而不断提升身心素质显得尤为重要。现代社会生活节奏快,工作压力大,没有健康的身体很难适应。心理素质好的人能以旺盛的精力、积极乐观的心态处理好各种关系,主动适应环境的变化;心理素质差的人则经常处于忧愁困苦中,不能很好地适应环境,最终影响工作甚至积郁成疾。如何培养良好的身心素质呢?一是对真善美的不懈追求,通过自我激励和阅读书籍净化心灵;二是利用工作之余跑步、登山、骑自行车,从而锤炼自己的意志,让自己更积极乐观;三是通过心灵对话,不断地追问自己想要的是什么,时常反思和总结,坚定自己的步伐,用更大的胸怀去包容无常世事。

### 4. 激发创新精神

劳动光荣,创造伟大。创新是引领自身发展的第一动力。在市场经济条件下,公路收费员和监控员作为交通产业的技能人才,需要通过踏实的学习为创新打下坚实的基础。同时通过跨企业、跨领域的学习激发创新的灵感,保持对同行佼佼者的持续关注。我们可以通过以下途径不断突破自我,培养自己独特的创新能力,从而获得更大的成功。

一是要时刻关注周围的事物,不断进行观察、思考和反思,通过借鉴他人的经验和思路,激发创新灵感;二是结合日常工作和生活经验,尝试不同的方法和思维方式,积极寻求创新的突破口;三是保持不断学习的状态,通过不断学习和吸收新鲜事物及知识,提升自己的能力;四是不断挑战自己,突破自我,坚定信念,实现自我突破。

### 5. 公路收费及监控技能人才培养

要成为一名优秀的公路收费及监控岗位技能人才,需充分履行岗位职责并发挥表率带头作用,努力树立五个核心意识,做好两个加强,准确把握三个及时,同时还应培养塑造高效团队的能力。

(1)树立五个意识

①责任意识。责任意识是一个人在群体活动中所表现出的行为规范的自觉性和对所承担任务的态度。作为一名技术能手,应时刻把责任意识放在首位,具有强烈的责任感和事业心,这是做好工作的前提条件,也是一个人至关重要的品格。

②形象意识。收费站和监控中心是内、外部信息反馈的窗口单位,收费员和监控员不仅负责辖区内收费站场和监控管理的日常工作,还承担着设备管理和信息上传下达工作,员工的一言一行直接影响着企业的整体形象,这就要求我们必须牢固树立"我就是高速公路行业形象代言人"的意识。

③服务意识。服务意识是员工参与企业客户管理活动,为客户提供优质服务的指导思想。收费员和监控员面对外部事项要态度端正、服务热情、耐心解释。遇有不能处理的要及时上报。

④安全意识。安全生产是企业的生命。牢固树立安全意识,包括自身和所在班组成员的人身、财产安全,也包括工作用电和设备管理的安全,收费员和监控员的头脑中应时刻绷紧安全生产这根弦,不断学习安全生产知识,提高安全生产技能,加强安全检查,做到常抓不懈。

⑤团队意识。一个人的力量是有限的,集体的力量是无穷的。收费和监控技术能手应挖掘和发挥所在班组人员的优势,充分调动大家的主观能动性,工作上形成合力,同时自己也应身先士卒、以身作则。注重与班组成员的沟通和交流,用诚心换真心。在职责

范围内积极协调、化解各种小纠纷,营造宽松、愉快的团队氛围。

(2)做好两个加强

①加强政治理论学习。思想意识决定行为方式,要想在平凡的岗位上做出不平凡的业绩,就必须具备深厚的理论基础。我们要注重和加强政治理论知识的学习,不断提高思想认识和觉悟,以"始于客户需求,终于客户满意"为宗旨,按照行业和企业的总体要求,认认真真、踏踏实实地做好各项工作。

②加强业务知识学习。对业务知识的掌握程度决定着工作质量,只有精通业务,才能正确判断,处事果断。工作中我们要加强新知识、新业务的学习,多思考、勤总结,不懂的事项及时请教。

(3)准确把握三个及时

①及时记录。收费及监控员日常工作的显著特点是记录多,每天面对各种各样的特殊情况,需要其以良好的心态、高度负责感,认真处理并做好记录。准确、清晰的记录能够为公司运营决策提供依据,使收费管理对症下药。

②及时反馈。遇重大、紧急事件和不能处理的工作事项,及时按照程序上报和汇总。对上级领导和部门提出的工作要求及时学习、传达,并严格执行。工作中及时向上级提出合理化建议。

③及时处理。根据职责权限,按照首问负责制、一次性告之制度快速处理各项事务,不断提高工作效率,注重办事效果。

(4)培养塑造高效团队的能力

①以团队为核心:高效的团队要求每个成员以团队的利益为重,将践行团队价值观和实现团队目标视为己任。个人的行为应始终与团队的整体利益相一致。团队是每个人实现目标和价值的平台,与个人关系紧密。因此,每个团队成员都应以团队的利益、价值观和目标为基础,发挥个人的优势。

②发挥个人优势并互补:每个团队成员都应努力发掘并培养自己的独特优势,这些优势可以是专业技能、组织能力、协调能力等。多元化团队的整体竞争力会更强。每个成员的优势最好是互补的,这样可以弥补团队在某些领域的不足。

③保持谦虚态度和善于学习:无论个人能力多强,都应保持谦虚的态度。因为每个人都有自己的长处和短处,而且能力是有限的。我们应该尊重他人,善于从他人身上学习,并不断提高自己的能力。只有这样,才能在团队中持续发挥价值,并与团队共同成长。

④善于总结和持续提高:团队是在不断发展的,团队成员也应不断提高自己的能力和技能。一旦满足于现状,不再努力学习和提高,就可能被团队淘汰。因此,每个团队成员都应善于总结经验教训,并不断提高自己的能力,以满足团队发展的需要。

⑤容错纠错,营造积极的团队氛围:可以为成员提供试错的机会,激发成员的积极情

绪和创新精神。这种氛围可以鼓励成员勇于尝试新事物，即使失败了也能从中学习和成长。这样的团队文化有助于培养工匠精神，提高成员的奉献精神和职业胜任力，为团队创造高质量的产品和服务。

通过以上五个意识的培养、两个方面的加强、三个及时的把握以及高效团队塑造能力的提升，个人将能够更好地胜任公路收费及监控岗位，为公路交通的顺畅和安全作出积极贡献。

# 第五章
# 相关法律法规及政策

## 第一节 《中华人民共和国民法典》（摘选）

2020年5月28日，第十三届全国人民代表大会第三次会议审议通过了《中华人民共和国民法典》，这是中华人民共和国成立以来第一部以"法典"命名的法律，是新时代我国社会主义法治建设的重大成果。该法自2021年1月1日起施行。

第二百五十四条　国防资产属于国家所有。

铁路、公路、电力设施、电信设施和油气管道等基础设施，依照法律规定为国家所有的，属于国家所有。

第二百五十八条　国家所有的财产受法律保护，禁止任何组织或者个人侵占、哄抢、私分、截留、破坏。

第九百八十五条　得利人没有法律根据取得不当利益的，受损失的人可以请求得利人返还取得的利益，但是有下列情形之一的除外：

（一）为履行道德义务进行的给付；

（二）债务到期之前的清偿；

（三）明知无给付义务而进行的债务清偿。

第九百八十七条　得利人知道或者应当知道取得的利益没有法律根据的，受损失的人可以请求得利人返还其取得的利益并依法赔偿损失。

第九百八十八条　得利人已经将取得的利益无偿转让给第三人的，受损失的人可以请求第三人在相应范围内承担返还义务。

第一千一百九十八条　宾馆、商场、银行、车站、机场、体育场馆、娱乐场所等经营场所、公共场所的经营者、管理者或者群众性活动的组织者，未尽到安全保障义务，造成他人损害的，应当承担侵权责任。

# 第二节 《中华人民共和国劳动法》(摘选)

1995年1月1日起施行的《中华人民共和国劳动法》,是为了保护劳动者的合法权益,调整劳动关系,建立和维护适应社会主义市场经济的劳动制度,促进经济发展和社会进步,根据《中华人民共和国宪法》而制定的法律。现行的《中华人民共和国劳动法》是经过2018年12月29日第二次修正实施的。

劳动法所调整的对象是劳动关系,即劳动者因参加社会劳动而与所属的企业、事业、国家机关及社会团体等用人单位之间所发生的那一部分劳动关系。与收费及监控员密切相关的条文如下:

第二条 在中华人民共和国境内的企业、个体经济组织(以下统称用人单位)和与之形成劳动关系的劳动者,适用本法。

国家机关、事业组织、社会团体和与之建立劳动合同关系的劳动者,依照本法执行。

第三条 劳动者享有平等就业和选择职业的权利、取得劳动报酬的权利、休息休假的权利、获得劳动安全卫生保护的权利、接受职业技能培训的权利、享受社会保险和福利的权利、提请劳动争议处理的权利以及法律规定的其他劳动权利。

劳动者应当完成劳动任务,提高职业技能,执行劳动安全卫生规程,遵守劳动纪律和职业道德。

第四条 用人单位应当依法建立和完善规章制度,保障劳动者享有劳动权利和履行劳动义务。

第十八条 下列劳动合同无效:

(一)违反法律、行政法规的劳动合同;

(二)采取欺诈、威胁等手段订立的劳动合同。

无效的劳动合同,从订立的时候起,就没有法律约束力。确认劳动合同部分无效的,如果不影响其余部分的效力,其余部分仍然有效。

劳动合同的无效,由劳动争议仲裁委员会或者人民法院确认。

第二十条 劳动合同的期限分为有固定期限、无固定期限和以完成一定的工作为期限。

劳动者在同一用人单位连续工作满十年以上,当事人双方同意续延劳动合同的,如果劳动者提出订立无固定期限的劳动合同,应当订立无固定期限的劳动合同。

第二十一条 劳动合同可以约定试用期。试用期最长不得超过六个月。

第二十五条 劳动者有下列情形之一的,用人单位可以解除劳动合同:

（一）在试用期间被证明不符合录用条件的；

（二）严重违反劳动纪律或者用人单位规章制度的；

（三）严重失职，营私舞弊，对用人单位利益造成重大损害的；

（四）被依法追究刑事责任的。

第二十六条　有下列情形之一的，用人单位可以解除劳动合同，但是应当提前三十日以书面形式通知劳动者本人：

（一）劳动者患病或者非因工负伤，医疗期满后，不能从事原工作也不能从事由用人单位另行安排的工作的；

（二）劳动者不能胜任工作，经过培训或者调整工作岗位，仍不能胜任工作的；

（三）劳动合同订立时所依据的客观情况发生重大变化，致使原劳动合同无法履行，经当事人协商不能就变更劳动合同达成协议的。

第二十九条　劳动者有下列情形之一的，用人单位不得依据本法第二十六条、第二十七条的规定解除劳动合同：

（一）患职业病或者因工负伤并被确认丧失或者部分丧失劳动能力的；

（二）患病或者负伤，在规定的医疗期内的；

（三）女职工在孕期、产期、哺乳期内的；

（四）法律、行政法规规定的其他情形。

# 第三节　《中华人民共和国劳动合同法》（摘选）

现行《中华人民共和国劳动合同法》于2007年6月29日第十届全国人民代表大会常务委员会第二十八次会议通过，根据2012年12月28日第十一届全国人民代表大会常务委员会第三十次会议《关于修改〈中华人民共和国劳动合同法〉的决定》修正。

劳动合同，是指劳动者同企业、国家机关、事业单位、民办非企业单位、个体经济组织等用人单位之间订立的明确双方权利和义务的协议。

第二条　中华人民共和国境内的企业、个体经济组织、民办非企业单位等组织（以下称用人单位）与劳动者建立劳动关系，订立、履行、变更、解除或者终止劳动合同，适用本法。

国家机关、事业单位、社会团体和与其建立劳动关系的劳动者，订立、履行、变更、解除或者终止劳动合同，依照本法执行。

第三条　订立劳动合同，应当遵循合法、公平、平等自愿、协商一致、诚实信用的原则。

依法订立的劳动合同具有约束力,用人单位与劳动者应当履行劳动合同约定的义务。

第四条 用人单位应当依法建立和完善劳动规章制度,保障劳动者享有劳动权利、履行劳动义务。

用人单位在制定、修改或者决定有关劳动报酬、工作时间、休息休假、劳动安全卫生、保险福利、职工培训、劳动纪律以及劳动定额管理等直接涉及劳动者切身利益的规章制度或者重大事项时,应当经职工代表大会或者全体职工讨论,提出方案和意见,与工会或者职工代表平等协商确定。

在规章制度和重大事项决定实施过程中,工会或者职工认为不适当的,有权向用人单位提出,通过协商予以修改完善。

用人单位应当将直接涉及劳动者切身利益的规章制度和重大事项决定公示,或者告知劳动者。

第四十二条 劳动者有下列情形之一的,用人单位不得依照本法第四十条、第四十一条的规定解除劳动合同:

(一)从事接触职业病危害作业的劳动者未进行离岗前职业健康检查,或者疑似职业病病人在诊断或者医学观察期间的;

(二)在本单位患职业病或者因工负伤并被确认丧失或者部分丧失劳动能力的;

(三)患病或者非因工负伤,在规定的医疗期内的;

(四)女职工在孕期、产期、哺乳期的;

(五)在本单位连续工作满十五年,且距法定退休年龄不足五年的;

(六)法律、行政法规规定的其他情形。

# 第四节 交通相关法律法规

本节从现行交通相关法律法规中节选了与收费员、监控员日常工作密切相关的部分条款。与收费政策相关的法律法规不限于以下内容。

## 一 《中华人民共和国公路法》(2017年11月4日修正实施)(摘选)

第八条 国务院交通主管部门主管全国公路工作。

第九条 禁止任何单位和个人在公路上非法设卡、收费、罚款和拦截车辆。

第五十条 超过公路、公路桥梁、公路隧道或者汽车渡船的限载、限高、限宽、限长标准的车辆,不得在有限定标准的公路、公路桥梁上或者公路隧道内行驶,不得使用汽车渡船。超过公路或者公路桥梁限载标准确需行驶的,必须经县级以上地方人民政府交通主管部门批准,并按要求采取有效的防护措施;运载不可解体的超限物品的,应当按照指定的时间、路线、时速行驶,并悬挂明显标志。

第五十九条　符合国务院交通主管部门规定的技术等级和规模的下列公路,可以依法收取车辆通行费:

(一)由县级以上地方人民政府交通主管部门利用贷款或者向企业、个人集资建成的公路;

(二)由国内外经济组织依法受让前项收费公路收费权的公路;

(三)由国内外经济组织依法投资建成的公路。

## 二 《中华人民共和国道路交通安全法》(2021年4月29日修正实施)(摘选)

第十一条　驾驶机动车上道路行驶,应当悬挂机动车号牌,放置检验合格标志、保险标志,并随车携带机动车行驶证。

机动车号牌应当按照规定悬挂并保持清晰、完整,不得故意遮挡、污损。

任何单位和个人不得收缴、扣留机动车号牌。

第十五条　警车、消防车、救护车、工程救险车应当按照规定喷涂标志图案,安装警报器、标志灯具。其他机动车不得喷涂、安装、使用上述车辆专用的或者与其相类似的标志图案、警报器或者标志灯具。

警车、消防车、救护车、工程救险车应当严格按照规定的用途和条件使用。

第十六条　任何单位或者个人不得有下列行为:

(一)拼装机动车或者擅自改变机动车已登记的结构、构造或者特征;

(二)改变机动车型号、发动机号、车架号或者车辆识别代号;

(三)伪造、变造或者使用伪造、变造的机动车登记证书、号牌、行驶证、检验合格标志、保险标志;

(四)使用其他机动车的登记证书、号牌、行驶证、检验合格标志、保险标志。

第九十条　机动车驾驶人违反道路交通安全法律、法规关于道路通行规定的,处警告或者二十元以上二百元以下罚款。本法另有规定的,依照规定处罚。

第九十五条　上道路行驶的机动车未悬挂机动车号牌,未放置检验合格标志、保险标志,或者未随车携带行驶证、驾驶证的,公安机关交通管理部门应当扣留机动车,通知当事人提供相应的牌证、标志或者补办相应手续,并可以依照本法第九十条的规定予以处罚。当事人提供相应的牌证、标志或者补办相应手续的,应当及时退还机动车。

故意遮挡、污损或者不按规定安装机动车号牌的,依照本法第九十条的规定予以处罚。

第九十六条 伪造、变造或者使用伪造、变造的机动车登记证书、号牌、行驶证、驾驶证的,由公安机关交通管理部门予以收缴,扣留该机动车,处十五日以下拘留,并处二千元以上五千元以下罚款;构成犯罪的,依法追究刑事责任。

伪造、变造或者使用伪造、变造的检验合格标志、保险标志的,由公安机关交通管理部门予以收缴,扣留该机动车,处十日以下拘留,并处一千元以上三千元以下罚款;构成犯罪的,依法追究刑事责任。

使用其他车辆的机动车登记证书、号牌、行驶证、检验合格标志、保险标志的,由公安机关交通管理部门予以收缴,扣留该机动车,处二千元以上五千元以下罚款。

当事人提供相应的合法证明或者补办相应手续的,应当及时退还机动车。

第九十七条 非法安装警报器、标志灯具的,由公安机关交通管理部门强制拆除,予以收缴,并处二百元以上二千元以下罚款。

## 三 《公路安全保护条例》(2011年7月1日实施)(摘选)

第九条 任何单位和个人不得破坏、损坏、非法占用或者非法利用公路、公路用地和公路附属设施。

第三十条 车辆的外廓尺寸、轴荷和总质量应当符合国家有关车辆外廓尺寸、轴荷、质量限值等机动车安全技术标准,不符合标准的不得生产、销售。

第三十三条 超过公路、公路桥梁、公路隧道限载、限高、限宽、限长标准的车辆,不得在公路、公路桥梁或者公路隧道行驶;超过汽车渡船限载、限高、限宽、限长标准的车辆,不得使用汽车渡船。

公路、公路桥梁、公路隧道限载、限高、限宽、限长标准调整的,公路管理机构、公路经营企业应当及时变更限载、限高、限宽、限长标志;需要绕行的,还应当标明绕行路线。

第三十五条 车辆载运不可解体物品,车货总体的外廓尺寸或者总质量超过公路、公路桥梁、公路隧道的限载、限高、限宽、限长标准,确需在公路、公路桥梁、公路隧道行驶的,从事运输的单位和个人应当向公路管理机构申请公路超限运输许可。

第三十八条 公路管理机构批准超限运输申请的,应当为超限运输车辆配发国务院交通运输主管部门规定式样的超限运输车辆通行证。

经批准进行超限运输的车辆,应当随车携带超限运输车辆通行证,按照指定的时间、路线和速度行驶,并悬挂明显标志。

禁止租借、转让超限运输车辆通行证。禁止使用伪造、变造的超限运输车辆通行证。

## 四 《中华人民共和国道路交通安全法实施条例》（2017年10月7日修正实施）（摘选）

第五十五条 机动车载人应当遵守下列规定：

（一）公路载客汽车不得超过核定的载客人数，但按照规定免票的儿童除外，在载客人数已满的情况下，按照规定免票的儿童不得超过核定载客人数的10%；

（二）载货汽车车厢不得载客。在城市道路上，货运机动车在留有安全位置的情况下，车厢内可以附载临时作业人员1人至5人；载物高度超过车厢栏板时，货物上不得载人；

（三）摩托车后座不得乘坐未满12周岁的未成年人，轻便摩托车不得载人。

第五十六条 机动车牵引挂车应当符合下列规定：

（一）载货汽车、半挂牵引车、拖拉机只允许牵引1辆挂车。挂车的灯光信号、制动、连接、安全防护等装置应当符合国家标准；

（二）小型载客汽车只允许牵引旅居挂车或者总质量700千克以下的挂车。挂车不得载人；

（三）载货汽车所牵引挂车的载质量不得超过载货汽车本身的载质量。

大型、中型载客汽车，低速载货汽车，三轮汽车以及其他机动车不得牵引挂车。

第七十八条 高速公路应当标明车道的行驶速度，最高车速不得超过每小时120公里，最低车速不得低于每小时60公里。

在高速公路上行驶的小型载客汽车最高车速不得超过每小时120公里，其他机动车不得超过每小时100公里，摩托车不得超过每小时80公里。

同方向有2条车道的，左侧车道的最低车速为每小时100公里；同方向有3条以上车道的，最左侧车道的最低车速为每小时110公里，中间车道的最低车速为每小时90公里。道路限速标志标明的车速与上述车道行驶车速的规定不一致的，按照道路限速标志标明的车速行驶。

第八十二条 机动车在高速公路上行驶，不得有下列行为：

（一）倒车、逆行、穿越中央分隔带掉头或者在车道内停车；

（二）在匝道、加速车道或者减速车道上超车；

（三）骑、轧车行道分界线或者在路肩上行驶；

（四）非紧急情况时在应急车道行驶或者停车；

（五）试车或者学习驾驶机动车。

## 五　《收费公路管理条例》（2004年11月1日实施）（摘选）

第七条　军队车辆、武警部队车辆，公安机关在辖区内收费公路上处理交通事故、执行正常巡逻任务和处置突发事件的统一标志的制式警车，以及经国务院交通主管部门或者省、自治区、直辖市人民政府批准执行抢险救灾任务的车辆，免交车辆通行费。

进行跨区作业的联合收割机、运输联合收割机（包括插秧机）的车辆，免交车辆通行费。联合收割机不得在高速公路上通行。

第八条　任何单位或者个人不得以任何形式非法干预收费公路的经营管理，挤占、挪用收费公路经营管理者依法收取的车辆通行费。

第三十三条　收费公路经营管理者对依法应当交纳而拒交、逃交、少交车辆通行费的车辆，有权拒绝其通行，并要求其补交应交纳的车辆通行费。

任何人不得为拒交、逃交、少交车辆通行费而故意堵塞收费道口、强行冲卡、殴打收费公路管理人员、破坏收费设施或者从事其他扰乱收费公路经营管理秩序的活动。

发生前款规定的扰乱收费公路经营管理秩序行为时，收费公路经营管理者应当及时报告公安机关，由公安机关依法予以处理。

第三十四条　在收费公路上行驶的车辆不得超载。

发现车辆超载时，收费公路经营管理者应当及时报告公安机关，由公安机关依法予以处理。

第五十七条　违反本条例的规定，为拒交、逃交、少交车辆通行费而故意堵塞收费道口、强行冲卡、殴打收费公路管理人员、破坏收费设施或者从事其他扰乱收费公路经营管理秩序活动，构成违反治安管理行为的，由公安机关依法予以处罚；构成犯罪的，依法追究刑事责任；给收费公路经营管理者造成损失或者造成人身损害的，依法承担民事赔偿责任。

第五十八条　违反本条例的规定，假冒军队车辆、武警部队车辆、公安机关统一标志的制式警车和抢险救灾车辆逃交车辆通行费的，由有关机关依法予以处理。

## 六　《超限运输车辆行驶公路管理规定》（2021年8月11日修正）（摘选）

第三条　本规定所称超限运输车辆，是指有下列情形之一的货物运输车辆：

(一)车货总高度从地面算起超过4米；

(二)车货总宽度超过2.55米；

(三)车货总长度超过18.1米；

（四）二轴货车，其车货总质量超过 18000 千克；

（五）三轴货车，其车货总质量超过 25000 千克；三轴汽车列车，其车货总质量超过 27000 千克；

（六）四轴货车，其车货总质量超过 31000 千克；四轴汽车列车，其车货总质量超过 36000 千克；

（七）五轴汽车列车，其车货总质量超过 43000 千克；

（八）六轴及六轴以上汽车列车，其车货总质量超过 49000 千克，其中牵引车驱动轴为单轴的，其车货总质量超过 46000 千克。

前款规定的限定标准的认定，还应当遵守下列要求：

（一）二轴组按照二个轴计算，三轴组按照三个轴计算；

（二）除驱动轴外，二轴组、三轴组以及半挂车和全挂车的车轴每侧轮胎按照双轮胎计算，若每轴每侧轮胎为单轮胎，限定标准减少 3000 千克，但安装符合国家有关标准的加宽轮胎的除外；

（三）车辆最大允许总质量不应超过各车轴最大允许轴荷之和；

（四）拖拉机、农用车、低速货车，以行驶证核定的总质量为限定标准；

（五）符合《汽车、挂车及汽车列车外廓尺寸、轴荷及质量限值》(GB 1589) 规定的冷藏车、汽车列车、安装空气悬架的车辆，以及专用作业车，不认定为超限运输车辆。

## 七 《中华人民共和国突发事件应对法》（2007 年 11 月 1 日实施）（摘选）

第二条 突发事件的预防与应急准备、监测与预警、应急处置与救援、事后恢复与重建等应对活动，适用本法。

第三条 本法所称突发事件，是指突然发生，造成或者可能造成严重社会危害，需要采取应急处置措施予以应对的自然灾害、事故灾难、公共卫生事件和社会安全事件。

按照社会危害程度、影响范围等因素，自然灾害、事故灾难、公共卫生事件分为特别重大、重大、较大和一般四级。法律、行政法规或者国务院另有规定的，从其规定。

突发事件的分级标准由国务院或者国务院确定的部门制定。

第二十二条 所有单位应当建立健全安全管理制度，定期检查本单位各项安全防范措施的落实情况，及时消除事故隐患；掌握并及时处理本单位存在的可能引发社会安全事件的问题，防止矛盾激化和事态扩大；对本单位可能发生的突发事件和采取安全防范措施的情况，应当按照规定及时向所在地人民政府或者人民政府有关部门报告。

第四十二条 国家建立健全突发事件预警制度。

可以预警的自然灾害、事故灾难和公共卫生事件的预警级别,按照突发事件发生的紧急程度、发展态势和可能造成的危害程度分为一级、二级、三级和四级,分别用红色、橙色、黄色和蓝色标示,一级为最高级别。

预警级别的划分标准由国务院或者国务院确定的部门制定。

第四十九条　自然灾害、事故灾难或者公共卫生事件发生后,履行统一领导职责的人民政府可以采取下列一项或者多项应急处置措施:

(一)组织营救和救治受害人员,疏散、撤离并妥善安置受到威胁的人员以及采取其他救助措施;

(二)迅速控制危险源,标明危险区域,封锁危险场所,划定警戒区,实行交通管制以及其他控制措施;

(三)立即抢修被损坏的交通、通信、供水、排水、供电、供气、供热等公共设施,向受到危害的人员提供避难场所和生活必需品,实施医疗救护和卫生防疫以及其他保障措施;

(四)禁止或者限制使用有关设备、设施,关闭或者限制使用有关场所,中止人员密集的活动或者可能导致危害扩大的生产经营活动以及采取其他保护措施;

(五)启用本级人民政府设置的财政预备费和储备的应急救援物资,必要时调用其他急需物资、设备、设施、工具;

(六)组织公民参加应急救援和处置工作,要求具有特定专长的人员提供服务;

(七)保障食品、饮用水、燃料等基本生活必需品的供应;

(八)依法从严惩处囤积居奇、哄抬物价、制假售假等扰乱市场秩序的行为,稳定市场价格,维护市场秩序;

(九)依法从严惩处哄抢财物、干扰破坏应急处置工作等扰乱社会秩序的行为,维护社会治安;

(十)采取防止发生次生、衍生事件的必要措施。

## 八　《中华人民共和国安全生产法》(2021年9月1日修正实施)(摘选)

第二条　在中华人民共和国领域内从事生产经营活动的单位(以下统称生产经营单位)的安全生产,适用本法;有关法律、行政法规对消防安全和道路交通安全、铁路交通安全、水上交通安全、民用航空安全以及核与辐射安全、特种设备安全另有规定的,适用其规定。

第三条　安全生产工作坚持中国共产党的领导。

安全生产工作应当以人为本,坚持人民至上、生命至上,把保护人民生命安全摆在首位,树牢安全发展理念,坚持安全第一、预防为主、综合治理的方针,从源头上防范化解重大安全风险。

安全生产工作实行管行业必须管安全、管业务必须管安全、管生产经营必须管安全，强化和落实生产经营单位主体责任与政府监管责任，建立生产经营单位负责、职工参与、政府监管、行业自律和社会监督的机制。

第四条 生产经营单位必须遵守本法和其他有关安全生产的法律、法规，加强安全生产管理，建立健全全员安全生产责任制和安全生产规章制度，加大对安全生产资金、物资、技术、人员的投入保障力度，改善安全生产条件，加强安全生产标准化、信息化建设，构建安全风险分级管控和隐患排查治理双重预防机制，健全风险防范化解机制，提高安全生产水平，确保安全生产。

平台经济等新兴行业、领域的生产经营单位应当根据本行业、领域的特点，建立健全并落实全员安全生产责任制，加强从业人员安全生产教育和培训，履行本法和其他法律、法规规定的有关安全生产义务。

## 九 《中华人民共和国道路运输条例》（2023年7月20日修订）（摘选）

第三十四条 道路运输车辆运输旅客的，不得超过核定的人数，不得违反规定载货；运输货物的，不得运输旅客，运输的货物应当符合核定的载重量，严禁超载；载物的长、宽、高不得违反装载要求。

违反前款规定的，由公安机关交通管理部门依照《中华人民共和国道路交通安全法》的有关规定进行处罚。

第四十五条 机动车维修经营者不得承修已报废的机动车，不得擅自改装机动车。

第六十四条 不符合本条例第九条、第二十二条规定条件的人员驾驶道路运输经营车辆的，由县级以上地方人民政府交通运输主管部门责令改正，处200元以上2000元以下的罚款；构成犯罪的，依法追究刑事责任。

## 十 《道路货物运输及站场管理规定》（2023年11月10日修正实施）（摘选）

第六十一条 违反本规定，有下列行为之一的，由交通运输主管部门责令停止经营；违法所得超过1万元的，没收违法所得，处违法所得1倍以上5倍以下的罚款；没有违法所得或者违法所得不足1万元的，处3000元以上1万元以下的罚款，情节严重的，处1万元以上5万元以下的罚款；构成犯罪的，依法追究刑事责任：

（一）未按规定取得道路货物运输经营许可，擅自从事道路普通货物运输经营的；

（二）使用失效、伪造、变造、被注销等无效的道路运输经营许可证件从事道路普通

货物运输经营的;

(三)超越许可的事项,从事道路普通货物运输经营的。

第六十二条  违反本规定,道路货物运输经营者非法转让、出租道路运输经营许可证件的,由交通运输主管部门责令停止违法行为,收缴有关证件,处 2000 元以上 1 万元以下的罚款;有违法所得的,没收违法所得。

第六十三条  违反本规定,取得道路货物运输经营许可的道路货物运输经营者使用无《道路运输证》的车辆参加普通货物运输的,由交通运输主管部门责令改正,处 1000 元以上 3000 元以下的罚款。

违反前款规定使用无《道路运输证》的车辆参加危险货物运输的,由交通运输主管部门责令改正,处 3000 元以上 1 万元以下的罚款。

# 第五节　公路收费及监控相关标准及政策

截至 2023 年,为了规范公路收费及监控业务,更好地为高速公路运营管理服务,国家及地方分别出台了相应技术标准规范及规范性文件,详见表 1-5-1。

截至 2023 年公路收费及监控业务有效技术标准规范及规范性文件列表　表 1-5-1

| 分类 | 适用范围 | 文件名称 | 颁布文号(标准号) | 发出单位 |
|---|---|---|---|---|
| 标准指南 | 总体 | 《公路收费及监控员国家职业技能标准(2022 年版)》 | 4-02-02-06 | 人力资源和社会保障部、交通运输部 |
| | 总体 | 《广东省智慧高速公路建设指南(试行)》 | GDJT 001-07—2022 | 广东省交通运输厅 |
| | 总体 | 《道路交通标志和标线　第 2 部分:道路交通标志》 | GB 5768.2—2022 | 国家市场监督管理总局、国家标准化管理委员会 |
| | 收费业务 | 《收费公路联网收费技术标准》 | JTG 6310—2022 | 交通运输部 |
| | 收费业务 | 《机动车类型　术语和定义》 | GA 802—2014 | 公安部 |
| | 收费业务 | 《收费公路车辆通行费车型分类》 | JT/T 489—2019 | 交通运输部 |
| | 超限车辆管控 | 《汽车、挂车及汽车列车外廓尺寸、轴荷及质量限值》 | GB 1589—2016 | 国家质量监督检验检疫总局、国家标准化管理委员会 |
| 政策文件 | 总体 | 《广东省高速公路运营管理办法》 | 粤府令第 297 号 | 广东省人民政府 |
| | 总体 | 《关于印发〈收费公路联网收费运营和服务规程(2020)〉的通知》 | 交路网函〔2020〕222 号 | 交通运输部路网监测与应急处置中心 |
| | 总体 | 《关于印发收费公路联网收费运营和服务规程补充细则等文件的通知》 | 粤交营字〔2020〕39 号 | 广东省交通运输厅 |

续上表

| 分类 | 适用范围 | 文件名称 | 颁布文号（标准号） | 发出单位 |
|---|---|---|---|---|
| 政策文件 | 总体 | 《关于印发〈收费公路联网收费运营和服务规则(2020)〉的通知》 | 交办公路函〔2020〕466号 | 交通运输部办公厅 |
| | 总体 | 《关于印发〈收费公路联网收费运营和服务规则(2020)补充规定〉的通知》 | 交办公路函〔2020〕646号 | 交通运输部办公厅 |
| | 路网规划 | 《国家发展改革委 交通运输部关于印发〈国家公路网规划〉的通知》 | 发改基础〔2022〕1033号 | 国家发展和改革委员会、交通运输部 |
| | 路网规划 | 《关于印发我省高速公路和普通国省道线位规划与命名编号调整方案的通知》 | 粤交规函〔2018〕3020号 | 广东省交通运输厅 |
| | 交通工程 | 《广东省运输厅关于发布〈广东省高速公路收费广场标志标线及相关安全设施设置指南〉的通知》 | 粤交基〔2020〕260号 | 广东省交通运输厅 |
| | 收费业务 | 《关于印发取消高速公路省界收费站总体技术方案的通知》 | 交公路函〔2019〕320号 | 交通运输部 |
| | 收费业务 | 《关于印发深化收费公路制度改革取消高速公路省界收费站实施方案的通知》 | 国办发〔2019〕23号 | 国务院办公厅 |
| | 现金通行介质 | 《关于加强现金通行介质管理工作的函》 | 交路网函〔2020〕12号 | 交通运输部路网监测与应急处置中心 |
| | 通行介质 | 《关于发布〈电子收费单片式车载单元(OBU)技术要求〉的公告》 | 第35号 | 交通运输部 |
| | 预约通行 | 《关于印发〈高速公路跨区作业联合收割机(插秧机)运输车辆预约通行业务规程(试行)〉的通知》 | 交办公路函〔2019〕1905号 | 交通运输部办公厅、农业农村部办公厅 |
| | 预约通行、优惠管理 | 《关于做好高速公路车辆通行费优惠预约通行相关工作的通知》 | 交公路明电〔2019〕10号 | 交通运输部 |
| | 优惠政策 | 《关于支持农业防灾减灾做好"三秋"跨区农防灾减灾做好"二秒"跨区农机通行服务保障和农机安全生产工作的通知》 | 交公路明电〔2023〕148号 | 交通运输部办公厅、农业农村部办公厅 |
| | 绿色通道 | 《关于进一步提升鲜活农产品运输"绿色通道"政策服务水平的通知》 | 交办公路〔2022〕78号 | 交通运输部办公厅、国家发展改革委办公厅、财政部办公厅、农业农村部办公厅 |
| | 绿色通道 | 《关于进一步做好鲜活农产品集装箱运输车辆公路通行服务保障有关工作的通知》 | 交公路明电〔2023〕76号 | 交通运输部办公厅 |

续上表

| 分类 | 适用范围 | 文件名称 | 颁布文号(标准号) | 发出单位 |
|---|---|---|---|---|
| 政策文件 | 清分结算 | 《关于印发〈取消高速公路省界收费站ETC费显和清分结算系统优化工程实施方案〉的通知》 | 交办公路函〔2020〕456号 | 交通运输部办公厅 |
| | 清分结算 | 《关于印发〈ETC费现和清分结算系统优化工程实施方案(第四部分)预约通行服务平台优化方案(试行)〉的函》 | 交路网函〔2020〕129号 | 交通运输部路网监测与应急处置中心 |
| | 清分结算 | 《关于印发〈ETC费现和清分结算系统优化工程实施方案(第五部分)(试行)〉的函》 | 交路网函〔2020〕131号 | 交通运输部路网监测与应急处置中心 |
| | 收费业务 | 《广东省交通集团收费站保畅通优化工作指引》 | 粤交集经〔2021〕153号 | 广东省交通集团 |
| | 收费业务 | 《关于规范收费业务相关要求的通知》 | 粤交营便函〔2021〕65号 | 广东省交通运输厅 |
| | 收费业务 | 《关于调整全省收费公路车辆通行费收费公示有关内容的通知》 | 粤市监〔2020〕23号 | 广东省市场监督管理局、广东省交通运输厅 |
| | 收费业务 | 《关于实行第6类货车高速公路通行费差异化收费的通知》 | 粤交营函〔2020〕150号 | 广东省交通运输厅、广东省发展和改革委员会、广东省财政厅 |
| | 收费业务 | 《关于进一步优化完善货车计费方式调整有关工作的通知》 | 交公路明电〔2020〕53号 | 交通运输部办公厅、国家发展和改革委员会办公厅、财政部办公厅 |
| | 收费业务 | 《关于做好国家综合性消防救援车辆免收车辆通行费有关工作的通知》 | 交办公路〔2019〕5号 | 交通运输部办公厅、应急管理部办公厅 |
| | 收费业务 | 《关于印发〈计费模块路径拟金及流程设计指南〉的函》 | 交路网函〔2020〕142号 | 交通运输部路网监测与应急处置中心 |
| | 收费业务 | 《交通运输部路网监测与应急处置中心关于印发〈高速公路联网收费在线计费服务实施指南〉的函》 | 交路网函〔2020〕164号 | 交通运输部路网监测与应急处置中心 |
| | 收费业务 | 《关于统一规范高速公路ETC门架系统分段式收费有关问题的通知》 | 交办公路〔2019〕99号 | 交通运输部办公厅 |
| | 收费业务 | 《交通运输部关于进一步加强全国治理车辆超限超载工作的通知》 | 交公路函〔2020〕298号 | 交通运输部 |

# 第六节　收费异常事件处理政策指引范例

自2020年1月1日取消高速公路省界收费站,全国高速公路实现"一张网",车辆偷逃通行费问题日渐突出,个别车主受利益的诱惑铤而走险,采取各种手段偷逃车辆通行费,并且呈现出专业化、规模化、团队化的特点,不仅造成通行费和国有资产的流失,还严重扰乱了高速公路的正常收费秩序及货运行业的良性经营,稽核打击逃费行为显得尤为重要。

为有效规范收费秩序,净化通行环境,遏制车辆偷逃通行费的违法行为,提高震慑效果,真正落实"应收不免,应免不收"的收费政策,避免收费异常事件对收费站正常营运管理工作造成影响,确保事件发生后能得到快速、规范、有序的处理,结合现场实际,本节针对广东省收费异常事件纠纷处理等难点工作,总结了收费异常事件处理政策指引范例,如表1-5-2所示。

常见收费异常事件处理政策指引表　　　　表1-5-2

| 序号 | 异常类型 | 有争议异常事件 | 与驾驶员交涉文件依据 | 处理时限 | 后续跟进工作 |
|---|---|---|---|---|---|
| 1 | 绿通车相关异常 | 无法提供行驶证（二轴临时牌绿通车因没有行驶证,无法核对总质量是否超限;是否为大件运输车） | 根据《交通运输部路网监测与应急处置中心关于收费公路联网收费预约通行服务规程（试行）》,未能提供行驶证原件、提供的国家政务服务平台或地方政府政务平台的电子证件无法确定核定载质量或行驶证过期的,需要按章缴费 | 正常处理时限在2h内;当车流排队超200m时,处理时限在30min内 | 超过处理时限后,现场按运营控制指挥中心指令操作"免费绿通车",绿通App备注暂时免费原因,并发告知书,各站收集证据链,报运营控制指挥中心稽核组负责追缴工作 |
| 2 | | 平板大件运输车（仅可运送不可拆解物体） | 《交通运输部 工业和信息化部 公安部 工商总局 质检总局关于进一步做好货车非法改装和超限超载治理工作的意见》（交公路发〔2016〕124号）-大件运输车[二、加强车辆生产和改装监管之（五）];交通运输部回复:属于大件运输车辆,仅可用于运送不可拆解物体,则不可以运输散货,无法享受"绿色通道"免收车辆通行费的优惠政策 | | |

续上表

| 序号 | 异常类型 | 有争议异常事件 | 与驾驶员交涉文件依据 | 处理时限 | 后续跟进工作 |
|---|---|---|---|---|---|
| 3 | 绿通车相关异常 | 货车外廓尺寸超过最高限值 | 1.《交通运输部 国家发展改革委 财政部关于进一步优化鲜活农产品运输"绿色通道"政策的通知》(交公路发〔2019〕99号)明确整车合法装载车货总重和外廓尺寸均未超过国家规定的最大限值。<br>2.《交通运输部路网监测与应急处置中心关于印发〈收费公路联网收费预约通行服务规程(试行)〉的函》(交路网函〔2021〕299号)明确整车合法装载车货总重和外廓尺寸均未超过国家规定的最大限值及超限执行文件。<br>3.《交通运输部关于修改〈超限运输车辆行驶公路管理规定〉的决定》(中华人民共和国交通运输部令2021年第12号)明确:一、车货总高度从地面算起超过4m;二、车货总宽度超过2.55m;三、车货总长度超过18.1m。<br>4.《汽车、挂车及汽车列车外廓尺寸、轴荷及质量限值》(GB 1589—2016)明确冷藏车宽度最大限值为2.6m。<br>5.《中华人民共和国道路交通安全法实施条例》明确集装箱车辆不得超过4.2m |  |  |
| 4 |  | 运非目录内的鲜活农产品 | 《交通运输部 国家发展改革委 财政部关于进一步优化鲜活农产品运输"绿色通道"政策的通知》(交公路发〔2019〕99号)第一点明确规定了:整车合法装载运输全国统一的《鲜活农产品品种目录》内的产品的车辆,免收车辆通行费 |  |  |
| 5 |  | 混装非目录内鲜活农产品超过20% | 《关于进一步完善鲜活农产品运输绿色通道政策的紧急通知》(交公路发〔2010〕715号)(第三点超限、合法装载的定义) |  |  |
| 6 |  | 混装非鲜活农产品 | 《交通运输部 国家发展改革委 财政部关于进一步优化鲜活农产品运输"绿色通道"政策的通知》(交公路发〔2019〕99号)第一点明确规定了:整车合法装载运输,没有与非鲜活农产品混装等行为 |  |  |

续上表

| 序号 | 异常类型 | 有争议异常事件 | 与驾驶员交涉文件依据 | 处理时限 | 后续跟进工作 |
|---|---|---|---|---|---|
| 7 | 绿通车相关异常 | 假行驶证 | 《中华人民共和国道路交通安全法》第九十六条：伪造、变造或者使用伪造、变造的机动车登记证书、号牌、行驶证、驾驶证的，由公安机关交通管理部门予以收缴，扣留该机动车，处十五日以下拘留，并处二千元以上五千元以下罚款；构成犯罪的，依法追究刑事责任 | | 当现场发现假冒绿通车驾驶员不肯缴费时，保留假冒的逃费证据（证件、视频、照片）；上报运营控制指挥中心，报交警协助处理，交警到场处理时，现场人员把假证交还驾驶员，由驾驶员当面交给交警（假证必须出自驾驶员方） |
| 8 | 因系统或其他原因引发收费争议 | 对路费有异议，如误标、入口站不符等疑似多收费 | 根据《收费公路联网收费运营和服务规则》5.5.2.2，先根据实际车牌进行在线计费，如有异议可引导驾驶员事后拨打粤通卡服务热线96533，涉及外省的拨打95022，CPC卡服务热线96998申请退费，后台核实后向客户补收或退还相应通行费 | 正常处理时限在10min内；当车流排队超200m时，处理时限在3min内 | 超过处理时限后，现场按运营控制指挥中心指令"紧急车（无卡）/抢险救灾车（有卡）"操作，收集证据链，报运营控制指挥中心稽核组追缴 |
| 9 | | 节假日期间，无卡、纸卡按在线计费，在线计费异常司机对路费有异议 | 根据《收费公路联网收费运营和服务规则》5.5.3，进行收费特情处理时，车道系统应先请求省级或部级在线计费服务获取通行费 | | |
| 10 | 因系统或其他原因引发收费争议 | 节假日恢复收费初期，出现司机不缴费 | 根据《国务院关于批转交通运输部等部门重大节假日免收小型客车通行费实施方案的通知》（国发〔2012〕37号）的要求，免费时间以出口通行时间为准 | 正常处理时限在10min内；当车流排队超200m时，处理时限在3min内 | 超过处理时限后，现场按运营控制指挥中心指令"紧急车（无卡）/抢险救灾车（有卡）"操作，收集证据链，报运营控制指挥中心稽核组追缴 |
| 11 | | 节假日收费后，OBU车辆持CPC卡，ETC自动按OBU残留非当次路程的入口信息扣费 | 根据《收费公路联网收费运营和服务规则》5.5.2.2，先根据实际车牌进行在线计费，如有异议可引导驾驶员事后拨打粤通卡服务热线96533，涉及外省的拨打95022，CPC卡服务热线96998申请退费，后台核实后向客户补收或退还相应通行费 | | |

## 第五章 相关法律法规及政策

续上表

| 序号 | 异常类型 | 有争议异常事件 | 与驾驶员交涉文件依据 | 处理时限 | 后续跟进工作 |
|---|---|---|---|---|---|
| 12 | 因系统或其他原因引发收费争议 | 外地警车收费 | 《关于高速公路恢复收费后公安机关车辆通行相关事宜的函》(粤交营便函〔2020〕159号)、《收费公路管理条例》第一章第七条：军队车辆、武警部队车辆，公安机关在辖区内收费公路上处理交通事故、执行正常巡逻任务和处置突发事件的统一标志的制式警车，以及经国务院交通主管部门或者省、自治区、直辖市人民政府批准执行抢险救灾任务的车辆，免交车辆通行费 | 处理时限在10min内 | 超过处理时限后，报运营控制指挥中心，现场按中心指令"紧急车(无卡)/抢险救灾车(有卡)"操作，收集证据链，报运营控制指挥中心稽核组追缴 |
| 13 | 收卡成本异议 | 对收取卡成本有异议 | 核查入口是否已取卡，对已取卡的，引导驾驶员事后拨打CPC卡服务热线96998申请退费，后台核实后进行退费 | 正常处理时限在10min内；当车流排队超200m时，处理时限在3min内 | 超过处理时限后，现场按运营控制指挥中心指令"免卡成本"操作，报运营控制指挥中心稽核组追缴 |
| 14 | 车型收费争议 | 对收费车型有争议(2型与3型) | 根据《收费公路车辆通行费车型分类》(JT/T 498—2019)的定义，车长不小于6000mm且核定载人数不大于39人的客车为3类客车(如：车长超6m的19座车，为3类客车) |  | 超过处理时限后，现场按运营控制指挥中心指令"二类"车收费，报运营控制指挥中心稽核组追缴 |

# 本篇参考文献

[1] 苏华友.高速公路概论[M].北京:人民交通出版社,2004.

[2] 中华人民共和国交通运输部.公路工程技术标准:JTG B01—2014[S].北京:人民交通出版社股份有限公司,2015.

[3] 蔡小驹.高速公路车辆通行费收费员职业技能鉴定培训教材[M].北京:人民交通出版社,2013.

[4] 晏秋.高速公路管理与控制[M].成都:西南交通大学出版社,2016.

[5] 张金昌.国外高速公路发展概况[J].中外公路,1988(5):1-4.

[6] 中华人民共和国交通运输部.今天,聊一聊我国高速公路的前世今生[EB/OL].(2021-03-22).http:∥m.thepaper.cn/baijiahao_11828257.

[7] 李小鹏.大力发展智慧交通 加快建设交通强国 为当好中国式现代化的开路先锋注入新动能[EB/OL].(2023-09-15).https:∥zjhy.mot.gov.cn/yaowendt/jiaotongyw/202309/t20230915_3917987.html.

[8] 郭丰敏,李永成.高速公路运营管理基础[M].北京:人民交通出版社,2007.

[9] 李配武.广东公路百年回顾[M].北京:光明日报出版社,2013.

[10] 河北省交通运输厅.高速公路收费与监控人员培训教材[M].石家庄:河北科学技术出版社,2014.

[11] 方守恩.高速公路[M].3版.北京:人民交通出版社,2011.

[12] 张弓亮.基于博弈理论的高速公路运营管理相关问题研究[D].广州:广东工业大学,2017.

[13] 赵波.我国高速公路运营管理模式研究[D].重庆:重庆交通大学,2014.

[14] 戴新忠.高速公路运营管理教程[M].兰州:甘肃人民出版社,2005.

[15] 中华人民共和国人力资源和社会保障部,中华人民共和国交通运输部.公路收费及监控员国家职业技能标准[M].北京:人民交通出版社股份有限公司,2022.

[16] 交通专业人员资格评价中心,交通部职业技能鉴定指导中心.公路收费与监控员(初级)[M].北京:人民交通出版社,2008.

[17] 交通专业人员资格评价中心,交通部职业技能鉴定指导中心.公路收费与监控员(中级)[M].北京:人民交通出版社,2008.

[18] 交通专业人员资格评价中心,交通部职业技能鉴定指导中心.公路收费与监控员(高级)[M].北京:人民交通出版社,2008.

[19] 张网,李野.消防安全必知读本[M].天津:天津科技翻译出版有限公司,2019.

[20] 郭艳红,何武林,严兴喜.安全用电[M].成都:西南交通大学出版社,2016.

[21] 孙建平.交通安全风险管理与保险[M].上海:同济大学出版社,2016.

[22] 翁翼飞.迈向大安全:职业安全、公共安全的边界及转换机理[M].北京:中国水利水电出版社,2020.

[23] 黄宏纯.突发事件全面应急管理[M].北京:北京理工大学出版社,2018.

[24] 道路危险货物运输从业人员安全教育培训教材编委会.道路危险货物运输从业人员安全教育培训教材[M].北京:人民交通出版社股份有限公司,2019.

[25] 杨达才,国强.职业危害与健康[M].2版.西安:西安交通大学出版社,2012.

[26] 刘文辉.卫生防疫概论[M].北京:中国中医药出版社,2010.

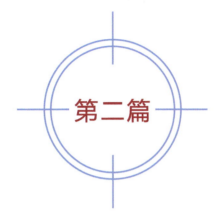

# 第二篇

# 高速公路收费管理原理及方法

为加深高速公路收费系列人员对收费工作相关基础知识的了解,使其掌握必要的知识和操作技能,本篇对收费系统及其涉及的相关技术的基本工作原理、方法进行了系统介绍。

本篇内容包括收费公路的发展概况,收费系统的组成与涉及的技术,收费的条件、对象、原则及收费公路的类型,通行费收取的意义;高速公路管理体制与收费制式,收费方式及基本原则,通行费付款方式,车辆分类分型知识,联网收费基础知识;收费站类型和形式,收费广场的通行能力与服务水平,收费车道系统构成;高速公路计算机收费系统功能要求,高速公路计算机收费系统结构设计及软件设计;高速公路联网收费系统概述、组成和设计原则、业务需求、功能设计、网络设计、软件设计及安全管理;电子收费概述,电子标签,电子收费系统关键技术,电子收费系统设计。

# 第一章

# 收费公路概述

收费公路是指为偿还借贷或集资资金,对过往车辆收取通行费的"道路",分为开放式收费和封闭式收费两种。前者是在收费区间的起点或终点的某一端按通行车辆的车型进行一次性收费;后者是在封闭道路的入口处设置收费站,车辆进口取卡,出口按里程和车型验卡收费。作为我国公路系统的主要组成部分,收费公路在我国交通运输领域承担着重要的任务。本章分别从收费公路发展概况,收费系统的组成与涉及的技术,收费的条件、对象、原则及收费公路的类型,通行费收取的意义等方面对收费公路进行介绍。

## 第一节 收费公路的发展概况

### 一 世界收费公路的发展

1924 年,世界上第一条供汽车通行的收费公路——意大利米拉诺至湖水地方间高速公路的开通,拉开了现代收费公路发展的序幕。20 世纪 50 年代后,收费公路进入大规模发展时期。第二次世界大战后,西方国家经济迅速恢复,私人小汽车大量普及,客观上提出了建设高速公路网的要求,但与此同时,各国又都面临资金短缺的问题,于是一些国家积极采取收取通行费的方式来发展本国的高速公路。这一时期的收费公路主要分布在欧洲国家,如法国、意大利和西班牙。但自 20 世纪 50 年代中期,美国州际公路建设由联邦政府投资实施,并免费使用,这使得收费公路发展缓慢,出现了停滞。20 世纪 70 年代初,世界性的石油危机使一些经营收费公路的特许公司面临财务上的困难,收费公路的建设有所减缓。

到 20 世纪 70 年代末期,世界上收费公路的建设步伐明显加快,修建收费公路的国家越来越多,建设规模也越来越大。特别是亚洲、非洲和拉丁美洲的许多发展中国家也纷纷开始建起了收费公路。即使一些原来一直不收费的发达国家,如英国、德国,也在重新考虑建设收费公路的可能性。

在美国,联邦政府的资金政策一直限制国家收费公路的发展。直到20世纪80年代后期,美国收费公路的建设仍依靠传统的向社会发行债券的方式筹集资金,并以收费收入偿还,政府资金不允许用于修建收费公路。然而,原有公路系统已难以满足日益增长的交通需求,大量州际道路失修,使得交通越来越拥挤、交通事故频发等,政府用于公路建设的资金却趋于短缺。在这种情况下,政府对收费公路的政策逐步放开,并采取越来越积极的措施支持收费公路的发展。1987年,美国通过的《地面运输补助法》(STURAA)设立了一项"联邦资助收费公路试验计划",打破了美国历史上不允许联邦政府资金用于修建收费公路的限制,从5个州挑选了8条收费公路作为试验项目。这些项目的建设利用联邦政府资金的比例最高可达到总投资的35%。1991年的《多种陆上运输效率法案》(ISTEA)进一步将上述比例提高到了80%,并第一次明确表示其收入用于收费公路的发展,并允许在偿还债务后继续收费。此外,ISTEA还首次表明私有机构可以拥有收费公路。由于美国取消和放开了对建设收费公路的诸多限制,采取了一系列支持措施,美国收费公路的发展出现了新的势头。特别是经济高速发展地区的高速公路建设,出现了民间资金运用更为灵活的情况。

现阶段国外收费公路主要由特许公司经营。截至2022年,意大利由20余家特许公司经营着全国约6700km的高速公路;西班牙则由10余家特许公司经营着全国逾1.5万km的高速公路;法国亦有80%以上的高速公路由特许公司经营。为了建立竞争和激励机制,提高高速公路的经营管理水平和投资效益,基于商业化原则的高速公路投资体制改革正在全球展开,高速公路建设将向更开放、更市场化的方向发展。

## 二 中国收费公路的发展

**1. 整体发展脉络**

20世纪70年代中国台湾开始建设收费公路。1978年10月建成通车的台湾南北高速公路为我国第一条收费的高速公路,全长373km,采用收费偿还方式。在大陆,收费公路建设始于20世纪80年代。1984年,广东省在全国率先批准对广珠、广深六座新建大桥实行有偿使用,成为大陆道路直接收取车辆通行费的先导。1988年初,交通部、财政部和国家物价局联合颁布了《贷款修建高等级公路和大型公路桥梁、隧道收取车辆通行费规定》,对收费的目的、范围、对象和收费期限等做了明确规定,并将"贷款修路、收费还贷"作为促进公路事业发展的优惠政策之一,使我国高等级收费公路的建设和使用有了法律依据。1996年10月,交通部以部长令形式颁布了《公路经营权有偿转让管理办法》。1997年7月,国家以法律的形式对收费公路有关事项进行了规定。自1988年10月沪嘉高速公路实行收费以来,广佛高速公路、沈大高速公路、西临高速公路、莘松高速公路、京津塘高速公路等相继开通并实行了收费。目前,全国所有省份都已有数量不等的收费公路,其中广东、辽宁、湖北、浙江、山东等省份的收费公路较多。

目前,我国收费公路建设资金主要由地方自筹、国内外贷款、社会集资或国内外企业投资等方式筹集。这些公路或桥梁、隧道一般为连接大中型城市间的主要干道或干线公路,交通量大,预期收费前景乐观,具有良好的投资回报,因而为投资者所看好。由于我国公路建设任务重和资金短缺的矛盾较突出,因此近年来建设的高速公路基本上是由国内外贷款或通过其他融资方式筹措的资金修建的收费公路,且在相当长的时间内仍将持续。所以修建收费公路、收取车辆通行费将成为今后我国高速公路发展的主要形式。

**2. 现阶段我国收费公路的特征**

(1) 投资方式多样化

收费公路政策的实施促进了我国投资主体多元化、投资渠道多样化格局的形成,极大地缓解了我国公路建设资金严重不足的问题。正是由于收费公路政策的实施,我国公路建设融投资才累占我国公路建设总投资的一半以上。

我国高速公路大多由国家和地方贷款投资建设,道路产权归国家所有,由国家委托地方组织营运管理公司,以企业法人形式进行管理,同时也有其他形式。所有这些形式都必须符合国家政策和法律。

(2) 收费公路等级化

根据相关资料统计,截至2021年末,全国收费公路里程18.76万km,占公路总里程的3.55%(528.07万km)。其中,高速公路16.12万km,一级公路1.76万km,二级公路0.75万km,独立桥梁及隧道1329km,占比分别为85.9%、9.4%、4.0%和0.7%。全国收费公路里程比上年末净增加8337km。其中,高速公路净增加8310km,一级公路净增加213km,二级公路净减少446km,独立桥梁及隧道净增加261km。

截至2021年末,全国收费公路共有主线收费站972个,比上年末净增加7个。其中,高速公路488个,一级公路308个,二级公路115个,独立桥梁及隧道61个,占比分别为50.2%、31.7%、11.8%和6.3%。

截至2021年末,全国收费公路累计建设投资总额121184.4亿元,较上年末净增加13109.3亿元,增长12.1%。其中,累计资本金投入39011.2亿元,占比32.2%;累计债务性资金投入82173.2亿元,占比67.8%。

(3) 收费模式多样化

高速公路"一路一公司"和等级公路"一路一贷"的分散经营模式在新的公路建设投融资体制下,显现出越来越多的问题,难以形成规模经济和产生规模效益。我国高速公路建设规划达几十万千米,穿越几十个省市,只能由各省分期分段建设,因此在以高速公路为主骨架的道路网络上,可能由几个或十几个分属于不同业主的公司按照不同的模式运作。所以,道路收费管理模式必然多样化。

路段人工收费(主线设置收费站):最初,高速公路数量较少,未形成路网,所以实行人工收费,设置了许多收费站,车辆在驶入和驶离高速公路时需要停车缴费,这种方式效率低下,浪费了大量的时间和资源。

ETC 不停车收费:随着车流量的增加,为提高高速公路的通行效率,我国引入了电子不停车收费(ETC)系统。驾驶员可以在车辆上安装 ETC 设备,通过微波通信技术实现自动扣费,避免了停车缴费,提高了通行速度。

全省联网收费:随着技术的不断发展,我国逐渐实现了高速公路省级联网收费。这意味着不再需要在不同地区间切换 ETC 卡,而是实现了全省一卡通。系统会跟踪车辆的轨迹,并根据通行的距离和路段进行精确扣费,提高了收费的准确性和公平性。

全国联网收费(取消省界收费站):这意味着实现了全国范围内高速公路的无缝通行。车辆不再受到地域限制,通行费用将根据实际路段和距离精确扣费。这对提高高速公路的通行效率和便利性具有重要作用。

# 第二节　收费系统的组成与涉及的技术

## 一　收费系统的组成

收费系统一般是由人员、收费活动、数据、网络和技术五个部分组成的一个集成系统。在这几个部分的共同协作下,收费系统得以完成资金流和信息流的控制与管理。

### 1. 人员

收费系统的人员包括参与整个收费活动的人员以及服务机构。

(1)收费员、收费管理人员和维护人员

收费员是收费系统的信息录入人员和现金收缴人员,是收费系统中数据信息和现金信息的最基本采集点。收费员利用收费系统中的技术将车辆的信息输入系统中,收费管理人员利用系统中的设备对这些信息和通行费进行统计、分析,维护人员需对系统的安全运行做出保证。

(2)驾乘人员

驾乘人员是高速公路的用户,也是收费系统的用户,收费广场的通行能力以及服务时间直接反映收费系统对驾乘人员的服务水平。

(3)服务机构

服务机构是指银行、交通警察等部门。在高速公路收费系统运作中,银行是必不可少的一个组成元素。可以认为,银行是收费系统资金流的终点。在联网收费中,银行有时也承担数据汇总、通行费清算等角色。交通警察部门主要是为了保证收费业务安全运作,本身并不参与现金和数据信息的传递。

### 2. 收费活动

与收费业务相关的活动由业务活动和数据信息活动两部分组成。在收费系统中,业务活动主要体现在收费过程和其他与收费业务相关的操作上,例如收费广场交通诱导、控制等。数据信息活动是指通过数据信息处理支持业务活动的过程,例如收费监控、收费稽查等。

### 3. 数据

收费系统的数据有两个来源:一是收费过程中产生的数据,包括收费数据、交通量数据和视频信息;二是由广东省联网中心(以下简称"省中心")下发的数据,包括道路网络路径数据、IP 地址、车型分类数据、收费标准、基准时钟以及路网节点编码、相邻节点关系、门架收费单元对应关系、省内计费参数、小区间范围表、小区间计费参数表最短路径、优惠条件参数、优惠计算参数、省费率版本表、ETC 门架计费模块下载、区域编码表、收费公路编码表、收费路段编码表、收费单元编码表、收费站编码表、收费广场编码表、收费车道编码表、收费门架编码表、基础信息映射表、用户卡状态名单增量表、用户卡状态名单全量表、车载电子标签(On Board Unit,OBU)状态名单增量表、OBU 状态名单全量表、稽核黑名单增量表、稽核黑名单全量表、稽核灰名单全量表、轴类型表、货车基本参数表、节假日免费放行启停时间表、非现金收费折扣优惠表、移动支付白名单全量表、移动支付白名单增量表、已联网发行方白名单表、大件运输全量预约信息、治超全国黑名单信息、预约全量名单、预约增量名单等。

### 4. 网络

网络是收费系统的一个重要组成部分,是实现数据资源共享、数据传输的基础。特别是在联网收费中,网络的安全与稳定往往关系整个收费系统的性能。

### 5. 技术

技术是指支持收费系统的硬件技术和软件技术。硬件包括计算机、监控、报警、交通指挥等设施。软件包括系统软件和应用软件,为收费系统正常运行提供了保证。

在高速公路收费系统中,由于所采用的收费方式和制式的不同,上述部分并不一定都存在,也不一定发挥相同的作用。采用纯人工的收费系统,可能会缺少硬件和软件元素;采用通行卡的收费系统,可能会使人、车等元素发挥不同的作用;采用自由流的电子收费系统,可能不需要收费员。不过,无论在哪种形式的收费系统中,资金流和信息流的完整和准确都是最重要的。

## 二、收费系统涉及的学科

收费系统作为一门应用工程技术,具备应用科学的诸多特征。在理论上,收费系统与经济学、运筹学、管理学,以及电子、通信、软件工程等学科有关联。

人们利用已知的经济学知识,调节收费费率,保持交通供给和交通需求的平衡。

运筹学的许多理论是收费系统应用的坚实数学基础,图论、排队论、决策论等理论无须变动和修改,可以不折不扣地应用到收费系统中。在路径识别和通行费清分中,大量地应用了图论的理论和算法,为软件的编写提供了理论基础,保证了收费数据的准确性;在收费广场的设计中,只需将收费服务时间和期望排队车辆数代入排队论的模型中就可以得出收费车道数;在收费费率的制定和实施中,应用决策分析的理论可以将各种费率产生的结果推算一遍。

管理学涉及对流程的管理、对人员的管理、对设备的管理。其在收费系统的运营管理中的作用越来越被人们重视。

电子、通信、软件工程等学科在收费系统中的应用是显而易见的,计算机网络在收费结算中的应用,各种通信方式在收费系统的交叉应用,确保了收费系统的简便、易用、实时、准确。

# 第三节　收费的条件、对象、原则及收费公路的类型

## 一、收费的条件

根据经济学理论,满足下列条件的公路采用收费的方法是有效的:

(1)经济形势表明,如果将私人资金转为公共投资,会明显促进经济的发展。

(2)交通需求缺乏弹性,即收费价格对交通量的影响较小,经济效益和收费收入都有保证。

(3)道路供给缺乏弹性,即公路、桥梁或隧道出现交通拥挤而暂时又无法增加通行能力。

以上条件是符合我国道路收费制度要求的,是保证建设道路的借贷资金按期偿还的前提。从这三个条件也可看到,其收费对象仅仅是公路的直接使用者(车辆)。众所周知,公路建设能够推动区域经济的发展,它不仅给直接使用者创造巨大的经济效益,也创造了巨大的社会效益,同时区域内所有社会经济活动也是受益者,公路价值的这部分补

偿可由政府通过税收形式来完成。由此可见,收费并不是偿还建设资金的唯一方式。

## 二 收费对象

高速公路的收费管理具有很强的政策性,主要体现在两个方面。一方面,高速公路的运营管理者经依法批准有权,按照收费标准收缴车辆通行费。另一方面,使用高速公路的用户必须履行缴纳通行费的义务,即一切在高速公路上行驶的车辆必须按规定缴费,任何逃费、冲卡等行为都属于违法行为。

同时,国家明文规定了一些车辆可以享受免费待遇。这包括:

(1)军队车辆、武警部队车辆,公安机关在辖区内收费公路上处理交通事故、执行正常巡逻任务和处置突发事件的统一标志的制式警车,以及经国务院交通主管部门或者省、自治区、直辖市人民政府批准执行抢险救灾任务的车辆。

(2)跨区作业的联合收割机、运输联合收割机(包括插秧机)的车辆。

(3)正在执行紧急任务,并设置有专用设备或专门标志的消防车等。

(4)根据地方性法规可以享受免费待遇的特许车辆。

## 三 收费原则

长期以来,我国公路建设主要依靠国家投资。然而,随着改革开放的深入,国家投资已经无法满足公路建设,特别是高速公路建设的需求。1985年,国务院将收取车辆通行费作为公路投资回收的一项政策,这极大地推动了公路事业的发展,并拓宽了筹资建设渠道。除了引进亚洲开发银行和世界银行等各类开发银行的贷款外,地方、企业和民间集资方式也得到了充分利用。

高速公路建成后,其还贷能力受地区交通量、公路里程和状况以及其他运输方式的影响。收费价格过高或过低都可能导致投资难以按期回收。这不仅使高速公路收费的财务目标无法实现,还会导致高速公路建设的经济效益和社会效益无法得到充分发挥,资源利用效率低下。因此,制定收费标准时需着重关注两点:一是尽可能使由公路收费所引起的经济效益下降到最小;二是保证公路收费实现财务目标。在无法实现财务目标时,应调整建设资金的结构。

从经济学理论的角度来看,为了实现资源的最大化利用,必须使所有投入要素和产品的价格等于它们的边际成本。在道路使用者收费方面,应考虑社会成本。所谓社会成本,是指道路使用者在使用道路时给自身及社会成员(主要是与公路系统有关的成员)带来的全部成本。简单来说,就是使用者自身的消耗成本加上他们给其他人带来的损失成本之和。因此,收费公路的费率应该根据社会边际成本来制定,这样才能实现道路的最大化利用。

当收费的高速公路有另一条并行的不收费道路可供选择时,收费的价格弹性就会较大,即使较低的收费也会使大量交通量向不收费的并行公路转移,有可能造成经济效益减少,达不到预期收回投资的目的。

当收费的高速公路没有并行的不收费公路可供使用者选择时,收费的价格弹性就会较小。从财务角度分析,由于交通量转移对费率不敏感,有可能在若干年内达成收回投资的目的,但是会有一部分车辆因收费而改变出行路线。

当收费公路上的交通量未达到其通行能力之前,尤其是在收费公路建成初期,从发展总体经济的角度来看,应尽量降低收费标准,以吸引更多的交通量并刺激交通量的生成和发展。即使会损失一部分收费效益,也应确保资源效益得到充分发挥。

当公路上的交通量饱和时,新增车辆确实会对其他车辆产生影响。由于饱和后的拥挤,车辆行驶速度下降,再加上频繁减速、加速、停车、起步,车辆行驶消耗成本增加。交通量饱和后的拥挤也会造成时间延误,既包括自身的延误,也包括对其他车辆造成的延误。随着拥挤程度的加剧,社会边际成本将迅速增加。按照社会边际成本定价原则,拥挤路段应当收费,费率应等于社会边际成本。实际上,对交通量饱和的路段不收费,等于鼓励更多的车辆加入拥挤,拥挤程度会进一步加剧,经济损失也会更大。而对交通量饱和的路段收费,将对车流量起到抑制作用,使交通量减少,从而提高道路通行能力。另外,收费还起到了筛选作用,使那些认为通过收费路段价值较大、值得缴费的车辆通过,而将那些认为通过价值低、不值得缴费的车辆筛选掉,使路段发挥更大的效益。

## 四 收费公路的类型

由于收费的目的不同,以往收费公路主要分为收费还贷公路、收费经营公路和收费控制公路三种类型。

### 1. 收费还贷公路

为突破计划体制下公路发展资金瓶颈,广东省在全国率先试行"贷款修路、收费还贷"政策,不再单纯依靠政府财政资金,而是利用银行贷款建设公路,为全国各地的公路建设树立了标杆。如果某公路是靠贷款修建的,那么收费的目的是在规定的期限内(贷款偿还期)筹措足够的资金以偿还贷款本息。贷款本金、贷款利息、还贷期限以及该公路预期交通量对收费标准的确定都具有重要的影响。为了维护公路使用者的合法权益,利用贷款修建的公路一般应为高等级公路并具有明显的级差效益。级差效益越大,公路用户对收费的敏感性越低,因而收费对交通量的影响也就越低。由于修建公路所需的贷款一般由政府出面筹措或由政府担保并指定某事业单位进行,因而贷款收费实质上是政府行为。

在实施收费制度时需注意以下问题：(1)非贷款修建的公路(即使是高等级公路)不应实行收费制；(2)贷款修建的但不具有明显级差效益的公路也不应实行收费制；(3)所收取的通行费收入补偿收费公路所需的养护与收费管理开支后的余额只能用于偿还贷款本息，一般不应当用于其他公路的建设与改造，更不应用于非公路项目。因此，贷款修建的公路收费的时间应严格局限于贷款偿还期以内，一旦还清全部贷款本息，应立即停止收费。

### 2. 收费经营公路

收费经营公路是指经国家特许将建成通车后一定时期内的经营权有偿转让给某法人组织负责经营、以获利为目的的收费公路。

我国收费经营公路实践始于20世纪90年代初。随着高速公路建设全面铺展，银行贷款已无法满足高投入的高速公路建设资金需求。在征询国家有关部委意见之后，广东省再一次率先推行向社会资本开放以"谁投资，谁管理，谁收益"为核心的高速公路投融资及运营管理经营权，随即以中外合作方式开始建设广深珠高速公路、广佛高速公路，并且引进世界银行各2亿美元资金分别投入深汕西高速公路和佛开高速公路投资建设。1992年6月广东省高速公路发展股份有限公司和1992年8月江苏宁沪高速公路股份有限公司的成立，标志着我国在收费经营公路方面已开始进行积极的尝试和探索。

### 3. 收费控制公路

实行公路车辆通行费制度的一个重要目的是试图通过收费来有效控制公路的交通量，以求最大限度地提高现有道路的使用效益。以控制交通量为目的的收费公路应当是超负荷使用的公路，支持控制收费行为的经济理论应当是现代经济学中的边际效益理论。根据现代经济学的基本原理，当生产某种物品所产生的边际效益大于边际成本时，应增加产品数量；反之，应减少产品的数量；当其边际效益等于边际成本时，可产生最高的资源利用效率和最大的社会经济效益，这时的资源配置达到了最优配置。根据这一理论，当某条路处于饱和状态时，增加交通量将导致交通拥挤、时间延误、经济成本增加。这时需对过往的车辆收缴通行费，所确定的收费标准应当使得边际车辆包括通行费在内的总付费等于其边际成本，这有利于获得最大的道路使用效益。理论研究结果表明，对于未达到饱和的公路，不应当实行以控制为主要目的的收费制度。显然，控制收费与公路筹资无关，属于典型的政府行为。

《中华人民共和国公路法》对收费公路的定义是：(1)由县级以上地方人民政府交通主管部门利用贷款或者向企业、个人集资建成的公路；(2)由国内外经济组织依法受让前项收费公路收费权的公路；(3)由国内外经济组织依法投资建成的公路。可以认为，第一类收费公路属于贷款收费公路；第二、三类收费公路属于特许经营收费公路。

# 第四节　通行费收取的意义

高等级公路建成交付使用后,对在公路上行驶的车辆收取通行费,以偿还建路资金,维持道路养护管理费用支出。公路收费给公路交通建设发展注入了新的生机和活力,其意义已远远超过了收费还贷、还本付息本身。

## 一　为公路建设开辟了新的融资渠道

高等级公路建设是一项耗费巨大、建设周期较长的公共工程。公路运输是整个交通运输体系中最重要的组成部分,一般公路运输所承担的运输量占社会运输总量的70%~90%,一些地区的交通运输完全依赖于公路。但发展公路运输在根本上取决于公路技术条件,这就要筹集大量资金,修建一大批高等级公路。收取公路通行费可以开辟新的公路建设资金来源,解决长期依靠政府投资、公路建设事业发展缓慢的问题。良好的公路设施改善了行车条件,给公路使用者带来了直接利益。向公路使用者收取一定的过路费,能为公路发展提供资金,这是一件利国利民的好事。

## 二　逐步树立了公路的商品观念

公路运输是物质生产,公路运输部门是物质生产部门。在公路运输生产过程中会产生劳动资料的耗费,公路作为运输生产中的劳动资料被逐步耗费(磨损),并将其价值转移到运输劳务之中,反映在被承运的人与物上,使整个人类社会生产以运输为纽带进行生产与再生产,创造并实现价值补偿与实物补偿。

劳动资料是运输生产中的,为实现其再生产而收缴公路通行费是完全可以理解的。公路作为商品,具备商品的普遍属性是客观存在的,只是长期以来并不为人们所重视。实际上在公路运输营运利润中就包含公路被耗费转移的价值量,它以运费形式得以补偿。将运输收入或运输利润的一部分返还给公路,使公路得到价值补偿是实现公路扩大再生产所必需的。

多年来,有种观点认为养路费是为了补偿公路价值。其实这并不全面,养路费只能使公路得到部分实物补偿,并不能完全实现公路的价值补偿。因而在通常情况下对车辆收缴养路费只能起到以路养路的作用,而无法实现公路的扩大再生产,而收缴公路通行费体现了公路本身的价值,它将使社会逐步树立公路的商品观念。

## 三 为加强公路养护与管理提供了条件

高等级公路的养护与管理资金,直接从新收缴的车辆通行费中提取,减少了许多中间环节,更有利于公路的养护与管理。通过收支经济核算,用经济手段管理公路,能克服多年来公路养护管理中不计成本、不讲经济核算的种种弊端,从而推进公路管理部门管理体制改革。

同时,运用收缴通行费这一经济调节手段,还能对公路使用者设置一些限制,防止超限运输、交通量过大对公路设施造成过度磨损破坏,以及带来交通拥挤、阻塞,从而更充分地发挥公路设施的功能和作用。

# 第二章
# 收费系统基本知识

为确保高速公路快速、安全、舒适等特性，最大限度地吸引交通量，在高速公路建设之前，需要对高速公路收费系统的设计、实施和运营有一个充分、合理的规划和设计，包括收费管理体制与制式、收费方式及基本原则以及通行付款方式等。这种规划和设计的合理性决定了收费系统设计的合理性，能对收费系统的营运效率和建设成本的回收产生决定性的影响。本章就收费系统所涉及的收费制式、收费方式、通行费付款方式、车型分类等基本概念进行详细介绍。

## 第一节　高速公路管理体制与收费制式

### 一　高速公路管理体制

高速公路管理体制是指高速公路管理机构为确保高速公路顺利建设和运营而建立的组织制度，承担着对高速公路的机构设置、运行方式及其职能和权限划分等功能。

高速公路的管理体制由人员、职能、机构、机制和制度五大要素构成。管理人员是推动管理体制运转的动力源泉，直接决定管理工作的效率与水平；管理职能包括投资建设管理、行业行政管理和运营管理三个方面；管理机构既指从事高速公路管理的工作管理单位，又指各管理单位内部具体从事某一专业管理的工作部门；运行机制主要包括竞争机制、激励机制、协调机制、反馈机制和监督机制五种；管理制度包括法律法规、相关政策、行业标准、具体章程四个方面。

在高速公路管理体制中，管理人员是推动体制运转的动力源泉，管理职能配置和权责划分是体制设立的基本前提，管理机构是体制的物质基础，运行机制和管理制度是管理体制良性运转的根本保障。

由于高速公路建设投资的多元化和高速公路具有公益性和商品性的双重属性，高速公路的管理体制应具有政策性、法律性、强制性、稳定性、有偿性、专用性和时效性等特性。因而,要做到"集中、统一、高效、特管",并且在管理过程中要注重路产、路权、路政、安全、稽查等管理。

高速公路除上述属性外,还具有政治性和军事性等方面的属性。因此,研究和制定高速公路收费管理体制时,必须综合考虑高速公路的上述属性及具体道路的特点,以保证收费还贷,提高高速公路的经济效益和社会效益。

## 二 收费制式基本形式

收费制式决定了高速公路收费系统的建设规模、收费站的建设位置和收费的业务流程。目前,收费系统通常采用三种收费制式,即全线均等收费制(简称均一式)、按路段收费制(简称开放式)和实际行驶里程收费制(简称封闭式)。三种收费制式的收费站在高速公路上的布设形式和位置如图 2-2-1 所示。简化起见,互通立交简化成喇叭形或菱形。

### 1. 均一式

均一式是最简单的一种收费制式。收费站一般设置在高速公路的各个匝道出入口和主线两端出入口,如图 2-2-1a)所示。每辆车在进出高速公路时,只要在一个收费站停车缴费就可以在高速公路内自由行驶,不再受阻拦。均一式的收费标准仅根据车型确定,不考虑行驶里程,而且各个收费站都采用统一的收费标准。

### 2. 开放式

开放式收费系统的收费站建在高速公路主线上,每个收费站间一般相隔 40~60km,里程较长的高速公路可以多建几个收费站,各个互通立交的进出口不再设收费站,这样车辆可以自由地进出高速公路,高速公路对外呈"开放"状态,如图 2-2-1b)所示。

每个收费站的收费标准仍仅根据车型确定,但各站的标准则因收费站的管辖距离不等而有所差别。车辆经过的收费站越多,表明需要交纳的通行费越多,这体现了依据行驶里程收取通行费的原则。

### 3. 封闭式

封闭式收费系统的收费站建在高速公路的所有进出口,其中起终点(进出口)收费站一般建在主线上,称为主线起点(或终点)收费站,其收费广场形式与开放式相似,如图 2-2-1c)所示。互通立交进出口收费站建在进出口匝道上,称为互通立交匝道收费站。

车辆进出高速公路都要经过收费站并受到控制,但在公路内部可以自由行驶,高速公路对外呈"封闭"状态。

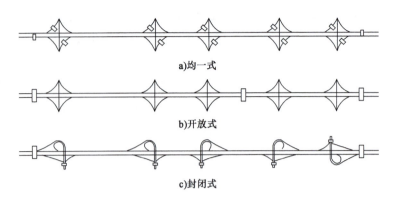

图 2-2-1　三种收费制式的收费站布设示意图

车辆驶入高速公路时,首先通过收费站的入口车道,领取一张通行券(卡),上面记录着该收费站的站名或编号及车辆的驶入日期、时间、车型等有关信息。当车辆驶至目的地离开高速公路时,通过当地收费站的出口车道,将通行券(卡)交给收费员查验,收费员将根据车型和行驶里程收费。

目前,有些封闭式收费系统也采取了"入口收费,出口验券(卡)"的方法。该方法在一定程度上可以防止出现出于某种原因驾驶员在使用完收费公路后不缴费的现象。但当车辆实际驶出地点与原目的地不一致时,就需要补交或退还部分费用,这给高速公路收费管理带来了麻烦。

## 三　各种收费制式比较

三种收费制式形式有其各自的特点,下面从收费站建造成本、收费效率、营运费用、管理难度、使用者付费原则等几个方面对不同收费制式作定性比较,比较结果见表2-2-1。

三种收费制式的比较　　　　表 2-2-1

| 项目 | 制式 | | |
|---|---|---|---|
| | 均一式 | 开放式 | 封闭式 |
| 建造成本 | 高 | 低 | 较高 |
| 收费效率 | 高 | 高 | 低 |
| 营运费用 | 高 | 低 | 最高 |
| 管理难度 | 难 | 容易 | 最难 |
| 使用者付费原则 | 完全符合 | 不完全符合 | 完全符合 |
| 收费合理性 | 不合理 | 不完全合理 | 合理 |
| 对主线交通影响 | 入口甚微、出口严重 | 严重 | 甚微 |
| 兼顾交通管理 | 较好 | 无 | 好 |
| 安全性 | 好 | 差 | 较好 |
| 作弊贪污可能性 | 容易 | 容易 | 困难 |

### 1. 建造成本

均一式收费系统收费站设置在各匝道的进出口，故而收费站分散，占地较多，建设及维护成本较高。开放式收费系统收费站数量少，设施集中，占地少；同时，收费站与互通立交不建在一起，立交形式不受收费站的影响，可以选择最简单的立交形式，因此建造成本相对较低。封闭式收费系统收费站因为设置在各匝道的进出口，对互通立交形式有专门要求，用地最多，建设及管理维护成本最高。

### 2. 收费效率与营运费用

均一式收费系统的收费手续简便，效率很高，车辆行驶于高速公路只需一次性缴费，车辆缴费延误最小，但所需收费车道总数多，因此收费人员和收费设备数量多，营运费用也高。开放式收费系统的收费手续简便，效率很高，所需收费车道总数最少，营运费用最低，但长途车辆需要多次缴费。封闭式收费系统采用通行券（卡），入口处理效率和开放式收费系统相当，但在出口收费站需要验券（卡）收费，手续复杂，效率较低。另外，封闭式收费系统的设备复杂，造价高，所需收费车道数最多，收费站建设规模最大，所需收费人员也最多，营运费用最高。

### 3. 管理难度

均一式收费系统收费站设置在各匝道进出口，受立交几何形状限制，一般无法以有效方式将进出口收费站合并一处，管理比较复杂。开放式收费系统由于收费站数量少，各项管理设施集中，管理相对容易。封闭式收费系统收费站设置在各匝道进出口处，如果采用分散式的收费站形式，就需要较多的人力，管理上最困难。但如果利用互通立交的几何条件，就可以将各进出口收费站合并一处（集中式收费站），从而降低管理的难度。

### 4. 使用者付费原则

开放式收费系统有可能发生部分道路使用者免费使用道路的情况，有违"使用者付费"的原则。均一式收费系统与封闭式收费系统均无漏收情况，完全符合"使用者付费"的原则。

### 5. 收费合理性

均一式收费系统不考虑行驶里程，道路使用者仅收取一次固定费用，因此无法反映实际行驶里程，违背"以量计价"的公平性。开放式收费系统中，不论行驶里程长短，只要车辆通过收费站，都需要交纳相同的通行费。但当两个收费站之间有两个或两个以上立交时，部分短程交通车辆可免费通行。因此，开放式收费系统对行驶距离较长的车辆较为公平，对短途车辆可能低收或免收，但也可能多收（超过以里程计费应缴费用），不完全符合"以量计价"的公平性。封闭式收费系统根据行驶里程收取通行费，最符合"以量计价"原则。

### 6. 对主线交通影响

开放式收费系统需要车辆在主线上多次停车缴费,对主线交通影响最大。均一式收费系统与封闭式收费系统可配合匝道控制,维持主线交通"流平顺",但当均一式收费系统或封闭式收费系统的出口匝道收费站因停车缴费等候排队可能延伸到主线上时,就会影响主线交通。

### 7. 兼顾交通管理

均一式收费系统的收费站若建在进出口匝道上,则可以很好地兼顾高速公路进出口的交通管理。开放式收费系统不能兼顾高速公路入口的交通管理,阻止行人、非机动车辆及不合格车辆的进入。封闭式收费系统收费站因设置在所有进出口,可以完全兼顾进出口的交通管理。

### 8. 安全性

由于在高速公路上行驶的车辆速度相当高,车辆需要减速至零以通过收费站,因此主线上收费站的数量越少,行车越安全,交通越流畅。一般来说,车辆从普通道路驶入高速公路的入口匝道时,速度较低,而从高速公路驶出到出口匝道收费站时,车速较高,且车辆速度相对难以掌控。因此,建在入口匝道上的收费站相对于建在出口匝道上的收费站来说更安全一些。

因此,开放式收费系统的安全性较低,均一式收费系统的安全性较高(特别是收费站建在入口匝道上的),封闭式收费系统的安全性相对较高。

### 9. 作弊贪污可能性

由于开放式收费系统和均一式收费系统影响收费的因素较多,存在一定的人为操作性,收费员较易利用系统进行贪污。封闭式收费系统要求在进口和出口两次判别车型,收费员利用车型进行贪污相对困难。然而,封闭式收费系统根据里程和车型进行收费,存在其他作弊方式,例如途中换票、倒卡等。

## 四 不同收费制式的使用范围

均一式收费系统比较适用于都市高速公路、环城高速公路和短途城市间高速公路,其道路交通特点是总里程较短,互通式立交多且密,车辆行驶里程短,车辆之间的行驶里程相差不大,而且交通量很大。此外,收费站和互通立交的规模和形式又受到用地的限制,因而需要很高的处理效率,这些特点和要求均一式能比较好地适应和满足。

开放式收费系统在欧美国家应用较多,这种制式适用于里程较短或互通立交较少的高速公路,或者独立收费的桥梁、隧道和非封闭的收费公路等。我国较少采用开放式收费系统,但也有在里程长的高速公路的应用,如台湾中山高速公路,北起基隆,南至高雄地区的冈山,全长373km,共有41个互通立交,采用开放式电子收费系统,全线共设10个收费站。

封闭式收费系统一般适用于里程较长、互通立交较多,以及车辆的行驶里程差距较大的封闭式道路。它具有收费合理、长途车缴费延误小等突出优点,但也存在建设投资和营运成本高、管理复杂等突出问题。目前我国所建的高速公路,大部分是城市间的高速公路,因此大都选择封闭式收费系统。

## 第二节 收费方式及基本原则

收费方式与车型分类、通行券(卡)选择、通行费计算、付款方式和停车等因素相关。每种要素都有多种不同的形式,选择收费方式就是选择不同形式的组合。随着科技的进步,收费技术和收费设施不断发展,收费方式形式多样、种类繁多。按照收费员参与程度,收费方式可分为人工收费、半自动收费和全自动收费方式;从用户(驾驶员)的角度来分,可分为停车收费和不停车收费方式。

### 一、收费方式

#### 1. 人工收费方式

人工收费系统不需要或基本不使用电子和机械设备,收费过程由人工完成,即人工判断车型,人工套用收费标准,人工收钱、找零、给发票。这种方式需要较多的收费人员与单调烦琐的程序,采用人监督人的方式。

一般来讲,人工收费的过程是:车辆进入收费站收费车道时,收费员目测判断车辆类型后,按规定的费率确定应收的金额,驾驶员将应缴的费用交给收费员,收费员在完成找零后,发给驾驶员一张印好的收据,上面记载着时间、地点、收费金额等信息,然后放行。显然,在均一式收费系统和开放式收费系统中,缴费是一次性完成。

在封闭式收费系统中,收费员在入口处判定车型,发放具有入口信息的事先印刷好的通行券(卡);在出口处,驾驶员将通行券(卡)交给收费员,收费员再次判断车型,根据所行驶的里程和费率收取通行费,开具发票,然后放行。在封闭式收费系统中,采用进出口票据核对的方式,入口发券(卡),出口验券(卡)收费,在一定程度上可防止,收费过程中出现作弊现象。

人工收费方式的特点是除基本的土建费以外,不需要其他的收费设施和管理设备,投资较少,造价低,可迅速建成实施收费,在处理异常情况时有很强的灵活性,同时也容易产生误差和作弊行为。收费全过程为人工处理,不仅增加了收费人员的编制和工作量,而且增加了车辆在收费车道上的延误时间,影响交通流畅。另外,在车辆行驶里程计算和车型分类上难免会出现差错,造成争议和漏收,易出现作弊现象。这不但给收费管理工作带来很大麻烦,而且会造成收费营收的巨大损失。如何防止漏收、冲卡和作弊、贪污的发生,已成为人工收费管理工作一大突出难题。

根据《国务院办公厅关于印发深化收费公路制度改革取消高速公路省界收费站实施方案的通知》(国办发〔2019〕23号)文件要求,目前高速公路收费方式主要采用半自动收费(MTC)和全自动收费两种收费方式,已不允许采用人工收费方式。

### 2.半自动收费方式

半自动收费方式是指收费过程由电子机械设备和人共同完成的收费方式,它通过使用计算机、电子收费设备、交通控制和显示设施代替人工收费方式操作的一部分工作,同时增加闭路电视监控系统,形成独具特色的"人工收费、计算机管理、监视监控"的半自动收费模式,这种收费方式更趋于严密和成熟。

这种方式的特点是使用了一些设备代替人工操作,降低了收费员的劳动强度,将人工审计核算、人工财务统计报表转变为计算机数据管理,极大地减轻了收费管理人员的劳动强度,使收费公路的收费管理系统化和科学化,通行费流失大大减少,漏洞得到一定程度的控制,但投资比较大,造价比较高。

(1)半自动收费方式流程

我国高速公路收费目前普遍采用的半自动收费方式为人工判别车型、人工收费、车辆检测器计数、计算机控制与管理、监视监控等。在收费站监控室,监控员可以监视收费人员的工作和车辆通行情况,主要用于防止收费员在车型、免费车辆上作弊及车辆冲卡不缴费的情况发生,对收费过程进行录像和抓拍,录像机可以采用24h连续工作方式。

由于在开放式收费系统中收费站建在主线上,双向过往车辆均要停车缴费,故上下行收费车道所配备的收费设施和收费过程是一样的,其收费业务流程如图2-2-2所示。

图2-2-2 开放式收费基本流程图

封闭式收费系统采用人工发通行券(卡)、出口收费、找零、出据,其进出口收费设施的配备和收费过程不尽相同,其收费业务流程如图2-2-3所示。

(2)半自动收费方式的亮点

①自动化辅助管理:采用计算机和摄像机监控等自动化辅助管理设备,实现了收费过程的自动化和智能化,大大提高了收费效率和管理水平。

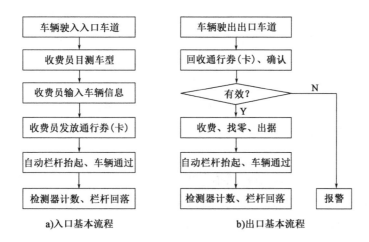

图 2-2-3 封闭式收费基本流程图

②威慑作用：对收费人员的舞弊行为和驾驶员的冲卡行为具有威慑作用，有效减少了违规行为的发生，维护了收费秩序。

③增加收费额：自动化设备的准确性和高效性使得收费额显著增加，提高了经济效益。

④交通流数据统计：计算机记录了每辆车的数据，可以自动统计交通流数据，为交通规划和管理提供了可靠的数据支持。

⑤收费流程控制：收费员按照规定的流程完成收费操作后，收费车道控制机才能控制自动栏杆放行，有效防止收费员私自放车等违规行为。

⑥车辆检测和自动复位：车辆检测器检测车辆通过后，自动栏杆自动复位，并将计数脉冲记入车道控制机内，保证了收费过程的连续性和准确性。

⑦图像抓拍和记录：对于强行冲卡和免费车辆，车道摄像机自动抓拍车辆牌照及驾驶员的头像，作为事后追缴路费、罚款和稽查的依据，同时，收费计算机将收费员每一个操作过程都记录在案，以备对收费员收费额进行核实。

⑧录像存储和管理：采用硬盘录像技术，对收费过程和产生报警信号的视频信息进行采集并压缩存储，建立图像数据库，用光盘长期保存，解决了录像难以查找、检索、长期保存困难等问题。

（3）半自动收费方式存在的问题

①作弊、侵吞款项、效率低。

驾驶员通过入口收费员取得通行券（卡），出口收费员直接根据入口收费员发给的通行券（卡）人工计费。由于收费涉及大量的现金交易，出口收费员和入口收费员共同作弊的风险增加。作弊造成通行费流失严重。因为收费过程中涉及很多方面的经济利益，难免会有部分道路使用者伙同收费员甚至部分业主利用各种漏洞侵吞收费款项来牟取私利。所以必须通过一定的手段填补收费过程中存在的漏洞，目前高速公路普遍存在的逃费、漏费以及人情免费现象,尤其是同车换卡、冲卡漏费的问题一直不能完全解决。另外,许多现有收费系统本身也存在缺陷和问题,诸如公务车、免费车的管理漏洞等。这些都造成了大量的通行费流失,对于这类问题,国内现行的收费系统都不能有效地解决。

收费人员多,工作效率低。在封闭式半自动收费系统中,每个车道入口必须有一名收费员发放通行券(卡),出口有一名收费员验券(卡)收费找零,且大部分收费站均采用三班倒的工作方式,所以在每一个出入口处都需要大量的工作人员,工作效率低,经营成本增加。

②采用闭路电视监控和计算机抓拍存在问题。

闭路电视监控和计算机抓拍或录像仅仅能在一定程度上防止内部人员参与作弊,传统的观念认为,监控员通过实时的闭路电视图像和字符叠加以及图像的多媒体抓拍,即可防止作弊,但半自动收费系统在我国多年的应用证明,这是远远不够的。主要原因有:人的生理特点决定了人只对变化的画面敏感,对相对规律的画面不敏感,如果没有系统的提醒,即使画面有问题,监控员也难以发现。而在实际工作过程中,每个监控员同时面对多个画面;收费人员、驾驶员可以利用一些合理的动作将监视画面遮挡,如果没有系统的提示,监控员并不知道某些动作是正常动作还是收费员在通过遮挡进行作弊;如果系统没有足够的提示,每一辆车都有作弊的可能,所以稽查人员检查时必须审核全部录像内容或抓拍信息。但检查信息量太大,不可能全部审核,并且由于目标不明确,也会同前面所述一样由于人的生理特点而把有问题的内容放过。所以传统的闭路电视监控和计算机抓拍不能从根本上解决漏收和作弊行为的发生。

③通行能力低。

收费站成为高速公路的"瓶颈",限制全路的通行能力,随着交通量的增大,车辆在收费站出入口排队现象增多。收费员判断车型、发放通行券(卡)、收取通行费以及驾驶员询问道路等,都会引发严重的交通阻塞和行车延误。

### 3. 全自动收费方式

全自动收费方式是指利用电子收费系统(ETC)或不停车收费系统,完成收费、统计和监控工作,使驾驶员无须停车就可缴付通行费。

不停车、无人工操作和无现金交易是电子收费系统的三个主要特点,它适合开放式和封闭式两种收费制式,克服了现有半自动收费过程中存在的弊端。由于不需要停车等候,当交通量较大时,不会产生收费站前车辆排队等候的现象,减少了车辆延误;由于无须人工参与和无现金交易,可完全规避收费过程中的舞弊和贪污现象,同时也能解决由交通堵塞引起的能源消耗和环境污染等问题。对于需要实施差异化收费来控制交通流量的地方,可利用全自动收费方式在不同时段、不同地段,对不同车型实现不同的收费标准。

自20世纪90年代,电子收费系统在国外被广泛应用于开放式收费站,目前国内的高速公路已全面实施覆盖。随着交通量的提升,主线收费站车辆拥堵问题越来越严重,制约高速公路运行效率的提升。增修收费车道可缓解拥挤,但收效甚微。同时,也不是所有收费站都有富余土地可供修建收费车道。

在电子收费系统中,装在车前作为通行券使用的电子标签(也称为标识卡)与装在车道上空的收发通信器进行微波通信(交互读、写)验证通行权,判别车辆类型,自动核算记录通行费额,车辆无须停车,凭借收费数据记录,实现实时/事后无人自动收费。

#### 4. 三种收费方式的比较

各种收费方式都有自己的特点和运用范围,下面将从其缴费等候延误、收缴率、投资成本、作业成本和实施难度等五个方面进行比较。

(1)缴费等候延误

缴费等候延误是车辆进站减速、排队等候、缴费和驶离收费车道达到允许最高车速所需时间之和。其中办理缴费的时间主要由设备处理时间、人工操作设备时间和缴付通行费时间三个部分组成,因而在同样的付款方式下,人工收费方式造成的驾驶员等候延误比半自动收费方式要久。如果采用非接触通行卡作为通行券或采用刷卡付费,减少收费找零步骤,则可在极短的时间内完成交易,大大减少办理缴费的时间,因而此种收费方式的缴费延误比人工收费方式减少许多。全自动收费方式可允许车辆以某一速度(无须减速)通过收费站,因此不会产生等候延误。

(2)收缴率

收费系统运作的主要目标是将应该收缴的费额全部收回。事实上由于存在差错和费额的人为流失,收缴率很难达到100%。差错表现为设备执行错误和人为操作差错。由于人工收费方式作弊的可能性最大,因此收缴率最低;半自动收费方式因部分工作采用了自动化辅助管理设备,收缴率得到相应的提升;而自动收费方式的电子收费系统,采用可靠度高、精度高的设备,以及电子、计算机与通信等先进技术,完成收费、统计和监控等收费全过程的工作,杜绝了作弊的可能,收缴率最高。

收费系统防作弊的要求:

①减少或避免收费过程的人工操作;

②将影响收费金额的操作全部记录在案,以备事后检查;

③采用非现金付款方式或减少采用现金付款的车辆数。

半自动收费方式可部分满足第一个和第三个要求,可全部满足第二个要求,因此收缴率比人工方式高出许多。全自动收费方式完全无人参与,不采用现金付款方式,设备出错率低,因此收缴率最高。

(3)投资成本

投资成本是指收费站必要设施与管理设施的设置成本。人工收费方式除基本的土木建筑外,不需任何机器设备,因此投资成本最低;半自动收费方式除需土木建筑费外,还需投资机器设备,因此投资成本高;而全自动收费方式,尽管收费设备单价很高,但因收费效率很高,所需设备数量较少收费站占地面积较小,因而相较半自动收费方式,其投资成本并不是很高。

(4)作业成本

作业成本是指收费系统每年必须支付给收费人员与管理人员的各种开支(如工资、福利、培训、住房等),以及收费设施维护所需费用等。人工收费方式作业成本主要为人工成本。半自动收费方式因采用一些机器设备代替部分人工收费作业,从而可以减少收费人员数量,有效降低人工成本;但半自动收费方式需增加设备的投入,以及设备维护费和材料消耗开支等,特别是像以磁票为通行券的现金付款这类收费方式,其作业成本可能比人工收费方式要高。全自动收费方式可做到几乎无人工直接参与,而所采用的设备都是无接触读写设备和控制设备,可靠性和精度都很高,其作业成本主要为设备维修费用,是三种收费方式中最低的。

(5)实施难度

人工收费方式的收费程序简单明了,若发生异常情况,例如缴费额不足,冲卡或钱币为伪造的等,收费员可迅速作出反应,因此,实施难度最低。半自动收费方式要求驾驶员了解整个程序并完全配合,收费员必须按规定程序进行工作,如果发生设备故障、通行券(卡)损坏的情况,较难即时处理。全自动收费方式在实施初期会发生部分车辆未装车载电子标签而驶入 ETC 车道的问题,给收费管理带来较多困难,因此,初期实施难度较大。随着技术的发展和人们缴费意识及自觉性的提高,全自动收费方式实施难度最低。

## 二 收费基本原则

### 1. 效率原则

收费高速公路的建设是为解决高速公路修建与维护费用不足的问题。政府作为管理者,其根本目的是建设大量的高速公路,服务于高速公路使用者。收费高速公路同普通高速公路一样具有很强的社会公益性,应保障高速公路的高效、快速、安全,推动地区经济带的形成和发展,尽可能实现最大的社会效益,即实现高速公路网系统最优化。具体的含义是:当高速公路没有发生拥挤时,应该尽量降低费率,以便让更多的人使用高速公路;当高速公路出现拥堵时,可适当提升费率,以调节高速公路的车流量。

### 2. 成本原则

成本原则是指收费必须考虑高速公路建设的成本(除国家配套资金外),收取的费用必须能够偿还建设投资、债务和养护管理等各项费用,即费率需根据高速公路建设的原始成本、预期交通量需求函数和投资利润率(或者资金成本率)以及未来各年运营期间的运营费用和收费期限来确定。

### 3. 效益原则

效益原则是指收费需兼顾经济效益和社会效益,统一定制费率。所以高速公路收费的费额不应该超过使用高速公路所产生的级差效益。

### 4. 公平原则

公平原则是指收费必须公平合理、客观公正。对所有高速公路使用者必须一视同仁,而且对不同车辆类型的收费必须相对客观、公平,收费额要体现责任意义上的公平和所得效益意义上的公平。

## 第三节　通行费付款方式

支付通行费的方式是影响收费车道通过能力的重要因素,同时也是决定收费系统结构和功能的重要影响因素。本节总结了以往驾驶员支付通行费的付款方式,包括现金支付、移动支付等多种方式,并对各种方式的优缺点进行了介绍。

### 一 现金支付

现金支付是最常用的一种付款手段。经过收费站时,驾驶员需要将车停在收费亭前,将现金交给收费员。收费员会进行收费、找零和发放收据或发票的操作。收费员下班后需要进行当班结算,票管人员会核查现金与收费过程记录数据是否一致。收费公路营运部门(或银行派押款车)每天需要将现款解押至银行结账。

现金支付的特点是操作简单,收费车道配备的设备较少,临时使用收费公路的用户(如长途运输的外省车辆)缴费方便。从实际情况来看,即使将来高度自动化收费系统普遍使用,现金支付仍然会占有一定比例。

现金支付的最大缺点是需要各收费亭(开放式)或出口收费亭(封闭式)备足大量零钱。收费找零会延长服务时间,降低车道通行能力,这是引起收费站车辆排队和交通拥堵的主要因素。现金交易容易造成费额人为流失,给资金管理带来困难。大量的小额现金使清点、核查工作变得繁杂,需要大量人员完成。

为了提高现金支付的效率,可以采用设置不找零收费车道、投币式自动收费车道、按不同车型设置收费车道,通行费额一律为5元或10元的倍数等手段。投币式自动收费车道是在收费车道上安装硬币收费机,当车辆通过时,驾驶员将规定数额的硬币投入收费机的硬币盒内。收费机收到硬币后,会自动鉴别真伪和数量。在确认所投硬币正确后,收费机会发出指令,打开自动栏杆并显示通行的绿色信号灯,允许车辆通过。然而,基于我国货币流通领域硬币较少以及其他一些原因,投币付费方式未在我国高速公路收费中使用。

## 二 预付款

预付款是收费公路中常用的付费方式之一。用户向收费公路管理部门预先支付一定金额(无利息),获取一段时间的收费公路使用权或一定次数的票据,例如月票、季票或年票。该票证一般印有使用收费公路的名称、使用期限、使用车型、车牌号等必要信息,这样车辆经过收费站时不必支付现金,只需验证月票、季票或年票的有效性,或收缴票据。这样就免去了收费过程中现金交易所带来的麻烦,减少了收费服务时间,提高了收费车道的通过率。

一般来说,对于长期用户,无论是从使用方便性、时间节约还是从资金节约方面,这种付款方式都是有吸引力的,但是,也有一定的缺陷。例如,有些拥有月票的用户使用收费公路较少,而有些可能使用较多;收费公路管理部门无法控制拥有月票用户的使用次数和行驶里程,影响了收费公路营运公司的收入。次数票付款方式虽然合理一些,但次数票回收管理工作量大。同时,月票和次数票容易伪造,收费人员容易利用月票或次数票作弊,需要一套较完善的监督机制。

## 三 预付卡

用户需要向高速公路营运公司支付一定金额,公司管理部门发给用户一张含有对应金额的预付卡(一般为非接触式卡或电子标签)。经过收费站时,持卡者不必支付现金,路费从预付卡中扣除。该付款方式的优点是营运公司在卡卖出时就能得到通行费资金,大大缩短了付款时间,提高了收费车道的通过能力;更为突出的优点是完全可以省去现金交易,减少人为贪污、作弊的可能性,免除收假钞的麻烦;大额现金交易放在后台,避免汇总、结账、押钞以及零散资金的积压,提高了管理效率。

预付卡付费可以脱线进行,不必为核算占用的通信线路付款,唯一需要检验的是卡是否有效以及是否有足够的金额进行交易,而这两个检验过程都可由读卡机本身完成,减少了交易时间。

从用户角度来看,采用预付款或预付卡方式付费方便,节约了付款时间,免除了带现金的麻烦,提高了资金使用的安全性,但需要预交资金(占用资金),需要花时间去办理相关手续,因此用户必然会权衡得失。所以,采用预付款或预付卡方式的营运公司,必须让用户快速、方便地交纳预付金、办理相关手续以及查账,应能给予这些用户通行费上的优惠,尽量减少或避免他们在收费站的延误。

## 四 后付款

高速公路营运公司针对长期或定期用户可采用一种先记账后付款的优惠方式,如长途汽车公司、公共汽车公司和其他一些信誉良好的长期用户,这样对吸引交通量、增加收费有一定的促进作用。

用户持记账卡,在收费站将记账卡交给收费员验证或由收费设备直接自动验证,车辆行驶信息被记录在记账卡上和收费站计算机内,用户定期到营运公司按记账卡记录的信息,或根据收费管理中心数据结算总通行费。

后付款方式的优点是非直接货币交易,减少了收费服务时间,也缩短了用户通过收费站时间,提高了收费车道通过率。在经营上,后付款也是一种优惠方式,方便了用户资金周转。采用此方式时,要考虑收费设备的操作功能和数据统计功能,在管理上也要采取针对性措施,要尽量防止赖账情况的出现。记账卡主要起身份证明的作用,也应具有数据记忆功能,一般采用通行卡或电子标签。

## 五 银行转账

用户在指定银行建立专用账号,购买专用电子标签,车辆通过收费区域时,收费系统会自动读取车辆信息,并经确认后直接从银行专用账号扣除通行费,统一转账至高速公路营运公司账户。这种收费方式无须人工介入,避免了现金多次交易的烦琐过程,同时也扩大了用户范围。银行还可以允许少量善意透支,方便用户资金周转。这种支付方式适用于半自动和全自动收费系统。它要求系统具有较强的实时监督和审计功能,用户、银行和收费公路营运管理部门三户之间信息透明。

## 六 电子钱包、信用卡、现金卡

电子钱包、信用卡和现金卡(借记卡)都是由银行发行的,具有存款、提款、转账和消费功能,但它们的使用方法和使用环境有所不同。

电子钱包具有预付卡的功能,但比使用预付卡更方便,可以随时追加资金。电子钱包通常用于小额款项的无现金支付,用户不用随身携带较多的零钱就能方便地消费和结算。由于卡中金额较少,即使遗失也不会带来很大的损失,一般情况下不可挂失。为防止伪造,一般电子钱包采用带有 CPU(中央处理器)的通行卡。我国建设银行早在 1994 年推出的速办卡就属于电子钱包一类,它无须授权,通过特约商的 POS 终端(一种实现电子资金自动转账的销售终端)查询,有余额就能消费。

信用卡是银行或金融机构发给信用良好人士使用的一种凭证,持卡人可以利用它来消费、信用借款、转账结算、汇兑和储蓄等。它已经融入人们的生活,改变了人们的消费观念和支付方式,已成为风行全球的现代化支付工具。

现金卡除了不具有透支功能外,其余功能与信用卡相同,所以不涉及持卡人信誉,因此发行手续简单,只要领卡人在银行有一定存款,银行即可发卡。

因为这种付款系统受用户的信用度及用户在银行的存款额的制约,所以在提供服务之前需要进行用户信誉鉴别,即所谓的在线鉴别。由于交易时间长等问题,目前这种付费方式在收费系统中使用较少。

## 七、移动支付

高速公路移动支付,是通过第三方支付平台如支付宝、微信支付等进行通行费交易的一种支付方式。车主通过手机付款码支付高速公路通行费。移动支付主要适用于高速公路人工收费车道,是半自动收费系统的收费方式之一。

# 第四节 车辆分类分型知识

收费公路需要对车辆加以分类,按车辆类型收取通行费,以保证通行费收缴的相对合理性。不同的国家、地区、道路由于车辆构成、交通量水平、收费目的等不同,车辆类别划分也不尽相同,有的简单,有的较为复杂。由于不同的车型分类方法对收费系统所需的硬件、软件要求不同,因此任何一条公路在收费前,确定如何对车型进行分类是非常必要的。

## 一、定义

载客汽车、载货汽车、专项作业车的定义如下:

(1)载客汽车:设计和制造上主要用于载运人员的汽车,包括装置有专用设备或器具但以载运人员为主要目的的汽车。

(2)载货汽车:设计和制造上主要用于载运货物或牵引挂车的汽车,也包括装置有专用设备或器具但以载运货物为主要目的的汽车;由非封闭式货车改装的,虽装置有专用设备或器具,但不属于专项作业车的汽车。

(3)专项作业车:装置有专用设备或器具,在设计和制造上用于工程专项(包括卫生医疗)作业的汽车,如汽车起重机、消防车、混凝土泵车、清障车、高空作业车、扫路车、吸污车、钻机车、仪器车、检测车、监测车、电源车、通信车、电视车、采血车、医疗车、体检医疗车等,但不包括装置有专用设备或器具而座位数(包括驾驶人座位)超过9个的汽车(消防车除外)。

## 二 分类

交通运输办公厅印发《关于贯彻〈收费公路车辆通行费车型分类〉行业标准(JT/T 489—2019)有关问题的通知》,明确收费公路统一从2020年1月1日起按照《收费公路车辆通行费车型分类》(JT/T 489—2019)收取车辆通行费。新标准完善了收费公路车型分类体系,对车辆类别体系重新划分,增加"专项作业车"大类,并对各类汽车列车、摩托车以及六轴以上货车的分类进行了具体规定。新标准涵盖了行驶收费公路的所有机动车类别,将全部收费车辆按客车、货车和专项作业车三个大类分别进行具体分类。收费公路车辆通行费车型分别按客车、货车和专项作业车三个系列分类。

(1)客车

客车包括载客汽车和乘用车列车(由牵引车和挂车组成的车组)。

客车依据公安机关交通管理部门机动车注册登记的车辆类型和核定载人数进行分类。

收费公路车辆通行费客车车型分类见表2-2-2。

**收费公路车辆通行费客车车型分类** 表2-2-2

| 类别 | 核定载人数 | 车长(mm) | 收费系数 |
|---|---|---|---|
| 1类客车 | ≤9 | <6000 | 1 |
| 2类客车 | 10~19 | | 1.5 |
| 3类客车 | ≤39 | ≥6000 | 2 |
| 4类客车 | ≥40 | | 3 |

在《收费公路车辆通行费车型分类》(JT/T 489—2019)中,摩托车通行收费公路按1类客车分类,但并不代表高速公路对摩托车通行彻底解禁,目前大多高速公路仍然禁止

摩托车通行。摩托车是否被允许上高速公路,要视各省的具体规定而定。

(2)货车

货车包括载货汽车、货车列车和半挂汽车列车。

货车列车和半挂汽车列车,按牵引车和挂车合并进行车型分类。

货车依据车辆总轴数以及车长和最大允许总质量进行分类。

超过六轴的货车,根据车辆总轴数按照超限运输车辆执行。

六轴以上货车在6类车收费系数基础上,按每增加一轴收费系数增加0.17计费。

收费公路车辆通行费货车车型分类见表2-2-3。

收费公路车辆通行费货车车型分类　　　　表2-2-3

| 类别 | 总轴数（含悬浮轴） | 车长和最大允许总质量 | 收费系数 |
| --- | --- | --- | --- |
| 1类货车 | 2 | 车长小于6000mm且最大允许总质量小于4500kg | 1 |
| 2类货车 | 2 | 车长不小于6000mm或最大允许总质量不小于4500kg | 2.1 |
| 3类货车 | 3 | | 3.16 |
| 4类货车 | 4 | | 3.75 |
| 5类货车 | 5 | | 3.86 |
| 6类货车 | 6 | | 4.09 |

专项作业车依据总轴数以及车长和最大允许总质量分为6类。

六轴以上专项作业车在6类车收费系数基础上,按每增加一轴收费系数增加0.17计费。

收费公路车辆通行费专项作业车车型分类见表2-2-4。

收费公路车辆通行费专项作业车车型分类　　　　表2-2-4

| 类别 | 总轴数（含悬浮轴） | 车长和最大允许总质量 | 收费系数 |
| --- | --- | --- | --- |
| 1类专项作业车 | 2 | 车长小于6000mm且最大允许总质量小于4500kg | 1 |
| 2类专项作业车 | 2 | 车长不小于6000mm或最大允许总质量不小于4500kg | 2.1 |
| 3类专项作业车 | 3 | | 3.16 |
| 4类专项作业车 | 4 | | 3.75 |
| 5类专项作业车 | 5 | | 3.86 |
| 6类专项作业车 | ≥6 | | 4.09 |

## 第五节　联网收费基础知识

### 一、基本规定

(1)收费公路联网收费系统应采用 ETC 方式为主、MTC 方式为辅,并支持多种支付方式。

(2)收费公路联网收费系统应通过设置 ETC 门架系统,采用介质计费或在线计费的方式,实现对通行车辆按实际路径收费。

(3)收费公路联网收费系统应按车型收费,车型分类标准应符合《收费公路车辆通行费车型分类》(JT/T 489—2019)的规定。

(4)收费公路联网收费通行介质宜使用 ETC 车载设备、CPC 卡(高速公路复合通行卡),特殊情况下可使用纸质通行券。

(5)收费公路联网收费系统网络安全保护能力、数据安全保护能力及个人信息保护措施应符合国家相关法律法规要求,密码应用应符合国家密码管理的有关规定。

(6)收费公路联网收费系统建设应与超限检测系统协同设计,实现与入口称重检测联动。

(7)收费公路联网收费系统及设备设施时间应与北斗授时时间保持一致。

(8)收费公路联网收费系统应实现部、省两级数据交换与共享,加强与路政执法等基础数据交互,支持构建相关信用体系。

(9)收费公路联网收费系统应具备迭代升级能力,支持向自由流收费演进和车路协同拓展应用。

(10)收费公路联网收费系统应与路网运行监测、调度管理、应急处置等系统联动,逐步提升收费公路的精细化管理和服务能力。

### 二、总体架构

#### 1. 系统架构

收费公路联网收费系统应由部、省两级系统组成。部、省两级系统相互协同配合,完成收费、结算、ETC 发行服务、客户服务、稽核、运行监测等业务。部级系统应包括部联网收费结算中心系统、部密钥管理与服务中心系统等。省级系统应包括省联网收费结算中心系统、省级在线密钥系统、区域/路段中心系统(可选)、收费站系统、ETC 门架系统、收费车道系统、客户服务系统等。根据各省(区、市)联网收费系统运营管理架构的差异,可选建区域/路段中心系统,也可在区域/路段中心系统实现收费站系统功能。

收费公路联网收费系统应满足下列要求:

(1)收费业务由部联网收费结算中心系统、省联网收费结算中心系统、收费站系统、ETC门架系统、收费车道系统以及部密钥管理与服务中心系统、省级在线密钥系统等协同完成。

(2)结算业务由部联网收费结算中心系统、省联网收费结算中心系统、ETC发行与服务系统、区域/路段中心系统(可选)、银行等协同完成。

(3)ETC发行服务业务由ETC发行与服务系统、部联网收费结算中心系统以及部密钥管理与服务中心系统、省级在线密钥系统等协同完成。

(4)客户服务业务由客户服务系统、ETC发行与服务系统、咨询与投诉系统等协同完成。

(5)稽核业务由部联网收费结算中心系统、省联网收费结算中心系统、区域/路段中心系统(可选)、ETC门架系统、收费站系统、收费车道系统、ETC发行与服务系统等协同完成。

(6)系统运行监测业务由部联网收费结算中心系统、省联网收费结算中心系统、区域/路段中心系统(可选)、ETC门架系统、收费站系统、收费车道系统等协同完成。

不同地域的联网收费系统可根据实际公路运营状况做适当调整。因此,联网收费系统数据存储时间要求允许存在差异。

### 2. 计费与收费

(1)收费公路通行费的收缴应按政府部门批准的通行费收费标准和相关政策执行。

(2)入口车道系统应将车辆入口信息写入ETC车载设备或CPC卡等通行介质。

(3)2020年底全国高速公路省界收费站取消后,实现了基于ETC门架系统的全国高速公路联网收费管理。ETC门架系统采用分段计费的方式,两个ETC门架之间路段代表一个计费单元。ETC门架系统应按计费单元收费标准及通行介质中的车型等信息对通行车辆计费,并将计费信息写入通行介质。

(4)出口车道系统应依据通行介质记录的计费信息确定并收取通行费;当通行介质中的计费信息异常时,出口车道系统宜通过在线计费计算并收取通行费;在在线计费无法实现等特殊情况下,可通过最小费额计费方式计算并收取通行费。

(5)当部分ETC门架系统计费缺失时,宜通过后续ETC门架系统或出口收费车道系统代为计费。

### 3. 拆分结算

(1)收费公路联网收费拆分结算应包括ETC通行费记账、对账、拆分、结算和MTC通行费对账、拆分、结算。

(2)收费公路联网收费省际拆分结算应由部、省两级系统协同完成,省(区、市)内拆分结算应由省级拆分结算系统完成。

(3)收费公路联网收费各相关系统进行通行费拆分结算时,应符合下列规定:

①出口车道系统应生成出口交易流水,并逐级上传至省级拆分结算系统。

②省级拆分结算系统应将出口交易流水分为省(区、市)内 ETC 交易流水、省际 ETC 交易流水、省(区、市)内 MTC 交易流水和省际 MTC 交易流水,并进行下列处理:将省(区、市)内 ETC 交易流水发送至本省(区、市)发行服务系统进行记账;将省际 ETC 交易流水和省际 MTC 交易流水发送至部级拆分结算系统;将省(区、市)内 MTC 交易流水进行拆分结算;对来自本省(区、市)发行服务系统或部级拆分结算系统的记账结果进行对账,并完成按路段拆分。

③部级拆分结算系统应将收到的 ETC 出口交易流水分发至发行方所属省(区、市)的省级拆分结算系统,由相应发行服务系统进行记账,接收并将记账结果下发至出口省(区、市)和途经省(区、市)结算系统,完成对账后按省(区、市)将拆分数据发送至相关省级拆分结算系统。部级拆分结算系统应将收到的省际 MTC 出口交易流水按省(区、市)拆分,将拆分数据发送至相关省级拆分结算系统。部级拆分结算系统发送至相关省级拆分结算系统的拆分数据,应包括通行费减免优惠的拆分记账结果。

#### 4. 网络系统

联网收费系统宜采用开放式的网络体系结构,联网收费系统组网应符合下列规定:

(1)部联网收费结算中心系统到省联网收费结算中心系统应建立主备通信链路,主备通信链路应采用不同的物理路由。

(2)部联网收费结算中心系统到收费站系统、ETC 门架系统宜建立主备通信链路,主备通信链路应采用不同的物理路由。主备通信链路可采用第三方提供的专用链路。

(3)部密钥管理与服务中心系统到省级在线密钥系统应建立主备通信链路,主备通信链路应采用不同物理路由。主备通信链路可采用第三方提供的专用链路。

(4)省联网收费结算中心系统、区域/路段中心系统、收费站系统、ETC 门架系统之间应建立主备通信链路,主用通信链路应采用联网收费通信专用网络,备用通信链路可采用第三方提供的专用链路。

(5)部联网收费结算中心系统、部密钥管理与服务中心系统、省联网收费结算中心系统、区域/路段中心系统、收费站系统、ETC 门架系统局域网应采用千兆及千兆以上以太网。

### 三 部联网收费结算中心系统

#### 1. 系统构成

部联网收费结算中心系统应由部级拆分结算系统、部级交易对账系统、全网费率管理与计费系统、发票服务系统、稽核管理系统、全网运行监测系统、数据管理与服务系统、基础信息管理系统、预约通行系统、MTC通行介质管理系统、发行认证与监管系统、咨询与投诉系统等构成。部联网收费结算中心系统宜采用云计算技术,统筹规划计算、存储、网络、操作系统、数据库和中间件等资源。

#### 2. 系统功能

(1)部级拆分结算系统应具备省际交易数据的清分、拆分、结算,结算通知书及统计报表生成,省际资金归集划拨、省际交易数据查询等功能。

(2)部级交易对账系统应具备省际交易数据对账、省际交易对账通知书生成、省际交易对账结果查询服务等功能。

(3)全网费率管理与计费系统应具备全网费率基线管理、计费信息管理、计费模块参数验算、全网在线计费支撑、全网最小费额计算、跨省通行车辆入口收费站信息查询、数据交互等功能,宜具备将指定车辆的计费信息和行驶路径在地理信息系统(Geographic Information System,GIS)上进行展示的功能。

(4)发票服务系统应具备通行费发票开具、查询、数据核查及监测分析等功能。

(5)稽核管理系统应为内部稽核、外部稽核、现场稽核处置等提供接口,并具备稽核工单管理等功能;宜构建全网通行车辆档案,并提供查询服务。

(6)全网运行监测系统应具备对收费车道系统和ETC门架系统的关键设备状态、运行参数、软件版本、费率版本、通信传输状态等实时监测以及异常或故障跟踪处理等功能。

(7)数据管理与服务系统应具备部级数据汇聚、部站数据汇聚、数据校核、数据安全治理、数据归集管理,以及执行抢险救灾任务等特殊车辆名单管理等功能,宜具备数据交换、数据挖掘分析和可视化展示等功能。

(8)基础信息管理系统应具备对收费公路信息、收费公路经营管理单位信息、发行方信息、路段断面信息、收费站信息、车道信息、ETC门架信息、收费广场信息、拓展服务信息等运行参数的管理功能。

(9)预约通行系统应具备绿通车辆预约通行功能、集装箱车辆预约通行功能以及其他预约通行功能,具体应符合下列规定:绿通车辆预约通行功能应包括绿通车辆预约、查验记录管理、基础数据管理等,宜包括绿通车辆积分分析统计及免检业务管理等;集装箱车辆预约通行功能应包括集装箱车辆预约、集装箱运输企业服务、集装箱车辆管理、集装箱车辆预约数据共享等。

(10)MTC通行介质管理系统应具备MTC通行介质录入和核销、在网状态监测、省级及站级CPC库存监测、异常CPC监测、CPC使用情况分析预测、纸质通行券发行报备等功能。

### 3. 系统性能

部联网收费结算中心系统性能应符合下列规定：

（1）应满足系统 7d×24h 不间断服务的要求；除不可抗力的地震等自然灾害外，系统可用率应不小于 99.9%；

（2）交互类业务平均响应时间应不大于 3s，峰值响应时间应小于 5s；查询类业务简单查询响应时间应小于 5s，复杂查询响应时间应小于 10s；

（3）原始交易处理能力应不小于 1000 万条/h；清算统计结果生成时间应不大于 15min；车道特情查询响应时间应不大于 3s。

## 四 省联网收费结算中心系统

### 1. 系统构成

省联网收费结算中心系统宜由省级拆分结算系统、省级交易对账系统、省级费率管理与计费系统、移动支付系统、省级稽核管理系统、省级运行监测系统、省级数据管理与服务系统、CPC 管理平台、省级在线密钥系统等构成。省联网收费结算中心系统功能可由一个或多个机构承担。省联网收费结算中心系统宜采用云计算技术，统筹规划计算、存储、网络、操作系统、数据库和中间件等资源。

### 2. 系统功能

（1）省级拆分结算系统应具备以下功能：

①具备与各参与方的清分对账、统计汇总功能，具体包括下列内容：将省际交易流水发送至部拆分结算系统，接收部拆分结算系统记账数据并完成对账；将省（区、市）内 ETC 交易流水发送至本省（区、市）发行服务系统，接收本省（区、市）发行服务系统记账数据并完成对账。

②具备将经过清分处理的本省（区、市）通行费按拆分规则分配至收费公路经营管理单位的功能。

③具备根据清分及拆分结果，实现各参与方的资金结算，提供资金结算报表及对账功能。

④具备争议交易的数据查证、处理及清分结算功能。

⑤具备以指令方式与结算银行实现账户资金划拨、查询操作的功能。

⑥具备为各参与方提供相关结算数据的功能。

（2）省级交易对账系统应具备以下功能：

①具备本省（区、市）交易对账功能。

②与部交易对账系统对接，并具备省际交易对账和对省际追偿数据的处理、追偿金额的计算和统计的功能。

③具备交易对账通知书生成、交易对账结果查询服务等功能。

（3）省级费率管理与计费系统应具备以下功能：

①具备费率的新增、删除、修改、查询、归档功能。

②能对路网节点信息、收费单元信息、连通关系信息、费用种类信息、费用标准信息、计费方式信息等进行管理。主要包括参数新增、删除、修改、查询、版本管理等功能。

③具备生成可达路径和费率数据的功能，并根据收费政策要求和基线版本定义，采用相应费率基础数据参数进行计算。

④具备生成费率模块的功能，将费率参数、算法及相关逻辑封装为独立动态链接库，为 ETC 门架系统、收费车道系统及其他相关系统提供本地计费支撑能力。

⑤具备根据待发布的费率基线将全网站点信息、最小费额、费率参数、费率模块分发至相应平台及系统，实现费率基线发布的功能。

⑥具备支撑车道现场收费、收费稽核业务发起的在线计费请求，实现在线计费的功能。

（4）移动支持系统应具备以下功能：

①支持对接第三方支付平台、手机终端 App 共同完成手机支付过程。

②具备与第三方支付平台进行数据交互，完成手机支付交易的对账、结算功能。

③支持冲正/撤销/退费交易。

④具备对手机支付受理终端的信息管理功能。

⑤具备手机支付流水数据查询、统计和备份管理功能。

⑥具备手机支付通道手续费结算功能。

# 第三章
# 收费广场及收费车道

本章对道路收费系统重要组成部分的收费广场和收费车道进行介绍。内容涉及收费站类型和形式，收费广场的通行能力与服务水平，影响收费广场通行能力和服务水平的主要因素，以及如何提高收费广场的交通流畅性、减少收费广场的交通拥堵，提高收费服务水平的策略等，并对收费车道系统的构成进行了介绍。

## 第一节 收费站类型和形式

收费站类型和形式的选择是收费公路设计的重要内容之一，若考虑不周，收费站将成为交通"瓶颈"和事故多发段。

### 一 收费站类型

根据收费站所处的位置，收费站可分为主线收费站和匝道收费站。

#### 1. 主线收费站

主线收费站是指设置在高速公路主线上的收费站，开放式收费系统的收费站一般采用主线收费站。主线收费站的优点是设备、人员集中，有利于管理，缺点是收费站选址要求较严，一般要求在线路顺畅、视线较好的地方。当高速公路交通量大时，主线收费站容易因停车缴费产生严重延误。

#### 2. 匝道收费站

匝道收费站是指设置在高速公路匝道或联络道上的收费站。封闭式收费系统除在高速公路两端各设一个主线收费站外，其余收费站均设在匝道上。匝道收费站的布设方式可分为集中式与分散式两类，如图 2-3-1 所示。

（1）集中式

集中式收费站是将同一立交每一个进出匝道均引至一处，集中设置双向收费站，并与普通道路相衔接,如图2-3-1a)所示。集中式收费站的优点是便于收费站的集中管理,提高了人员和设备的使用效率。缺点是因为集中设置,会限制立交几何线形的设计,所有出入收费公路的车辆都要绕行集中在一起,当绕行交通量大时,容易引起交通阻塞进而影响相关象限车辆的运行,发生车辆交织现象。

(2)分散式

分散式收费站是在互通立交的每一匝道设一个收费站(亭),如图2-3-1b)所示,也可以若干匝道设一个收费站。分散式收费站的优点是可避免车辆平面交叉,减少车辆绕行,也可缩短收费广场的渐变段长度,增强收费站设置区位选择的弹性等。缺点是人员和设备分散,投资大,管理不便,在实际中很少采用。

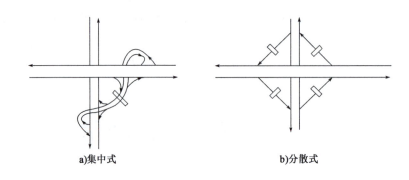

图2-3-1 匝道收费站布设方式平面图

## 二、匝道收费站形式

一般认为,在封闭式收费系统中,采用集中式管理的匝道收费站比较合理。高速公路设置收费站立交的做法是在收费公路与其相交道路的交叉口的适当距离处另设一条联络道,使联络道与两条路相交形成一个三肢立交,如图2-3-2所示。所有车辆都集中由联络道转弯出站,这时只需在联络道上设置一个收费站。

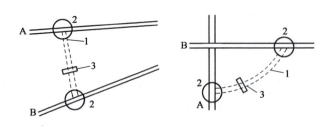

图2-3-2 收费公路设置立交

1-联络道;2-三肢立交;3-收费站;A-收费道路;B-交叉道路

### 1. 联络道设置原则

联络道所在的象限主要取决于地形和地物的情况，同时考虑交通量的大小，原则上任一象限都可设置。

联络道的位置和长度都要满足两端三肢立交处的加、减速车道的设计要求。

### 2. 联络道两端的三肢立交可供选择的形式

(1) 喇叭形立交：只建一个构造物，最经济。

(2) Y形立交：驶入、驶出运行皆最流畅，最适用于转向交通量大的情况，多在道路一侧空间受到限制时采用，须建两层桥三处或三层桥一处，造价较高。

(3) 双子叶形立交：造型美观，只需建一个构造物，但主线驶出车辆须通过环形匝道。

### 3. 收费站立交形式

常见的收费站立交形式见图 2-3-3，各立交的特点分述如下：

(1) 单喇叭形：适用于主要路线与一般次要路线相交的情况；只需一个构造物；造价经济，采用最多；主线快速车辆驶出流畅，次要路线上车辆出入为平交。

(2) 双喇叭形：适用于两条主要路线相交，或次要路线交通量相当大的情况；需建两个构造物；两条线路上车辆进出皆流畅。

(3) 单Y形：适用于高速公路与一般公路相交的情况；需要两层桥三处或三层桥一处，造价较高；高速车辆出入主线皆流畅；主线外侧用地较窄，适用于外侧有河流、铁路、厂房等障碍物的情况。

(4) 双Y形：适用于高速公路与其他干线公路相交的情况；建桥较多，造价高。

(5) Y形+喇叭形：适用于高速公路与其他干线公路相交的情况；Y形应设置在高速公路处。

(6) 喇叭形+子叶形：与双喇叭形相似，但双子叶形立交进出车辆要绕环形匝道，适用于交通量较小的道路。

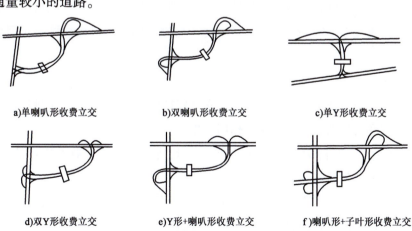

a) 单喇叭形收费立交　　b) 双喇叭形收费立交　　c) 单Y形收费立交

d) 双Y形收费立交　　e) Y形+喇叭形收费立交　　f) 喇叭形+子叶形收费立交

图 2-3-3　常见的收费站立交形式

对于一个匝道收费站，是采用集中式还是分散式，以及采用何种立交形式，应根据进出车流量、立交附近地形、相交道路的结构和性质等因素，从土建、设备投资、营运管理和人力成本等多方面综合考虑，进行多目标决策，在满足功能要求的基础上，使总成本最小。

# 第二节　收费广场的通行能力与服务水平

收费广场的通行能力与服务水平是描述收费公路交通特征的重要指标，是进行收费广场规划、设计、收费系统运营与管理的科学依据。本节将介绍收费广场通行能力与服务水平的基本概念、影响通行能力(服务水平)的因素以及提高通行能力的相应策略。

## 一　收费广场的通行能力

### 1. 收费广场的通行能力的概念

在良好的天气条件、现行畅通的道路条件、交通条件和收费手段下，车辆排队形成并且收费员始终处于繁忙状态时，单位时间内收费车道所能处理的最大车辆数，称为收费车道的通行能力。一般近似认为收费广场通行能力为收费广场所有收费车道的通行能力之和，以辆小汽车/h 为单位。

### 2. 服务时间的概念

当收费车道达到满容量且形成排队时，在收费亭下游不远的地方设置一条参考线，前一辆车尾部越过参考线到第二辆车缴费完毕后尾部同样越过此线所需时间称为服务时间。

### 3. 确定收费广场通行能力的作用

收费广场的通行能力是描述收费公路交通特征的一项重要指标，是进行收费系统规划、设计、运营和管理的科学依据。其作用表现为：

(1)根据收费广场的通行能力和设计交通量，可以确定新建收费广场的规模、主要技术指标和线形几何要素。

(2)通过对现有收费广场通行能力的观测、分析、评价，并与现有交通量对比，可以确定现存的问题，并针对问题提出行之有效的改进方案或措施。

(3)为评价改进前后效果提供一种方法，以确定任何改进效果。

(4) 可向一般公众和法律机构提供一个易于理解的、科学的整体性能指标。

(5) 可为收费管理与控制提供依据。

## 二 收费广场的服务水平

### 1. 服务水平的概念

服务水平是描述交通设施为道路使用者提供服务质量的评定标准。所谓道路使用者，主要是指驾驶员和乘客，而服务质量评定标准也是一种综合的评定标准。该标准通常以速度、行驶时间、驾驶自由度、交通间断、方便性、舒适性和安全性等来表征。具体的计算指标随着设施而异，有的用一个指标，有的则需要多个指标进行综合评述。

### 2. 收费广场服务水平划分

收费广场服务水平划分依据主要为车流密度和车辆等候时间。其中，车流密度能较好地反映车辆在收费广场分布的特点。而车辆等候时间能够反映收费广场的拥堵状况。下面分别介绍基于车流密度与基于等候时间的划分方式。

(1) 基于车流密度的收费广场服务水平划分（表2-3-1）

①A级服务水平。有相当低的车流密度和延迟。车辆的运行实际上不受其他车辆存在的影响，尽管收费广场会限制其车速。最大平均车流密度为 7.5 辆小汽车/(km·车道)。如果不要求找零钱和给收据，大部分车辆基本不会停下来，小混乱容易消除，不会形成等候长队，总的舒适和方便级别是优秀。

②B级服务水平。最大平均车流密度为 12.4 辆小汽车/(km·车道)。车辆在上游中比A级服务水平时较早开始减速，交通流中其他车辆的存在开始值得注意。然而在整个地区有很好的机会改换车道。小混乱在该级别易于消除，但在某个收费车道中，服务水平的局部恶化是很明显的。

③C级服务水平。最大平均车流密度为 18.6 辆小汽车/(km·车道)。停车排队的车辆数量比较多，较早减速和停下来缴费，导致较大的延迟。小混乱可能导致服务水平的局部严重恶化，有时会形成等候队列。

④D级服务水平。最大平均车流密度为 26.1 辆小汽车/(km·车道)。车辆在选择收费车道而驶入收费口时具有很低的操纵自由度。等候车队比较长，停走状况不可避免。

⑤E级服务水平。最大平均车流密度为 41.6 辆小汽车/(km·车道)。在抵达收费亭前，每辆车都会加入等候长队。停停走走是典型现象。

⑥F级服务水平。最小平均车流密度超过 41.6 辆小汽车/(km·车道)。这种情况发生在驶入车流率超过总收费服务率时，等候车队长度持续增加。

**基于车流密度的收费广场服务水平划分表** 表 2-3-1

| 服务水平 | 车流密度[辆小汽车/(km·车道)] |
| --- | --- |
| A | ≤7.5 |
| B | ≤12.4 |
| C | ≤18.6 |
| D | ≤26.1 |
| E | ≤41.6 |
| F | >41.6 |

（2）基于等候时间的收费广场服务水平划分

收费广场服务水平也可用平均等候时间来定义，具体描述为：在现有收费广场的服务设施（供给面）与最高峰流量转换为高峰小时流量（需求面）的情况下，计算或调查车辆通过收费广场所需的平均等候时间，并以此作为衡量收费广场服务水平的准则，见表 2-3-2（其评估对象可以为单条收费车道或整个收费广场），服务水平等级可分为六级。

**基于等候时间的收费广场服务水平划分表** 表 2-3-2

| 服务水平 | 平均等候时间（s） |
| --- | --- |
| A | $T<1.0$ |
| B | $1.0\leqslant T<5.0$ |
| C | $5.0\leqslant T<10.0$ |
| D | $10.0\leqslant T<40.0$ |
| E | $40.0\leqslant T<80.0$ |
| F | $T\geqslant 80.0$ |

①A级服务水平。到达车辆可随时驶入收费亭旁接受服务，基本无须在收费亭前排队。

②B级服务水平。收费亭前短时间内有车队形成，到达车辆在驶入收费亭前，少部分需要停车等待，大部分车辆均无须停等即可进入收费亭接受服务。

③C级服务水平。收费亭前渐有车队形成，平均每个收费亭前有一辆车排队等候。

④D级服务水平。收费亭前经常有车辆排队等候，到达车辆须排队缓慢驶入收费亭接受服务。收费亭前逾3辆车排队等候。

⑤E级服务水平。收费亭前平均约有 10 辆车排队等候，驾驶员对长时间等候难以接受。

⑥F级服务水平。车辆陆续到达，服务速率有限，收费亭前车辆排起长队，车辆排队长度不断扩大。

**3. 服务水平划分的作用**

（1）服务水平分析可以使设计者用公认的标准评价设计替代物。

(2)可对各种设施运营效果的比较提供科学的依据。

(3)可评价各种改进措施的运行效果,并做出合理的决策。

(4)可向一般公众提供一个易于理解的、科学的和整体的性能指标。

## 三 影响收费广场通行能力(服务水平)的因素及相应提高方法

### 1. 影响收费广场通行能力的因素

一般来说,收费广场的通行能力高意味着该广场的服务水平高。影响实际通行能力(服务水平)的因素有很多,主要有以下几种:

(1)收费制度

封闭式收费系统需要采用通行券(卡),根据车辆行驶距离和车型来计算通行费,因此封闭式收费系统的效率(出口)明显低于开放式收费系统和均一式收费系统的效率。

(2)收费方式

采用不停车收费车道的通行量最大。在理想情况下,当不停车收费车道的车道宽度与路段车道宽度一致,允许车辆能无阻碍、不减速通过时,其通行能力与路段车道的通行能力一致。但传统的收费车道一般宽度为2.5m,远低于一般路段行车道宽度3.75m,而且收费车道两侧安装的电子收费设施对车道净空间也有一定影响,致使车辆难以快速通过收费车道,从而降低了收费车道的通行效率。

(3)收费员的经验

收费员的收费操作越熟练,相同情况下的车辆服务时间越短。

(4)驾驶员对收费设施的熟悉程度

驾驶员熟悉收费设施也可节省收费时间。

(5)车辆类型与交通组成

调查表明,由于大车的停车和启动时间明显比小汽车长,它的服务时间也相应比小汽车长。因此,通行车辆中的重车比例对收费广场的通行能力有很大影响,重车比例越大,其通行能力越低。

(6)拥挤状况

收费广场越拥挤,其通行能力也越低。

(7)收费广场的天气

天气与不同时段也影响收费车道的通行能力。雨雪天和夜间对各种车辆的通行能力有不同的影响。

(8)收费车道的宽度

收费车道太窄,导致收费车辆不容易通过,增加了通过时间;收费车道太宽,不但占地面积大,而且车辆很容易停在离收费员较远的地方,收费员和驾驶员不容易交接票款。

(9)有无自动栏杆

装有自动栏杆的收费车道通过能力明显高于普通栏杆的收费车道通过能力:装有自动栏杆的车道最大通行能力为 860 辆小汽车/h 和 410 辆货车/h,高于传统的人工收费车道(带普通栏杆)通行能力的 380 辆小汽车/h。

### 2. 提高通行能力的方法

随着交通量的不断增长,一些已建成的收费站的服务时间和服务水平已经不能满足驾驶员的需求。传统的方法是扩建收费站,增加收费车道数量,即横向拓宽收费广场。然而,这种方法存在一些问题,包括征用土地、拆迁、施工工期和交通干扰等,而工程费用可能是最重要的问题。在一些城市的收费站,这种扩建方案基本上是不可行的。

因此,在保持现有收费广场的情况下,提高收费广场的通行能力变得非常重要。以下是一些提高收费广场通行能力的方法。

(1)采用串列式收费方式。在普通的收费广场上,每个车道只设一个收费亭。而串列式收费方式是在一条收费车道上设置两个或多个收费亭,同时为两辆或多辆车提供服务,从而提高收费车道的通行能力。

(2)增设收费车道。在现有收费亭的前方或后方增设收费车道,从纵向解决问题。此外,该方法还提供更多的停车空间,可以缓解高峰期间的交通阻塞问题,进一步提高收费广场的通行能力。这种方法被美国新泽西州和佛罗里达州的收费站采用并取得了良好效果,我国广州北环高速公路有限公司也采用了此种方式。

(3)采用不停车自动收费。不停车自动收费是解决道路用地紧张、交通量不断增大情况下公路收费问题的重要手段。不停车自动收费系统将大大提高收费车道的处理能力。不停车收费的车道服务能力,保守估计有 1500 辆/(h·车道),对于装有自动栏杆的车道也有 870 辆/(h·车道),而人工收费车道则只有 350 辆/(h·车道),对于封闭式磁卡人工收费系统的出口收费则只有 180 辆/(h·车道)。

(4)采用先进技术。利用车型自动分类设备、自动发卡设备以及牌照自动识别设备,可以实现无人值守,从而缩短服务时间,提高通行能力。

(5)收费站的交通控制与引导。驾驶员对收费车道的选择在很大程度上影响着收费站的通行能力。调查表明,驾驶员更愿意使用位于行车道的收费车道,尽管很拥挤,多数车辆还是集中在中心的车道上,而外侧的收费车道则较空闲。要均衡收费工作量,加快车辆分道通过,在较大的收费广场设置排队交通控制与引导系统是必要的。该系统根据来车数量、种类、收费排队情况以及不同收费方式的收费车道布设情况,采用可变信息板与标志引导车辆到对应的车道,以提高收费广场的通行能力。

此外,还有一些提高收费车道通行能力的有效方法,如:设置不找零的收费车道,接触式卡片或信用卡缴费,根据车型设置收费车道,收费金额设为 5 元或 10 元的倍数,简化收费操作过程,提高操作人员素质,采用开放式收费系统,规范管理等。

## 第三节 收费车道系统构成

高速公路收费制度不同,收费车道设备的配置和功能会有很大的差异。开放式收费系统按照车型一次性收费,不需要通行券(卡),车道设备的配置重点放在识别车型和准确收费上,并且每个收费车道的设备配置完全相同。封闭式收费系统需要同时确认车型和行驶里程,因此需要增加读写通行券(卡)数据和控制信息的能力,车道设备的配置重点放在识别车型、读写信息和准确收费上。同时,在封闭式收费系统中,由于进出车道的流程不同,所配备的设备也有所不同。

图2-3-4a)展示了典型封闭式收费系统的入口车道设备布置。入口车道负责判别进入本站的车辆车型,将车辆信息和本站信息(包括车型、入口代码、车道代码、日期时间、收费员工号等)写入通行券(卡)中,然后放行车辆。入口车道的硬件设备主要包括车道控制机、收费员终端、非接触IC卡读写器、自动栏杆、手动栏杆、车道摄像机、通行信号灯、对讲机、声光报警器等。

出口车道主要用于检验车辆携带的通行券(卡),校核车型并根据通行券(卡)计算和收取通行费,打印收费票据,然后放行车辆。因此,出口车道除了配备与入口车道相同的设备外,还配备了费额和车型显示器、票据打印机和字符叠加器,如图2-3-4b)所示。由于出口收费涉及现金,出口车道的监控系统要求很高,通常需要配备收费车道摄像机和对讲机。字符叠加器用于将每辆车通过时的图像和收费数据进行叠加,显示在收费站的图像监控屏幕上,以便站点管理人员实时监视和事后稽查收费情况。

收费车道的大部分外围设备都与车道控制机连接,并受车道控制机的控制。车道控制机主要通过串口和I/O口来实现与这些设备的通信和控制。

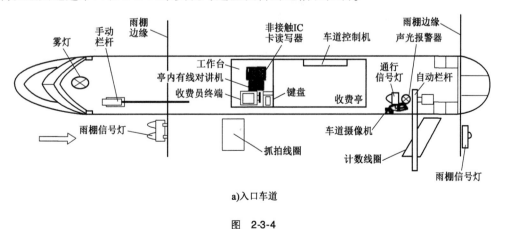

a)入口车道

图 2-3-4

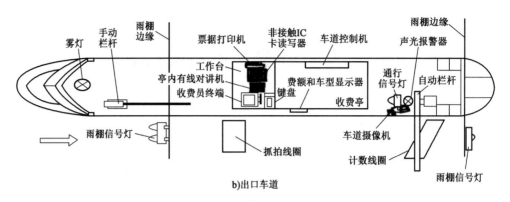

b)出口车道

图 2-3-4 封闭式收费系统入口、出口车道设备布局图

# 第四章 高速公路计算机收费系统

高速公路计算机收费系统是一种基于计算机网络的高速公路收费管理系统，它涉及收费站、收费结算中心和监控中心等多个部分，需要满足各种功能需求和性能指标。本章从功能要求、结构设计和软件设计等方面对高速公路计算机收费系统的原理、方法及实现技术进行了介绍。

## 第一节 高速公路计算机收费系统功能要求

### 一、收费结算中心计算机收费系统功能要求

省(区、市)收费结算中心(或区域收费分中心)计算机收费系统主要功能为：
(1)制定和下传联网收费系统运行参数(费率表、黑名单、同步时钟、车型分类标准及系统参数设置等)；
(2)接收收费站/收费分中心上传的原始收费数据；
(3)联网收费系统中操作、维修人员权限的设置与管理；
(4)通行券(卡)、票证管理；
(5)数据库及系统维护、网络管理；
(6)汇总、统计、查询、打印有关收费、管理、交通量等报表；
(7)数据存储、备份和安全保护。

### 二、收费分中心计算机收费系统功能要求

收费分中心计算机收费系统主要功能包括：
(1)从收费总中心接收和下传联网收费系统运行参数(费率表、黑名单、同步时钟、车型分类标准及系统参数设置等)；

(2)准确、可靠地采集管辖区内各收费站上传的收费数据和图像等信息;
　　(3)对各收费站上传的数据进行汇总、归档、存储、查询,打印有关收费、管理、交通量等各种统计报表,并上传给收费结算中心;
　　(4)数据资料的存储与备份和安全保护;
　　(5)通行券(卡)、票证的发放、统计和管理;
　　(6)抓拍图像的管理;
　　(7)收费系统中操作、维修人员权限的管理;
　　(8)数据库及系统维护、网络管理等;
　　(9)收费员、管理人员的量化考核。

## 三 收费站计算机收费系统功能要求

收费站计算机收费系统主要功能包括:
　　(1)管理收费站下属收费车道系统的运作;
　　(2)对收费车道采集的收费数据、运行状况进行实时检测、监控;
　　(3)向收费分中心/收费结算中心上传本收费站及所辖收费车道的收费业务原始数据和报表,以及交通量、工班管理、应收款项、实收款额及通行卡中所有信息等;
　　(4)接收收费分中心下传的系统运行参数,包括费率表、同步时钟和黑名单等,并下传至收费车道系统;
　　(5)统计、检索和打印报表;
　　(6)通行券(卡)、票证的管理;
　　(7)收费员、管理人员的工班管理;
　　(8)故障自动检测和恢复。

## 四 收费车道计算机收费系统功能要求

收费车道计算机收费系统主要功能包括:
　　(1)按车道操作流程正确工作,将收费处理数据实时上传至收费站计算机;
　　(2)接收收费站下传的系统运行参数(费率表、黑名单、同步时钟、车型分类标准及系统参数设置等);
　　(3)对车道设备进行管理与控制,具备设备状态自检功能;
　　(4)当通信中断时,收费车道控制机能够独立工作,收费数据可保存365d以上;
　　(5)为车辆提供通行控制信息等;
　　(6)将各种违章报警信号和抓拍图像实时上传至收费结算中心;
　　(7)将收费信息叠加到监控图像上进行监控。

## 第二节　高速公路计算机收费系统结构设计

高速公路计算机收费系统包括中心服务器、站服务器、票管财务机、车道控制机、便携式收费机、投包机、中心财务机、中心工作站、报表打印机、图像稽查计算机、监视监控计算机、路段前置机及后期新增的收费业务计算机等。可按照逻辑结构和体系结构进行分类。

### 一、逻辑结构

高速公路计算机收费系统的逻辑结构分为四层：硬件层、系统层、应用层以及用户层。

#### 1. 硬件层

硬件层包括系统中的各种设备，如车道设备、网络设备、通行卡设备等，主要功能是执行来自系统层的指令，并反馈相关信息。

#### 2. 系统层

系统层作为系统的基本支撑层，用来实现系统对底层硬件和数据最直接的操作，包括操作系统、数据库及应用系统开发平台。

#### 3. 应用层

应用层为系统的中间层，起着承上启下的作用，是系统各项功能的实现层。从职能上来看，可以分为清分管理、通行卡管理、网络管理和系统业务管理等几个功能部分。

#### 4. 用户层

用户层是收费工作人员或其他人员直接接触的层面，主要功能是收费业务处理，包括系统与用户之间的人机界面和设备界面，提供给用户业务处理操作和管理功能，主要要求就是人机界面的友好性。

### 二、体系结构

体系结构即 Client/Server（客户机/服务器）系统，包括三个主要部分：数据库服务器、客户端应用程序和网络。

其中,数据库服务器负责有效地管理系统的资源,其任务集中于数据库的安全性要求,数据库访问并发性控制,数据库前端的客户应用程序的全局数据完整性规则,数据库的备份与恢复。客户端应用程序的主要任务是:提供用户与数据库交互的界面,向数据库服务器提交用户请求并接收来自数据库服务器的信息,利用客户端应用程序对存在于客户端的数据执行应用要求。网络的主要任务是:完成数据库服务器和客户端应用程序之间的数据传输与数据交换。

### 1. 两层的 Client/Server 体系结构

两层的 Client/Server 体系结构将应用程序分成两部分:客户端应用程序和数据库服务器。在这种模式中,客户机上要安装专门的应用程序来操作后台数据库服务器中的数据,显示和交互、计算和接收处理数据的工作由客户端应用程序完成。数据的处理和维护工作由数据库服务器完成,而业务工作由客户端应用程序和数据库服务器共同承担。

由于数据库服务器负责数据操作,故数据的安全性、完整性和开放性都较强。相对于其他 Client/Server 体系结构,两层的 Client/Server 体系结构使用时间较长,技术成熟,开发人员经验丰富,同时可供利用的开发工具和资源也较丰富。其主要缺点是没有将业务处理独立出来,而是使其分布在各客户端和数据库服务器上,这就给客户端的软件升级和维护带来不便。

### 2. 三层的 Client/Server 体系结构

三层的 Client/Server 体系结构是在两层结构基础上的扩展,它将业务处理工作从数据库服务器和客户端中独立出来,由新增加的应用服务器来完成,客户端只完成显示和交互的工作,数据库服务器只完成数据的处理和维护工作。

与两层结构相比,其业务处理集中在应用服务器上,大大降低了维护升级工作的复杂性,同时也简化了客户端的工作,解决了"胖客户机"的问题。但是,由于三层结构在开发工具和资源方面远不如两层结构丰富,所以在选择体系结构时,应根据系统开发周期、规模和开发人员等实际情况进行具体分析。

### 3. Browser/Server(浏览器/服务器)体系结构

Browser/Server 体系结构本质上也是客户机/服务器体系结构,是三层的 Client/Server 体系结构在 Web 上应用的特例。

Browser/Server 体系结构下的客户机只需要安装浏览器软件即可,无须开发前端应用程序,它负责实现显示和交互。中间层的 Web 应用服务器是连接前端客户机和后台数据库服务器的桥梁,它的任务是接收用户的请求,执行相应的扩展应用程序与数据库进行连接,通过结构化查询语言(Structured Query Language,SQL)等方式向数据库服务器提出数据处理申请,而后将数据库服务器的数据处理结果提交给 Web 服务器,再由 Web 服务器传送至客户端。因此对中间层数据库服务器的要求较高。后台数据库服务器负责接收 Web 服务器对数据库操纵的请求,实现对数据库查询、修改、更新等功能。

## 第三节　高速公路计算机收费系统软件设计

### 一、操作系统

选用经过认证、标准成熟、功能完善的安全等级在 C2 级或以上的平台操作系统,例如,Windows NT 系列、Windows 系列、Unix、Linux 等,收费分中心和收费站服务器推荐采用 Windows Server 或 Linux 操作系统,车道控制机和管理计算机选用 Windows 操作系统,从而保证收费系统在功能增加和网络扩大时容易扩充。

### 二、数据库

数据库是收费数据存储的心脏,是信息资源开发和利用的基础,必须支持分布式处理,支持客户机/服务器体系结构,具有较强的可移植性和可扩展性,能够满足不断扩展的业务需求,还需考虑数据的安全性、数据备份、灾难恢复和事务完整性。数据库管理软件可采用 SQL Server、Sybase、Oracle 等。用户可根据管理需要按不同权限从数据库提取数据生成新的报表(只读方式)。

### 三、开发工具

编程语言可采用 Visual C++、Power Builder、Delphi 或其他移植性强、功能强、易阅读的编程语言。

### 四、应用软件

收费系统应用软件采用模块化结构设计,具有较强的稳定性、安全性、移植性、扩展性;所有应用软件界面均需要汉化,人机交换界面均为图形界面方式,要求美观、易管理操作。收费系统应用软件所使用的编码规则和数据传输格式必须符合原交通部颁发的《高速公路联网收费暂行技术要求》。

收费应用软件模块构成如下。

**1. 数据录入模块**

收集本路段各车道的罚款、欠款、通行费上缴、通行卡发放回收情况。

**2. 车道监视模块**

监视本路段每个车道运行情况、收费情况、交通量情况等。

**3. 数据传输模块**

控制收费站与收费车道、收费分中心间的数据传输,定时将内存中的原始数据转存到硬盘,定时向车道控制机下传时钟、费率信息,定时接收上级计算机下传信息,定时上报统计信息,定时打印输出各种报表。

**4. 通行卡管理模块**

通行卡内容读取、恢复,通行卡的调配,坏卡、流失卡登记,卡库的维护等。

**5. 统计及报表打印模块**

自动统计和制作收费统计、拆账统计、交通流量统计和交通流量图四大类统计报表。

**6. 图像数据处理模块**

图像的捕捉、存储、显示、检索、管理。

**7. 数据检索模块**

收费数据、交通量数据及特殊情况数据的检索。

**8. 系统维护模块**

网络参数设置,收费数据转存修改,收费费率修改,收费员、维修员代码修改,通行卡回收、发放情况。

# 第五章 高速公路联网收费系统

高速公路联网收费系统可以实现 MTC 和 ETC 两种收费方式,涉及现金通行介质管理、收费业务、清分结算、预约通行服务等业务。本章介绍了高速公路联网收费系统的设计方法和实现技术,从联网收费概述、系统组成和设计原则、系统业务需求、系统功能设计、系统网络设计和系统软件设计等方面进行了详细的阐述。通过本章的学习,可以掌握高速公路收费联网系统的基本原理和设计技巧。

## 第一节 高速公路联网收费系统概述

### 一、联网收费系统介绍

随着国家对基础设施建设的重视,尤其是对高速公路建设投资力度的加大,大部分省(区、市)逐步形成了较为成熟的高速公路网。然而,随着路网的形成,如何最大限度地发挥路网的整体效益和作用,以及如何解决出现的新问题成为人们关注的问题。

高速公路建设大多是分段建设完成的,而且没有统一的要求,各路段的交通工程管理设施系统也仅从本路段特点出发进行设计和实施,这导致了以下问题:路段与路段之间存在过多的收费站,驾驶员在不同路段间行车需要多次停车缴费,不仅降低了高速公路的服务水平,而且增加了初期投资和后期运营的费用;各路段的高速公路监控系统也相互独立,相邻的路段在发生交通事故等突发情况时不能及时互通,不能及时采取有效手段进行控制和疏导;由于通信网络、通信管道不能统一规划,各路段标准不统一,无法互联或是无法合理配置,从而影响了整个系统的使用效率。

为了更好地进行高速公路机电系统的建设,保证高速公路网的畅通,提高服务质量和管理水平,提高社会效益和经济效益,对高速公路进行联网收费管理,必将对规范、指导、促进高速公路机电系统的建设起到极其重要的作用。

高速公路联网收费是指高速公路网中的各条道路不独立进行收费,而是在高速公路网出口一次性收取费用的收费方式,通过拆账功能实现路段之间的拆账,使车辆行驶可以实现"一卡通",从而减少驾驶员停车缴费的次数,降低高速公路的运营成本。联网收费系统是指运用现代交通控制、信息管理理论,综合先进的计算机网络、信息传输、图像处理、电子测控等技术,建立的高度智能化的综合管理系统它能对高速公路的监控、通信、收费等信息进行采集、处理,并且能够在一定范围进行控制和发布指令,同时具备与系统外部相关部门互通信息的功能,以实现路网的运行监测与交通控制,提高高速公路网的通行能力和服务水平,提高高速公路的现代化管理水平。

全国联网收费系统架构由部联网中心、省联网中心、省内区域/路段中心、ETC门架、收费站、ETC专用车道、ETC/MTC混合车道等组成,如图2-5-1所示。

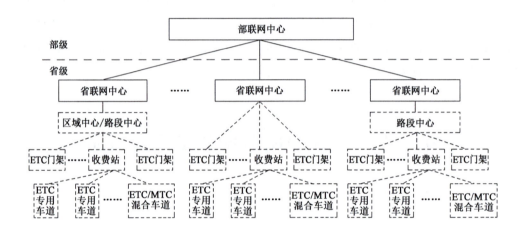

图 2-5-1　全国联网收费系统框架图

## 二、联网收费的意义

(1)提高了高速公路的使用效率,提高了车辆通行能力和服务水平,缩短了行车时间,使车辆行驶更加快捷、安全,充分体现了高速公路高效、快捷的特点。

(2)提高了高速公路收费管理水平,减少了许多中间主线站收费,降低了运营成本,堵住了收费管理的漏洞,防止了资金的流失。

(3)对全路网进行监控,大大提高了指挥处置突发大型交通事件的能力。

(4)节约了收费站和各种设备的投资。

(5)减少了车辆停车的次数,从而减少了汽车尾气的排放量,减轻了环境污染。

(6)解决了收费模式的诸多问题,处理好了高速公路服务与收费的关系,扭转了人们心目中高速公路到处设卡收费的不良形象,产生了巨大的经济效益和社会效益。

(7) 为电子付费奠定基础,联网收费统一了收费车型和付费方式,为储值卡电子货币的应用奠定了基础。

## 第二节　联网收费系统组成和设计原则

### 一、联网收费系统组成

联网收费系统由收费计算机系统、闭路电视监视系统、入口拒超系统、ETC 专用车道系统、ETC/MTC 混合车道系统、供配电系统等部分组成。

#### 1. 收费计算机系统

收费车道广场交换机通过光纤与收费站交换机相连接,构成局域网。收费站交换机通过通信系统接入网与收费结算中心相连接,进行数据的上传与下发。收费站站内计算机系统由服务器、以太网交换机等设备构成。收费站站内网络系统通过以太网交换机 + 6 类 UTP 连接相关设备来实现,其网络拓扑结构采用"星型"模式,如图 2-5-2 所示。收费站的各种数据分别逐级上传至收费结算中心和区域收费结算中心。同步时钟、费率、黑名单等数据由区域收费结算中心生成后逐级下传。

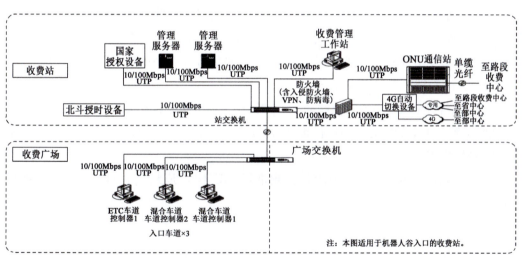

图 2-5-2　"星型"网络拓扑结构

#### 2. 闭路电视监视系统

闭路电视监视系统主要由前端设备网络高清摄像机(出入口车道摄像机、出入口收费亭摄像机、广场摄像机、机房摄像机等)、视频传输设备及处理设备(网络硬盘录像机、视频交换机等)等组成,如图 2-5-3 所示。

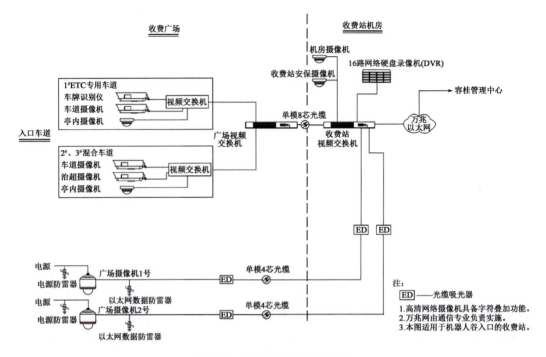

图 2-5-3 闭路电视监控系统拓扑图

闭路电视监视系统功能包括：

(1)在收费分中心可以任意切换所有视频图像,对所有收费亭、收费车道和收费广场进行监视。监控员可以遥控广场摄像机的镜头,对整个收费广场进行监控。

(2)收费车道控制机可抓拍所有车辆图像,并配合收费亭摄像机图像,监督收费员的收费操作、判别车型、管理通行车辆。

(3)能与安全报警系统产生联动,一旦报警,广场摄像机自动转至相关车道,监控员可及时了解该车道的实时交通运行状态,收费站的图像计算机可以记录该车道车辆异常情况的视频图像。

(4)视频存储服务器对所有上传视频进行 24h 不间断录像,并对特殊车辆视频做标记。

### 3. 入口拒超系统

(1)车道布局

为防止超载车辆驶入高速公路,在收费站安装入口称重检测系统。在收费车道适当位置安装入口称重检测设施,超载车辆采用车道倒车调头方式驶离高速,非超载车辆驶入高速。

(2)系统构成

①称重检测车道设备主要由称重平台、轮轴检测器、红外线车辆分离器、检测线圈、

称重控制器及机箱、信息显示屏、视频监控设备等组成,如图 2-5-4 所示。

②称重平台主要完成车轴的计重、速度检测等工作。轮轴检测器用于车轴的计数、轴型判断等。红外线车辆分离器用来进行车辆的分离及提供开始、结束等信号。检测线圈主要用来完成速度、倒车的检测,并与红外线车辆分离器一起对通过时的非车辆的物体或人进行判断,以减少出错。称重控制器用来处理来自各传感器的信号、计算数据,并通过串行通信接口和车道控制器连接,把经过处理得到的计重信息(包括总重、轴重等)上传至车道控制器,并可通过通信系统上传至收费站进行管理。

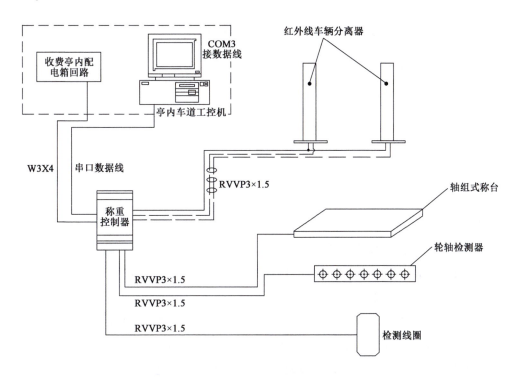

图 2-5-4 称重检测车道设备拓扑图

(3)系统功能

①自动精确检测车辆的总重、轴重、速度、轴距等;

②形成完整的车辆称重信息,包括车辆通过时间、整车重、轴距、轴型、速度等。

### 4. ETC 专用车道系统

1)系统构成

ETC 专用车道系统主要由车道计算机、车道控制器、RSU(路侧单元,与车载单元进行通信,实现车辆身份识别,电子扣分的装置)、高清车牌识别仪、车道摄像机、高速自动栏杆、报警设备、费额显示器、雨棚信号灯、车道交换机、落杆线圈、抓拍线圈、检测线圈、车辆检测器等组成,如图 2-5-5 所示。

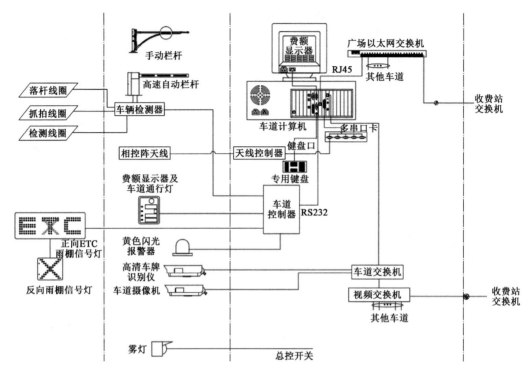

图 2-5-5 ETC 专用车道系统图

2)车道布局

按照自动栏杆机布设位置和收费岛岛头长度,可将 ETC 车道布局分为自动栏杆岛内布局模式、自动栏杆短岛头布局模式和自动栏杆长岛头布局模式等三种主要模式。

(1)自动栏杆岛内布局模式

自动栏杆岛内布局模式是在 MTC 车道形式基础上,通过增设 RSU、车辆检测器、声光报警器等设备改造而成(图 2-5-6)。RSU 投影通信区域位于收费车道岛头位置,一般为常开状态,也有部分车道在通信区域前增加车辆检测器(地感线圈)用于触发打开天线。自动栏杆机设置在收费亭之后并处于常闭状态。通信区域到自动栏杆机的距离 $L_\mathrm{S}$(安全停车距离)较长,允许车辆以较高的速度通过车道,但会在车道内形成队列,需要使用车辆检测器进行队列计数。当 ETC 车辆交易异常时,若车道内无队列,ETC 车辆可以倒出进行二次交易,或转入相邻人工收费车道由收费员介入处理;若车道内已形成队列,则需要等待收费员进行人工干预。

(2)自动栏杆短岛头布局模式

自动栏杆短岛头布局模式是在 MTC 车道的基础上,通过增设 RSU、车辆检测器、声光报警器等设备改造而成(图 2-5-7)。自动栏杆短岛头布局模式与自动栏杆岛内布局模式的主要区别是其自动栏杆机布设在收费亭的前端。RSU 投影通信区域位于收费车道收费岛前端。自动栏杆机布设在收费车道收费亭的前端,且处于常闭状态。车道设有两个以上的车辆检测器(地感线圈),地感线圈 1 用来检测车辆的驶入,地感线圈 2 用来检测车辆的驶离,并触发自动栏杆机降杆。$L_S$ 较短,仅能容纳一辆车,不会形成队列,但也限制了车辆通过车道时的速度。当 ETC 车辆交易异常时,可转入相邻人工收费车道由收费员介入处理。当非 ETC 车辆(无 OBU)进入时,自动栏杆机处于拦截状态,车辆转入相邻人工收费车道由收费员介入处理。

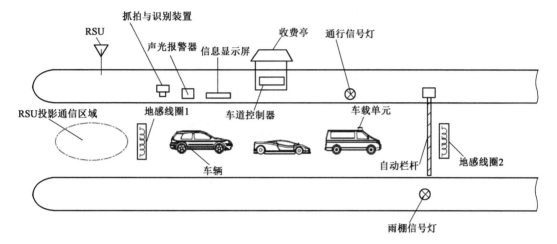

图 2-5-6 自动栏杆岛内布局模式示意图

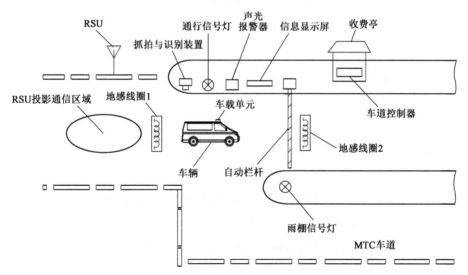

图 2-5-7 自动栏杆短岛头布局模式示意图

(3)自动栏杆长岛头布局模式

自动栏杆长岛头布局模式是在 MTC 车道基础上,延长收费岛岛头,将自动栏杆机布设在收费亭前端且处于常闭状态,增设 RSU、车辆检测器(地感线圈)、声光报警器等设备(图 2-5-8)。RSU 投影通信区域位于收费车道收费岛前端。$L_S$ 较长,允许车辆以较高的速度通过车道,但会在车道内形成队列。在 ETC 专用车道与相邻车道之间设置有连接道。车道设置多个车辆检测器(地感线圈),地感线圈1用来检测车辆的驶入,地感线圈2用来检测车辆的驶离,地感线圈3用来检测车辆从连接道转入相邻MTC车道。当ETC车辆交易异常时,可转入相邻车道由收费员人工处理放行。当非ETC车辆(无OBU)进入时,自动栏杆机处于拦截状态,车辆转入相邻MTC车道由收费员人工处理放行。

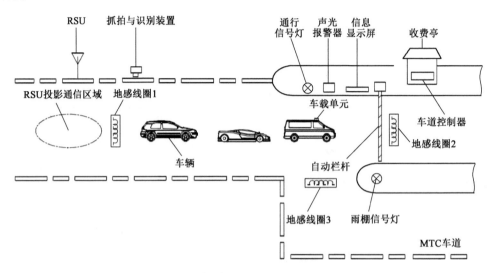

图2-5-8 自动栏杆长岛头布局模式示意图

3)系统功能

(1)同时支持双片式OBU、单片式OBU交易处理流程,并在OBU(或ETC卡)内写入入口信息;出口则写入出口信息。

(2)识别ETC、MTC车辆,自动检测、识别通行车辆的车牌(车牌号、车牌颜色)、车型(如有)、通行时间等信息。

(3)具备接收、更新收费参数[ETC状态名单、稽查逃费黑(灰)名单、大件运输车辆名单、优免车辆名单、"两客一危"车辆名单]功能,并在交易记录中写入特情车辆信息。

(4)入口可接收入口称重检测站的车辆检测数据,并根据业务规则判定、处置。

(5)出口支持向上级系统调用通行费计费服务。

(6)兼具ETC门架功能的收费站,所辖ETC专用车道还应具备接收、更新省级联网中心下发的本站收费费率并计算通行费功能,入口车道应在OBU内相应位置写入入口信息、扣费或计费信息并形成交易流水(交易凭证);出口车道则在ETC车辆扣费后清除OBU路径信息。

(7)具备对车道连接状态、参数状态和关键设备状态运行监测的功能,并可根据监测的情况生成相应的运行监测数据。监测内容有:①车道连接状态,且当车道处于连接状态时,可获知车道是否开启/关闭、操作系统版本号和车道软件版本号;②车道参数状态,即各类状态名单的版本信息;③关键设备状态,包括RSU状态、车牌识别设备状态、轮轴检测器状态（有称重设备）、车检器状态、地感状态、光栅状态（有称重设备）、车道摄像机状态、费额显示屏状态、信息提示屏状态、通行信号灯状态等，可识别正常、异常和无配置状态。

（8）具备按自然日进行车道交易处理的合计数处理能力。

（9）能将通行记录、交易流水（交易凭证）与车辆抓拍图片进行自动匹配，并按接口规范要求将通行记录、交易流水、车道日志、图片等相关数据实时上传至收费站。

### 5. ETC/MTC 混合车道系统

1）系统构成

ETC/MTC 混合车道系统应由车道计算机、车道控制器、RSU、车牌图像识别设备、自动栏杆、报警设备、费额显示器、雨棚信号灯、车道交换机、检测线圈、车辆检测器、收费员终端（显示器、键盘）、IC 卡读写器等组成。出口 ETC/MTC 混合车道系统在入口 ETC/MTC 混合车道系统的基础上，增加移动支付扫码终端、票据打印机、金融 POS 机（可选）等。

2）车道布局

ETC/MTC 混合车道布局整体采用"单天线 + 后置栏杆天线"方案，在收费亭后设置单开栏杆机，于收费岛栏杆后以 L 杆门架方式设置常开单天线。对于承载称重检测系统的 ETC/MTC 混合车道，应保证称重区域与微波覆盖范围不重叠，间距大于 2m。ETC/MTC 混合车道布局拓扑图如图 2-5-9 所示。

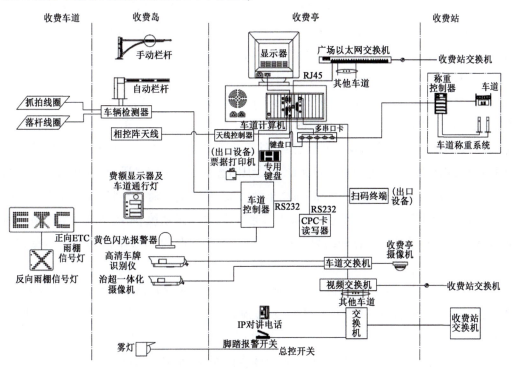

图 2-5-9　ETC/MTC 混合车道布局拓扑图

3）系统功能

ETC/MTC 混合车道系统应同时支持 ETC 车道和 MTC 车道系统功能,能够为 ETC 车辆及 MTC 车辆提供通行服务,并处理相关特情。ETC/MTC 混合车道系统应在实现全部 ETC 专用车道系统功能的基础上具备以下功能:

(1)除了支持双片式 OBU、单片式 OBU 外,还支持 CPC 卡交易处理流程,入口清除过站和计费信息并写入入口信息;出口写入出口信息,MTC 交易还应清除 CPC 内过站和计费信息。

(2)ETC/MTC 混合出口车道支持人工校核、修正通行车辆的车牌(车牌号、车牌颜色)、车型(如有)、通行时间等信息。

(3)兼具 ETC 门架功能的收费站,所辖 ETC/MTC 混合车道还应具备接收、更新省联网中心下发的本站收费费率并计算通行费功能,入口车道应在 OBU 或 CPC 卡内相应位置写入入口信息、扣费或计费信息并形成交易流水(交易凭证);出口车道则在 ETC 车辆扣费后清除 OBU 路径信息,MTC 车辆完成计费、收费后清除 CPC 卡入口信息、过站信息及计费信息并触发掉电。

(4)具备 CPC 卡电量判定功能,电量低于要求的按运营规则处理。

(5)ETC 车辆通行时,ETC/MTC 混合入口车道系统自动识别未插入 ETC 用户卡的双片式 OBU 车辆、OBU(或用户卡)无效车辆、ETC 状态名单车辆,系统自动拦截、显示特情信息,并在发放的 CPC 卡内同步写入 OBU 信息;安装 OBU 的牵引拖挂车,应按照运营规则核验,并将车辆实际轴型、车型写入 OBU;ETC/MTC 混合出口车道读取到同一车辆车牌号既有 ETC 又有 CPC 卡的,按 MTC 车辆处置,只生成 CPC 卡通行记录,收取通行费;没有 CPC 卡的,根据 OBU 过站记录计算并收取通行费。

(6)MTC 车辆通行时,ETC/MTC 混合入口车道系统自动识别通行车辆车牌号码、车牌颜色、车型(如有),将人工核实后的实际车牌、车型及入口信息等写入 CPC 卡内,并清除 CPC 卡内原有计费信息及过站信息;大件运输车辆,还应按照运营业务规则核验相关审批信息;ETC/MTC 混合出口车道系统自动识别通行车辆车牌号码、车牌颜色、车型(如有)后,人工核实、修正(如需)实际车牌、车型信息,并以实际通行车牌、车型向省联网中心请求通行费计费服务,依据返回结果收取通行费;如车道系统、站级系统发生网络故障或省级联网收费结算中心计费结果返回失败时,根据读取的 CPC 卡内的计费信息完成收费。

(7)无 CPC 卡、坏卡车辆,以实际车牌、车型向省联网中心请求通行费计费服务,依据返回结果收取通行费、CPC 卡工本费(人为损坏或丢失)并记录特情信息;如省联网中心返回计费结果失败时,参照运营规则另行处理并将该车作为重点稽查对象。

(8)CPC 卡无入口信息、CPC 卡灰名单或实际车型、车牌与 CPC 卡内信息不符等车辆,以实际车牌、车型向省联网中心请求通行费计费服务,经确认后收取通行费,省联网中心返回计费结果失败时,参照运营及稽查业务规则另行处理,同时记录特情信息。

(9)无牌照的 MTC 车辆,根据读取的 CPC 卡内的计费信息完成收费,并引导其进入不影响收费的指定区域由公安机关处罚,同时记录特情信息,作为重点稽查对象。

(10)当次收费调整(现场已完成收费,发现收费金额有误,调整收费金额),出口站补收或退还本次差额,确认交易,并在交易数据中记录特情信息,回收收费凭证并重新开具收费凭证;可支持多种支付方式完成 MTC 车辆收费。

### 6. 供配电系统

联网收费系统供配电采用集中供电的方式,即配电柜、UPS(Uninterruptible Power System,不间断电源)等联网收费系统的相关供配电设备分别在收费站供配电室集中设置、管理。联网收费系统配电一次性进行设计,联网收费系统的电源引自各自收费站的变电所;收费车道设备由供配电室内的 UPS 供电,UPS 供电时间不低于 4h。收费站房与收费车道的配电接线方式采用"星型"拓扑结构。

## 二 联网收费系统的设计原则

高速公路联网收费系统的规划和设计应遵循以下原则。

### 1. 层次性

系统合理划分层次,清晰的界面有助于管理和建设的可操作性。同时避免层次过多过乱,尽可能降低系统的复杂性。

### 2. 技术先进性与成熟性

在采用具有现代先进水平的技术和产品的同时,充分考虑实际情况和技术的标准化程度,选择技术成熟又比较先进的产品或解决方案。

### 3. 业务的集中管理

系统功能保证业务上的集中管理,降低系统管理成本,同时要考虑提高系统实时控制和反应的能力。

### 4. 规范性与继承性

高速公路联网收费系统是分期实施、逐步完善的,需要按相关标准和规范指导建设。同时要充分考虑已建和在建系统继承并最大限度兼容原建系统,保护已有投资利益。

### 5. 开放性与安全性

系统要具备开放性,适应未来发展的需要,以最小的系统代价扩充功能以提高系统性能。在开放的情况下对系统的安全性予以高度重视。

### 6. 高性能和经济性

在保证系统的高性能前提下,选择经济、适宜的产品和方案。

通过高速公路联网收费系统的实施，加强收费系统的监督管理，减少投资、降低成本，提高通行能力和服务水平，方便车辆行驶，树立良好的服务形象，最大限度提高高速公路网的整体经济效益和社会效益。联网收费系统还应符合以下基本要求：

（1）车型分类、车种分类、通行卡格式及管理办法等应统一；

（2）根据车型正确收取通行费，收费过程的登记、事件记录完整；

（3）具备较高的服务水平，收费操作简捷，尽可能缩短因收费引起的交通延误；

（4）采用统一的管理模式和通信协议；

（5）具备高可靠性和全天候不间断工作的能力；

（6）各类报表应准确、完整，并考虑与财务系统的协调、衔接；

（7）具有处理免费车辆、车队和紧急车通行的能力；

（8）具有对非法强行通过的车辆示警和向管理人员报警的能力；

（9）具有一定的措施和技术手段防止联网后出现的作弊情况。

## 第三节　高速公路联网收费系统业务需求

### 一　收费基础参数信息

（1）收费公路经营管理单位要做好所辖路段应用服务设施维护，并进行数据采集。省中心负责做好相关设施数据管理，负责更新本省（区、市）的收费基础参数信息，并及时更新至部级系统。

（2）应用服务设施数据包括收费公路经营管理单位信息、收费公路信息、收费路段信息、ETC门架系统信息、收费站信息、收费广场信息、收费车道信息等。

（3）交易数据主要包括ETC门架交易数据、通行数据、其他交易数据、退费交易数据、补缴交易数据、收费冲正交易数据、充值交易数据、充值冲正交易数据、退款交易数据等。

（4）交易辅助数据主要包括收费车道和ETC门架系统车牌识别设备生成的车牌图像识别信息、车辆抓拍图片信息及结构化数据等。

（5）省（区、市）涉及新增、取消和变更基础信息，省中心应早于变更内容生效前30个自然日向交通运输部联网中心（以下简称"部联网中心"）发函进行相关备案，并配合完成收费公路通行费增值税发票开具相关涉税工作。

（6）省中心负责复核本省（区、市）的收费基础参数信息，于基础数据管控平台开放期内登录并完成填报，在每月报送功能中对应用服务设施数据、发行服务设施数据等进行线上填报。部联网中心将在基础数据管控平台于每月 25 日开放每月报送功能,并在次月 1 日关闭。

(7)部联网中心在每月月初 3 个工作日内对各省(区、市)的收费基础参数进行全面核查,发函整改并通过基础数据管控平台将核查结果发送至各省中心账户,各省中心 2 个工作日内在基础数据管控平台对核查结果进行整改并将整改结果发函反馈至部联网中心。

(8)部联网中心对部业务系统运行中产生的各省(区、市)的收费基础参数问题进行核查,并发文通报。各省中心应在 2 个工作日内在基础数据管控平台完成整改并将整改结果发函反馈至部联网中心。

## 二 车道业务要求

(1)收费公路经营管理单位应确保 ETC 车辆入口交易成功,如出现交易异常,应通过手持终端等设备辅助完成。

(2)OBU 和 ETC 卡内已成功写入入口信息的,不应再发放 CPC 卡造成重复扣费。

(3)入口车道应采取措施确保领用 CPC 卡的 ETC 车辆 OBU 和 ETC 卡内无入口信息。

(4)ETC/MTC 混合入口车道系统应自动识别通行车辆号牌全牌照(汉字 + 字母 + 数字 + 颜色)信息。收费员应核对校正车辆号牌全牌照信息,录入车型,发放 CPC 卡。对于临时车牌车辆,收费员应人工核对后手工输入车辆号牌全牌照和车型信息,发放 CPC 卡。

### 1. ETC 车辆处理流程

1)入口车道处理流程

(1)ETC 车辆驶入 ETC 专用车道或 ETC/MTC 混合车道,车道系统自动判断 ETC 车辆是否可以通过。判断通过的,正常放行。

①判断通过内容包括 OBU 未拆卸、OBU 和 ETC 卡在有效期内、OBU 和 ETC 卡车牌号码一致、OBU 和 ETC 卡不在状态名单、车牌不在追缴名单内、双片式 OBU 车辆的 ETC 卡正常插入、储值卡余额大于零。

②判断不通过的,车道系统进行拦截,现场按特情车辆等相关流程处理。

(2)如为货车或专项作业车,车道系统判断是否进行入口称重检测,判断已进行入口称重检测且准予通行的,允许驶入;判断未进行入口称重检测或检测未通过的,自动拦截。

2)ETC 门架系统

ETC 门架系统根据 OBU 内信息对 ETC 车辆完成本段计费,并完成动态补点和费率计算,省界 ETC 门架系统应具备邻省代收费功能。ETC 门架系统对 ETC 卡进行 0 元卡面扣费处理,生成的门架交易流水实时上传至省中心和部联网中心。

3)出口车道处理流程

车辆驶入 ETC 专用车道或 ETC/MTC 混合车道,车道系统自动判断 ETC 车辆是否可以通过。

(1)判断通过的内容包含有入口信息、OBU 拆卸状态正常、OBU 和 ETC 卡在有效期内、OBU 和 ETC 卡车牌号码一致、OBU 和 ETC 卡不在状态名单、车牌不在追缴名单内、双片式 OBU 车辆的 ETC 卡正常插入、储值卡余额充足、OBU 和 ETC 卡入口信息一致等。判断通过的,车道系统通过读取 OBU 和 ETC 卡内信息,对 ETC 卡进行扣费并在出口车道显示金额。

(2)判断不通过的,车道系统进行拦截,现场按特情车辆等相关流程处理。

### 2. 非 ETC 车辆处理流程

1)入口车道处理流程

非 ETC 车辆或者已安装 ETC 设备但无法正常使用的车辆按以下流程处理。

(1)系统自动识别车牌号码、车牌颜色。

(2)收费员准确核实车牌、车型信息,将实际车牌(含颜色)、车型及入口信息等写入 CPC 卡内。货车还应写入轴数、车货总重信息,大件运输车应写入车种信息。

(3)收费员将 CPC 卡发给客户,抬杆放行。

(4)如为货车、专项作业车,车道系统还应判断是否进行入口称重检测,判断已进行入口称重检测且准予通行的,发 CPC 卡放行;判断未进行入口称重检测或检测未通过的,不允许驶入。

2)ETC 门架系统

ETC 门架系统根据 CPC 卡内信息对持 CPC 卡车辆完成本段计费,向 CPC 卡内写入计费信息和路径信息等,根据 CPC 卡内写入的信息完成动态补点和费率计算,省界 ETC 门架系统应具备邻省代收费功能,并形成门架交易流水实时上传至省中心和部联网中心。

3)出口车道处理流程

(1)收费员刷 CPC 卡,车道系统进行 CPC 卡有效性判断和计费信息是否异常判断:有效性判断通过的内容包括发行属地有效、有入口信息、入口站编码有效;计费信息判断通过的内容包括卡内各省省界路径信息和计费信息完整、计费金额不低于入出口可达路径最小费额且不超过 1.5 倍,以及入口时间不超出当前时间 7 个自然日;CPC 卡有效性和计费信息判断不通过的,车道系统进行相应提示,收费员按特情车辆相关流程处理。

(2)收费员核对实际车牌、车型、车种信息与卡内车牌、车型、车种信息是否一致。

(3)CPC 卡内计费信息无异常且车牌、车型等信息核对一致的,收费员按 CPC 卡内金额收费,打印收费凭证,抬杆放行。核对不一致的或卡内计费信息异常的,按特情车辆相关流程处理。

（4）持 ETC 单卡支付的，应查验 ETC 卡内车牌是否与实际车牌一致以及 ETC 卡的有效性，查验通过的，刷 ETC 卡支付放行；查验不通过或储值卡余额不足的，不应刷 ETC 卡支付，应采用其他形式支付通行费后放行，生成交易记录实时上传至省中心和部联网中心。

### 三、业务评价指标

#### 1. 交易成功率（ETC 门架系统）

交易成功率是指 ETC 门架系统交易成功次数与通行总量的比率。交易成功率＝交易成功次数/通行总量×100%。说明：通行总量可通过出入口或车检器统计。

#### 2. ETC 车道通行成功率

ETC 车道通行成功率是指在 ETC 车道一次通行成功的车辆数与 ETC 车道通行总量的比率。ETC 车道通行成功率＝在 ETC 车道一次通行成功车辆数/ETC 车道通行总量×100%。

#### 3. 实收率

实收率是指实际收费的交易次数与交易总量的比率。实收率＝实际收费的交易次数/交易总量×100%。说明：实际收费的交易指实际收到通行费的交易。

#### 4. 车型准确率

车型准确率是指车型准确次数与交易总量的比率。车型准确率＝车型准确次数/交易总量×100%。车型准确率应达到100%。

#### 5. 车牌准确率

车牌准确率是指车牌准确的交易次数与交易总量的比率。车牌准确率＝车牌准确的交易次数/交易总量×100%。车牌准确率应达到100%。

#### 6. 数据上传及时率

数据上传及时率是指规定时间内数据上传的条数与统计周期内上传的数据总条数的比率。数据上传及时率＝规定时间内数据上传的条数/统计周期内上传的数据总条数×100%。数据包括交易数据、费率数据、状态名单数据等。

#### 7. 数据上传完整率

数据上传完整率是指上传的数据条数与应上传的数据条数的比率。数据上传完整率＝上传的数据条数/应上传的数据条数×100%。

#### 8. 车牌识别率

车牌识别率是指准确识别车牌的车次与通行总量的比率。车牌识别准确率＝准确识别车牌的车次/通行总量×100%。

## 四 ETC门架系统

（1）ETC门架系统功能应满足以下业务需求：

①应支持与双片式OBU、单片式OBU和CPC的交易处理流程，形成ETC通行记录、MTC通行记录并上传，同时具备并发交易处理能力。

②应自动识别所有通行车辆车牌颜色和车牌号码，将所有识别出的车牌信息和车辆图像信息以及通行时间、ETC门架系统相关信息等形成图像流水记录并上传。

③应具备支持上级系统对ETC门架系统上传流水记录及时性、完整性、准确性进行监测的功能。

④应具备对生成的通行记录、图像流水记录、车牌图像识别原始图片及视频图像进行存储、查询的功能，存储应具有容错及备份机制。

⑤宜具备前序ETC门架计费缺失拟合功能。

⑥应具备接收并更新部、省联网收费结算中心系统下发的ETC门架系统相关系统参数和文件的功能。

⑦应允许远程授权登录，调整关键设备参数，获取ETC门架日志，备份流水和图片，支持系统在线升级。

⑧应具备通过设备接口实现对ETC门架系统及设备状态的监测功能，应实时监测，并上传设备运行状态。

⑨应具备自我恢复功能。当软件出现异常时，应能自动恢复至正常运行状态，无须人为介入。

（2）ETC门架系统的RSU和车牌图像识别设备宜进行冗余设计，并具备主备切换功能。

（3）ETC门架系统应能以独立作业的方式工作，当通信网络出现异常时，可脱机离线操作，待网络恢复后自动将本地滞留数据上传，同时保证数据的完整性、一致性、真实性、不可抵赖性和安全性。

（4）ETC门架系统时间应与北斗授时时间保持一致，并具备授时状态监控功能。

（5）ETC门架系统宜向收费公路监控系统提供车辆通行数据（除计费信息外）、图像及视频等相关信息，实现数据共享和多重应用。

（6）ETC门架系统应具备将ETC通行记录、MTC通行记录、图像流水记录等上传至所属区域/路段中心的功能。

## 五 收费站系统

收费站系统由收费管理系统、站级运行监测系统、特情管理系统、MTC通行介质管理系统、交接班管理系统、统计分析系统、票据管理系统、站级传输系统等构成。

收费站系统网络宜采用"星型"开放网络结构,应配置计算和存储设备、网络设备、网络安全设备、管理工作站、打印机、UPS等,计算和存储可采用云计算技术实现。当上级系统实现收费站系统功能时,宜简化收费站系统。收费站系统网络应与本级办公系统等其他信息系统进行物理隔离。

## 六 收费车道系统

### 1. 一般规定

收费广场应根据交通量及服务需求合理配置ETC专用车道和ETC/MTC混合车道。收费站宜配置便携式收费终端。收费车道系统应具备PSAM(Purchase Secure Access Module,终端安全控制模块)卡授权功能,出口收费车道系统宜具备前序ETC门架计费缺失拟合功能。ETC/MTC混合车道可具备自助(取卡、缴费)功能。

在收费站广场前可设置具备对ETC车辆进行提前交易功能的系统,使其与收费车道系统联动。承载ETC门架系统功能时,收费站所辖收费车道系统应具备接收、更新ETC门架系统费率、计算通行费、生成ETC门架系统通行记录等功能。收费车道系统可适当简化,不设收费亭,缩减收费岛宽度,通过集成安装或由上级系统实现集中控制和管理。收费车道系统应具备对集装箱车、货车列车或半挂汽车列车、大件运输车辆等车种判别,以及对鲜活农产品运输车辆、执行抢险救灾任务车辆等通行名单车辆进行判别,并按业务规则处理等功能。

### 2. ETC出/入口专用收费车道系统

ETC入口专用收费车道系统应由车道控制器、RSU、高清车牌图像识别设备、自动栏杆、信息显示屏、雨棚信号灯、雾灯、通行信号灯、车辆检测器、车道摄像机、手动栏杆等设备设施及车道收费软件组成。可选配IC卡读写器、车型自动识别设备、便携式收费终端、可变信息标志。应结合收费广场及车道等土建设施条件,合理布设ETC入口专用车道设备设施。

ETC出口专用收费车道系统应由车道控制器、手动栏杆、RSU、高清车牌图像识别设备、自动栏杆、信息显示屏、雨棚信号灯、雾灯、通行信号灯、车辆检测器、车道摄像机等设备设施及车道收费软件组成。可选配 IC 卡读写器、车型自动识别设备、便携式收费终端、可变信息标志。应结合收费广场及车道等土建设施条件，合理布设 ETC 出口专用车道设备设施。

## 七 客户服务系统

### 1. 一般规定

客户服务系统应具备向收费公路联网收费用户提供服务的功能，具体应符合下列规定：①应具备受理和处理 ETC 用户和 MTC 用户咨询与投诉的功能；②应具备 ETC 用户发行、使用、售后、记账扣款、注销等功能；③应支持线上和线下等服务方式；④应满足 $7d \times 24h$ 不间断服务的要求。

### 2. 咨询与投诉

咨询与投诉系统应由服务接入系统、客户服务工单系统、客户服务信息支撑系统、知识库管理系统、座席工作台等构成。

（1）服务接入系统应具备热线电话、App、网站等渠道接入、转发和反馈的功能。

（2）客户服务工单系统应符合下列规定：①应具备受理服务接入系统的请求，生成工单的功能；②应具备按设定流程执行工单流转的功能；③应具备与客户服务信息支撑系统、知识库管理系统对接，完成工单处理、反馈、办结的功能；④应具备对工单查询、统计分析的功能；⑤应具备工单流程自定义功能。

（3）客户服务信息支撑系统应具备用户信息、交易信息、发票信息、发行信息、售后信息、签约信息、状态名单信息等查询功能。

（4）知识库管理系统应具备基础知识或特色知识的录入、更新、审核、上传、下发、查询等功能。

（5）座席工作台宜配置专用 IP 电话、座席工作终端及相关软件等。且应具备客户回访功能，宜建设智能回访系统。

## 八 密钥系统

### 1. 一般规定

（1）联网收费密钥体系应采用部、省两级。联网收费业务根密钥应由交通运输行业根密钥分散获得，联网收费部级主密钥应由联网收费业务根密钥分散获得，省级密钥应由部级主密钥分散获得。

(2)设备子密钥应由省级密钥分散获得,并装载至OBU、ETC用户卡及CPC等通行介质。用于与通行介质进行安全认证的部级主密钥可装载至PSAM、PCI密码卡等密钥介质。

(3)联网收费密钥系统应分为部密钥管理与服务中心系统和省级在线密钥系统。

### 2. 部密钥管理与服务中心系统

部密钥管理与服务中心系统应包括密钥管理系统和在线密钥管理与服务平台,且应符合下列规定:①应具备部级密钥生成及管理功能;②应具备省级密钥生成及托管功能;③应具备分发、管理PSAM/PCI密码卡、加密机等密钥载体功能;④应具备对OBE-SAM和多逻辑通道OBE-SAM初始化功能。

在线密钥管理与服务平台应符合下列规定:

(1)应具备接收省级在线密钥系统或ETC发行与服务系统上传的OBU和ETC用户卡一次发行服务请求,进行密码计算后返回结果,实现OBU和ETC用户卡一次发行功能。

(2)应具备接收省级在线密钥系统或ETC发行与服务系统上传的OBU和ETC用户卡二次发行服务请求,进行密码计算后返回结果,实现OBU和ETC用户卡二次发行功能。

(3)应具备接收省级在线密钥系统或ETC发行与服务系统上传的OBU和ETC用户卡客户服务密钥服务请求,进行密码计算后返回结果,实现OBU和ETC用户卡客户服务功能。

(4)应具备接收省级在线密钥系统或ETC发行与服务系统上传的TAC(Transaction Authentication Code,交易验证码)校验密钥服务请求,进行密码计算后返回结果,实现TAC校验功能。

(5)应具备接收省级在线密钥系统上传的CPC发行服务请求,进行密码计算后返回结果,实现CPC发行功能。

(6)应具备接收省级在线密钥系统上传的PSAM/PCI密码卡授权服务请求,根据状态名单判定,对正常状态的PSAM/PCI密码卡进行密码计算后返回结果,实现PSAM/PCI密码卡授权功能,对异常状态的PSAM/PCI密码卡具备拒绝授权功能。

(7)应具备接收省级在线密钥系统上传的PSAM/PCI密码卡签到服务请求,根据状态名单判定,对正常状态的PSAM/PCI密码卡进行签到、对异常状态的PSAM/PCI密码卡拒绝签到功能。

(8)应具备接收省级在线密钥系统或ETC发行与服务系统上传的消费验证服务请求,进行密码计算后返回结果,实现消费验证的功能。

(9)应具备向省级在线密钥系统提供本省(区、市)PSAM/PCI密码卡信息、授权及签到等数据的功能。

# 第四节　高速公路联网收费系统功能设计

联网收费系统主要包括六大功能：收费拆账结算管理、一般收费业务管理、票据管理、通行卡管理、图像管理、对外服务管理。

## 一 收费拆账结算管理

**1. 收费拆账结算业务管理**

收费拆账结算业务管理是指针对收费站进行账务管理和结算的一套业务流程和操作。其主要目的是确保收费站的收费活动正常开展，保证收费数据的准确性和完整性，同时保证与相关机构之间的结算工作顺利开展。

（1）收费数据采集：收费结算中心接收收费站直接上传的收费车道原始收费数据、收费站特殊处理、交易修正数据和来自银行的收费数据并作为拆账的基础数据。收费结算中心的数据收集子系统对接收到的数据文件进行校验和检查，剔除不合要求的文件并要求收费站重新发送。

（2）实时拆账处理：收费结算中心根据费率和路径等信息对现金通行费和预付通行费实时拆分到各路收费结算中心。实时拆分系统对收费数据文件中的每条记录依次进行处理。拆分计算的结果就是要确定收费结算中心当日应收资金、应付资金。如果采用储值卡收费，还要确定储值卡发放机构应付资金额。

（3）日终结算：根据实时拆账结果计算一天的通行费拆分的结果，得到当日总的拆账结果。不能拆分的数据另行处理。日终结算处理结果与银行传送过来的数据相比较。如一致，经确认后形成划账指令。真正的资金划拨由银行根据划账指令完成。

（4）银行划、转账处理：下发转账指令，并接收银行的划账结果。

（5）账款不符处理：主要业务是与银行进行对账，查清账款不符的原因，并进行长、短款处理。

（6）数据的存储、备份、查询、恢复。

（7）按时间段、地点等参数对报表进行统计、生成、打印、查询、保存。

（8）数据录入：对特殊数据进行人工录入。

（9）各路营运公司如对拆账产生异议，可到收费结算中心进行查询、校核。

### 2. 拆账的计算方法

联网收费是封闭式收费。通行费是在出口收费车道按照车型和车辆的出入口对应收费费率收取的。如果车辆行驶过的高速公路属于不同公司路段，则通行费总额为该车应付的所经路段的所有通行费。

各路营运公司的通行费拆账建立在每一笔收费交易的原始数据基础上。收费原始交易数据上传至收费结算中心后，实时将通行费中的金额按所属路段公司进行统计，最终得到一日（或一个基准单位时段）的结果。

### 3. 拆账模式

从资金清算的角度看，目前进行收费结算的主要方式有"备付金"方案和直接清算方案。

"备付金"方案是指参与收费结算的各收费单位和联网收费结算中心都在同一银行开设备付金账户和清算账户，每次清算处理后，结算中心分别按照应收、应付资金额从各备付金账户转入或转出资金。如果备付金账户余额超过限额，则将超出部分划回各单位；反之，则通知补足。

直接清算方案是指联网收费结算中心每日定时对前一工作日进行日收费的拆分和清算。联网收费结算中心在完成对有关的收费数据和资金收缴数据的一系列核对、检查工作后，对每笔通行费收入数据进行拆分。针对结算单位产生并下达收入数据结果，针对拆账银行产生资金划拨指令，拆账银行完成收费金额划拨后，将划拨结果传回联网收费结算中心。直接清算方案的特点就是没有资金占用，能有效实施资金管理，准确、及时地进行结算处理。

"备付金"方案要求各个单位在备付金账户里保留相当的资金，因而造成资金占用，而且各单位只能控制资金的划付，无法控制资金的收缴，无法对资金进行有效管理，特别是收费结算中心要对备付金账户余额进行监视，并需不断调整，工作难度较大。

### 4. 拆账银行的选择

拆账银行为高速公路联网收费的各个路段管理公司开设专用账户，收费结算中心完成拆账处理后，向拆账银行发送划账指令，拆账银行根据划账指令进行资金划拨。收费结算中心最终的资金划拨需要通过银行完成，所以需考虑选择拆账银行。

首先，拆账银行应该安全可靠，信誉度高。拆账银行应该拥有现代化资金管理手段，具有完整高效的计算机信息处理系统和高速安全的计算机网络通信系统，提供现代化的电子转账和支付手段，如电子联行、电子转账、电子实时汇总系统，并能方便地与收费结算中心实现网络通信连接，从各方面保证拆账的及时性和准确性。

其次，拆账银行应该机构完备、分布范围广。拆账银行必须体系完备，在各个地方设置有分行或支行,并具有完善的资金拆账体系。

最后,拆账银行应该服务周到。为了便于各收费分中心及时缴纳收费金额,拆账银行应该提供周到、细致的服务,比如收费金额的及时缴存、上门服务(运钞车到收费分中心现场服务)、夜间金库、方便的企业查账和对账功能、企业银行等。

因此,一般选择大规模的国有商业银行,如中国工商银行、中国建设银行、中国农业银行等作为拆账银行。

### 5. 拆账账户的设置

(1)公司在拆账银行开设拆账子账户。拆账子账户存放每个拆账日从各个收费车道收取的通行费。该费用从收费站上缴至拆账银行。每天拆账之后,拆账子账户中的资金应清零,以便第二天能够拆账。收费站只能往该账户中存款,不能提款。

(2)公司在拆账银行开设收益账户。收益账户存放路收费结算中心从通行费中获得的收益。这些账户资金为银行根据收费结算中心划账指令从当天总收益中划出的归属该路公司的资金。收费结算中心可以支配该账户的资金。

(3)收费结算中心在拆账银行开设拆账账户和未拆账账户。每天开始拆账后,银行根据收费结算中心的划账指令把各个收费结算中心的拆账子账户中的资金汇总到收费结算中心的拆账账户,并根据指令从该拆账账户中划出资金到各路公司的收益账户。当天不能拆账的资金一律划到收费结算中心开设的未拆账账户,保证拆账完成后拆账账户中资金为零。未拆账账户在处理完毕后,也应该清零。

### 6. 拆账时间的制定

为加快资金拆账速度,应以天为单位进行拆账。收费站是24h运作,而银行的工作时间是按正常工作时间进行的,为保证收费资金准确、及时上缴银行,拆账可在次日白天某一固定时间进行。各路段必须安排在某一固定时间段内完成一次班次交接。如果同一收费员在此班次需连班工作,则需要在此时限内进行下班操作后再进行上班操作,收得的钱款要按两班次分别统计。应保证各车道当日现金在结算时间内全部缴存银行。结算时间和指令划拨时间应可根据需要进行调整。

### 7. 防止换卡作弊等偷逃费行为的对策

为有效防止联网收费后出现驾驶员换卡等作弊问题,要求所有入口车道和出口车道均要有车牌提取的功能,并在出口车道进行车牌号的比对。车牌提取的方式为人工输入,有条件的路段可以采用车牌自动提取方式。车牌号要记录在通行券(卡)中。

此外,要加强对超时车辆的管理,对超时车辆要进行仔细检查。属正常超时的车辆可收费后放行,对非正常超时的车辆要进行相应处理。

## 三、一般收费业务管理

一般收费业务管理主要是针对拆账结算业务而言,具体包括以下内容。

**1. 政策、规定的制定与管理**

(1)制定高速公路联网收费的计划、策略、方法。

(2)会同有关部门制定联网收费的收费标准(包括车型分类标准、费率、免费标准)。

(3)统一联网收费的系统时间。收费结算系统与监控系统共用 GPS 时间接收设备调整系统基准时间。由收费结算系统定时向下一级发送时间信息,下一级主机根据收到的时间信息校准自己的系统时间。系统时间定时逐级向下级发送,逐级校准更新,从而实现整个收费系统的时间统一。

(4)管理联网收费的用户状态名单(黑名单、白名单)。

(5)制定特殊车辆处理的办法。

**2. 收费数据管理**

(1)负责对收费数据进行收集、汇总、保存、打印、统计、分析,报表的生成与处理;

(2)确定传输数据的内容与格式;

(3)定时将数据转存到磁带库或磁盘阵列中。

**3. 报表管理**

(1)根据全省统计数据,生成各类业务报表;

(2)报表种类包括收费报表、交通量报表、票据报表、车辆处理类型报表、车道运行报表等;

(3)报表可按班次、日、周、月、季、年等时间段生成;

(4)对报表进行整理、登记、保存。

**4. 车道状态管理**

主要是对收费站车道开放、关闭状态进行统计与管理。通过掌握收费车道的运行状况,对车道开放、关闭进行调度。

**5. 与相关机构的通信**

(1)定时将统一制定时间、费率、用户状态名单(黑名单、白名单)、车型分类等信息下传至路段收费结算中心;

(2)接收收费站直接上传的收费原始数据;

(3)接收、汇总路段收费结算中心上传的管理统计数据;

(4)与有关银行系统进行通信;

（5）通过 Internet 向社会发布相关交通信息。

### 6. 系统安全管理

联网收费系统通过一整套的技术手段和管理措施来保证收费结算系统的安全。主要内容包括：网络安全、数据传输安全、数据库操作安全、电源系统安全、安全管理制度等方面。

## 三 票据管理

联网收费系统使用的票据应按有关规定进行统一管理。首先，应按照统一规定进行票据管理，保证票据管理规范化、科学化，使车辆通行费票据领发、核销、管理的基础工作更加完善，防止票款流失；其次应加强计算机管理，使其更科学、及时和严格。

### 1. 票据管理制度

各路段收费结算中心应对车辆通行费票据设专人负责领取、发放、保管、核销、报表及票据存根销毁等相关业务。票据管理人员必须接受财务监督，按单位制约制度要求责成会计、票据员、出纳员，三者之间相互制约、相互监督，且会计、票据员、出纳员均为全职，不得一人身兼两职甚至三职。

车辆通行费票据实行统一计划印制、领发，做到年计划月领用。路段收费结算中心于年末前向收费结算中心编报下一年度的票据领用计划和每个月使用的详细领用计划。各路段收费结算中心在省收费结算中心规定的时间内领取下月使用的票据。

根据分级管理的原则，路段收费结算中心首先向省收费结算中心领取票据，票据管理员须带由路段收费结算中心主管部门负责人签名，并加盖路段收费结算中心印章的领请单，经省收费结算中心主管部门签字或盖章后方可领取；其中各收费站向路段收费结算中心、收费员向收费站领取票据的，也须按此领发手续办理。

省收费结算中心、路段收费结算中心、收费站均设置票据总账和明细账。总账用于登记印刷入库的票据，路段收费结算中心、收费站的总账登记向上级部门领取的票据数量，各级明细账登记向下级发放票据的数量。

各单位的票据账记录顺序，以实际发生的业务为依据，按先领后发放的原则，按时间顺序登记账簿，保证上下级票据记录一致。

票据档案管理是指票据凭证、票据账簿和报表等相关资料，是实际记录和反映车辆通行费票据经济业务的重要资料和证据，因此需要按照会计资料进行妥善保管。

### 2. 票据计算机管理

票据计算机管理的主要内容包括：

（1）数据的录入：登记所有有关票据申请、购买、领用、库存、核销等数据。

(2)数据的存储与备份:及时对有关数据进行存储与备份,定期保存到外部存储介质中。

(3)数据查询:可实时对票据的使用情况进行查询。

(4)统计报表的生成:可按时间、使用单位、使用情况等参数生成各种统计报表。

## 四、通行卡管理

目前使用的通行卡种类包括 CPC 卡(现金通行介质)、ETC 卡(非现金通行介质)等。通行卡的管理包括采购、初始化、发行与注销、调配、对流失卡的统计以及对储值卡等的管理。

由于通行卡是流通介质,其管理的工作量和难度都比较大,如果不采取一定的措施,不仅会增加相关人员的工作强度,降低其工作效率,还容易出现差错,所以一般采用电子卡箱的方式对通行卡进行管理,即通过对卡箱的跟踪、统计、调配来实现对通行卡的有效管理。

### 1. 通行卡的发行

通行卡由收费结算中心统一发行。

发行系统由非接触通行卡读写器、计算机、打印机、发行软件组成,在系统密钥卡的管理下完成对卡的初始化。通行卡初始化后即可投入使用,身份卡、管理卡、公务卡等特殊卡还应记录相关信息。通过卡的发行系统可以对从卡厂购买来的非接触通行卡写入系统内部专用的应用文件格式和密钥,并打印上卡的统一编号,将通行卡的信息记录到通行卡管理数据库中。初始化后的通行卡应放入卡箱,卡箱的信息相应地记录到通行卡管理数据库中。

通行卡的初始分配是由拆账中心统一发放,方式为分级发放,所分层级为拆账中心、收费结算中心、收费站。非接触通行卡的数量应由各路段根据实际需要量确定。

此外,对非接触通行卡读写器的发行也应在拆账中心初始化及加密后才可投入系统使用,其发行过程与通行卡相同。

### 2. 通行卡的调配

通过对通行卡的统计,根据用卡单位的申请对卡进行最合理的调配,实现用卡平衡。通行卡的调配要逐级进行。首先是在站内调配,其次在路段内调配,最后是路段间调配。卡在同一路段内调配,由本路段负责;卡跨路段调配,则要经过收费结算中心完成。卡的调配通过卡箱实现,包括卡箱的调出、调入。调配结果作为统计数据要逐级上传,最终在收费结算中心汇总。收费结算中心要配备一定数量的卡箱和通行卡,便于各路之间的调剂。

## 五 图像管理

收费结算中心的图像管理主要是针对入口车道和出口车道抓拍的图像进行管理,其功能主要为:

(1)通过调取收费车道抓拍的车辆图像,实现对收费员操作的监督,并加强对各路收费业务的管理。

(2)如出现纠纷或矛盾,可通过抓拍图像提供现场资料。

(3)此外,抓拍图像更重要的是在出口车道作为特殊处理的依据,如判断车辆是否换卡作弊,在通行卡无法正常读取或丢卡时查询入口信息等。

(4)存储出口车道特殊处理车辆的图像,时间为一年。

收费结算中心不存储入口车道抓拍车辆图像,而是由各收费站和各路段中心存储,查询入口图像时直接搜索路段中心或收费站的存储图像。该方式减轻了图像传输对通信系统的压力,减少了中心的存储任务,同时收费站和路段中心均存储图像,实现备份,安全性较高。

入口车道的所有图像都要上传到路段收费结算中心,并保存一定时间。收费结算中心只需要存储有问题车辆的入口和出口车道抓拍图像,用于检查、监督,存储时间要大于一年。

## 六 对外服务管理

对外服务局域网是高速公路联网收费系统对外联系的统一窗口,一方面要向上级管理部门传输信息,同时还要通过 Internet 向社会发布有关交通信息。其中,通过 Internet 向社会发布的信息主要包括以下内容。

### 1. 交通监控系统信息

(1)高速公路交通管制信息:管制路段的范围、起点、终点,管制原因,管制开始时间和终止时间。

(2)高速公路交通量信息:路段的小时交通量、高速公路拥堵状况、路径诱导信息。

(3)交通气象信息:气象类型、对行车的影响、驾驶员注意事项。

(4)高速公路交通事故信息:交通事故的种类、发生地点、发生时间、方向、严重程度,事故对交通的影响,事故排除信息。

(5)高速公路救援信息:救援的地点、时间、原因、严重程度。

(6)高速公路养护信息:养护区段、位置、内容、开始时间、计划终止时间。

(7)图片信息:交通建设图片、交通事故图片。

### 2. 收费系统信息

(1)高速公路收费标准:经有关部门批准的高速公路收费路段名称、收费标准。

(2)高速公路费率表:全省收费费率表,驾驶员可查阅到任何两个收费站之间不同车型的应缴通行费。

(3)车型分类:省制定的车型分类标准。

(4)特殊车辆处理办法:对冲卡逃费、换卡作弊等车辆的处理规定。

(5)对超限车辆的管理:包括超限车辆的种类、超限的具体说明。

### 3. 其他服务信息

(1)高速公路的监督电话、举报电话等信息。

(2)交通新闻简报:高速公路建设、交通行业动态等信息。

上述信息以文字为主、图片为辅。信息源由监控、收费等系统提供,数据应存储在本局域网内。

## 第五节 高速公路联网收费系统网络设计

### 一 收费系统网络构成业务需求

高速公路联网收费系统涉及联网收费、监控和通信业务的信息处理及数据管理,其收费系统网络构成包括收费结算中心局域网、路段中心和收费站网络,以及收费结算中心与路段收费结算中心和拆账银行的广域网。

### 二 网络建设需求

(1)监控中心:在监控中心设一个监控业务局域网,用于交通监控系统数据的统计、汇总,制订监控方案等。

(2)收费结算中心:在收费结算中心设一个收费业务局域网,用于收费数据的统计、汇总、管理等。

(3)对外服务中心:在省中心设一个对外服务局域网,用于省中心与外界的通信,包括与相关系统的信息交换和查询。

(4) 预留管理信息系统局域网的发展余地及容量。

## 三、收费系统网络建设要求

高速公路联网收费系统的结算涉及收费结算中心、路公司等的经营收支,必须正确、安全、可靠;监控业务涉及行车安全和交通流的通行能力。因此要保证收费、监控及通信业务的安全畅通。以下是对收费系统网络提出的几点要求。

(1) 要求中心网络有高可靠性。关键节点不能出现任何单点故障而影响系统的正常使用。

(2) 要有极高的性能,网络构成要保证收费、监控等重要业务的高可用性和实时性,不会出现端到端的瓶颈。

(3) 要有高安全性,尤其是对收费业务和监控指令等的安全性必须有严格的保障。

(4) 要有良好的扩展性。网络的构成不但能满足近期收费、监控业务的需要,并且能适应高速公路增加需要的扩展以及管理信息系统等业务的扩展。

(5) 网络方案应易于日常维护与管理。由于行业的特点和制约,收费结算中心的网络维护与管理应方便、简单。

## 四、数据存储

数据存储一般有三种方案:相互独立的存储方案、存储局域网、网络存储。其中,相互独立的存储方案为传统的存储方式,性能稳定,系统之间相互干扰少,价格较低。存储局域网是构建一个单独的计算机网络,其特点是基于光纤通道技术和集群技术,该方式存储容量大、存储速率高、配置灵活、备份方便、可靠性高,但投资大,不适合容量相对较小的系统。网络存储是将存储设备直接连接到网络上以实现数据的存储,该方式同样具有灵活、快捷的优势,价格介于相互独立的存储方案和存储局域网之间。

## 五、网络系统管理

### 1. 网络系统管理内容

网络系统管理包括配置管理、数据库管理、安全管理、备份管理,主要对收费结算中心的服务器、数据库等进行系统管理,并对网络设备(包括收费站级以上的路由器、交换机及其构成的网络)进行管理。网络管理软件需满足以下几个要求:

①开放式平台,能集成第三方管理工具,提供更丰富的管理功能;②管理平台具有优秀的集成性、扩展性和伸缩性;③管理平台具有保障机制;管理软件需要保证在被管理设备上不占用过多的资源;④系统管理解决方案能够定义多级管理员,完成授权的不同管理任务;⑤收费与监控系统共用网管系统,进行统一网管。

网络系统管理的主要内容及功能要求为:

1)配置管理

(1)对被监控主机的重要特定资源进行实时监控。

(2)主机系统资源监控的参数配置灵活、简便,并且能定制增加新的监控器。

(3)可根据不同情况设置不同报警级别、预警阈值,系统能自动报警、处理。

(4)系统监控能进行数据的查看、分析和统计,生成性能分析图和预测分析。

(5)需要对主机的日志进行监控管理。

(6)提供在线和非在线的监控系统运行性能。

(7)主机监控采用本地智能代理程序进行实时监控。

2)数据库管理

(1)集中化数据库服务器管理,支持对多个数据库资源的同时控制。

(2)综合的数据库监控功能。

(3)集成化数据库、应用程序、系统和网络管理。

(4)支持业界广泛使用的多种通用数据库。

(5)各级数据库管理均需设置各自的管理权限。

3)安全管理

(1)具有安全功能,能够对网络管理员进行授权、认证,以保证网络管理本身的安全性。

(2)对各种配置数据和统计数据采取备份和保护措施,系统提供严格的操作控制和存取控制。

(3)具有网络管理工作站互相备份的功能,以消除网络管理单点失效的问题。

(4)当系统出现故障时,能自动地或通过人工操作恢复系统正常工作,不影响网络的正常运行。

4)备份管理

系统管理软件应能实时对服务器上的数据进行自动备份、恢复及灾难恢复,防止硬盘、数据和介质遭到灾难性破坏。其功能应包括:

(1)在统一的主控台集中进行网络数据备份,备份操作可定时自动进行。

（2）支持全备份、增量备份、归档等多种备份方式。

（3）支持异构系统环境（UNIX、Windows NT 等）的数据备份。

（4）能支持数据库的 Online 在线备份,如 Oracle 数据库。

（5）能提供对存储介质的管理,如支持电子标签等。

（6）支持磁带内部标签,杜绝因误操作而丢失数据。

（7）能提供全面的报表以反映数据存储的情况。

### 2. 网络系统管理方案

网络系统管理一般有以下两种方案。

方案一为分布式,即在省中心设置一个网管中心,对骨干网络设备进行控制和管理,并对省中心的服务器、数据库进行管理。在各路段中心设置网管工作站,管理所辖范围内的网管工作。当各节点的网络设备出现故障时,首先由本地的管理员进行处理,如出现无法处理的情况时,交由省中心网管人员处理。

方案二为集中式,即只设一个省网管中心,负责全网的服务器、数据库、网络设备及网络应用的管理。如出现网络故障,都交由省网管中心处理。

两方案相比,方案一投资较大,对路段中心的技术水平要求较高,但具有冗余功能,可靠性较高;方案二的优点在于统一管理,系统易管理,安全性较高,但有可能促成网络拥塞,成为网络瓶颈。高速公路联网收费的网管系统,亦可采用集中式与分布式相结合的方式,即在省中心和各路段中心均设置网管,省中心也可对各路进行网络管理。此外,收费系统和监控系统共用一套网管系统。收费系统与监控系统统一进行网络管理,配置一套网管软件,设两个网管工作站(备份),可进行监测、维护。通过收集网络的业务数据,达成多方位、多视角检测网络业务运行情况的目的,从而实现网络及系统管理。

为确保收费系统能够顺利使用,收费系统应有软硬件维修人员。维修人员应能及时发现收费设备、网络运行、报表统计和打印等方面出现的问题,并能对一般性的故障进行排除。

### 3. 网络系统安全

高速公路信息网应构建成一个完整的安全体系,防止病毒、内部人员、外部人员的恶意攻击和入侵,保证数据的完整性。

高速公路信息网络的安全性取决于系统集成、网络安全和网络管理技术的可靠性。强大的安全服务力量和卓有成效的安全管理制度是最关键的。在网络安全方面应至少采取以下安全措施：

（1）病毒防护。

在省监控中心、省收费结算中心必须配置专门的防病毒软件,要求防病毒软件能够杀死病毒,包括服务器端防毒、客户端防毒、群件防毒、Internet 防毒。Internet 防毒包括对电子邮件和 FTP 文件的病毒防护,以及对 Active 及 Java 等恶意程序攻击的抵制。

(2)采用防火墙阻止外部攻击。

在省中心对外服务局域网与对外路由器之间设置一处防火墙进行物理隔离,作为抵挡外部黑客的第一道防护。在对外服务局域网与核心交换机之间再设置一处防火墙进行物理隔离,作为抵挡外部黑客的第二道防护。

防火墙能够检查进出数据包、透视应用层协议,并与既定的安全策略进行比较,根据既定的安全策略允许特定的用户和数据包穿过,同时将安全策略不允许的用户和数据包隔断,达到保护省中心内部网络的安全,阻止外部黑客的攻击及限制入侵蔓延范围等目的。

(3)加强安全漏洞扫描,探查网络薄弱环节。在省监控中心、省收费结算中心配置网络安全扫描工具,为系统管理者提供周密可靠的安全性分析报告,提高网络安全的整体水平。

(4)启动入侵检测功能,可检测、报告和终止整个网络中未经授权的活动。

(5)具有授权和访问控制功能,对不同的使用部门、不同的人员采用口令、密码等安全措施。

## 第六节　高速公路联网收费系统软件设计

### 一　联网收费系统软件设计原则和依据

联网收费系统软件的设计除遵循收费结算中心设计的总体原则外,还应考虑以下设计原则和依据:

(1)根据全省联网收费管理体制的要求,满足各级管理机构的功能需求。

(2)满足联网收费的收费制式、付费方式、车型分类、通行券(卡)、特殊车辆处理、收费结算模式、网络构成的要求。

(3)在系统总体功能设计时应该把系统按照实际的功能分解为若干易于处理的系统,然后在各个系统中划分不同的功能模块,使其易于维护和管理。

(4)符合国家及行业的相关标准,总体结构设计乃至接口的设计都要遵循国际及国家通用的规范标准;并将规范化、标准化贯穿于系统开发设计及项目生命周期的每一个阶段。

(5)必须充分考虑已建和在建高速公路系统的收费特征,并能充分考虑与原有收费系统的兼容性。

(6)采用的技术应既适应未来发展,又符合厅、省、国家和国际有关规划和技术标准,统一技术规范,靠拢国际惯例。

(7)采用的报表格式应符合交通运输部有关标准规范的规定。

## 二 联网收费系统软件平台

收费系统计算机系统应符合国际开放式标准,通常采用 TCP/IP 网络通信规约,宜采用真正的分布式系统,功能和数据库均按节点分布;保证数据传输实时响应快;选用友好的人机图形中文界面;所有节点机装载多任务操作系统;兼容性强,宜采用 Windows NT 4.0 以上、Unix 等操作系统,从而保证收费系统在功能增加和网络扩大时容易扩充;数据库宜选择 Oracle、DB2、Informix 或 Sybase。

(1)操作系统

服务器端操作系统:省收费结算中心小型机选用厂家的 Unix 操作系统;分中心和收费站可采用 Linux 或 Windows 系统作为主机操作系统或保留原有操作系统。客户端操作系统:Linux 或 Windows 10 及以上。

(2)数据库管理系统

收费结算系统数据库系统可以采用 Oracle、DB2、Sybase、Informix 等大型数据库,建议省收费结算中心数据库选用 Oracle 数据库,分中心和收费站选用 SQL Server 或保留原有数据库。

(3)开发工具

可用下列开发工具之一或组合:Oracle Developer Tools、Virtual C++、Virtual Basic、PowerBuilder、Delphi 或 Builder、Java 等。

(4)网络管理软件

可采用下列网络管理软件之一或几个组合:Net view、Tovili、Open view、Unicenter TNG 或 CiscoWorks 等,与监控系统共用一套网管系统。

(5)杀毒软件

采用网络版,各工作站可通过防毒服务器进行杀毒软件的下载与升级。杀毒软件可选择 KILL、VRV、McAfee、Active Virus Defense、Office Scan 等。

(6)中间件

为实现不同硬件平台、不同网络环境、不同数据库系统之间相互操作,保证新旧系统并存,提高系统效率和可靠性等,可选择优秀的中间件产品软件,提高系统的稳定性、安全性和数据处理能力,同时提高系统的开放性、扩展性,缩短开发周期,降低成本。可选用 IBM、BEA 或国产软件。

# 第七节　高速公路联网收费系统安全管理

## 一、安全规定

(1)业务计算机的使用单位、用户不得利用业务计算机制作、复制、传播危害国家安全的信息(包括多媒体信息)、淫秽资料等。

(2)根据业务需要,对用户账号实行分级授权,用户应妥善保管自己的登录口令,以免被他人盗用。

(3)各系统最高权限密码由机电隧道管理部指定的两人各掌管一半,系统最高权限的完整密码由机电隧道管理部负责人备案保管,启用最高权限密码时必须两人同时在场。

(4)各系统账户密码应定期更改,并报备机电隧道管理部负责人。

(5)外单位人员对系统进行维护操作所需使用的账户和密码,必须填写"业务计算机账号和密码使用申请表",经机电隧道管理部批准后,方可使用此账户和密码。

(6)禁止任何人员尝试对服务器的登录用户账户及密码进行破解或盗取。

(7)未经公司领导批准,严禁任何人擅自修改、增减、删除数据库中的收费流水数据,如确有需要,参照计算机数据安全管理办法。

(8)所有业务计算机必须接 UPS 保护电源,以防止突然停电对设备造成损坏和资料丢失。

(9)未经机电隧道管理部许可,不得在设备现场接驳电源线。

(10)所有业务计算机系统的电源专用插座,未经机电隧道管理部许可,禁止用来连接其他用电设备。

(11)用户要按照相关规程进行操作。

(12)所有业务计算机无特殊情况不得随意关闭,如需关闭,要遵循规定的程序。

(13)禁止任何人员在业务计算机上进行与工作范围无关的任何操作,未经允许,不得擅自更改设备软、硬件配置。

(14)在运行的服务器上,禁止进行实验性质的软件调试和配置。

（15）对于影响重要网络应用系统使用的软、硬件更改、调试的操作，应预先发布通知，并做好充分的准备工作。

（16）所有业务计算机上不得擅自安装、使用任何与业务无关的软件，如确有业务需要，安装软件时必须经有关领导同意，填写"业务计算机软件安装申请表"，由机电维修队或机电隧道管理部指定人员进行安装。

（17）除机电隧道管理部和机电维修队外，原则上禁止其他人员在业务计算机上使用任何存储介质。如业务工作需要使用移动存储介质从业务计算机上拷贝数据报表等资料文件，须由使用人填写"业务计算机使用存储介质登记表"报业务计算机所属单位负责人同意。所使用的移动存储介质须按要求做好病毒查杀工作，确认无病毒后方可使用。

（18）禁止在业务计算机工作台上放置水杯或其他液体容器。

（19）禁止在机柜内、业务计算机主机箱上、配电箱上及其他设备上放置物品。

（20）严禁在业务计算机上删除软件。

（21）对新购置、外修后、借入借出的业务计算机和网络设备接入网络前都要做好设备配置和系统配置的安全检查、防病毒检查等工作，合格后方可接入网络。

（22）业务计算机的使用单位、用户要做好业务计算机的防盗、防火工作。

（23）未经机电隧道管理部授权或允许，不得拆卸、搬运、移动设备或将设备挪作他用。

（24）非本单位人员，未经机电隧道管理部或上级领导许可，禁止使用系统设备或在设备现场进行施工作业。

## 二 安全监督

（1）用户发现影响业务计算机安全的隐患，应及时向机电隧道管理部报告，以便机电隧道管理部组织人员迅速排除。

（2）由公司组织相应部门，不定期对安全管理制度的实施综合情况进行督察，对违反规定人员，视情节轻重，给予相应处分。

## 三 责任条例

（1）擅自修改、增减、删除数据库中的收费流水数据，将给予警告、通报、记过等相应处分，情节严重、触及国家有关法律法规的，将移交司法机关处理。

(2)未按要求使用移动存储介质造成业务计算机感染病毒,导致业务计算机的业务数据(含收费数据)丢失,将给予警告、通报、记过等相应处分,情节严重、触及国家有关法律法规的,将移交司法机关处理。

(3)尝试对服务器的登录用户账户及密码进行破解和盗取,将给予警告、通报、记过等相应处分。

(4)未经机电隧道管理部授权或批准,关闭业务计算机,将给予警告、通报、记过等相应处分。

(5)操作不当,造成业务计算机无法正常运行,将给予警告、通报、记过等相应处分。

(6)未经机电隧道管理部许可,使用业务计算机系统的电源专用插座连接其他用电设备,将给予警告、通报、记过等相应处分。

(7)在业务计算机上进行与业务无关活动,将给予警告、通报、记过等相应处分。

(8)在业务计算机上擅自安装软件,将给予警告、通报、记过等相应处分。

(9)在业务计算机工作台上放置水杯或其他液体容器,将给予警告、通报、记过等相应处分。

(10)在业务计算机上玩游戏,将给予警告、通报、记过等相应处分。

(11)未经机电隧道管理部许可,在业务计算机上删除软件,将给予警告、通报、记过等相应处分。

(12)用户如擅自拆卸导致设备丢失或损坏,按公司采购价赔偿。

(13)擅自拆卸、挪动、更改业务计算机的软、硬件配置,将给予警告、通报、记过等相应处分。

# 第六章 电子收费系统

当交通量达到一定水平,人工收费或半自动收费方式会越来越不适应交通发展的需要。如果高速公路收费站分布过密,则道路网的道路通行能力无法充分发挥,收费站也因车辆排队交费成为道路的一个个"瓶颈"。扩大收费站规模、增加收费车道以缩短排队长度也只是权宜之计,况且还会带来征地与建设方面的诸多问题。在这种情况下,不用现金支付通行费,而利用先进的电子手段使车辆不需要停车就可以缴付通行费的电子收费系统就成为社会发展的迫切需要。20世纪80年代,西方工业发达国家的不停车收费技术获得重大突破,90年代初陆续引入我国,并在我国经济和交通发达地区如广东、北京等地得到应用。实践证明,电子收费系统适用于开放式和封闭式两种收费制式,它开创了高速公路收费管理新局面。

## 第一节 电子收费系统概述

### 一、电子收费系统的定义与特点

#### 1. 电子收费的定义

电子收费(ETC)系统是智能交通系统(Intelligent Transport System,ITS)的一个重要组成部分。电子收费系统广泛地采用了现代的高新技术,尤其是电子方面的技术,涉及无线电通信、计算机、自动控制等多个领域。在收费过程中,流通的也不是传统的纸币现金,而是电子货币。

电子收费可实现公路的不停车收费,因此电子收费也称作不停车自动收费。电子技术的使用实现了收费操作的完全自动化,再加上电子货币式的缴费方式,使得车辆只需要按照限速要求直接驶过收费道口,收费就可以通过无线通信和机器操作自动完成,不必再像以往在收费亭前停靠、付款。

因此,可以认为,电子收费系统是以采用现代通信、计算机、自动控制等技术为主要特点,实现公路不停车收费的新型收费系统。

### 2. 电子收费的特点

电子收费系统是通过设置在收费站的天线与通行车辆的车载装置实现通信与数据交换,自动接收、发送有关支付通行费信息的系统。采用该系统,通行车辆不必在收费站停车缴费即可通过,从而增强了收费站的处理能力。电子收费优势明显,它将彻底改变收费站半自动收费的窘迫现状,其效果表现为:

(1)方便用户长途旅行

当多条高速公路开通形成公路网络,区域收费势在必行,以车载电子标签作为通行券(卡),可使用户持券(卡)在路网任何道路行驶而无须停车缴费。

(2)提高收费车道通过率

与人工收费车道相比,通过率可提高 5~7 倍。

(3)提高管理效益

可大量减少收费人员,节省 25%~40% 的日常管理费用。

(4)费额流失减少

不需要准备现金,减少车型判别和收费操作差错,同时也杜绝人为费额流失。

(5)节约能源

与停车收费相比,车辆燃油消耗降低 15% 左右。

(6)改善收费站环境

由于不需停车,因此减少了通行车辆的加减速次数,从而减少了车辆在收费站附近产生的废气、噪声以及降低汽车的油耗,有望提高环境保护效果。

## 二 电子收费系统的构成

### 1. 系统构成

电子收费系统具有网络体系结构。作为该体系前台的车道控制子系统,用于控制和管理各种外场设备,通过与安装在车辆上的电子标签的信息传输,记录车辆的各种信息,并实时传送给收费站管理子系统。收费站管理子系统对车道控制子系统上传的数据进行整理后,通过网络系统上传至收费结算中心,收费结算中心将统计数据传至银行,由银行进行划账和清分,并将欠费的黑名单传至收费结算中心、收费站和收费车道。电子收费系统组成见图 2-6-1。

### 2. 系统类型

电子收费技术发展过程中,涌现多种类型的收费系统,根据车辆通过收费车道的速度、收费车道结构和通行券(卡)类型,目前形成的各种系统可归纳为收费站电子收费系统(图2-6-2)和自由流电子收费系统(图2-6-3)两种类型,二者的工作过程和车道设施配置均有差异。

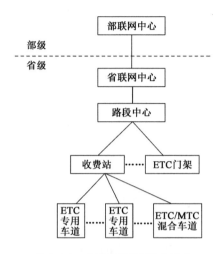

图2-6-1 电子收费系统组成框图

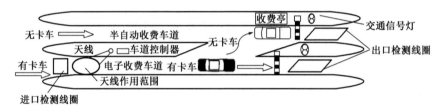

图2-6-2 收费站电子收费系统布设图

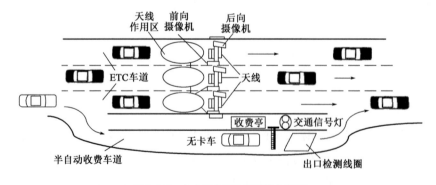

图2-6-3 自由流电子收费系统布设图

(1)收费站电子收费系统

电子收费用户较少时,收费站一般采用混合收费方式,既要有电子收费车道,也要保留半自动收费车道。电子收费应用初期,混合式收费不可避免,系统主要特征为:

①在原有的收费车道(有收费岛)基础上改造而成,与半自动收费车道并列设在收费广场。

②车辆通过收费车道的车速较低,常为20km/h,通过率可达600~1000辆/h。

③车道出口端设立自动栏杆,以防无卡车辆通过;为引导无卡用户进入普通收费车

道按章收费,收费岛另辟一条通向收费亭的车道。

收费车道入口端上方有电子收费车道的标志和信号灯。由于车辆密度不大,天线并不连续工作。无车辆通过时,天线处于休眠状态。在天线辐射区外的车道,埋设一环形检测线圈。当车辆进入线圈检测区,线圈发出电信号,唤醒天线进入工作状态。此时,自动栏杆关闭,交通信号灯为红色。车辆进入通信区,在载波作用下,电子标签被唤醒,响应天线的请求,将用户身份与车型代码上传给车道天线,由天线转送给车道控制机进行审核。如为有效卡,车道控制机指令自动栏杆打开,交通信号灯变绿;如要进一步交换信息,读写数据,可以继续通信,直到收费过程结束。如果进入车道的车辆为无效卡车,车道控制机审核时会立即发现,指令自动栏杆继续关闭,并发出声光报警。现场工作人员将引导车辆从旁路进入半自动收费车道,办理各项收费手续,车道控制机将情况记录存档。

(2) 自由流电子收费系统

当电子收费用户在全体用户中占比较高时,宜采用自由流电子收费系统。当采用自由流电子收费系统时,车辆无须减速,以正常行驶车速通过收费区域,并完成收费。它的主要特征为:

① 无收费岛、亭之类的设施。

② 车辆进入收费区域时无须减速,可继续高速行驶。

③ 需要建立一套高精度逃费取证处理系统,现场捕捉逃费车辆信息作为冲卡逃费证据,以便事后依法处理。目前大多采用高速、高分辨率的摄像机对车辆牌照进行抓拍。

④ 在收费区域附近,需建造一条与主道平行的普通收费车道,以便无卡车辆通行。

⑤ 车道天线控制器能操纵多部天线并行工作,与多辆车的电子标签同时通信。

自由流电子收费系统具有很多优点,例如车速高,无行车延误,车道通行能力接近2000辆/h。缺点是设备投资大,技术上实施难度也较大,特别是在车辆高速运行时如何扼制冲卡逃费等行为。

### 3. 系统业务流程

不同的电子收费系统的收费业务过程基本相同,现以封闭式为例,说明电子收费系统的工作过程。当车辆进入收费车道入口天线的发射范围,处于休眠的电子标签在载波作用下被唤醒,开始工作;电子标签响应天线的请求,以微波方式发出电子标签标识和车型代码;天线接收并确认电子标签有效后,以微波方式发出入口车道代码和时间信号,写入电子标签的存储器。当车辆驶入收费车道出口天线发射范围,经过唤醒、相互认证有效性等过程,天线读出车型代码以及入口代码和时间,传送给车道控制机;车道控制机对信息核实确认后,计算出此次通行费额,存储或指令天线将费额写入电子标签。与此同时,车道控制机存储原始数据并编辑成数据文件,定时传送给收费站并转送收费结算中心。

如果持无效标识卡或无卡车辆,在收费车道上高速冲卡而过,天线在确认无效性的同时,启动快速自动栏杆,关闭收费车道,当场将冲卡车辆拦截。在无专用收费车道的自由流收费时,可启动逃费抓拍摄像机,将逃费冲卡车辆的车头及牌照号码摄录下来,随同出口代码和冲卡时间一并传送给车道控制机进行记录,事后依法处理。

银行收到汇总好的各路公司的收费数据,从各个用户的账户中扣除通行费并算出余额,拨入相应公司账户。与此同时,银行核对各用户账户剩余金额是否低于预定的阈值,如低于该值,应及时通知用户补交,并将此名单(灰名单)下发给全体收费站。如灰名单用户不补交金额,继续通行,导致剩余金额低于危险门限值,则将其划归无效电子标签,编入黑名单,并通知各收费站,拒绝持无效电子标签的车辆在高速公路电子收费车道通行。

收费结算中心应常设用户服务机构,向用户出售标识卡、补收金额和接待用户查询。显然,后台必须有一套金融运行规则和强大的计算机网络及数据库的支持,才能实现事后收费。

# 第二节 电子标签

电子标签是一种安装在车辆上的无线通信设备,可允许车辆在高速行驶状态下与路旁的读写设备进行单向或双向通信,其结构、工作原理和功能与非接触式通行卡颇为相似,主要差别在于通信距离。它装有微处理器芯片和接收与发射天线,当车辆高速行驶时(可达250km/h)可与相距8~15m远的读写器进行微波或红外线通信,比非接触通行卡的工作频率、通信速率高出很多。在通信过程中若单凭读卡机发射的微波或红外线功率转换为电子标签的能源,则在功率上难以满足通信距离和通信速率的要求,一般需配备电池或接装车辆电源,电子标签一般为有源器件。

## 一、电子标签的类型

电子标签一般分为只读型、读/写型、带通行卡接口的读/写型、单片式和前装电子标签等多种不同类型。

### 1. 只读型电子标签

只读型电子标签(单向式)结构紧凑,成本低,只要读写器在车辆驶过收费车道时能读出车辆的身份(身份验证),就完成了信息的无线传输,所有辨识与数据记录的工作均由车道控制机完成。这种系统仅需保证电子标签能发出正确信号,而读写器能在极短时间内完成接收任务。因此只读型电子标签一般适用于开放式收费。因为系统要求简单,要完成车辆的合法性确认与信息记录,需在每一个收费站建立完善的通信网络,将每一个收费站的信息传至收费结算中心,开展收费信息汇总和统计等工作,在一段时间后,打印并寄出每辆车使用通行费用总额给车主,通知车主缴费或直接从车主银行账户或预交金额中扣除。

### 2. 读/写型电子标签

读/写型电子标签(双向式)不仅能将存储的数据传送给读写器,而且可以把一些信息写入电子标签内,可对电子标签内预存的金额扣除一定数量(即通行费额数)。此种收费系统可不需建立通信网络,也无每月催交通行费的程序,所有通行费均在通过收费站时以电子方式扣除,每次缴费过程都可记录在电子标签中,当电子标签内储存金额减至一定数额时,车辆通过收费站时电子标签会显示警告信号,驾驶员到指定地方可为电子标签充值,这样电子标签就可继续使用。因此,此种标签具有强大功能,既可用于开放式、封闭式收费系统,也可用于多条收费公路进行联合收费;既可支持预付方式,也可支持后付方式,还可用于交通监视、控制信息等方面。

### 3. 带通行卡接口的读/写型电子标签

由于带通行卡接口的读/写型电子标签能分成通行卡和电子标签两块,故又称为两片式电子标签。与读/写型电子标签不同的是,它的通行卡插在电子标签里面,通行卡不再直接与读写器交换信息,而是通过电子标签对通行卡进行读写。此类电子标签还带有液晶显示屏,可显示通行费和存款余额等信息,它是目前功能最全的电子标签,其优点为:

(1)对驾驶员进行收费。车主和驾驶员并不一定是同一个人。由于通行卡的便携性,因而系统是对收费公路使用者——驾驶员进行收费,而不是对车辆本身进行收费。

(2)安全性高。当使用单片读/写型电子标签时,标签总是留在车内,这意味着标签容易被盗。而两片系统的通行卡存有钱和其他重要数据,可随身携带,这样被偷窃概率就会降低。

(3)增加对用户的服务。通行卡作为不停车收费系统的一部分,其相当于一个便携式数据库,可进行增值,里面可记录金额或其他信息,既可应用于预付方式,也能应用于后付方式。通行卡是通过编程来确定其付款类型的。

(4)一卡多用的特征。正如前文所述,由于通行卡具有存储容量大、安全性高等特征,一卡可代替目前人们使用的多种卡片,例如信用卡、电话卡、电子钱包、公交卡等。这样才能真正实现有众多用户使用不停车收费方式。

### 4. 其他类型电子标签

单片式电子标签是指一种用于收费站的电子收费设备。它通常将电子标签嵌入一个单独的塑料片,可以粘贴在车辆的前挡风玻璃上。这种电子标签通过无线通信与收费站系统进行交互,可以实时传递车辆的信息,实现快速自动收费。

前装电子标签是指一种将电子标签直接集成到车辆的前部,尤其是车辆的挡风玻璃或车牌上的电子收费设备。这种电子标签一般由车辆制造商提前安装,与车辆的其他系统集成,可以实现更加便捷和无感的自动收费,无须在车辆上粘贴额外的标签。

这两种电子标签都是用于实现 ETC 的自动收费,可提高交通效率和便利性。它们可以通过无线通信与收费站系统进行连接,实现快速、准确的收费操作。

## 二 电子标签数据存储格式

ETC 电子标签适用于公路不停车收费。根据 ISO 14906 等专用短程通信(Dedicated Short Range Communication,DSRC)应用层标准,一般不提倡采用传统的直接地址访问法来读写电子标签的数据,推荐采用适当的数据结构和索引号来访问电子标签的数据。根据《高速公路联网收费暂行技术要求》,存储在电子标签中的数据,是按应用、元素和属性这种层次结构来进行管理的,如图 2-6-4 所示,每一类应用、元素和属性都有一个特定的索引号,分别以 AID、EID、AttrID 表示。元素类似于文件夹,属性类似于文件,一个元素可以有若干个属性。电子标签中的每一个元素,都有独立的访问控制机制。

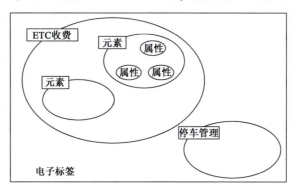

图 2-6-4 电子标签中数据的层次结构

目前在电子不停车收费应用中,电子标签宜作为账号卡使用,而不是作为电子钱包使用。对于公路收费领域的应用,AID 约定为 0。AttrID 的取值介于 0~127。其中 0~29 已由 ISO(International Organization for Standardization,国际标准代组织)分配,32~96 保留给 CEN(欧洲标准化委员会)使用,97~127 保留给用户使用。针对国内的公路电子不停车收费应用,给出以下元素和属性使用建议,分别见表 2-6-1、表 2-6-2。

系统元素表(AID = 0, EID = 0)　　　　　　　　　　　表 2-6-1

| 属性 ID | 数据单元 | 表示含义 | 字节宽度 | 存储权限 |
| --- | --- | --- | --- | --- |
| 1 | Manufacturer ID | 制造商 ID 号 | 2 | 只读 |
| 2 | Manufacture Serial No | 产品序列号 | 4 | 只读 |
| 3 | Equipment Class | 设备类型 | 2 | 只读 |
| 7 | Activity Time | 激活时间 | 4 | 只读 |
| 10 | OBE Status | OBE 状态 | 2 | 读/写 |
| 16 | Battery Insertion | 电池更换时间 | 2 | 只读 |
| 17 | OBU Group ID | OBU 组 ID 号 | 2 | 只读 |
| 120 | Element Password | 元素密码 | 4 | |

应用属性表（AID=1,EID=1）  表2-6-2

| 属性ID | 属性名称 | 数据单元 | 表示含义 | ISO宽度 | 使用宽度 | 存取权限 |
|---|---|---|---|---|---|---|
| 0 | EFC-Context Mark | | | | | |
| | | Contract Provider | 收费网络标识码 | 3 | 2 | 只读 |
| | | Type of Contract | ETC收费应用 | 2 | 2 | 只读 |
| | | Context Version | 版本号 | 1 | 1 | 只读 |
| 1 | Contract Serial Number | Contract Serial Number | 电子标签编号 | 4 | 4 | 只读 |
| 5 | Receipt Service Part | | | | | |
| | | Session Time | 交易时间 | 4 | 4 | 读写 |
| | | Session Service Provider | 收费站网络 | 3 | 2 | 读写 |
| | | Station Location | 收费站 | 2.5 | 2 | 读写 |
| | | Session Location | 车道号 | 1 | 1 | 读写 |
| | | Session Result Operational | 交易状态 | 1 | 2 | 读写 |
| | | Session Result Financial | | 1 | | |
| 8 | Receipt Financial Part | | | | 2 | |
| | | Session Fee | 费额 | 4 | | 读写 |
| | | Session Current Balance | 余额 | 5 | 2 | 读写 |
| | | Session Current Provider | 通行卡网络 | 3 | 2 | 只读 |
| 9 | Receipt Contract | Session Contract Serial Number | 通行卡编号 | 4 | 4 | 只读 |
| 16 | Vehicle Licence Plate Number | Vehicle Licence Plate Number | 车牌号 | 10 | 10 | 只读 |
| 17 | Vehicle Class Type | Vehicle Class | 车型 | 1 | 1 | 只读 |
| 26 | Equipment Status | Equipment Status | 电子标签 | 1 | 1 | 读写 |

标签的存储信息通常分为强制性信息和选择性信息。强制性信息是指标签应用中所必须具备的信息，一旦写入标签，将不可更改，若要更改，需重新进行初始化，因此强制性信息一般是永久信息。选择性信息是指随应用不同而变动的信息，选择性信息并非可有可无的信息。

对于电子收费系统应用来说，强制性信息应该包括以下内容：

(1)电子标签在ETC系统中应是唯一的，它自身的标识码是强制性信息。

(2)如果电子标签还用作车型识别依据，那么它与车辆是一一对应的，不允许更换。因此车牌信息和车型信息也是强制性信息。

以下内容属于选择性信息：

(1)个人ETC用户的姓名、身份证号、联系人、电话等信息。

(2)单位ETC用户的名称、联系人、电话等信息。

（3）封闭式收费系统中，系统需要记录的入口车道编号和进入时间，出口车道编号和离开时间。

（4）ETC 用户的账户资金余额。

### 三 电子标签的性能要求

#### 1. 安装位置

（1）小型车辆宜将 OBU 安装在车辆的前挡风玻璃上方居中（后视镜位置附近）位置，大型车辆宜将 OBU 安装在前挡风玻璃下方。

（2）对于预先在前挡风玻璃上留有微波窗口的车辆，OBU 宜安装在微波窗口位置。

（3）分体式、嵌入式 OBU 的安装位置应不影响其正常通信。

#### 2. 供电

（1）OBU 可采用电池、车载电源等供电方式。

（2）采用电池供电的一体化 OBU 应具备低电报警功能，宜提供太阳能或其他的补电方式。

（3）电池应符合《原电池 第 4 部分：锂电池的安全要求》（GB 8897.4—2008）的有关规定并通过 UL 1642 和 UN 38.3 认证。

（4）电池应标识制造商名称，商标名或商标，生产日期，型号，正、负极，电压等。

#### 3. 环境条件

（1）工作温度：$-25 \sim +70℃$，寒区 $-40 \sim +70℃$。

（2）存储温度：$-20 \sim +55℃$。

（3）相对工作湿度：$5\% \sim 100\%$。

（4）振动：应符合《环境试验 第 2 部分：试验方法 试验 Fc：振动（正弦）》（GB/T 2423.10—2019）附录 C 中表 C.1 给出的严酷等级，频率范围 $10 \sim 150Hz$，在每一轴线方向上的扫频循环次数为 20。

（5）冲击：应符合《环境试验 第 2 部分：试验方法 试验 Ea 和导则：冲击》（GB/T 2423.5—2019）"5 严酷度"中的严酷度等级，相应的标称脉冲持续时间 18ms，相应的速度变化量半正弦 3.4m/s。

#### 4. 防拆卸与恢复功能

（1）OBU 应具备防止用户拆卸功能，一旦被拆卸，OBU 应在通电状态下立即在相应信息存储区中设置相应标志字节/标志位。

（2）因拆卸而引起的 ETC 应用失效应能通过软件设置的方式得到恢复。OBU 采用电子防拆卸时，应符合下列规定：

①OBU 电子防拆卸所依赖的车端设备应具有防伪造能力。

②应对防拆卸判断依据信息来源进行认证。

③防拆卸判断依据信息传输过程应具有防伪造、防篡改、防重放等机制。

④若以 OBU 内部存储信息作为防拆卸判断依据,则存储的信息应能防篡改。

### 5. 内置测试模式

(1)连续发送载波信号。

(2)连续发送调制在工作频点的 PN9 码。

(3)连续发送调制在工作频点的经 FM0 编码(Bi-Phase Space Coding,双相间空号编码)的全零信号设置为唤醒测试状态,被唤醒后能发出持续载波信号,持续时间 20ms。

(4)设置为接收机测试状态,应具备引出接收机解调后的数据信号和时钟信号的测试点。

### 6. 可靠性

平均无故障时间(Mean Time Between Failure,MTBF)大于 50000h。

## 四 电子标签与车道天线的专用短程通信协议

电子标签与天线是电子收费系统的车载设备和路侧设备。在两者交换数据过程中必然涉及如何将信息编辑成易于辨识的数据,数据分割包装成多大的、什么形式的块(数据帧),以什么样的方式和速率传送,传输的器件和线路有哪些要求等问题。由于系统属于开放互联网络体系结构,应该遵守 ISO/OSI 参考模型及其相应的协议,以解决上述问题。

电子收费系统短距微波通信具有传输距离短、通信方向相对固定、数据内容简单、重复性强等特点;天线-电子标签(下行)与电子标签-天线(上行)的通信要求各有其特色。要保证电子标签和天线的通信在全球范围相容,必须有一整套相关的技术标准,目前只对物理层、数据链路层和应用层提出一些推荐标准。科技界就 DSRC 建议选用相同的微波频率和通信协议。在已运行的电子收费系统中采用的工作频率有三种:915MHz、2.45MHz 和 5.8GHz。我国无线电委员会推荐使用 5.8GHz。

作为针对固定于车道或路侧的路侧单元与装载于移动车辆上的电子标签的通信接口的规范,DSRC 协议的主要特征包括:

(1)主从式架构,以路侧单元为主,电子标签为辅,也就是说路侧单元拥有通信的主控权,路侧单元可以主动下传数据,然而电子标签必须听从路侧单元的指挥才能上传资料。

(2)半双工通信方式,即传送和接收资料不能同时进行。

(3)异步分时多重接取,即路侧单元与多个电子标签以分时多重接取方式通信,但彼此无须事先建立通信窗口的同步关系。

CEN 于 1991 年成立 CEN/TC 278 委员会，开始针对道路运输电传化（RTIT）开展标准化工作，其中由第 9 工作小组（WG9）致力于 DSRC 的标准化。目前 CEN 所制定的 DSRC 协议层标准为：

物理层：M12253（微波 5.8GHz）和 preENV278/9/#63（红外线）。规定了标识卡和天线应具有的机械和电气特性，如：通信区的几何要求；标识卡在车上的安装位置和被激活的角度范围，激活进程和激活时间；载波频率、辐射功率和极化方向；信号调制方式、数据编码方式和码传输速率；数据帧格式、帧头、帧尾和纠错方式等。

数据链路层：ENV1279。通信以数据帧为单位进行传送，帧的大小、具体、详细的格式，数据存取方式的控制，逻辑链路的控制等都需要明确予以规范。

应用层：ENV12834。通信中传送的各种原始语句，如指令卡复位密码管理操作读写卡 ID 号、车牌号码、入口代码、入口时间和日期、修改资金余额等按统一的编码方案成数据代码和格式，以便通信双方能准确、迅速地辨识。

在常用的产品中，车道天线与电子标签的通信参数见表 2-6-3。

**车道天线与电子标签的通信参数**　　　　表 2-6-3

| 名称 | 建议值 | 备注 |
| --- | --- | --- |
| 载波中心频率 | 5.7975Hz/5.0825Hz/<br>5.0875Hz/5.8125Hz | 4 个频道宽度 20MHz |
| 传播速度 | 上行链路：500kbps<br>下行链路：250kbps | |
| 调制方法 | 上行：2 级调幅 AM<br>下行：AM/次载波 PSK | 次载波频率 2MHz |
| 编码方式 | 上行：NRZI<br>下行：FM0 | |
| 链路控制规程 | 高级数据链路控制 HDLC | |
| 差错检校 | 循环冗余码 CRD（16 位） | 生成式：$x^{16}+x^{12}+x^5+x^1$ |
| 误码率 | $<10^{-6}$ | |
| 电子标签唤醒方式 | 载波 | |
| 电子标签电流消耗 | 工作：35mA；休眠：15μA | |
| 天线极化 | 左圆极化 | |
| 天线辐射功率 | ≤33dMm | |

电子标签可作为身份证明的工具和通行券（卡），具有代替现金付账等功能，其体积小、质量轻，如同一张标签贴在汽车前挡风玻璃上，用于开放式或封闭式不停车收费。当用户在设有不停车收费系统的公路上行车时，可不停车高速通过收费站，收费系统设备自动完成通行费收缴，极大地提高了收费站的通行能力，减少了污染，节约了能源，避免

了收费贪污等问题。

电子标签所支持的电子收费系统(不停车收费系统)在国外的一些大城市和环城高速公路应用较多,尤其是行政区域比较独立的城市,如新加坡等。我国部分短途高速公路也采用了电子收费系统,如北京机场高速公路等。在城市中发展电子标签有其独特的优越性,随着成本的降低,相信会有越来越多的道路收费系统选用电子标签作为通行券(卡)。

# 第三节 电子收费系统关键技术

电子收费系统要高效、可靠完成收费过程,必须具备三个关键的子系统,即自动车辆识别(Automatic Vehicle Identification, AVI)系统、自动车型分类(Automatic Vehicle Classification, AVC)系统和逃费抓拍系统(Video Enforcement Systems, VES)。

自动车辆识别系统(AVI)使用装备在车上的射频装置向收费站的收费装置传送识别信息,如ID号码、车型、车主等,以判别车辆是否可以通过不停车收费车道。自动车型分类系统(AVC)利用装在车道内和车道周围的各种传感器装置来测定车辆的类型,以便按照车型构成正确收费。逃费抓拍系统(VES)用来抓拍使用不停车收费车道但未装备有效标识卡的车辆牌照图像,用于确定逃费车主并通知其应缴费用或处罚办法。

## 一 自动车辆识别系统

### 1. 自动车辆识别技术

自动车辆识别技术是电子收费系统的基础,是指当车辆通过某一特定地点时,可以不借助人工而能将该辆车的身份识别出来的技术的通称。车辆的身份,泛指车辆本身的代表符号以及一切属性,包括车辆车牌号码、车主及车籍等资料,车辆必须具有至少一个可供识别的标识,并且是唯一的。传统上,车牌号码是车辆的最佳标识,只要能读取每一通过车辆的车牌号码便足以达到车辆识别的目的。

### 2. 自动车辆识别系统的组成

目前世界各国厂商所生产的AVI产品种类极多,但彼此之间多难以兼容,每一家产品皆有其特色。一些基本的系统架构基本相同,皆由三个主要组件组成:

(1)车载单元(On-Board Unit)

这一部分组件附属在车辆上,可以是固定式的,也可以是活动式的,作为车辆识别标识,其本身拥有一种可供识别的信号,该信号一般是唯一的,因此可以当作车辆的身份。

（2）路侧阅读单元（Road-Side Reader Unit）

用以接收或识别车载单元发（反）射（散）出来的信号，并把收到的信号解译成有意义且可以阅读的文（数）字资料，以供进一步分析计算使用。

（3）数据处理单元

将从解读单元所解译出来的资料和计算机数据库里面的使用者资料进行比对，验证身份，并开展所有的数据处理工作，其中包括通行费的计算、交易时间、地点、流水号等资料的登录。

从信号或信息传递与处理的观点看，AVI的基本运作流程大致可分为三部分：

（1）截取来自车辆发散出来的模块化电磁波信号。

（2）将电磁波信号转译成有意义的信息。

（3）将译读出来的信息输入计算机中，进行资料对比、验证身份、收取通行费、文件查验等数据处理工作。

### 3. AVI 系统分类

（1）按工作频率分类

在实际运行的 AVI 系统中，使用的工作频率有三种，即 917MHz、2.45GHz 和 5.8GHz。从已建成的电子收费系统来看，917MHz 系统主要用于北美地区，5.8GHz 系统主要用于欧洲和亚洲以及大洋洲地区，2.45GHz 系统主要用于实验，实际使用很少。5.8GHz已成为国际电信联盟（International Telecommunication Union，ITU）划分给 DSRC 的专用频段。

（2）按通信方式分类

按通信方式分类，AVI 系统可分为主动式和被动式。

主动式电子标签一定含有电源。当车道天线向电子标签发送询问信号后，电子标签利用自身的电池能量发射载波及数据给车道天线。主动式通信方式的工作距离可以较远，大约30m。

在被动式系统中，由车道天线发射电磁信号，电子标签被电磁波激活进入通信状态，上行载波来源于频率偏移后的下行载波，发射的能量来自存储的电磁波。被动式电子标签既可以是有源的，也可以是无源的。被动式电子标签的电源是供存储数据和处理数据用的，其工作距离较近。

按目前的技术水平，主动式和被动式 AVI 系统的性能比较见表2-6-4。

主动式和被动式 AVI 系统的性能比较　　　　　表2-6-4

| 类别 | 主动式 AVI 系统 | 被动式 AVI 系统 |
| --- | --- | --- |
| 通信距离 | 约30m | 约8m |
| 可同时通信的车辆数 | 最大8辆 | 原则上1辆 |
| 信息量（车速为60km/h 时） | 539kbit | 46kbit |

(3) 按读写方式分类

按读写方式分类，AVI 系统可分为只读型和读写型。

只读型 AVI 系统采用只读型电子标签。只读型电子标签的内容只能被读出，不可被修改或写入，其内部存储器是只读型存储器。只读型系统大多在早期应用于桥梁、隧道的开放式收费系统。

读写型 AVI 系统采用读/写型电子标签。读写型电子标签的内容既可被车道天线读出，也可由车道天线写入或修改。其内部存储器是 RAM（随机存取存储器）或 EEPROMO（Electrically Erasable Programmable Read Only Memory，一种带电可擦可编程，而且掉电后数据不丢失的只读存储器）。

读写型电子标签内部通常还带有 ROM 存储区，供存放固定信息和初始化信息。读写型系统大多应用于封闭式收费环境。

(4) 按有无使用通行卡分类

凡不带通行卡的电子标签一般又称"单片式"，带通行卡接口并在使用时需插入通行卡的电子标签又称"两片式"。单片式比较简单，价格低。两片式价格较高，系统功能非常容易扩展，是未来的发展方向。但两片式涉及的技术规范较多，需考虑的问题也较多。如果系统方案设计较好，并遵从有关技术标准，单片式系统可以比较容易地过渡到两片式系统。

根据技术的发展趋势和国内应用情况，以及国家关于 ETC 试验频点的批示，建议选择 5.8GHz 频段、全双工被动式通信方式、可读写的"单片式"或"两片式"电子标签的 AVI 系统构成电子不停车收费系统的车道系统。

## 二 自动车型分类系统

自动车型分类系统就是利用收费系统的硬件和处理程序来确定车辆类型的系统，它由车道传感器和处理器组成。车道传感器记录车辆的物理特征，处理器汇集各种传感器装置的输入信息，并根据这些信息对车辆进行分类，将确定了车型的车辆信息发送到相关系统，以确保按车型实施正确收费。

车型类别可从两条渠道获得：一是标识卡上存储有车辆牌照和车型类别代码；二是对检测所得的车辆各种间接参数进行综合评判而确定。前者由于卡存储的车类代码不可修改，无须增添新设施即可在通信过程中准确判别车辆类型。但是，一旦用户将卡从原有车辆上拆卸下来，重新安装到与车型类别代码不符的另一类车辆上，光由通信所获取的车类信息无法分辨其真伪。后者需要安装多种检测设备以检测车辆轴数、轮数和外部几何尺寸（或车重）等特征参数，并判用计算机配以专用软件做综合（或图像）辨识，不但加大系统投资,也增加管理维修费用。目前常用的确定车辆类别的方法是双管齐下,但有主有次,以标识卡上获取的车辆类别信息为主,再用检测所得的数据进行校核,加以确认。这样做的好处是可大大降低差错率,同时也可减少设备投资。

下面介绍一种根据车辆轴距、轴数和前轮处车高进行车辆自动分类的自动车型分类系统,该系统主要用于收费站电子收费系统,我国部分高速公路已采用这种系统。该系统的主要部件如下:

### 1. 车辆分离器

车辆分离器是自动车型分类系统中的一个重要设备,其主要作用就是将通过的每一辆车分离开来,正确地区分正常车辆和带拖车的车辆,给自动车型分类系统提供准确的信息,确保分类精度。

车辆分离器由红外线发射器组和红外线接收器组组成,发射和接收一一对应,分别垂直地竖立在收费车道两旁,如图 2-6-5 所示。它发射出几十束平行的红外线光栅(光栅间隔不大于 38mm),凡是相连接的车辆(如拖车),其连接物(直径大于等于 40mm)都会遮挡部分光束(从距地 500~1100mm 范围内),从而发出整车信号。

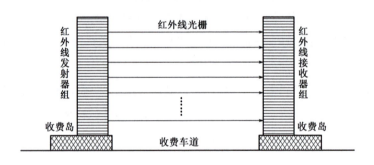

图 2-6-5 车辆分离器检测原理图

为防止相互干扰,红外线发射源应采用几组发射频率并错位使用,以提高检测精度。

### 2. 车高检测器

车高检测器一般与车辆分离器合并在一起。当车辆经过收费车道时,可根据红外光束被遮挡的情况,检测车头处或前轮处的高度,同时也可测出车辆底盘高度。

### 3. 轴距与轴数检测器

轴距可以通过红外线或踏板式检测器来测定,但这种检测无法测出轴距的实际尺寸,而是检测出轴距的范围,轴距划分的范围由车型分类标准来确定。

如图 2-6-6 所示,W1 和 W2 为 2 个压力检测器,埋设间距为 $L$。当车辆沿行车方向行驶时,由车辆分离器给出一辆车的信息,车辆通过轴距检测区域时,压力传感器检测到轮胎压力,通过计算便可获知车辆的轴距范围。车辆分离器初始化后,W1 第一次检测到压力,而 W2 还没有检测到压力,表示车辆还没有完全进入检测区;W2 第一次检测到压力,而 W1 还没有再次检测到压力,表示车辆轴距大于 $L$,如果此时 W1 已经检测到第二次压力,则表示车辆轴距小于 $L$。在车辆分离器给出一辆车的信息期间,W1 和 W2 检测到的压力次数应该相同,这样可以检测出车辆的轴数。根据检测出的轴距范围和轴数以及车高等参数,基本上可以确定车辆的类型。

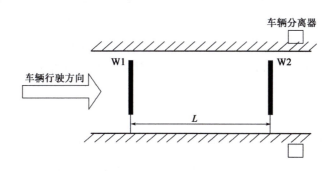

图 2-6-6　轴距与轴数检测器原理示意图

#### 4. 传感器

自动车型分类系统中常用的传感器有以下三种:

红外线检测的传感器属非接触式测量。优点是响应和恢复时间短,性能稳定,价格便宜,红外线方向性好,不绕射,具有一定的穿透能力和不可视性。缺点在于受外界影响较大,雾、雨、雪、灰尘、漂浮物和行人等都会对它产生影响。可以选用作用距离远远大于收费车道宽度的红外传感器来减少其受外界影响的程度。

踏板式车辆检测器的传感器用特殊橡胶混合物制成,其特点是抗磨、抗腐蚀、抗老化以及防水,它便于安装和更换,可方便地布置成多段踏板式来提高测量精度和可靠性。但此种传感器响应和恢复时间长,并且容易损坏。

激光检测的传感器不受天气、光线、车间距等因素影响,即使车速达到 250km/h,也有很高的测量精度,目前已在自动车型分类系统中得到应用,特别是在不停车收费系统中得到广泛使用。但此种传感器价格较贵。

以上传感器,常常遭到车辆破坏和人为的破坏,需要制定保养措施,定期维护和保养。

## 三　逃费抓拍系统

逃费抓拍系统是指利用收费系统的各种硬件和处理程序对未付或未按正确费率付费的通过车辆,以收费车道、栏杆和收费员组成关卡形式,强迫车辆停车缴费,以遏制冲卡逃费行为,并对该行为进行自动记录的系统。对于个别冲卡用户,则通过如下技术手段和方法,对其进行告警,并获取有力的现场冲卡逃费证据,依法追缴通行费和处罚。

### 1. 收费站电子收费系统

收费站电子收费的特点是通过的车辆车速较低,利用原有自动栏杆、交通信号灯等车道控制设施可以控制车辆行进。一旦车道通信系统发现来车为非 ETC 车,车道控制子系统将锁住自动栏杆和红色交通信号灯,并同时发出声光报警信号,稽查人员截住违章车辆,进行现场处理。一般可不设置自动取证系统。如果需要捕捉冲卡逃费的车辆牌照,可在自动栏杆附近安装摄像机,对冲卡车辆前部或后端车牌照抓拍或录像。

### 2. 自由流电子收费系统

自由流电子收费的特点是通过的车辆车速很高,而且没有专用的收费车道及控制设施,无法勒令违章车辆停车受罚。目前普遍采用一套高速摄像系统记录违章车辆的车牌照号码作为逃费证据和寻找肇事者的依据,以便进行事后惩处。早期抓拍系统采用视频磁带摄像装置,拍摄的录像带除有逃费车牌外,还记录有站号、车道编号、日期和时间信息。事后重放录像带时,根据对应关系检索和核实逃费车辆。这种方法需要对录像带进行手工处理,耗时较长。

自由流收费抓拍目前大都采用数字图像抓拍存储视频系统,其特点是能将图像数字化,并能自行存储或传输给远端存储单元。自由流收费在公路主线收费站进行,车速高,交通量大,而且是多车道同时进行。在连续抓拍车辆的情况下,如何在抓拍的众多车辆图像(车辆形状和车牌照号码)中将无有效卡的逃费车辆核查出来,是一个需要认真对待的技术问题。

### 3. 车牌识别技术

有了车牌照图像,可以结合光学字符识别技术或视频图像识别技术,由车牌识别系统自动确定图像中的车牌照位置和读出车牌照号码,作为事后追查和索赔的依据。这样,不仅可以减少逃费处理过程中的人工干预,还能减轻劳动强度和减少系统的运行费用。

出于牌照设计、制作和使用等原因,抓拍图像的清晰度还不够理想,给车牌照自动识别带来一定困难,影响图像质量的主要因素有车牌照脏污、损坏和存在遮挡车牌录像的障碍物;气象恶劣、光源不足或车牌的材料对光线反射不佳(如塑料蒙皮车牌照),导致成像模糊;车牌安装不当或牌照遗失,或车牌照安装位置特殊;难于辨识易混淆或相似的字母和数字。科技界一直在改进光学字符识别技术,目前车牌照字符识别的水平已有很大提高,但准确度还不能完全令人满意,还需要继续改进提高。

## 第四节　电子收费系统设计

### 一、收费广场的设计

电子收费系统的建立涉及经济基础、金融体制以及道路管理结构。另外,还需考虑现行的道路收费体系。从目前我国的特定情况来看,地区间经济发展不平衡,因而交通建设的速度也不一致,现有的收费管理体系也不统一。就收费广场设计而言,很难考虑一次性改为全 ETC 方式,在很长一段时间,我国的收费体系将会是停车收费与不停车收费两种方式并存,这个时期也叫作过渡时期。在这个时期内,ETC 车辆实行不停车收费,非 ETC 车辆实行停车收费,这种混合式收费方式给收费车道及广场设计带来了新的挑战:一是采用分车道收费还是同车道混合式收费;二是 ETC 收费车道的几何形式有何变化;三是收费广场的分流方式和车辆的行驶特征如何确定,这将是收费广场设计的新要点。

**1. 过渡时期交通流的分析与收费车辆特征**

过渡时期交通流的基本构成要素是 ETC 交通流和非 ETC 交通流。车辆可分为 ETC 车辆和非 ETC 车辆。前者指配有 ETC 系统有效车载单元的车辆,后者指未配有 ETC 系统有效车载单元或配有车载单元但交易失败的车辆。

车辆的地区性对交通流构成有一定影响。本地车一般以中小型为主,交通量大,配备 IC 电子标签多,驾驶员对 ETC 系统有一定了解,而外地车一般以大中型长途车为主,交通量相对小,安装电子标签也少,驾驶员对 ETC 系统不了解,误闯车道现象较多。

目前,标准路段交通流及其车道秩序基本一致,也就是说,在高速公路标准路段,一般内侧为超车道,车速较高,中间为行车道,外侧为紧急停车带;而收费站交通流及其收费车道的排列秩序为内快外慢,即内侧为标准收费车道,外侧为超宽车道。

随着 ETC 系统的不断完善,交通组成也在逐渐变化。ETC 交通量比例会逐渐增大,非 ETC 交通量比例会逐渐减小。

过渡时期收费车辆行驶特征如下:
(1) ETC 车辆正常通过 ETC 车道。
(2) 非 ETC 车辆误入 ETC 车道。
(3) ETC 车辆误入停车收费车道。
(4) 非 ETC 车辆驶入非 ETC 车道。

### 2. 收费广场规划设计

根据上述分析，混合式收费方式是现阶段高速公路收费的主要方式，即既有 ETC 车道也有非 ETC 车道。车道的配置除了考虑通行能力、服务水平及车流交织的安全性外，还需考虑交通管理的整体性等诸多复杂因素。根据车辆的行驶特征和非 ETC 车辆误入 ETC 车道的特性，目前电子收费车道的设置形式有两种，见表 2-6-5。

混合式收费车道的设置形式及车道特征　　表 2-6-5

| 车道设置形式 | 车道特征 |
| --- | --- |
| 内置式 | 符合车辆内快外慢的行驶原则<br>有利于 ETC 车辆的通行<br>对现有收费广场改动较小<br>误入 ETC 车道的非 ETC 车辆较多 |
| 外置式 | 专用性强<br>误入 ETC 车道的非 ETC 车辆少<br>不符合道路内快外慢的行驶原则，大交通量下 ETC 车辆不便通行 |

(1) 内置式

在现有的收费广场中，等待收费服务的分布规律为中心车道倾向性，即当收费服务机会的概率相同时，驾驶员习惯于或倾向驶入中心收费车道收费。

另外，由于标准路段中内侧车道为快速车道，所以 ETC 车道设在内侧能够保持与标准路段相同的车道秩序，也符合驾驶员的驾驶习惯。

(2) 外置式

过渡时期初期，驾驶员对 ETC 系统的认识比较模糊，收费广场中等待服务的车辆呈中心车道倾向性分布，容易导致初期的 ETC 车道中非 ETC 车辆误入率较高。而初期的 ETC 收费系统的服务体系并不完善，误入 ETC 车道的非 ETC 车辆将停车收费，当交通量较高时，容易导致收费广场出入口车辆交织，延误增加，不利于收费站的管理和安全，所以也可在外侧设置 ETC 收费车道。

究竟采用何种车道设置形式较佳，应根据实际情况确定。

### 3. ETC 车道设计

(1) ETC 车道宽度

不同的收费形式有不同的收费车道宽度需求，而针对不同的车种也应分别设计不同的车道宽度，以符合安全、经济与效率需求。车道宽度与汽车宽度、汽车行驶速度、交通量、交通组成等因素有关。设计车辆规定的最大宽度为 2.5m，是个定值。由于车辆是在行驶过程中完成收费的，因此 ETC 车道的理论宽度与主线一条行车道的宽度保持一致时，对驾驶员产生的不良影响最小。根据《公路路线设计规范》（JTG D20—2017），高速公路、一级公路的一条行车道的设计宽度为 3.75m。所以，一般情况下，一条 ETC 车道的宽度取为 3.75m。若收费广场用地紧张，可减小到 3.5m。

(2) ETC 车道设计行车速度

收费广场可以看作高等级公路的瓶颈。当车辆驶入 ETC 收费车道时,虽然仍可保持一定的行车速度,但过渡时期特别是过渡初期,驾驶员对 ETC 系统的认识还比较模糊,安全起见,ETC 系统的设计行车速度不宜过高。虽然,大多数的车辆识别系统的允许最高通行速度可以大于或等于 100km/h,但过渡时期收费广场的基本构成决定了 ETC 车道行车速度会受到侧向净空、视距、车辆交织等各种因素的影响。本文借鉴《公路路线设计规范》(JTG D20—2017)中关于匝道设计车速的要求,考虑车道通行能力和服务水平,ETC 车道的设计行车速度取为 40km/h。

(3) ETC 车道的长度

过渡时期 ETC 车道的设计长度是指 ETC 车道中 ETC 识别装置至车道自动栏杆的距离。由于 ETC 车道内车辆在行驶过程中完成收费,所以对车道长度的确定可以参照道路交通标志中警告标志的视认距离的设计方法和停车视距的计算方法。实际设计中,可取 37~48m。

### 4. 收费广场专用标志标线

(1) ETC 系统专用标志

根据道路交通标志、标线的设计规范,ETC 系统专用标志可分为三类,即禁令标志、指示标志和指路标志。

禁令标志表示禁止非 ETC 车辆驶入 ETC 车道,设置在车道入口处,当非 ETC 车辆误入 ETC 车道时,采用可变标志来提醒驾驶员改变路径。

指示标志是用于指明 ETC 车道和非 ETC 车道的标志。

指路标志是用于表明或预告前方 ETC 收费车道的位置、距离等的标志。

指示、指路标志底色与高速公路交通标志统一,文字采用绿色,符号采用白色,采用 ETC 专用符号和文字,文字力求简洁、明确、通俗。标志设置形式可分为门架式、悬臂式和路侧式。

(2) ETC 系统专用标线

车道分界线用来分隔同向行驶的交通流,一般用白色虚线。全 ETC 车道之间、人工车道与 ETC 车道之间均划车道分界线。车道边缘线用来表示车行道的边线,一般用白色标线。高速公路、一级公路和城市快速路,应在路缘带内侧画实线边缘线。收费岛内侧画实线边缘线。收费站前是否还需要划设减速标线,需要根据 ETC 车道数量、位置等情况而定。

(3) ETC 系统信号提示

入口车道信号灯用于指引车辆停止或通过,设在收费岛、自动栏杆附近,有红、绿两种信号。出口车道信号灯用于指引车辆停止或通过,设在收费岛、自动栏杆附近,也有红、绿两种信号。入口雨棚信号灯用于告知车辆可驶入的车道,一般设在行车道垂直上方的雨棚上。

(4)通行费显示器

用于告知车辆应缴纳的通行费金额以及车辆的车型、车牌号等相关信息。一般设在收费亭侧壁或车道信号灯前方，在 ETC 收费系统中，由于车辆通过速度较快，通行费显示器可不设置。

## 二 车道控制子系统设计

与人工收费系统一样，电子收费系统也需要车道控制系统这样的执行机构来保障顺利收费。车道控制子系统是 ETC 系统中心单元之一，按功能可划分为自动车辆识别系统、自动车型分类系统、逃费抓拍系统、交通控制设施以及车道控制计算机系统。其中交通控制设施包括车道指示灯、自动栏杆、感应线圈、信息显示牌等，为实施正常收费提供诱导和对违规行为进行强制性管理。自动车辆识别系统、自动车型分类系统和逃费抓拍系统是车道控制子系统中的重要构成部分，它们与车道控制计算机系统密切相连。车道控制计算机系统利用这三个重要子系统协调交通控制及信号系统，完成不停车收费。

在封闭式收费系统中，ETC 车道分入口车道和出口车道。

### 1. 入口车道功能

(1)引导 ETC 车辆驶入正确的 ETC 收费车道。

(2)检测车辆到达。

(3)唤醒 AVI 系统进入工作状态，向电子标签写入入口车道信息。

(4)对合法 ETC 车辆亮绿灯放行。

(5)对非 ETC 用户(包括黑名单用户)亮红灯提示需转到人工收费车道。

(6)车辆检测器计数。

(7)生成入口车道过车信息并上传至收费站管理子系统。

### 2. 出口车道功能

(1)引导 ETC 车辆驶入正确的 ETC 收费车道。

(2)检测车辆到达。

(3)唤醒 AVI 系统进入工作状态，读取电子标签中的用户信息和入口车道信息。

(4)唤醒 AVC 系统进入工作状态，进行自动车型判别，并进行车型核对。

(5)对合法 ETC 用户，生成完整的收费记录并存入车道控制计算机，给车辆放行指示。

(6)对非法 ETC 用户，生成违章记录并存入车道控制计算机，同时启动 VES 系统，对违章车辆进行车牌抓拍，以便事后处理，若有需要，还可启动自动栏杆等交通控制设施予以拦截，进行现场处理。

(7)车辆检测器计数。

(8)向用户显示有关收费状态信息。

(9)将收费记录信息上传至收费站管理子系统。

开放式收费系统中的车道功能类似于封闭式系统的出口车道功能,只是不需要读取入口车道信息,而是直接查表生成收费记录。

## 三 电子收费系统后台设计

### 1. 收费站管理子系统

收费站通常有多条电子收费车道和半自动收费车道,所生成的数据也分属两类。除了装备在车道的收费设施外,收费站还需要一套计算机网络(局域网)用来采集和分别处理、上传这些车道数据,称为收费站管理子系统。

收费站管理子系统的功能为:

(1)实时采集来自所有不停车收费车道和人工收费车道的收费交易记录,经核验后存入本地数据库。

(2)实时采集违章车辆图像并暂存。

(3)汇总各车道的原始数据文件(含违章车辆图像),整理、打包、分时传送给管理公司。

(4)接受管理公司中央管理系统下传的客户电子标签黑、灰名单并转发给车道控制机。

### 2. 管理公司管理子系统

每一条独立经营的公路背后都会有一家负责收费工作的管理公司,管理公司管理子系统负责采集有收费站管理系统汇集的车道收费数据信息和财务文件,对ETC收费数据和半自动收费数据进行整理和汇总。整理完毕的ETC收费数据清单将被转发给收费结算中心,共同处理路网区域收费中该公司承担的工作和结算应分享的费额,并请求支付。

管理公司管理子系统具体功能为:

(1)分时采集各站暂存的数据,进行整理,对车道控制机无法处理的违章记录进行处理。

(2)汇总各站的原始数据并进行加工,编辑成所需要的数据文件,统计和打印各种数据。

(3)向收费结算中心上传加工后的数据文件,要求支付。

(4)接收收费结算中心下传的黑、灰名单,转发给各收费站。

### 3. 收费结算中心管理子系统

收费结算中心掌握全系统的收费数据信息,是整个ETC系统的中枢系统,负责重要的资金结算工作。ETC 给用户带来的最大好处是可以持卡在区域路网的任何道路行驶而无须停车缴费。在电子收费系统中,收费交易并不是在收费亭完成,因为它不是现金交易。由于用户购买电子标签后会在若干条道路上使用,而这些道路可能属于不同的管理公司,所以需设立专门的结算中心来集中管理通行费账目和给管理公司划拨资金。

结算中心应统一核准各管理公司的数据,算出每一位用户应缴付的费额,以便从其账户中扣除。同时,需要计算一定时间内(如 8h、12h 或 24h)在某管理公司管辖道路通行的所有用户应缴付费额的总数,将此金额拨付给该管理公司。结算中心一般不负责与 ETC 用户直接打交道,关于资金的管理和划转也是委托银行来进行。另外,根据账户资金生成无效的车载电子标签清单,下传给管理公司中央管理子系统。

结算中心管理子系统具体功能为:

(1)接收各管理公司上传的数据文件。

(2)计算一定时间内正常通行时各用户的通行资额和各管理公司应收入的通行费总额。

(3)对跨公司的异常通行做出判断和处理,如有入口无出口或有出口无入口信息的车辆等。

(4)汇总正常和异常两种情况下用户应付金额和各管理公司应得金额的数据文件并传给银行。

(5)接收和转发黑、灰名单。

### 4. 银行管理子系统

ETC 缴费属非现金交易,采用预付和记账两种方式。预付方式要求用户登记使用 ETC 时交付一笔开户费,它包含标识卡的成本费和预付通行费。用户每在 ETC 路网上通行一次,就会从用户账户中扣除一定金额;当账户余额不足时,会通知用户补充资金。记账方式是定期算出应缴费额,用户一次交清。这种方式使管理公司需承担坏账风险。由于 ETC 的实质是通行费不在公路现场和通行时刻用现金支付,而是选择另一个时间和地点支付,因此用户的资金和账目也需要一个单位进行管理,银行是理想单位。

银行管理子系统具体功能为:

(1)为 ETC 用户和管理公司建立和维护资金账户。

(2)接收各管理公司传来的数据文件,更新用户和管理公司账号资金。

(3)生成 ETC 的黑、灰名单,将灰名单传送客户服务中心,黑名单传送各管理公司。

### 5. 客户服务中心管理子系统

虽然结算中心掌握全系统的收费数据信息,但它的主要任务应是资金结算。而为用户提供直接服务功能的一般是客户服务中心管理子系统。也就是说客户服务中心可能代理部分结算中心与 ETC 用户直接打交道的工作。譬如对申领或购买车载电子标签的用户进行登记和审核,向用户发放电子标签,接受用户的挂失和注销申请等。客户服务中心的数据来源是唯一的。客户服务中心直接面向用户,发达的客户服务网络是提高用户对 ETC 系统认可度的重要条件。

客户服务中心管理子系统具体功能为:

(1)代理用户申办标识卡手续,向用户发放标识卡并对其做初始化操作,将电子标签粘贴在前挡风玻璃上。

(2)编制用户资金账号,连同收入资金一并存入银行。

(3)按照所收到的灰名单,及时通知用户补交金额。

(4)向用户提供消费明细账查询、资金补充和打印服务等。

后台可以将结算中心、银行和客户服务中心建成三个独立单位,也可以让银行兼职三者。银行既有开展此种业务的潜力和丰富的金融财务经验,又有面向广大客户的服务网点,事半功倍。它还可减少 ETC 的复杂性,减轻管理公司的操作难度和管理负担,便于公司集中精力开拓 ETC 市场。

## 四 电子收费系统计算机网络设计

### 1. 计算机网络拓扑

电子收费系统计算机网络是由若干局域网组成的广域网,网络拓扑结构如图 2-6-7 所示。局域网为各子系统内部设备互联,如收费站有多条收费车道,这些车道控制机与收费管理子系统的服务器就可连接成"星型"拓扑结构以太网;广域网为各子系统之间互联,如管理公司与收费站和结算中心间的连接。广域网可利用 Mem 通过公用网(电话网等)或经路由器接入 ISDN 等公用网络实现,也可通过半自动收费系统已建立的光纤专用网实现。在收费站局域网中,由于要求工作站实时传送过车记录,对数据的传送量和传送速度的要求较高,因此建议局域网采用百兆或千兆以太网。收费系统的网络操作系统可采用 Unix、Linux、Windows NT、Windows NT Workstation 等;收费结算中心局域网操作系统宜采用 Unix、Linux 等;工作站操作系统采用 Windows 系统,以保证从车道控制机到收费管理中心工作站都有统一的操作平台和 Windows 操作界面,工作站网络软件采用与 Microsoft 完全兼容的软件。

构造广域网要充分利用已有设备的潜力,要从多方面考虑网络的安全性,要兼顾多媒体传输的可靠性、扩展性和冗余能力等,应该选择开放性强的通信协议。

### 2. 专用软件要求

ETC 专用软件既有财务性的大型数据库,也有与公路交通紧密相关的大型数据库。前者已在银行广泛使用,有成熟的软件可供参考;后者则与当地的交通有关,需要慎重对待。在制订后者的技术方案时有几点须注意:

(1)各层次各单元子系统的功能、职责必须划分清楚,接口规定具体。

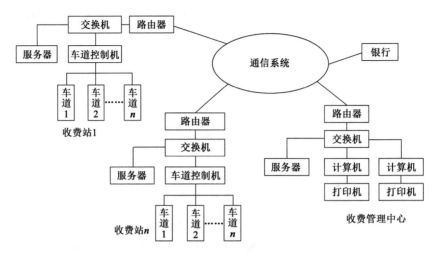

图 2-6-7　电子收费系统计算机网络拓扑结构

（2）对于具体路网，通行收费的异常情况类别、各类别出现的概率、对各种异常通行的处理办法应明确。

（3）数据采集周期，黑、灰名单编制和下发的周期和时间应该符合实际。

# 本篇参考文献

[1] 王建军,宋平兴,吴宜崧.高速公路管理设施系统设计理论与方法[M].北京:人民交通出版社,2008.

[2] 中华人民共和国交通运输部.收费公路联网收费技术标准:JTG 6310—2022[S].北京:人民交通出版社股份有限公司,2021.

[3] 徐宏科,赵祥模,关可.高速公路收费系统理论及应用[M].北京:电子工业出版社,2003.

[4] 刘伟铭,王哲人,郑西涛.高速公路收费系统理论和方法[M].北京:人民交通出版社,2000.

[5] 广东省交通运输厅.关于印发《广东省交通集团高速公路收费站服务标准化操作指引》的通知:粤交集经〔2022〕112号[R].2022.

[6] 交通运输部.公路网运行监测与服务暂行技术要求:交通运输部2012年第3号公告[M].北京:人民交通出版社,2012.

[7] 广东省交通运输厅.关于印发广东省高速公路有限公司高速公路营运管理标准化手册:粤高路营〔2021〕50号[R].2021.

[8] 广东省交通运输厅.广东省交通集团收费站保畅通优化工作指引:粤交集经〔2021〕153号[R].2021.

[9] 交通运输部.收费公路联网收费运营和服务规程(试行)[S].2019.

[10] 广东省交通运输厅.收费公路联网收费运营和服务规程补充细则(广东试行)(2020)[R].2020.

[11] 交通运输部.交通运输部 公安部关于治理车辆超限超载联合执法常态化制度化工作的实施意见(试行)(交公路发〔2017〕173号)[R].2017.

[12] 广东省交通运输厅.收费公路联网收费运营和服务规程稽核业务补充细则(广东试行)[R].2020.

[13] 交通运输部办公厅,农业农村部办公厅.关于印发高速公路跨区作业联合收割机(插秧机)运输车辆预约通行业务规程(试行)的通知.交办公路函〔2019〕1905号

[R].2019.

[14] 李大鹏.高速公路通行费收缴管理[M].南京:东南大学出版社,2001.

[15] 段丽缓.高速公路收费管理应用[M].北京:现代出版社,2016.

[16] 汪勇.高速公路收费管理标准[M].北京:人民交通出版社,2014.

# 第三篇

# 车辆通行费收费员职业技能等级认定实务

根据《公路收费及监控员国家职业技能标准（2022年版）》的职业技能认定要求，为了提高高速公路收费员的技能水平和业务能力，满足其参加国家职业技能等级认定考核培训的需要，本篇对高速公路收费员的职业技能认定培训的相关知识及要求进行了系统性的介绍。内容涵盖了五级（初级工）、四级（中级工）、三级（高级工）收费员的职业功能、工作内容、技能要求和相关知识要求，并且列举了各等级收费员的职业技术技能认定考核要点，以期为从业人员提供一份全面的学习指导与业务工作指南。

作为广东省高速公路收费及监控员职业技能培训教材，本篇以广东省现行的高速公路收费管理的工作内容、技术方法、作业流程，以及广东省现行普遍应用的收费系统等相关计算机软件平台为主要内容进行介绍。

# 第一章 通行介质、现金管理

通行介质是车辆通行收费公路时用于记录车辆通行信息的凭证，包括电子通行介质和纸质通行介质（即纸质通行券），电子通行介质又包括OBU、ETC卡（与OBU配套使用时）、复合通行卡（CPC卡）。本章主要介绍复合通行卡、纸质通行券及现金管理。

## 第一节 复合通行卡管理

### 一、通行介质一般规定

（1）部联网中心对全网通行介质的入网、应用、核销等进行全生命周期的管理，保障联网收费运营秩序。

（2）各省中心应组织对入网的电子通行介质进行入网检测，应包括规范符合性、协议符合性、功能符合性、设备兼容性、环境适应性、实际系统综合测试以及其他功能和性能测试等。

（3）收费公路经营管理单位应有效开展CPC卡管理工作，确保收费业务正常运转。

（4）通行介质与车辆一一对应，单次通行应基于同一通行介质。

（5）通行介质发行应符合相关标准和规则。OBU和ETC卡由发行服务机构发行，CPC卡、纸质通行券由各省中心组织发行（印制）。CPC卡和纸质通行券版面均应由交通运输部统一设计。

（6）联网区域内用户车辆、OBU和ETC卡一一绑定，即一车一标签一卡。发行服务机构为用户办理ETC发行和涉及车辆信息变更、OBU/ETC卡恢复等售后业务时，应通过发行认证和监管平台进行车牌唯一性验证，并实时上传发行数据。

（7）相关参与方应监测通行介质使用情况和通行量变化情况，应对电子通行介质电量、质量、交易成功率等关键指标进行监测。

（8）相关参与方投入路网使用的 CPC 卡，质保期应不少于 5 年。

## 二 复合通行卡相关定义

### 1. 复合通行卡（CPC 卡）

复合通行卡（CPC 卡）是集 5.8GHz 和 13.56MHz 通信功能于一体，具备车辆入口信息、路径信息和计费信息等读写功能，在收费站入口车道发放给车辆、出口车道收回，可重复使用的电子通行介质。

### 2. 通行介质核销

通行介质核销是指对通行介质进行核实注销，使其无法在路网使用。

### 3. 管理基数

以各省首批采购入库 CPC 卡数量为初始管理基数，并根据运行过程中补充采购、丢失、损坏等情况进行增减。管理基数是 CPC 卡跨省调拨的一个重要依据。

### 4. 卡箱

卡箱是指用于储存和运输 CPC 卡的容器。

### 5. 静态库存

静态库存是指每个自然日结束时各级卡管理机构的 CPC 卡结存数量。

### 6. 动态库存

动态库存是指当前时间各级卡管理机构的 CPC 卡数量。动态库存以前一日静态库存为基数，根据发放、回收和调拨等数据进行增减。

### 7. 库存盘点

库存盘点是指各级卡管理机构对仓库内的 CPC 卡进行清点并核对，核对不符的应进行盘盈盘亏登记。

### 8. CPC 卡丢失

CPC 卡丢失是指用户在出口收费站停车缴费时未能交还 CPC 卡造成的 CPC 卡数量减少的情况。

### 9. CPC 卡流失

CPC 卡流失是指在日常运营中除 CPC 卡丢失之外的原因造成 CPC 卡数量减少的情况，主要包括系统中有入口但无出口流水确认等卡流失情况。

### 10. 长卡

长卡是指收费员实际收到的 CPC 卡数多于原始收费数据的统计结果所产生的 CPC 卡数量差额的情况。

**11. 短卡**

短卡是指收费员实际收到的 CPC 卡数少于原始收费数据的统计结果所产生的 CPC 卡数量差额的情况。

**12. 坏卡**

坏卡是指无法读写、表面严重破损的 CPC 卡。

## 三 复合通行卡基本知识

**1. 管理参与方**

全国 CPC 卡营运管理分层级实施，一般情况下管理机构分 4 级管理，以广东为例，从上到下分别为部联网中心、省中心、路段公司、收费站。

**2. 参与方职责**

部联网中心：对全网 CPC 卡的入网、应用、核销等工作进行全生命周期管理，指导全网 CPC 卡调拨；监控和评价全网 CPC 卡使用情况；发现、处理运营中出现的异常情况。

省中心：负责组织省内 CPC 卡的采购、发行、调拨、核销等运营工作，监控和评价省内 CPC 卡使用情况，并配合部联网中心共同开展 CPC 卡管理工作，确保 CPC 卡使用满足本省收费业务需要。

路段公司：按照相关政策标准、规范、细则开展 CPC 卡使用和管理工作，配合部联网中心、省中心完成 CPC 卡管理工作，确保收费业务正常运转。

收费站：负责收费站内 CPC 卡日常使用、调拨和管理工作，配合部联网中心、省中心及路段公司完成 CPC 卡管理工作，确保收费业务正常运转。

**3. 基础信息管理**

省中心负责本省内各级卡管理机构基础信息管理，按部联网中心要求进行报备，并做好通行介质管理平台基础信息维护。为确保调拨工作顺利开展，省中心应确保通行介质管理平台中卡管理机构的基础信息完整、准确。

部联网中心负责建立各省中心通行介质管理平台用户账号，省中心负责建立本省内各级卡管理机构通行介质管理平台用户账号和组织机构。

**4. 入网管理**

CPC 卡入网工作包括 CPC 卡采购管理、发行管理和入库管理等。由部联网中心根据丢失卡和流失卡等情况定期核定应补充的 CPC 卡数量，省中心组织省内 CPC 卡采购工作，并在 CPC 卡流通使用前应做好入网管理工作。

（1）采购

省中心组织 CPC 卡采购工作，并在 CPC 卡生产供货前通过通行介质管理平台向部联网中心提出 CPC 卡号段申请。供应商要严格按照部联网中心分配的号段及对应箱号进行 CPC 卡装箱,并在箱体表面清晰标注箱号及箱内卡号段。

(2) 发行

省中心负责组织 CPC 卡发行工作。发行时应确保 CPC 卡的表面序号和卡内逻辑序号一致、发行文件正确。委托具备资质的第三方检测机构对采购的 CPC 卡进行入网检测,入网检测应包括规范符合性、协议符合性、功能符合性、设备兼容性、环境适应性、实际系统综合测试以及其他功能和性能测试等。

(3) 入库

CPC 卡采购、发行完成后,省中心组织检查厂家到货清单格式是否正确,并将到货清单导入通行介质管理平台,完成入库操作。如发现因厂家到货清单格式与通行介质管理平台提供样表不符或清单内容有误等无法导入情况,应要求厂家进行调整。

**5. 运行业务**

(1) 全网的 CPC 卡运行业务应通过通行介质管理平台开展,包括调拨、盘点、坏卡登记、装箱、拆箱、赔付及归还等。

(2) 各级卡管理机构应配备相应的管理人员,负责 CPC 相关管理工作。

(3) 无法读写或电量低于 8% 的 CPC 卡不得进行调拨或在车道发放。

(4) 车道不得发放无入口信息或预先写入信息的 CPC 卡。

(5) 各级卡管理机构均应以卡箱为单位进行 CPC 卡管理(车道应用除外),每个卡箱容量不宜超过 500 张且为整百数。

## 四 复合通行卡操作管理

### 1. 车道使用

(1) 工作要求

① CPC 卡由入口 ETC/MTC 混合车道发放,出口 ETC/MTC 混合车道回收,发放时严格遵循"一车一卡"原则及收费业务要求。

② CPC 卡管理应基于部联网中心通行介质管理平台开展。

③ 相关参与方应采取有效的管理方法和技术手段,提高 CPC 卡周转速度和使用效率,注意防止 CPC 卡流失。

④ CPC 卡丢失或损坏应收取工本费,由出口收费站按当地标准执行并专项用于 CPC 卡采购。工本费标准由各省(区、市)按相关规定确定并公开。

⑤ 部联网中心负责 CPC 卡跨省调拨工作,各省中心负责本省(区、市)CPC 卡调拨工作。CPC 卡调拨时应综合考虑调拨距离、数量、时间等因素,按照"高效低耗"原则开展,其中跨省调拨应以各省(区、市)路网投卡量为参考基数。

⑥CPC卡调拨可由需求方申请,也可由部联网中心或省中心根据路网CPC卡使用情况发起。

⑦各省(区、市)原则上应在省界附近设立CPC卡库房,CPC卡跨省调拨由调出省份负责运至省界附近的库房,需求方由省界附近的库房领取运回,在运输过程中应采取有效措施保障CPC卡安全。

⑧CPC卡调出方应确保卡片可用,坏卡和电池电量低于8%的卡不应调出。

⑨相关参与方应做好CPC卡的库存管理,严格出、入库流程。

⑩各省(区、市)应根据本区域通行量增长和新开通联网路段等情况追加CPC卡投放数量,保障路网正常运营。追加CPC卡投放数量应遵循入网管理流程。

⑪部联网中心定期组织各省(区、市)核算CPC卡全路网补充量和各省(区、市)分摊数量,并明确投放。

⑫CPC卡流失由责任方省份负责补充,无法明确责任方的由各省(区、市)分摊补充,具体办法由部联网中心组织明确。

⑬在质保期内的CPC卡如需维修,由原采购方负责。

(2)基本流程

①入口收费员上班前领用CPC卡,并在车道进行发放,下班时归还剩余未发放的CPC卡及其他异常卡给本班班长。

②收费员应核对车辆号牌全牌照信息,录入车型,发放CPC卡。对临时车牌车辆,收费员应人工核对后手工输入车辆号牌全牌照和车型信息,发放CPC卡。

③收费工班交接时,将本班结存的可正常使用的CPC卡转交给下班次,并做好交接记录。

**2. 坏卡管理**

(1)工作要求

①各级卡管理机构不得发放无法读写或电量低于8%的CPC卡,并将此类卡登记上交。

②收费公路经营管理单位按省中心通知要求做好坏卡置换工作,并将坏卡及时上交所属省中心,由其负责坏卡检测、送修、核销、无害化处理。

③省中心应及时维修或等量置换维保期内的坏卡,并为新卡申请卡号,进行发行、入库、投入流通。

(2)基本流程

①车道收费员发现坏卡,上交至收费站进行初步检测,初步检测卡片正常的可重新投入流通。若确认为坏卡,将坏卡登记并上交。

②收费公路经营管理单位收集坏卡并上交至省中心进行坏卡分拣、存放,由采购方省中心负责开展修复、赔付或补充采购工作。

（3）注意事项

人为产生的坏卡应按赔付卡流程进行处理。

### 3. 追回卡管理

（1）工作要求

收费站负责灰名单车辆的拦截和丢失卡的追回、检测工作。

（2）基本流程

①收费站发现灰名单车辆，应对驾驶员进行询问，追回丢失卡并进行登记。

②收费站对追回卡进行检测，经检测为正常卡，重新投入流通。经检测为坏卡，进行坏卡登记。

（3）注意事项

进行卡追回业务处理时，应登记丢失卡的卡号。

### 4. 使用节点

（1）入、出库

①卡片入库发生于 CPC 卡发行、调入、盘盈、追回、出口回收等库存增加的业务。

②卡片出库发生于 CPC 卡调出、坏卡送修、核销、盘亏、入口发放等库存减少的业务。

（2）领用与归还

①定义。

领用：收费员从收费站库房仓领用卡箱及卡，并在车道进行发放，在领用过程中箱子自动拆箱为车道仓散卡，箱子状态改为空箱。

归还：将车道仓已经装卡的箱子归还到收费站库房仓内。

②操作步骤。

a. 领用。

登录通行介质管理平台站级管理账号，在"站内卡领用归还"功能板块下进入领用界面。如实填写领用人、领用日期及领用工班等信息，并进行选箱操作，确定领用数量无误后点击"领用"按钮完成领用操作。

b. 归还。

在进行归还操作前，收费员应把车道运作需求外的 CPC 散卡先逐张进行"装箱"操作。登录通行介质管理平台站级管理账号，进入"站内卡领用归还"功能板块。如实填写归还人、归还日期及归还工班等信息，并进行选箱操作，确定归还数量无误后点击"归还"按钮完成归还操作。

（3）发放

①入口发放的 CPC 卡主要有上一班移交和向 CPC 卡管理员领取两种来源。

②入口收费员需记录当班期间 CPC 卡的使用情况，包括但不限于上一班移交数量、

领用数量、发出数量、归还数量及移交下一班数量等。

③入口收费员下班交接后,应计算当班期间实际发出 CPC 卡数量(计算公式为:实际发出数量＝领取数量＋上一班移交数量－归还数量－移交下一班数量),并与 CPC 卡管理人员核对,分析不相符原因。

④入口使用自助发卡机的,由当班管理员参照人工发卡要求做好相关数据记录。交接时应复核自助卡机程序界面显示卡数与实际是否一致。对于卡机卡卡、读卡不成功等故障,可通过操作卡机管理键盘进行排查和恢复,必要时可切换为人工发卡模式。

注意:CPC 卡管理人员核对数量时应根据实际情况剔除入口特殊情况导致带回交 CPC 卡管理员处理的异常卡。

(4)回收

①收费站回收的主要是驾驶员通行高速公路时在入口领取的 CPC 卡。

②出口回收 CPC 卡,要先把驾驶员交回的 CPC 卡放在读卡器上读取驾驶员通行信息,计算路费,待收费流程完成后,再把卡移开开始下一车的操作。

(5)调拨

①调拨要求。

a. CPC 卡调拨分级管理,由上一级机构负责下级机构的调拨审核工作。卡调拨可由需求方申请,也可由上级机构直接下发调令。

b. CPC 卡调拨时应综合考虑调拨安全、距离、数量、时间等因素,按照"高效低耗"原则开展,其中跨省调拨应以各省管理基数为参考。

c. CPC 卡调拨应精确到卡,保证卡明细与实物卡一一对应,并通过通行介质管理平台进行调拨操作,确保库存数据真实准确。跨省调拨应以 500 张/箱为单位开展。

d. 调出方应在上级机构指令发出后 24h 内响应,与调入方完成沟通,指定调出仓库,落实调拨工作事宜。

e. 接收方应及时到达调出方仓库,进行实物卡交接,调拨指令发布后 2 个自然日内完成出库交接,并核对数量入库。

②调拨步骤。

a. 调拨申请。下级机构打开调拨管理下的调拨申请页面,输入申请调拨数量、预计调拨日期后提交,等待上级机构审核。

b. 调出确认。上级机构审核后,通过系统选择可以调出的机构下发调出指令。调出机构按照指令要求执行。

c. 接收确认。调出机构在收到调拨指令后,在调令管理界面选择接收机构接收,并联系接收机构并向其告知系统生成的取件码。

d. 调拨完成。调出机构在收到接收机构接收确认信息后,通过系统选择调出箱号调出,并等待对方上门交接实物。

#### 5. CPC 卡盘点

(1) 日盘点

各收费站每个自然日中午 12 点前对前一自然日的 CPC 卡库存数量进行清点并在通行介质管理平台上登记,形成日盘点结果。

(2) 月盘点

各收费站每月最后一周第一个工作日完成 CPC 卡的月盘点。月盘点应对收费站仓库内所有 CPC 卡进行逐张读卡清点,并对散卡进行装箱。当月封箱的 CPC 卡可不进行拆箱清点。

(3) 异常卡处置

①入口异常卡。

入口异常 CPC 卡主要表现为不可读、发行属地无效或电量低于 8% 等,由收费系统自动识别,该类卡不发出,由收费员登记后带回交 CPC 卡管理员处理。

②出口异常卡。

出口异常 CPC 卡主要有车牌不一致、车型不一致、无入口信息、入口时间超时、无效入口站编码、CPC 卡发行属地无效、丢卡、损坏卡、锁卡等情况,收费员根据实际情况,按《收费公路联网收费运营和服务规程(2020)》处理。

## 第二节　纸质通行券管理

### 一　纸质通行券基本知识

#### 1. 纸质通行券定义

纸质通行券是指收费站所有入口车道出现系统故障时或重大节假日小型客车免费通行过渡期间,发放给车辆临时作为通行高速公路的通行计费凭证使用纸券。

#### 2. 纸质通行券印制要求

(1) 纸质通行券由各路段自行印制,纸质通行券版面由交通运输部统一设计,样式如图 3-1-1 所示。

(2) 纸质通行券印制说明如下:

①入口路网号为 4 个字符,入口站码为 4 个字符(HEX 值),编码规则应遵循《收费公路联网收费技术要求》(交通部 2007 年第 35 号公告)。

②二维码信息为入口路网号与入口站码,共 8 个字符,如 32013C0F,出口可扫码读取。

# 第一章 通行介质、现金管理

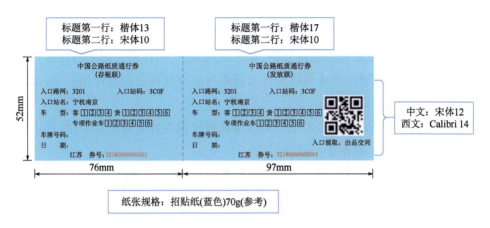

图 3-1-1 纸质通行券版面样式

③券号：省级行政区划代码（2位）+年份（2位）+序号（10位），后10位由各省自行编制，确保券号唯一性。

## 二 纸质通行券使用管理

### 1. 纸质通行券使用规定

（1）各路段做好本路段内纸质通行券管理工作，确保纸质通行券满足本路段收费业务需要。

（2）纸质通行券用于收费站所有车道出现系统故障的紧急情况。

（3）入口发放纸质通行券时，应加盖日期章，填写车型、车牌号码等内容，并做好特情记录。

### 2. 领取纸质通行券

（1）纸质通行券是收取通行费的补充凭证，统一印发，并在通行介质管理平台报备。

（2）根据收费站的纸质通行券使用情况及时领取，领用后应做入库登记。

### 3. 根据现场特殊紧急情况对是否使用纸质通行券做出判断

（1）根据各站车流情况，向收费站发放一定数量的纸质通行券，发至各入口车道，入口发卡员需按顺序使用，不得跳号。

（2）收费站遇系统故障或通行卡不足等情况需要使用通行券时，由中心站上报省中心，在获批复后下达发放纸质通行券指令。记录发放时间，同时通过通行介质管理平台完成发放纸质通行券的报备工作。

#### 4. 纸质通行券发放流程

（1）路段纸质通行券使用前须向省中心申请，申请内容应包括但不限于发放时间、发放原因、发放站点、发放纸券起始号码、预计发放数量、预计结束时间等信息。省中心审批同意后，同步通过通行介质管理平台向部联网中心报备启用和停用情况，部联网中心告知相关参与方。

（2）路段需在使用纸质通行券后三天内形成事件报告并向省中心汇报，再由省中心在两天内汇总情况向部联网中心报备。

（3）纸质通行券必须按一车一券的要求发放，时间的最小单位为"h"。

（4）发放纸质通行券过程中出现重号、缺号或纸质通行券上信息有误时，应作废并重新改发。

（5）收费站入口尽量按纸券编码依次发放纸质通行券，发放结束后，清点发放纸质通行券数量并按要求登记或填报相关报表，同时将发放纸质通行券剩余的存根联与出口回收的纸质通行券交给管理员保管，保存期不少于1年。

（6）入口收费员下班交接后，应计算当班期间实际发放纸质通行券数量（计算公式为：实际发放数量＝剩余第一张纸券号码－发放前第一张纸券号码），并与系统记录数核对，分析不相符原因。

#### 5. 回收、交接纸质通行券

（1）出口收费员遇到驾驶员出示纸质通行券时，按规范收费、回收并加盖注销章。

（2）按省联合电服要求，系统故障排除后，应补录入口流水（输入入口时间及计费金额），出口不用补流水。

#### 6. 对纸质通行券库存进行盘点

收费现场应封存未使用的纸质通行券，并存放在收费亭内摄像机可视范围；票管员应定时对纸质通行券进行盘点并记录。

### 三 热敏打印纸质通行券技术运用

高速公路收费站入口采用热敏技术自动打印入口纸质通行券（图3-1-2、图3-1-3），其操作和正常发卡操作相似，用时约为5s，相较传统发纸质通行券耗时同比降低89%，能有效地提高入口放行效率，保证入口信息的准确性；传统模式下，收费站出口需要在纸质通行券输入时间戳，平均耗时约20s，采用热敏纸质通行券打印平均耗时约13s，耗时降低33%，能有效提高出口通行效率。目前，机打纸券主要用于重大节假日小型客车免费通行过渡期间。采用该技术，能有效提高出口收费准确性及在线计费成功率，减少逃费作弊等行为。

# 第一章 通行介质、现金管理

图 3-1-2 传统纸质通行券样式

图 3-1-3 热敏打印纸质通行券样式

## 第三节 现 金 管 理

### 一、收费现金

**1. 现金通行费**

现金交易是指除 ETC 交易、移动支付交易外的其他交易,包括但不限于现金、银行卡支付等。

**2. 收费备用金**

收费备用金根据不同的需求分为收费员备用金、班长备用金、零钞兑换备用金及应急周转金等类型,款项专项专用。

**3. 现金清点流程**

(1)收费员收取现金通行费金额 = 亭内现金总额 – 备用金 – 驾驶员弃钞 – 驾驶员赔付 CPC 卡工本费。

(2)收费员清点路费现金,需按面额大小顺序整理;在路费投包或存入柜机前,收费班长检查收费箱是否有遗漏路费等情况,双方签字确认无误后,收费员在当班管理人员的监督下将钱投包或存入柜机。

(3)收费员在将钱存入柜机后,将打印出的存款流水单交相关管理人员,对方做好登记及相关资料保存工作。

### 4. 长、短款处理

长款是指收费员当班实际回收的路费金额比应收金额多，短款是指收费员当班实际回收的路费金额比应收金额少。

(1) 收费员在收费过程中发现非找赎失误造成的长、短款，应立即上报监控中心当班管理人员核实，监控中心做好相关记录。

(2) 出现长款情况时，由当班管理人员核实为收费员失误多收的，应主动联系驾驶员退回，无法退还的，由当班管理人员做好记录后与正常路费一并投包。

(3) 出现短款情况时，由当班管理人员核实为收费员失误少收（含误收假币）的，由收费员个人赔付补足。

### 5. 现金押款

收费站现金路费应定期由专业单位押运存行。存放现金路费及押运交接地点须确保在 7×24h 监控范围内。办理交接时，双方必须认真核实对方交接人员身份及证件。

## 二、假币识别

### 1. 识别假币的常用方法

(1) 手感触摸法

人民币 10 元以上券别的图案、花纹、行名均采用凹版印刷，用手反复触摸凹印部位，有凹凸感，而假币则手感平滑，无凹凸感。

(2) 水印观察法

通过迎光透视，真币水印立体感强，灰度清晰，层次分明；假币水印则显呆板、失真、模糊不清，有的假币明显是由无色或有色油墨加盖的。

(3) 底纹线观察法

境外流入的机制一百元、五十元大面额假币，底纹线模糊间断，呈不连续的网点状。真币的底纹线则为光洁、连续的实线。真币纸质坚韧，拉力强，图案清晰，油墨颜色调和，两色之间过渡自然；假币纸质绵软，拉力差，图案花纹线条模糊，油墨颜色或深或浅不协调。

(4) 声音判别法

人民币是用专用特制纸张印制而成的，具有挺括、耐折、不易撕裂等特点，手持钞票用力抖动或用手指轻弹钞票，均能发出清脆响亮的声音；假币纸张则偏薄，发出的声音较沉闷。

(5) 工具检测法

工具检测法是指通过借助一些简单工具和专用仪器识别钞票真伪的方法。如借助放大镜来观察票面线条的清晰度及凹印缩微文字;借助紫外灯光照射票面,观察有色和无色荧光油墨印刷图案,纸张中不规则分布的黄、蓝两色荧光纤维;使用验钞机、点钞机对人民币进行检验等。

其中,验钞机主要从钞票的纸张、印刷、磁性等方面来判断其真伪。点钞机则是利用光学技术、磁性技术等对钞票进行检测,鉴别夹张、重张、连张、残币(缺角、半张)等非正常状态的纸币。

### 2. 人民币相关知识

第五套人民币票面总结见表3-1-1。

**第五套人民币票面总结** 表3-1-1

| 人民币面值 | 100元 | 50元 | 20元 | 10元 | 5元 |
|---|---|---|---|---|---|
| 颜色 | 红色 | 绿色 | 棕色 | 蓝黑色 | 紫色 |
| 尺寸 | 155mm×77mm | 150mm×70mm | 145mm×70mm | 140mm×70mm | 135mm×63mm |
| 正面主景图案 | 采用手工雕刻凹版印刷的毛泽东头像 | | | | |
| 正面团花 | 茶花 | 菊花 | 荷花 | 月季花 | 水仙花 |
| 正面装饰花纹 | 中国漆器 | 少数民族挑绣 | 青铜饕餮纹路 | 中国传统瓷器 | 中国传统建筑装饰 |
| 背面主景图案 | 人民大会堂 | 布达拉宫 | 桂林山水 | 长江三峡 | 泰山 |

### 3. 防伪特征

(1)纸张

真钞纸张主要材料是棉短绒。与一般纸张相比具有纤维长、强度高、耐用等特点。折叠后,真钞在折叠处不会起毛,而假钞在折叠处会起毛。此外,真钞纸张所用材料纯净,没有添加增白剂,因此钞票本身在紫光灯下不会发光。

假钞用的一般是经增白剂处理过的普通纸张,手感较厚,表面平滑,在紫光灯下会有荧光(蓝白色的光)。

(2)印刷

真钞的正背面图案均为雕刻凹版印刷,人物的头发根根丝缕清晰可辨,线条流畅凸立。仔细触摸,能够感觉到凹凸感。

假钞系平印印刷、四色套印,所以图案着墨不匀、纹理不清晰。特别人物的头发是由网点油墨堆积成片,因此发丝无法辨认。假钞纸纹同样是由网点组成,如借助8倍左右放大镜观察,根根直线或曲线变成由一个个小点形成的线,杂乱错落无序。

(3)磁性安全线

真钞安全线具有磁性,可用机器辅助识别,肉眼可见安全线内有缩微文字(限于面额为100元、50元、20元的钞票),文字清晰,间隔有序,线条宽窄一致。

假钞安全线几乎没有磁性,虽也有文字但并不齐整,线有宽窄。由于是手工埋设,纸张皱褶不平,加上塑料质的安全线与纸张伸缩率不同,埋设不伏贴会致使安全线两端多出一段呈银白色的点状线头。

(4)水印

真钞水印是造纸过程中趁纸浆未完全吃水、干燥之前经模具挤压形成,层次过渡自然,富有神韵,图像清晰,立体感强。

假钞水印由手工制作,质量低劣。目前常用的制作方法为揭开纸张的夹层,在其中涂上一层糊状物,再将两层纸一并合压,趁湿润状态把纸垫在刻有图像的凹版上,经挤压而成。手工操作存在误差,可能致使具有水印一端的假钞纸张发皱不平。

(5)正背互补对印

真钞的正背互补对印图案是由印钞专用设备正背面同时,印刷一次完成。正背面的互补对印图案在透视条件下完全吻合,准确无误。

假钞采用平印印刷,正背面分两次操作,对印图案往往不能吻合,加上纸张的伸缩,对印偏离较大,如对印图案上下错位,图案间距宽窄不一或叠压等。

(6)无色荧光油墨

在紫外光下,真钞左上角显现出一矩形框"100/50/20/10/5"字样,发出强亮的橘黄色荧光。

在紫外光下,假钞左上角同样有荧光反映,但颜色浓度、荧光强度均相差甚远,黯淡无色。如发现荧光有异,可与真币进行对比。

(7)光变油墨

新钞正面左下角有"100/50/20/10"字样,是用光变油墨印制的(新版5元无此设计),正常视角观察为草绿色,直观或平视都呈现蓝黑色。视角改变过程中色彩渐变。

假钞制作时,由于无法得到这种特别的光变油墨,只得用草绿色油墨印刷"100/50/20/10"字样,不会变色。

(8)隐形数字

新钞右上角在"100/50/20/10/5"字样下端团花装饰内有"100/50/20/10/5"字样隐形数字,从右端横向平视钞票时清晰可见,字样系由规律性线条组成,用雕刻凹版印刷,直视或平视时产生不同视角效应(1999/2005版)。

假钞因是平印印刷,线条由网点组成,平视没有"100/50/20/10/5"隐形字样。

(9)号码

真钞的号码是计量数字,没有重号,而且字形工整、标准,墨量、颜色、压力均匀一致,质量好。真钞号码采用凸印印刷,号码部位的背面有压痕。100元、50元为横竖双号码,横号为黑色,竖号100元为蓝色、50元为红色(1999版)。

假钞号码的特点是:号码数字多相同,字形不标准,颜色深浅不一致,由于是平印印刷,背面无压力痕迹。

（10）磁性油墨

真钞正面左下角采用双色横号码（两位冠字、8位号码），具有磁性，可用机器辅助鉴别。

# 第四节　票据业务处理

## 一、票据基本知识

高速公路车辆通行费票据一般分为纸质票据和电子票据2种。

### 1. 纸质票据

纸质票据主要包括电脑打印发票、定额手撕发票，除正常使用的纸质票据外，还存在以下几种情形：

（1）废票：是指版面内容残缺（例如没有金额或没有套印印章等）及旧版过期作废的和盖上废票章的票据等，包括有金额废票与无金额废票。有金额废票是指已经电脑收费操作，票面有路费金额显示但其他信息不全、由于各种原因损坏的电脑发票。无金额废票是指票面因异常无路费金额显示的电脑发票，如未作电脑收费操作打印的发票、测试发票等。

（2）弃票：指当班当次之前开出的，而驾乘人员不要或丢弃的有效发票。

（3）假票：指私自印制、伪造变造、非营运单位所使用的票据。

### 2. 电子票据

电子票据主要包括高速公路联网收费专用电子票据和现金通行费电子票据。

收费方应参照《收费公路通行费增值税电子普通发票开具运营和服务规则》相关要求向用户提供通行费票据，确保发票开具服务一致性。

同时，发行服务机构应在用户完成充值后实时上传充值发票基础数据。

此外，2024年3月1日起，全国高速公路陆续推广现金通行费票据电子化应用。车主在通过MTC混合车道使用现金缴费后，不再领取纸质通行费发票，可通过全国收费公路通行费电子发票服务平台申请开具电子发票，实现无纸化通行。启用通行费发票"纸改电"，不仅可以减少纸张浪费和碳排放，减少管理方对票据的管理成本，也便于车主随时通过平台查询历史通行、发票信息，不必再担心票据污损、丢失造成的报销困难问题。该措施可以提高通行效率，减少车辆在车道等待时间，缓解拥堵现象。

## 二、票据（含电脑发票和定额发票）管理

### 1. 票据的领取

（1）路段运营单位负责票据管理工作，每半年根据营运收费的需要，提前两个月向税务机关申请印制。票据印制完成后交付路段运营单位，负责票据的保管和发放等管理工作。

（2）收费站每月根据票库票据结存量预测下一月份的用量并编制票据领取计划。

（3）收费站票管员领取票据后，返回收费站的途中不得拖延逗留。回到收费站拆包时必须有两人或以上相关人员在场进行清点，确认无误后入库并做好保管、交接和出入库操作。如果在清点中或在使用中发现包装内的票据质量差，数量、面额或号码有误，须及时向管理部门报告情况。

（4）收费车道需要的票据由当值收费班长向票管员领取，填写"票据领用单"，检查电脑发票完好无损之后在收费车道使用。

### 2. 票据的保管

（1）票据的保管必须做到"三专"和"六防"。"三专"即专人、专房、专柜管理，"六防"即防火、防盗、防潮、防鼠、防蛀、防丢失。

（2）负责票库的管理员对已购回的票据质量、数量、面额和序号进行严格验收，确认无误后方可入库。

（3）票据验收入库后须及时造册入账，贴好标签，归类摆放，妥善保存。

（4）票据的领取、使用、结存等情况，要序时进行详细登记，做到账证相符、账实相符、账账相符、账表相符。

（5）票据管理人员或使用票证的收费人员离职或更换岗位时，必须与接管人员办理交接手续，管理负责人监交，并做好交接记录，未办理手续不得离职或更换岗位。

### 3. 票据的使用

（1）领用和发放票据须认真填写相关单据，经发放人与领票人对票据的名称、数量、序号、金额逐项进行核对，确认无误，签字确认后方可发放。

（2）收费人员在收取路费后，向对方付给等额票据。

（3）收费人员不得将废票、弃票、假票作为收款凭证发给缴付路费的驾乘人员。

（4）收费员售出票据时，要从小号码开始依序连号售出，并在发票联版面加盖日期、工号章。在使用时如发现发票跳号、重号、数量不相符，应及时报告管理人员处理。

（5）电脑发票实行一车一票。

（6）收费员上班时在收费亭内对票据使用情况进行交接，下班后记录好使用票号等信息作为入账凭证交相关人员。

## 三 票据账目管理

### 1. 票据结算流程

(1)收费站票据结算流程:票据领取和发放→票据使用→票据核对→票据清查→票据保管→票据核销。

(2)收费员票据结算流程:票据申领→票据保管→票据使用→票据登记→票据核销。

### 2. 票据对账

总账的发出数与明细账的总收入数要相符,账面结存数与实物结存数要相符,实物结存数的种类、数量、号码与账面结存数的种类、数量、号码要相符。

### 3. 结账

(1)月份结账:是以当月发生额计,在摘要栏盖上"本月合计"字样,在月结数字一整行的上端和下端画单红线。结总的数字,不得用红笔书写。

(2)季度结账:是以三个月发生额计,在摘要栏盖上"本季合计"字样,在季结数字一整行的上端和下端画单红线。结总的数字,不得用红笔书写。

(3)年度结账:是以全年发生额计,在摘要栏盖上"本年合计"字样,在年结存数字一整行的下端画双红线。结总的数字,不得用红笔书写。

(4)年度更换新账时要在新账的第一行摘要栏注明"上年结转",在旧账最末一行的摘要栏内盖上"结转下年"字样,结转产生的空白行格应划红线注销。

(5)记账文字及数字应书写清楚,阿拉伯数字书写不能太大,一般应占格距的二分之一以便改正,数(文)字如有错误应区分情况按正确的更正方法进行更正,不得涂改、刮擦、挖补或用褪色药水更改字迹,各种账簿都应连续登记,不得跳行或隔页,如有,应将漏登记的行次或空页划红线注销,或盖上"此行空白""此页空白"字样,并由票管员盖章证明。

# 第二章

# 收费业务

## 第一节 高速公路收费流程及方法

车辆在进入高速公路时在入口收费站领取通行券(卡)，驶出高速公路时在出口收费站上交通行券(卡)，收费系统通过通行券(卡)提取车辆的车型及入口和出口的信息，根据车辆实际行驶路径所经过的计费龙门架分段进行计费，然后进行累加计算，最终得出总的通行费。驾驶员缴纳通行费后驶离高速公路，就完成了高速公路通行费收费的全过程。

### 一 入口车道操作流程

(1)收费员上班前在收费站领取 CPC 卡(原复合通行卡)，到入口车道后刷身份卡或手工输入工号密码，系统验证为有效的身份后，登录入口发卡程序，这时可以对来车进行处理。

(2)给进入高速公路的正常车发放 CPC 卡。

(3)公务车按正常车处理。

(4)对于持有粤通卡的车辆，有 OBU 设备，识别车牌和 OBU 车牌一致后，打开交易天线，自动进行 ETC 车辆交易(若为货车，需收费员判断该车的轴组是否正确，才能进行 ETC 车辆交易)。

(5)对有 OBU 的军车、警车，入口日志提示该卡为军车或警车，不记录流水，直接抬杠放行(特殊车辆，不判断识别车牌和 OBU 车牌是否一致)。

(6)对有 OBU 的应急救援车(消防车)，入口日志提示该卡为消防车，记录流水，抬杠放行(特殊车辆，不判断识别车牌和 OBU 车牌是否一致)。

(7)系统自动记录闯关车的信息。

(8)当完成一个班次的操作后，收费员按【交班】键下班。收费员下班后，系统处于无人值守的状态，如果这时候有车辆进入车道并触发了后线圈，入口车道程序自动把该车记录为"未处理车",触发报警,并把报警信息上传到收费站监控室。

## 二、出口车道操作流程

(1)收费员在出口车道刷身份卡或手工输入工号密码,系统验证为有效的身份后,登录出口收费程序,这时可以对来车进行处理。

(2)对离开高速公路正常缴费的车辆放行。

(3)对有 OBU 的军车、警车,出口日志提示该卡为军车、警车,不记录流水,直接抬杠放行(特殊车辆,不判断识别车牌和 OBU 车牌是否一致)。

(4)对有 OBU 的应急救援车(消防车),出口日志提示该卡为消防车,记录流水,抬杠放行(特殊车辆,不判断识别车牌和 OBU 车牌是否一致)。

(5)对车队免费放行,按【车队】键,栏杆抬起,等待车队全部通过后,按【确认】键,栏杆才落下。

(6)系统自动记录闯关车的信息,并发出报警。

(7)当完成一个班次的操作后,收费员按【交班】键下班,收费员下班后,系统处于无人值守的状态,如果这时候有车辆进入车道并触发了后线圈,入口车道程序自动把该车记录为"未处理车",触发报警,并把报警信息上传到收费站监控室。

(8)在正常情况下,采用 CPC 卡作为通行券(卡),当每个路段出现停电或读写器(或大面积的卡箱)无法读写时,必须把情况上报区域中心,由区域中心通知各路段采用纸质通行券作为通行券,因此,纸质通行券的操作模式只是系统提供的一个紧急预案。

# 第二节 车道业务处理

## 一、出入口操作流程

广东省高速公路联网收费系统目前有多个版本。各版本功能相同,但在使用界面、系统操作流程上有所差异,其对应使用的收费操作键盘也略有不同。本节以广东省交通集团有限公司所属单位使用的收费系统为例进行介绍。

### 1.入口操作流程

(1)发卡上下班流程

①上班流程。

开始→登录收费系统→检查身份信息→电脑信息正常(否,修改)→判别车种与客货→是否免费车(是,免费放行)→判别车型(区分客货)→发放通行卡→结束。

②下班流程。

开始→按【顶灯控制】键→顶棚交通绿灯关闭,红灯亮→按【上/下班】键→按【确认】键→结束。

(2)发卡操作要求

发卡速度:平均单车发卡时间不超过8s。

(3)入口操作说明

①交通运输部路网监测与应急处置中心《关于印发汽车选装ETC车载装置运营和服务规程(试行)的函》(交路网函〔2021〕119号)提出以下要求:

a.选装ETC车辆在入口车道、ETC门架系统和出口车道的操作要求参照ETC车辆,其中,ETC/MTC混合入口车道对选装ETC产品内已成功写入入口信息的车辆,不应再发放CPC卡车辆,避免造成重复扣费;对领用CPC卡的车辆,应利用车道配备的手持终端等设备对其选装ETC产品内的入口信息进行清除。

b.选装ETC车辆在ETC车道无法正常通行时,应及时通过车道配备的手持终端等设备进行特情处置。

c.选装ETC货车列车和半挂汽车列车车辆、大件运输车辆等,在入口车道应将车型、轴数、车货总重、大件运输车辆状态标识(如有)等信息写入选装ETC产品作为计费依据。ETC门架系统依据选装ETC产品内入口信息文件中的车型、轴数和用户类型等信息进行计费。

②根据《关于加强凌晨2时至5时营运客车运行管理的通知》(粤交运〔2016〕610号),在凌晨2时至5时期间,系统自动判断禁止三型以上客车通行,执行入口拒入。如车辆提供"道路客运接驳运输车辆凭证",引导车辆通行ETC/MTC混合车道,如车辆无法提供"道路客运接驳运输车辆凭证",一律拒入。

③根据《交通运输部关于修改〈超限运输车辆行驶公路管理规定〉的决定》(中华人民共和国交通运输部令2021年第12号)、《汽车、挂车及汽车列车外廓尺寸、轴荷及质量限值》(GB 1589—2016)判断通行车辆是否为超限车辆,其中消防车、清障车、混凝土泵车、汽车起重机、油田专用作业车各轴最大允许轴荷不超过13000kg,最大允许总质量不应超过55000kg(即两轴不超过26000kg,三轴不超过39000kg,四轴不超过52000kg,五轴、六轴不超过55000kg)。符合《汽车、挂车及汽车列车外廓尺寸、轴荷及质量限值》(GB 1589—2016)规定的冷藏车、汽车列车、安装空气悬架的车辆,以及专用作业车,不认定为超限运输车辆。

④根据《关于危险货物运输车辆限时禁行高速公路的通告》(粤公规〔2021〕3号)0时到6时危化品车辆禁入,但在广东省范围内为自来水使用、发电生产、城市燃气、加油(气)站、应急航空救援、医用氧等涉及国计民生项目提供保障的危险货物运输车辆,以

及危险货物运输空车不受限时禁行限制。

(4)发卡操作流程

持临时行驶车牌号码应全牌照写入 CPC 卡内,选择"7-临时牌照",车牌颜色写入灰色。

①MTC 客车:开始→车辆压前线圈,车牌抓拍→输入车辆类型(客车)→系统自动识别车牌(如识别失败,重新识别车牌,或选择手工输入全车牌;未挂车牌则按行驶证车牌手工输入全车牌;临时车牌则按临时车牌手工输入全车牌)→输入车型(1~4)→CPC 写卡(取一张 CPC 卡放在读写器天线上写)→写卡成功,生成流水(将车辆入口有关信息写入 CPC 卡,生成入口流水)→将 CPC 卡交给驾驶员→结束。

②MTC 货车:开始→车辆压前线圈,车牌抓拍→人工判断不属于拒入车辆(拒入车辆除超限货车外,还包括载运物遗洒(飘散)车辆、0 时至 6 时危险货物运输车辆、重大节假日危险货物运输车辆等,如属于拒入车辆,按规范要求落实执行不符合车辆的拒入工作)→输入车辆类型(货车)→系统自动识别车牌(如识别失败,重新识别车牌,或选择手工输入全车牌;未挂车牌则按行驶证车牌手工输入全车牌;临时车牌则按临时车牌手工输入全车牌)→输入车型(1~6)→系统称重数据关联,判断未超限(判定是否超限,如超限按规范要求落实执行超限车辆拒入工作)→CPC 写卡(取一张 CPC 卡放在读写器天线上写)→写卡成功,生成流水(将车辆入口有关信息写入 CPC 卡,生成入口流水)→将 CPC 卡交给驾驶员→结束。

③MTC 专项作业车:开始→车辆压前线圈,车牌抓拍→人工判断属于专项作业车→输入车辆类型(专项作业车按两次【货车】键)→系统自动识别车牌(如识别失败,重新识别车牌,或选择手工输入全车牌;未挂车牌则按行驶证车牌手工输入全车牌;临时车牌则按临时车牌手工输入全车牌)→输入车型(1~6)→系统称重数据关联,判断未超限(判定是否超限,如超限按规范要求落实执行超限车辆拒入工作)→CPC 写卡(取一张 CPC 卡放在读写器天线上写)→写卡成功,生成流水(将车辆入口有关信息写入 CPC 卡,生成入口流水)→将 CPC 卡交给驾驶员→结束。

④ETC 客车开始→车辆压前线圈,打开交易天线→系统自动识别车牌→系统判断车辆可以通过(车道系统读取卡签信息,自动判断 OBU 有效性、ETC 卡有效性、是否状态名单车辆、储值卡余额大于零等)→卡面复合消费,写卡签信息(判断 ETC 车辆可以通过的,正常抬杆放行,将车辆入口有关信息写入 OBU)→生成入口流水→结束。

⑤ETC 货车:开始→车辆压前线圈,打开交易天线→系统自动识别车牌→人工判断不属于拒入车辆(拒入车辆除超限货车外,还包括载运物遗洒(飘散)车辆、重大节假日危险货物运输车辆等,如属于拒入车辆,按相关规范要求落实执行不符合车辆的拒入工作)→系统称重数据关联,判断未超限(系统判定货车、专项作业车是否超限,如超限则按相关规范要求落实执行超限车辆拒入工作;系统判断为"集装箱""牵引车"的车辆,现

场人员引导车辆通行混合车道,由人工复核后录入正确的轴数,写入信息放行)→系统判断车辆可以通过(车道系统读取卡签信息,自动判断OBU有效性、ETC卡有效性、是否状态名单车辆、储值卡余额大于零等)→卡面复合消费,写卡签信息(判断ETC车辆可以通过的,正常抬杆放行,将车辆入口有关信息写入OBU)→生成入口流水→结束。

⑥危险货物运输车辆:开始→车辆压前线圈,系统自动识别车牌(如识别失败,重新识别车牌,或选择手工输入全车牌;未挂车牌则按行驶证车牌手工输入全车牌;临时车牌则按临时车牌手工输入全车牌)→人工判断属于危险货物运输车辆→是否在禁行时段(非禁行时段,按正常货车操作)→是否符合准入高速的危险货物运输车辆(危险品货物运输车辆需提供"危险货物道路运输单"电子凭证或查询车辆属于豁免名单车辆才可在禁行时段通行高速公路,如符合,拍照取证,并上报监控中心;如不符合,按相关规范要求执行危险货物运输车辆拒入工作)→输入车辆类型(ETC车辆,核对系统界面车辆信息是否无误)→输入车型(1~6)→系统称重数据关联,判断未超限(判定是否超限,如超限则按相关规范要求落实执行超限车辆拒入工作)→CPC写卡(取一张CPC卡放在读写器天线上写)→写卡成功,生成流水(将车辆入口有关信息写入CPC卡,生成入口流水)→将CPC卡交给驾驶员→结束。

⑦港澳车:输入客车→输入车型→判断车牌(收费员需要手动更正车牌,需要手动输入车牌,并在车牌前面增加"港"字或者"澳"字)→刷通行卡(感应OBU)→抬杆放行。

### 2. 出口操作流程

(1)收费上下班流程

①上班流程。

开始→登录收费系统→验证身份信息→电脑信息正常(否,修改)→上报或登记电脑发票号码起号→判别车种与客货→是否免费车(是,免费放行)→判别车型(区分客货)→接过通行卡(ETC卡则按ETC流程操作)→刷卡→找零,打印发票(如使用移动支付,按【管理】键,完成扫码支付)→结束。

②下班流程。

开始→按【顶灯控制】键→顶棚交通绿灯关闭,红灯亮→上报或登记电脑发票号码止号→按【上/下班】键→按【确认】键→结束。

(2)收费操作流程

持临时车牌号码应全牌照输入,选择"7-临时牌照",车牌颜色写入灰色。

①MTC客车:开始→车辆压前线圈,系统自动识别车牌(如识别失败,重新识别车牌,或选择手工输入全车牌;未挂车牌则按行驶证车牌手工输入全车牌;临时车牌则按临时车牌手工输入全车牌)→输入车辆类型(客车)→输入车型(1~4)→回收CPC卡读取信息计费(读取入口信息、卡内计费信息、卡内里程)→语音报价器报价,系统提示应缴费××元,发送至费显(如使用移动支付,按【管理】键,完成扫码支付)→收取通行费,按

【确认】键抬杆,打印发票交给驾驶员→生成流水→结束。

②MTC货车:开始→车辆压前线圈,系统自动识别车牌(如识别失败,重新识别车牌,或选择手工输入全车牌;未挂车牌则按行驶证车牌手工输入全车牌;临时车牌则按临时车牌手工输入全车牌)→输入车辆类型(货车)→输入车型(1~6)→回收CPC卡读取信息计费(读取入口信息、卡内计费信息、卡内里程)→系统称重数据关联,判断未超限(车辆超限,发放"车辆公路超限行驶告知书"给驾驶员)→语音报价器报价,系统提示应缴费××元,并发送至费显(如使用移动支付,按【管理】键,完成扫码支付)→收取通行费,按【确认】键抬杆,打印发票交给驾驶员→生成流水→结束。

③MTC专项作业车:开始→车辆压前线圈,系统自动识别车牌(如识别失败,重新识别车牌,或选择手工输入全车牌;未挂车牌则按行驶证车牌手工输入全车牌;临时车牌则按临时车牌手工输入全车牌)→输入车辆类型(专项作业车按两次【货车】键)→输入车型(1~6)→回收CPC卡读取信息计费(读取入口信息、卡内计费信息、卡内里程)→系统称重数据关联,判断未超限(车辆超限,发放"车辆公路超限行驶告知书"给驾驶员)→语音报价器报价,系统提示应缴费××元,并发送至费显(如使用移动支付,按【管理】键,完成扫码支付)→收取通行费,按【确认】键抬杆,打印发票交给驾驶员→生成流水→结束。

④预约通行车辆[绿通车、联合收割机(含插秧机)车辆预约通行]:开始→车辆压前线圈,系统自动识别车牌→根据系统识别车牌查找并确认预约名单,弹出预约框→申请查验→按【绿通】键,选择绿通车辆或联合收割机车辆→查验合格,按【确认】键,0元收费;不合格,则按【取消】键,正常收费→抬杆放行→结束。

⑤ETC客车:开始→ETC车辆压前线圈,打开交易天线→系统自动识别车牌→系统判断车辆可以通过(车道系统读取卡签信息,自动判断入口信息、OBU有效性、ETC卡有效性、是否状态名单车辆等)→卡面复合消费,写卡签信息(判断ETC车辆可以通过的,对ETC卡进行扣费并通过费显显示车牌号码和扣费金额,正常抬杆放行)→生成出口交易记录和出口流水→结束。

⑥ETC货车:开始→ETC车辆压前线圈,打开交易天线→系统自动识别车牌→系统判断车辆可以通过(车道系统识别车辆信息,判断不通过,使用手持机或转人工处理)→卡面复合消费,写卡签信息(判断ETC车辆可以通过的,对ETC卡进行扣费并通过费显显示车牌号码、扣费金额、车型、轴组、余额,正常抬杆放行,生成出口交易记录和出口流水)→生成出口交易记录和出口流水→结束。

⑦港澳车:输入客车→输入车型→刷通行卡(感应OBU)→判断车牌(确认车牌和通行卡上的车牌一致)→缴费通过。

## 二 便携设备使用方法

### 1. 便携设备发卡与收费流程

目前收费站场便携设备主要有两种:ETC手持机和移动收费平板。

(1)ETC手持机:运用身份工号和密码登录;在主界面点击【入口OBU交易】,进入选择车道界面,选择车型,点击【下一步】,进入读卡界面,读卡完成后手持机会自动向车道软件请求写卡数据,询问用户是否确定写卡,点击【确定】,开始将请求到的写卡数据写入卡片;写卡完成后会提示交易成功,并提示抬杆完成入口发卡。出口收费在主界面点击【OBU交易】,进入选择车道界面,选择车道,点击【确定】,进入车型选择界面,选择车型,点击【确定】,读写卡复核消费和OBU文件更新完成后会提示交易成功,完成出口收费操作。

(2)移动收费平板:与收费亭操作系统相似,移动收费平板可用于发卡及收费操作,但仅用于非现金支付,不支持发票打印。运用身份工号和密码登录后,根据界面选择CPC卡交易或OBU交易,将卡片放至信息读取区域,进行发卡或收费操作。

### 2. 便携设备使用注意事项

(1)站场人员应做好收费站场设备、设施的管理工作,防止设备、设施因操作或保管不当而损坏。对不能正常使用或影响美观的设备、设施,应及时上报更换、补充或移除。

(2)严格做好便携设备PSAM卡的封存和管理,记录交接,严禁将其带离监控范围,保障卡机安全。

(3)严格落实交接制度,对便携设备实施监管,妥善运用,不得用于非工作用途。

(4)按谁使用谁负责的原则,及时发现问题、及时反馈,保管不力当追究个人责任。

(5)每班次不定期对设备数据的完整性进行核实,及时上传,保证流水不滞留、不丢失。

## 三 漏逃费车辆处置流程

### 1. 车道识别大车小标、U/J型、甩挂等漏逃费车辆流程

(1)名单预警:车辆进入车道识别车牌后,如存在被列入部级稽核系统的大车小标、U/J型、甩挂等漏逃费车辆时,收费系统便对会稽查名单车辆预警,此时应通过联网收费稽核系统对预警提示车辆进行核查。核实为稽查名单车辆时,可通过"通行费补费App"或协助驾驶员运用微信小程序"收费公路通行费补费平台"进行补缴处理。

(2)现场判定:车辆进入混合车道后,人工输入正确车型、车种、车牌,根据车辆提供的通行券(卡)读取信息,如出现车型、车种、车牌不相符的情况,首先应再次核对输入信

息是否有误,确定无误后可判定为车辆提供通行券(卡)信息有误,可通过联网稽核管理系统进一步核查入口信息、车牌、车型、轴型、车种,还原实际行驶路径,计算实际路径费率,确认是否存在大车小标、U/J型、甩挂等漏逃费情况,如存在漏逃费情况,则按逃费车流程处理。

(3)后台数据核查:运用联网稽核管理系统对特殊事件,如出口车道的"车型不符""轴型不一致"等问题进行筛查,将识别车牌和OBU车牌比对、识别车牌颜色和OBU车牌颜色比对、识别车型和OBU车型比对,并进行全面排查分析,对存在大车小标的逃费车辆,或是使用假证件办理小车型OBU的逃费车辆,U/J型、甩挂等可疑车辆,先保存好车辆相关资料,如车辆图片、交易流水、门架流水及图片等,通过联网稽核管理系统全部还原逃费记录,建立逃费车资料档案,在部级稽核系统发起追缴工单。

**2. 逃费车处理流程(图3-2-1)**

(1)因车辆存在逃交、少交、拒交路费等行为被列入部级稽核系统时,当车辆进入出入口车道时,收费系统通过识别车牌启动拦截功能,提示为稽查名单车辆,无论是混合车道或ETC车道均无法抬杆,需人工干扰才能抬杆。

(2)通过部级稽核系统的"稽核名单查询"查询车辆具体欠费情况及流水,同时引导车辆停到安全区域进行处理。运用"通行费补费App"或协助驾驶员自行在微信小程序"收费公路通行费补费平台"进行补缴处理,补缴操作时选择所需补缴欠费流水,填写补缴人、手机号码,选择支付方式、电子发票或纸质发票(纸质发票由处理路段现场提供)等相关信息。

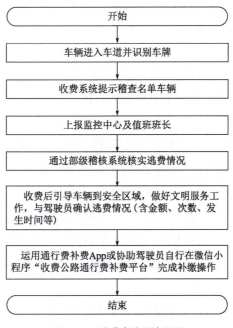

图3-2-1 逃费车处理流程图

（3）所有欠费流水全部完成补缴操作后，原则上4h后部级稽核系统自动更新稽查名单库，随之将其从稽查名单中移除，解除预警拦截，恢复正常通行。

（4）处理欠费车辆时，如驾驶员对所欠路费存在争议，应根据驾驶员提供的证据发起争议工单，或协助驾驶员自行在微信小程序"收费公路通行费补费平台"发起争议工单。

（5）处理原则。对逃费车辆的处理要做到证据充足，耐心解释，接受监督。对存异议车辆要妥善处理、做好解释，必要时向相关部门反馈，协调处理。

# 第三节 出行服务

## 一 交通指挥手势规范

### 1. 常见交通指挥手势

常见交通指挥手势包含但不限于以下动作：停止信号手势、直行信号手势、左转弯信号手势、左转弯待转信号手势、右转弯信号手势、变道信号手势、减速慢行信号手势、靠边停车信号手势。

### 2. 动作分解

（1）停止信号手势：左臂向前上方平伸，掌心向前，示意正面所对方向的车辆停止。

（2）直行信号手势：左臂平伸同时扭头面向左方，掌心向前；右臂平伸同时扭头面向右方，掌心向前，向左摆动，示意右方的直行车辆通行。

（3）左转弯信号手势：右臂向前伸直，掌心向前，同时扭头面向左方，此时右手手掌正对方向的车辆停止通行；左臂与手掌平直向右前方摆动，手掌向右，示意头部面向路口的车辆左转弯。

（4）左转弯待转信号手势：左臂向下方平伸，掌心向下；扭头面向左方，同时左臂与手掌平直向下方摆动，示意左手边对应路口的车辆进入路口，沿左转行驶方向靠近路口中心，等待左转弯信号。

（5）右转弯信号手势：左臂向前平伸，掌心向前，示意正前方车辆停止通行；然后扭头面向右方，右臂与右手手掌平直向左前方摆动，掌心向左，示意头部面向路口的车辆右转弯。

（6）变道信号手势：右臂向前平伸，掌心向左，右臂向左水平摆动，示意面向车道的车辆腾空指定的车道，减速慢行。

（7）减速慢行信号手势：右臂向右前方平伸，掌心向下，同时扭头面向右前方；右臂与手掌平直向下方摆动，示意车辆减速慢行。

（8）靠边停车信号手势：右臂向前下方平伸，掌心向左；左臂向上方平伸，掌心向前；右臂向左水平摆动，示意面向的车辆靠边停车。

### 3. 动作图解

交通指挥手势规范如图 3-2-2 所示。

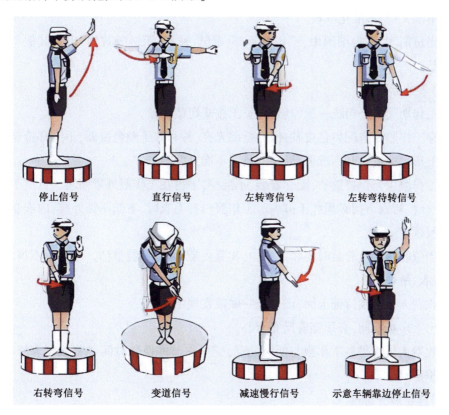

图 3-2-2　交通指挥手势规范

## 二　收费站出行服务要求

### 1. 收费服务基本原则

（1）使用普通话与用户沟通；

（2）收费过程中唱收唱付；

（3）解答用户对收费站所在地辐射路网的咨询；

（4）处理收费现场业务纠纷；

（5）解答差异化收费业务咨询。

### 2. 收费及监控员仪表要求

（1）形象标准

①保持身体、头发和口腔清洁无异味。

②保持面部清洁,不得留胡须和鬓角。

③不染发(黑色除外),不剃光头。女员工留长发必须束好,按规定佩戴头花,刘海梳理整齐,不准盖眼或盖脸。男员工不留长发,前不掩额、侧不盖耳、后不触衣领。

④保持手部的清洁,不留长指甲、不准染指甲。

⑤不准文身,不准化浓妆。

⑥当班期间,不得围围巾,不得戴耳环、项链、戒指、手链等首饰,以及其他与工作无关的物品。

(2)着装标准

①工作期间着公司统一工作服,男员工按规定戴领带。

②穿工作服要搭配黑色皮鞋,保持鞋面光亮,并和袜子颜色协调,不准穿拖鞋、凉鞋、运动鞋上班。穿皮鞋时不准踩脚跟,女员工不准穿"松糕鞋"。

③工作服应当保持整洁,配套着装,不混穿,不得在工作服外罩便服。男员工穿着长短袖衬衣时,衬衣下摆必须扎于裤内。工作服内有毛衣时,下摆不得外露,内衣领不得高于工作服领。

④当值收费人员着装时要扣好衣扣,扣紧皮带,保持着装整洁。当值时不得挽袖、卷裤腿、披衣、敞怀。

⑤收费人员必须持证上岗,证件统一佩戴在规定位置。

⑥出入广场期间,必须穿着反光背心。

⑦收费人员不得将工作服与便服混穿,变更季节的换装时间和着装要求统一规定,严禁跨季混穿。

(3)岗位服务标准

①微笑(图3-2-3)。注视对方;在服务时,以"三米六齿"为原则,即对方进入3m范围时向对方微笑,微笑以至多露出六颗牙齿为准;微笑的最佳口形为发"七"或"茄"音的口形。

图3-2-3　面部微笑表情示例图

②眼神（图3-2-4）。面对驾乘人员，目光友善，眼神柔和，亲切自然；眼睛正视驾乘人员，不左顾右盼；与驾乘人员的目光交流，应传递出对驾乘人员的尊重。

图3-2-4　眼神示例图

③站姿（图3-2-5）。站在安全岛上收费亭与车道电动栏杆之间；平视前方，下颌微微内收，颈部挺直；上体保持立正姿势，身体重心落于两脚之间；双手自然垂直成立正姿势，肩部微微下沉，向两侧伸展，挺胸，收腹，立腰；忌无精打采，忌东倒西歪，忌耸肩勾背，忌身体依靠在任何物体上；忌双手叉在腰间、抱在胸前或插在衣裤兜里。

图3-2-5　站姿示例图

④行姿（图3-2-6）。方向明确；身体协调，步伐稳健，步态平衡，步幅适中，步速均匀，走成直线；双臂自然摆动，挺胸抬头，目视前方。收费员应按规定路线，左手提票箱，在班长带领下列队齐步上下岗。

图3-2-6　行姿示例图

⑤坐姿(图3-2-7)。姿势端正;在为驾乘人员服务时,面带微笑,目视来车,勿倚靠座椅的背部;在收费服务过程中,切忌坐在椅子上转动或移动椅子的位置;上班时,不允许叠腿、不允许用双手扣腰、不允许大幅度双脚叉开。

图3-2-7　坐姿示例图

### 3. 收费服务规程

(1) 迎车准备

当车辆临近收费亭时,做好文明服务的准备。当车辆驶近收费亭时,应坐姿端正,右手快速输入车型和车牌号。

(2) 迎车手势

当车辆进入岛头,将左小臂伸出窗外,以肘为轴,自上而下伸出收费窗口,手掌自然伸直,掌心向前朝向驾驶员驶入方向,五指并拢,与小臂保持水平,摆动幅度在45°以内,小臂应控制到与地面平行。

(3) 微笑服务

①在收费服务过程中保持微笑。

②微笑时机:车辆停稳,目视驾驶员打开车窗,向驾驶员点头微笑。

③微笑要求:面对驾驶员,目光友善,微笑应真诚、甜美、亲切、自然。

(4) 发卡

①车辆停稳后,左手应自然放下,面带微笑,双目注视驾驶员说"您好"等服务用语。根据车型,迅速刷卡。

②向驾驶员递送通行卡时应左手手心向上,四指轻托,拇指压着通行卡1/3处递出,

面带微笑,双目注视驾驶员说"请收好您的通行卡"。

(5)收费

①车辆停稳后,左手应自然放下,面带微笑,双目注视驾驶员说"您好,请出示您的通行卡"等服务用语。

②在刷卡按规定程序操作后,面带微笑,双目注视驾驶员说"请付××元",左手接过驾驶员递来的现金,检查过现金后说"收您××元,请稍等",将现金放于桌面键盘右侧,并用右手按键打票,找零。

③向驾驶员递送现金和发票时应左手手心向上,四指轻托现金和发票,拇指下压,发票在上,现金在下,叠在一起。面带微笑,双目注视驾驶员说"找您××元,请收好发票和零钱"。

④使用移动支付的,驾驶员扫码支付前告知其本次开具发票的方式(现场开具纸质发票或驾驶员自行通过 App 或小程序开具电子发票)。

(6)送行手势

收费和发卡操作结束后,打送行手势:大臂置于窗台上方,前臂自然展开 100°~150°,手掌与前臂成一条直线。说"祝您一路平安""请走好",保持送行手势,目送车辆驶离收费亭。收费过程动作演示图如图 3-2-8 所示。

a)准备状态

b)迎候

c)点头迎候

d)停车示意手势

图 3-2-8

e)递送通行卡/支付卡

f)递送发票/找零款

g)目送

h)关闭亭窗

图 3-2-8　收费过程动作演示图

#### 4. 普通话规范

(1)文明用语以普通话为原则,但允许根据驾乘人员的实际需要使用方言交流,收费人员应掌握简单的英语对话。提倡应时应节应现场情景与驾乘人员温馨交流,营造良好的征缴氛围。

(2)语言要准确、恰当,力求语意完整。

(3)语言、表情要协调一致,力求词达意显。

(4)讲文明用语时要面向驾驶员,目光停留在驾驶员的面部,不得左顾右盼,心不在焉,且要做到吐字清楚,声音响亮。

#### 5. 特殊情况服务规范

(1)设备发生故障(如电脑宕机、打印故障等)时,收费员应立即通知监控员,尽快排除故障,并及时向驾驶员说明情况;若无法在短时间修复设备(无法起落杆等情况),收费员应向驾驶员做好解释,并变更顶棚信号灯,疏导人员应引导车辆换道行驶并在出现故障的车道设置禁行栏杆,避免后面车辆排队等待。

(2)因设备故障耽误了驾驶员时间,收费人员应向驾驶员致歉。

(3)班长接到通知,应迅速赶到特殊情况发生点了解情况。处理情况前,先表明身份:"您好,我是当班班长,请问有什么需要帮忙吗?"

(4)当有人到收费亭附近问路,其他人员和车辆停到收费广场以内收费区域时,班长或当班疏导人员应及时劝离,负责将其引领至收费广场外做耐心、细致的询问和解释工作,必要时给予帮助。

## 第四节　收费基础参数信息查找方法

目前,广东省高速公路收费系统使用多个版本,本书介绍使用率最高的新粤版本。

### 一　通行数据查找方法

收费员输入工号和密码登录收费系统后,按【管理】键→选择【收费稽查】→输入授权工号,查看本班次的通行数据。

### 二　交易数据查找方法

收费员输入工号和密码登录收费系统后,按【管理】键→选择【收费稽查】→输入授权工号,查看本班次的交易数据。

### 三　收费版本号检查

收费员输入工号和密码登录收费系统后,可在电脑界面查看收费版本号。在 ETC 系统中,收费员登录后,按 F1 键,弹出收费版本号。

## 第五节　ETC 收费特情业务处理

### 一　入口 ETC 车辆特情业务处理

#### 1. ETC 车辆入口交易特情处理基本原则

(1)入口交易失败需人工处理的 ETC 车辆,原则上在本车道用 ETC 手持机处理,不得倒车或转入其他车道。或引导至内广场后,在混合车道以实际车牌发放 CPC 卡给该车辆。

(2)非 ETC 车辆误入 ETC 车道,不得倒车或转入其他车道。可引导至内广场后,在混合车道以实际车牌发放 CPC 卡给该车辆。

(3)ETC 货车必须进行入口称重检测。

(4)ETC 货车不得通行客车专道,误入的货车必须倒车至混合车道过磅。

(5)ETC 车辆入口交易失败,ETC 手持机也无法处理时,在混合车道以实际车牌发放 CPC 卡给该车辆。

(6)ETC 车辆因故领取 CPC 卡进入高速的,要告知驾驶员本次行程不能享受优惠。

### 2. ETC 通行有效性不通过

车道系统对 ETC 车辆进行通行有效性判断(OBU 拆卸、卡签车牌不一致、OBU 及 ETC 卡不在有效期、卡签在状态名单),判断不通过的,车道拦截,系统提示车辆转人工处理。

(1)收费员根据车道显示器提示的内容,做好现场解释工作,同时提醒驾驶员到收费站粤通卡服务点、省联合电服营业厅或致电咨询处理(粤通卡客服热线电话 96533)。

(2)如确认属系统误判等原因,现场通过 ETC 手持机操作等保障车辆快速通行。

### 3. 追缴名单

车道系统对 ETC 车辆进行追缴名单判断,判断不通过的,车道拦截,系统提示黑名单信息,转人工并按稽核业务相关要求处理。

(1)收费员根据车道显示器提示的内容,核实逃费车辆特征与当前车辆是否一致,如车辆特征不一致,驾乘人员能提供异议凭证的,现场通过微信小程序"收费公路通行费补费平台"协助驾驶员发起异议工单,按正常车辆处理。如驾驶员出示已补费证明,按正常车处理;如车辆特征一致,收费员现场告知驾驶员该车所欠缴通行费,并要求其在通过微信小程序补缴,对拒不补缴车辆拒绝其驶入高速。

(2)现场人员应通过相关设备全程记录补费过程,告知驾驶员相关法律依据和通行费核算金额,如驾驶员已全额补缴,则需对补费记录签字确认(开具"高速公路通行费补费确认单"或"收费现场相关信息处理表")。

(3)处置完成后按照 CPC 卡发卡流程操作(工作人员现场向驾驶员解释补缴完成 4h 以内无法正常通行 ETC 车道)。

### 4. 无 OBU 车辆

(1)收费员现场检查车辆是否安装 OBU,如果为正常安装 ETC 车辆,收费员现场让驾驶员重新插卡,或通过 ETC 手持机操作放行。

(2)如果再次交易成功,自动抬杆放行。

(3)如果再次交易失败,按 CPC 卡发卡流程处理,并提醒驾驶员到收费站粤通卡快速服务点、OBU 发行服务机构营业厅或致电咨询处理(粤通卡客服热线电话 96533)。

## 5. 储值卡余额为 0 元的车辆

收费员告知驾驶员及时进行充值,并按 CPC 卡发卡流程处理,提醒驾驶员到收费站粤通卡服务点、省联合电服营业厅或致电咨询处理(粤通卡客服热线电话 96533)。

## 6. 入口信息写入失败

(1)系统提示收费员"写卡失败",收费员现场让驾驶员重新插卡并发起车道交易,或通过 ETC 手持机感应写卡。

(2)如果再次刷卡交易成功,自动抬杆放行。

(3)如果再次刷卡失败,按 CPC 卡发卡流程处理,并提醒驾驶员到收费站粤通卡服务点、省联合电服营业厅或致电咨询处理(粤通卡客服热线电话 96533)。

## 7. 双片式 OBU 未插卡/无卡

(1)当入口 ETC 车道收费显示器提示"未插卡"(或"写卡失败")等类似提示报警时,现场人员首先应对车辆内 OBU 情况进行确认。

(2)如确认 OBU 中未插卡,应提示驾驶员将 ETC 卡插入 OBU 中,当屏幕显示"记账卡"或储值卡金额,现场车道正常通行或通过 ETC 手持机操作交易放行。

(3)当 ETC 卡处于插入 OBU 状态时,提示驾驶员拔卡后再次插入,当屏幕显示"记账卡"或储值卡金额,现场车道正常通行或通过 ETC 手持机操作交易放行。

(4)如多次插卡仍无法正常通行,按 CPC 卡发卡流程处理。同时提醒驾驶员到收费站粤通卡服务点、省联合电服营业厅或致电咨询处理(粤通卡客服热线电话 96533)。

## 8. ETC 货车无称重信息或超载

ETC 系统与称重系统的数据关联后,获取该车"是否准予通行"判定信息。

(1)ETC 货车无称重信息,或称重信息不通过。

(2)由现场人员指引至混合车道,进行称重或复称。如车辆超载,按规范要求执行超限车辆拒入劝返工作,按要求做好登记并发放"车辆公路超限行驶告知书"。

## 9. 卡签车牌与抓拍车牌不一致

系统不进行判断,现场按正常车辆放行,事后按稽核流程处理。

## 10. 临牌车辆

(1)有 OBU 临牌车辆按 ETC 车辆流程处理(能交易成功则不拦截)。

(2)无 OBU 临牌车辆按 CPC 卡发卡流程处理(手工输入临时牌照号码)。

## 11. 无牌车辆

(1)有 OBU 无牌车辆车道系统不进行拦截,事后稽核处理。

(2)无 OBU 无牌车辆车道系统自动拦截,收费员现场提醒驾驶员应悬挂机动号牌行驶道路,如驾驶员不配合悬挂机动号牌强行驶入高速公路的,现场可协调交警处理(根据《中华人民共和国道路交通安全法》第九十五条规定,上道路行驶的机动车未悬挂机动号牌等情况的,公安机关交通管理部门应当扣留机动车等)。各种应急车辆、军警车辆、法定免费车辆等除外。

### 12. 单卡车辆

对于持 ETC 单卡车辆,ETC 卡仅作支付使用,不作为通行介质使用,入口按 CPC 卡发卡流程处理,出现余额不足情况,现场可使用移动支付或现金支付。

### 13. OBU 故障\低电车辆

现场应按 CPC 卡发卡流程处理。

### 14. 状态名单车辆

车道系统对 ETC 卡签进行状态名单判断,卡、标签任意一项状态名单判断不通过的,系统拦截并报警提示,转人工发 CPC 卡处理。

(1)收费员根据车道显示器提示的内容,现场告知驾驶员该 ETC 卡处于欠费状态,拒绝使用 ETC 卡扣费。

(2)按照 CPC 卡发卡流程操作。

## 二 出口 ETC 车辆特情业务处理

ETC 车辆出口交易特情包括:ETC 计费金额异常、ETC 通行有效性不通过、OBU 拆卸、卡签有效性异常、卡签车牌不一致、ETC 卡坏卡/单片式 OBU 损坏、无入口信息、无效入口站/入出口路径不可达、双片式 OBU 未插卡/无卡及储值卡余额不足等,当出现上述情况时应记录 OBU 编号及特情信息,转人工处理。

当次通行的 ETC 车辆使用 ETC 正常驶入,OBU 和 ETC 卡内有入口信息的,出口收费站转人工处理时享受 ETC 优惠。对于转人工处理车辆,原则上在本车道用 ETC 手持机处理,不得倒车或转人工车道,可引导至外广场,并在邻道刷单卡进行收费。

### 1. ETC 计费金额异常

(1)ETC 当次计费金额小于本次行程入/出口之间全网可达路径最小费额的优惠后金额时,系统按照兜底费率扣费并显示车牌号和扣费金额,抬杆放行并在出口交易记录中记录特情;稽查人员应对此类车辆进行重点稽查。

(2)ETC 当次扣费金额大于本次行程入/出口之间全网可达路径最小费额 3 倍的,车道系统进行拦截,转人工处理。收费员输入车牌、车型信息,刷卡请求省中心/部联网中心后台计费服务进行路径还原及通行费计算,省中心/部联网中心计费失败,系统使用兜底费率进行计费,并在生成的交易流水中记录特情,转事后稽查。

### 2. ETC 通行有效性不通过

车道系统对 ETC 车辆进行通行有效性判断(OBU 拆卸、卡签车牌不一、OBU 及 ETC

卡不在有效期、卡签在状态名单),判断不通过的,车道拦截,系统提示车辆转人工处理。

### 3. OBU 拆卸

车道系统判断 OBU 拆卸状态异常的,ETC 车道进行拦截转人工处理。收费员通过 ETC 手持机核对车辆实际车牌和 OBU 内车牌是否一致,如不一致,应记录 ETC 卡号、实际车牌。如一致,应指引驾驶员到 ETC 发行方重新恢复 OBU。同时纳入特情,事后转稽核处理。收费员根据实际车牌在车道系统发起入口信息查询请求(即人工操作)并按以下要求处理:

(1)根据返回的入口信息请求在线计费服务,若 ETC 卡有效,可刷单卡,按照 ETC 车辆处理。

(2)系统未查询到车辆入口信息,收费员应与驾驶员确认入口站及入口时间并向监控中心核实,输入实际车牌、车型和车种,按【手工】键,通过后台发起兜底计费服务,按非 ETC 车辆处理。同时根据入口判断是否发放 CPC 卡,如有发放而无出示应收取 CPC 卡工本费。

### 4. 卡签有效性异常

系统对卡、标签有效期等信息进行判断,判断不通过的,车道拦截并报警提示,转人工处理。收费员提示驾驶员相关情况并根据实际车牌,在车道系统输入"坏卡",发起入口信息查询请求,系统记录特情。

(1)根据返回的入口信息请求在线计费服务,返回入口信息时先与驾驶员确认入口信息是否无误。

(2)系统未查询到车辆入口信息,收费员应与驾驶员确认入口站及入口时间并向监控中心核实,输入实际车牌、车型和车种,按【手工】键,通过后台发起兜底计费服务,按非 ETC 车辆处理。

(3)不能使用该车辆 ETC 卡进行扣费,只能采用移动支付或现金方式收取通行费。

### 5. 卡签车牌不一致

ETC 车道系统自动判断 OBU 和 ETC 卡内车牌信息是否一致,判断不一致的,车道拦截转人工收费,提示重新插卡,若仍然提示异常,则收费员提示驾驶员相关情况并根据实际车牌在车道系统发起入口信息查询请求,系统记录特情,事后转稽核处理。

(1)根据返回的入口信息请求在线计费服务,返回入口信息时先与驾驶员确认入口信息是否无误。

(2)系统未查询到车辆入口信息,收费员应与驾驶员确认入口站及入口时间并向监控中心核实,输入实际车牌、车型和车种,按【手工】键,通过后台发起兜底计费服务,按非 ETC 车辆处理。

(3)不能使用该车辆 ETC 卡进行扣费,只能采用移动支付或现金方式收取通行费,并同时告知驾驶员卡签车牌不一致。

### 6. ETC 卡坏卡/单片式 OBU 损坏

ETC 车辆出现 ETC 卡损坏、OBU 损坏、无入口信息的，收费员提示驾驶员相关情况并根据实际车牌号码、车牌颜色在车道系统输入"坏卡"，发起入口信息查询请求。

(1) 根据返回的入口信息请求在线计费服务，按非 ETC 车辆处理，同时根据入口判断是否发放 CPC 卡，如有发放而无出示应收取 CPC 卡工本费。

(2) 系统未查询到车辆入口信息，收费员应与驾驶员确认入口站及入口时间并向监控中心核实，输入实际车牌、车型和车种，按【手工】键，通过后台发起兜底计费服务，按非 ETC 车辆处理。

### 7. 无入口信息（图 3-2-9）

车道系统对 ETC 车辆有无入口信息进行判断，判断不通过的，车道自动拦截，提示转人工处理；收费员按照驾驶员提供的相关情况并根据实际车牌，在车道系统发起入口信息查询请求（人工操作），系统记录特情，事后转稽核处理。

(1) 根据返回的入口信息请求在线计费服务（输入车牌、车型、卡号，按【坏卡】键），按非 ETC 车辆处理，同时根据入口判断是否发放 CPC 卡，如有发放而无出示应收取 CPC 卡工本费。

(2) 系统未查询到车辆入口信息，收费员应与驾驶员确认入口站及入口时间并向监控中心核实，输入实际车牌、车型和车种，按【手工】键，通过后台发起兜底计费服务，按非 ETC 车辆处理。

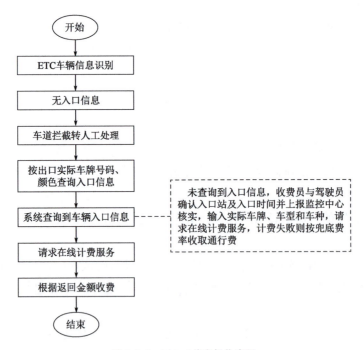

图 3-2-9　无入口信息操作流程

### 8. 无效入口站/入出口路径不可达（图3-2-10）

出口 ETC 车道系统在获取卡内入口信息后判断入口是否有效、入出口路径是否可达，如判断不通过，则进行拦截并报警提示"入口信息无效"，记录特情，转人工处理。收费员提示驾驶员相关情况并根据实际车牌在车道系统发起入口信息查询请求。

（1）根据返回的入口信息请求在线计费服务（输入车牌、车型、卡号，按【坏卡】键）。

（2）系统未查询到车辆入口信息，收费员应与驾驶员确认入口站及入口时间并向监控中心核实，输入实际车牌、车型和车种，按【手工】键，通过后台发起兜底计费服务，按非 ETC 车辆处理。

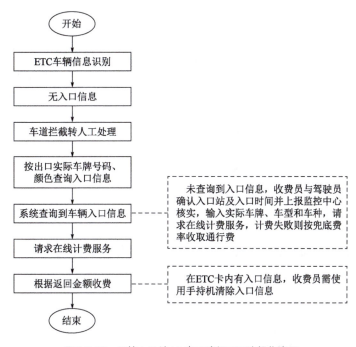

图 3-2-10　无效入口站/入出口路径不可达操作流程

### 9. 双片式 OBU 未插卡/无卡（图3-2-11）

（1）对于出口 ETC 车道费显提示"未插卡"报警时，现场人员首先应对车辆内 OBU 情况进行确认。

（2）如确认 OBU 中未插卡时，收费员应提示驾驶员将 ETC 卡插入 OBU 中，当屏幕显示"记账卡"或储值卡金额，现场正常通行或使用 ETC 手持机操作交易放行。

（3）对于 ETC 卡处于插入 OBU 状态时，收费员提示驾驶员拔卡后再次插入，当屏幕显示"记账卡"或储值卡金额，现场正常通行或使用 ETC 手持机操作交易放行。

（4）如多次插卡仍无法正常通行，按 ETC 坏卡车辆处理。多次尝试仍无法交易成功，收费员告知驾驶员相关情况，按以下要求处理：

①收费员人工刷 ETC 卡，系统将依据卡内入口信息调省计费服务，与驾驶员确认入

口信息无误的情况下，按省计费服务返回的金额收取通行费。

②若卡内无入口信息，移开 ETC 卡，输入车牌、车型，按【坏卡】查询入口及计费信息，返回入口信息时先与驾驶员确认入口信息是否无误，确认后按【确认】键返回计费信息，收取通行费。

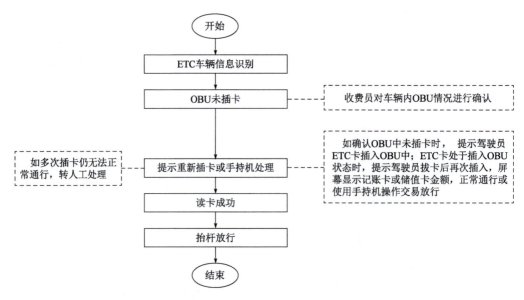

图 3-2-11 双片式 OBU 未插卡/无卡操作流程

### 10. 储值卡余额不足（图 3-2-12）

储值卡余额小于扣费显示余额，ETC 车道系统进行拦截转人工处理。（ETC 车辆享受优惠）。

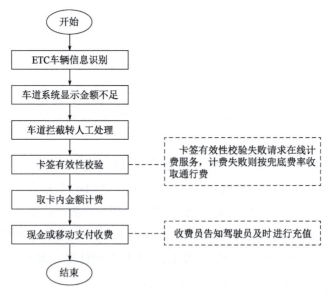

图 3-2-12 储值卡余额不足操作流程

(1)出口车道自动拦截,提示转人工处理。
(2)卡签有效性校验,校验通过则取卡内金额计费,否则请求在线计费服务或兜底计费。
(3)现金或移动支付收费。
(4)收费员告知驾驶员及时进行充值。

### 11. 追缴名单

车道系统自动对车牌进行黑名单判断,判断不通过的,系统拦截并报警提示,转人工处理。将已补缴的车辆从拦截名单中移除。

### 12. 重复扣费(含 ETC 交易、其他交易重复扣款情况)(图 3-2-13)

对于同一辆车 ETC 已成功交易扣款、未抬杆放行转人工处理的,系统提示 ETC 卡已成功扣费的应予以放行,不得再次刷 ETC 卡重复扣费或通过现金及移动支付等其他方式重复收取通行费。特殊情况确需重复扣费的,收费现场人员填写"收费现场相关信息处理表",向持粤通卡的车主告知通过粤通卡 ETC 微信小程序进行异常登记;如为其他省份发行的 ETC 卡,由发行服务机构负责处理(对于重复收费的非 ETC 流水,车辆未离开线圈,应通过【修改键】进行冲减)。广东省的,致电 96533;其他省份的,应致电 ETC 卡发行方服务机构处理,或致电全国 ETC 统一热线 95022 处理。

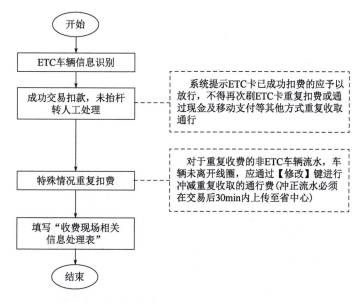

图 3-2-13 重复扣费(含 ETC 交易、其他交易重复扣款情况)操作流程

### 13. OBU 故障/低电量(图 3-2-14)

车道系统识别通行车辆 OBU 故障或电量低时,转人工查询处理。收费员首先与驾驶员确认入口信息,无误后人工刷 ETC 卡扣费;如 ETC 无入口信息,核实入口领取 CPC 卡的,按 CPC 卡内入口信息收取通行费,如 CPC 卡丢失,按【丢卡】键请求在线计费并收取 CPC 卡工本费。

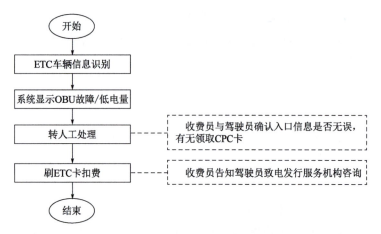

图 3-2-14　OBU 故障/低电量操作流程

## 14. 状态名单（图 3-2-15）

车道系统自动对 ETC 卡签进行状态名单判断，卡、标签任意一项状态名单判断不通过的，系统拦截并报警提示，转人工现金或移动支付处理。

(1) 若卡内有入口信息，收费员使用手持机读取 ETC 卡内入口信息，与驾驶员确认入口信息，无误后按【手工】键，调取在线计费服务返回的金额收取通行费。

(2) 若卡内无入口信息，输入车牌、车型，按【坏卡】/【丢卡】键查询入口及计费信息，返回入口信息时先与驾驶员确认入口信息是否无误，确认后按【确认】键返回计费信息，收取通行费。

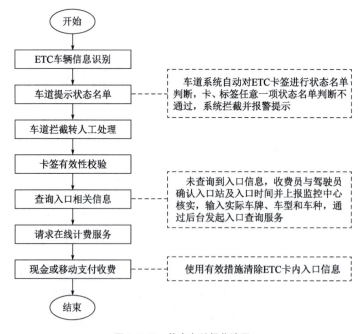

图 3-2-15　状态名单操作流程

(3)收取完通行费后告知驾驶员状态名单,同时提醒驾驶员到收费站粤通卡服务点、省联合电服营业厅或致电咨询处理(粤通卡客服热线电话96533)。

## 第六节 非ETC收费特情业务处理

### 一、入口非ETC车辆特情业务处理

#### 1. 临牌车辆(图3-2-16)

核实临时号牌车辆车牌、车型、车种等信息,准确写入CPC卡,将CPC卡发给驾驶员,抬杆放行。

持临时行驶车牌号码应全牌照写入CPC卡内,车牌颜色应写入"7-临时牌照",不应使用其他颜色代替。

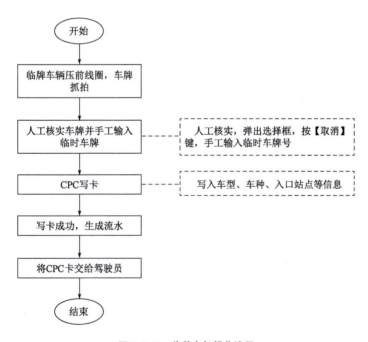

图3-2-16 临牌车辆操作流程

#### 2. 无牌车辆(图3-2-17)

收费员提醒驾驶员应悬挂机动车号牌,如驾驶员不配合悬挂机动车号牌,强行驶入高速公路的,现场可协调交警处理(根据《中华人民共和国道路交通安全法》第九十五条规定,上道路行驶的机动车未悬挂机动号牌等情况的,公安机关交通管理部门应当扣留机动车等)。各种应急车辆、军警车辆、法定免费车辆等除外。

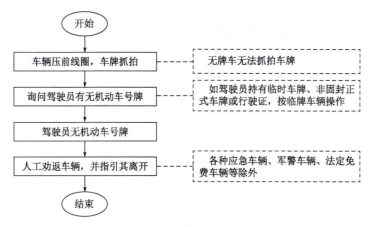

图 3-2-17　无牌车辆操作流程

### 3. 无效 CPC 卡（图 3-2-18）

（1）车道系统自动识别 CPC 卡是否可读或有效。

（2）若不可读、发行属地无效或显示电量低于 8%，则更换正常 CPC 卡。

（3）更换正常的 CPC 卡后正确输入车牌、车型、车种等信息，将 CPC 卡发给驾驶员，抬杆放行。

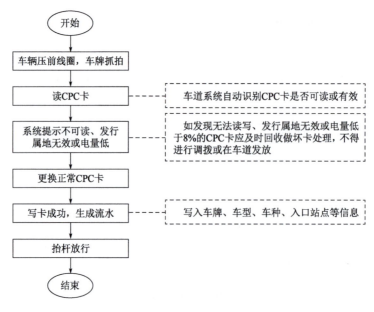

图 3-2-18　无效 CPC 卡操作流程

### 4. 闯关车

（1）如果闯关车辆未离开收费现场，则按照 CPC 发卡流程操作。

（2）如果闯关车辆已闯关离开收费现场驶入高速公路，收费员把车牌、车型、车种、车辆特征等信息上报监控中心。

### 5. 入口称重数据判断不通过（图3-2-19）

（1）由现场人员指挥车辆通过当前车道进行复称，如合规，按CPC卡正常操作流程发卡。

（2）如确属超载车辆或拒超设备故障等无法正常操作时，对当前车辆进行劝返。发放"车辆公路超限行驶告知书"。

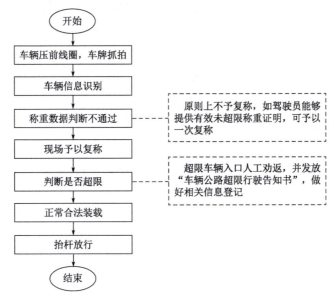

图3-2-19 入口称重数据判断不通过操作流程

### 6. OBU损坏/低电量

现场按CPC卡发卡流程处理。

### 7. ETC用户领取CPC卡（图3-2-20）

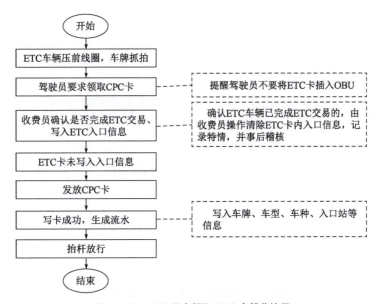

图3-2-20 ETC用户领取CPC卡操作流程

(1)混合车道入口 ETC 车辆驾驶员要求领取 CPC 卡通行。

(2)收费员应确认 ETC 交易是否完成,是否已经写入 ETC 卡入口信息。

(3)确认未完成 ETC 交易的,提醒驾驶员不要将 ETC 卡插入 OBU,按非 ETC 车辆发放 CPC 卡给驾驶员。

(4)确认已经完成 ETC 交易的,要求驾驶员将 ETC 卡拔出,收费员按【改轴】键清除 ETC 卡内入口信息后,发放 CPC 卡放行,系统记录特情,并事后稽核。

### 8. 持纸质通行券车辆(图 3-2-21)

(1)输入车辆类型(客车/货车/专项车);

(2)输入车型(1~6);

(3)打印纸质通行券;

(4)按【手工】键,自动栏杆抬起;

(5)在纸质通行券上加盖发放时间章,填写车牌号,勾选车型、车种,把纸质通行券交给驾驶员;

(6)车辆通过后,栏杆落下,完成纸质通行券操作。

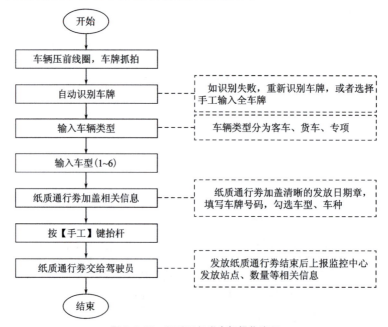

图 3-2-21　纸质通行券车辆操作流程

### 9. 免费车

免费车辆经过收费站入口时,判定为免费车。

(1)输入车辆类型(客车/货车);

(2)输入车型(1~6);

按【军警】键,按【确认】键,栏杆抬起,完成免费车操作。

**10. 车队**（图 3-2-22）

(1) 按【车队】键,栏杆升起;

(2) 车队全部通过后,按【确认】键,栏杆落下;

(3) 除军队和武警部队车辆,公安机关等制式警车、悬挂专用车牌的消防救援车等法定免费车外,其他民用车辆应做好事后车牌登记,并开展事后稽核。

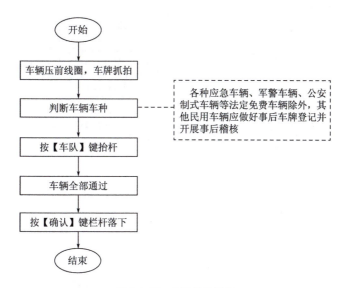

图 3-2-22　车队操作流程

**11. 专项作业车**

参照货车流程处理,输入车辆类型时,按 2 次【货车】键。

## 二 出口非 ETC 车辆特情业务处理

**1. 无入口信息/入口时间超时**（图 3-2-23）

(1) 收费员刷卡显示无入口信息或入口时间超时（卡内入口时间超过当前交易时间 7 个自然日）,系统记录特情,事后转稽核处理。

(2) 无入口信息时,收费员要与驾驶员确认入口站及入口时间并向监控中心核实,输入实际车牌、车型和车种,按【手工】键通过后台发起兜底计费服务。

(3) 入口时间超时,要询问驾驶员超时原因,上报监控中心核实。如车辆存在行驶路径不符或存在逃费行为,按逃费车辆处理。

**2. 丢失卡或损坏卡/锁卡**

(1) 驾驶员告知出口收费员 CPC 卡丢失或刷卡显示卡损坏/锁卡,系统记录特情,事后转稽核处理。

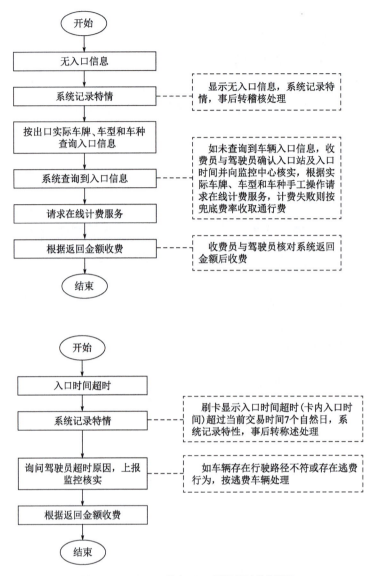

图 3-2-23　无入口信息/入口时间超时操作流程

（2）收费员要与驾驶员确认入口站及入口时间并向监控中心核实,输入实际车牌、车型和车种,按【手工】键通过后台发起兜底计费服务。

（3）CPC 卡丢失或遭人为损坏,要求驾驶员赔偿 CPC 卡工本费。

### 3. CPC 卡电量低

按照坏卡特情流程处理,并单独存放回收。

### 4. 无效入口站编码（图 3-2-24）

（1）收费员刷卡显示无效入口站编码,系统记录特情；

（2）收费员要与驾驶员确认入口站及入口时间并向监控中心核实,输入实际车牌、车型和车种,按【手工】键通过后台发起兜底计费服务。

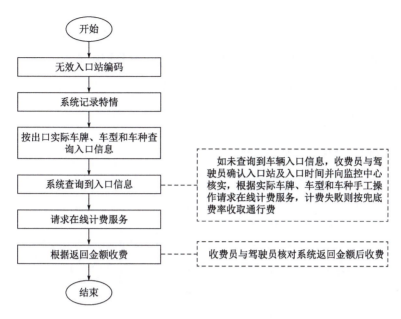

图 3-2-24　无效入口站编码操作流程

### 5. CPC 卡发行属地无效(图 3-2-25)

(1)收费员刷卡显示发行属地无效;系统核对 CPC 卡发行方是否为联网省份,发行方信息为非联网区域的,系统记录特情。

(2)收费员要与驾驶员确认入口站及入口时间并向监控中心核实,输入实际车牌、车型和车种,按【手工】键通过后台发起兜底计费服务。

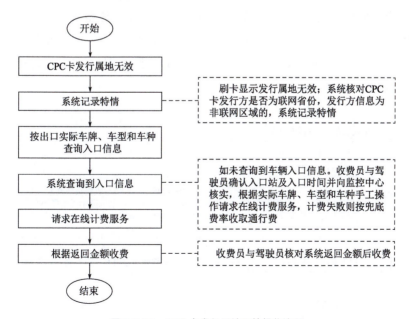

图 3-2-25　CPC 卡发行属地无效操作流程

### 6. 出口车牌不一致（图3-2-26）

(1) 收费员刷卡显示CPC卡内车牌与实际车牌不一致，系统记录特情；

(2) 收费员要与驾驶员确认入口站及入口时间并向监控中心核实，输入实际车牌、车型和车种，按【手工】键通过后台发起兜底计费服务。

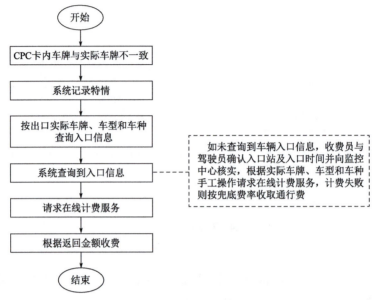

图3-2-26　出口车牌不一致操作流程

### 7. 入出口车型/车种不一致（图3-2-27）

(1) 收费员刷卡显示入出口车型/车种不一致，系统记录特情，事后转稽核处理；

(2) 收费员根据系统提示，更正车牌、车型和车种，在车道系统发起计费请求，根据获取到的计费信息进行收费（系统判断出、入口与收费员所判的车型/车种是否一致，如果不一致，提示"车型不符""车种不符"，最终按出口实际车型/车种进行计费）。

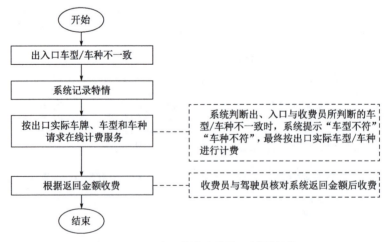

图3-2-27　入出口车型/车种不一致操作流程

**8. 重点关注名单内车辆（图3-2-28）**

(1) 系统将自动预警提示相关信息；

(2) 现场人员快速重点查验当次通行记录并采集相关信息；

(3) 未发现逃费行为的则按正常收费车辆处理，事后稽查发现有新的逃费证据，应立即上传相关证据并申请为追缴名单；

(4) 发现逃费行为的出示掌握的证据；

(5) 与驾驶员沟通确认逃费情况；

(6) 现场人员应通过相关设备全程记录补费过程，告知驾驶员相关法律依据和通行费核算金额、依据，按照相关规定追缴路费并开具相关补缴处理单据，驾驶员需对补缴处理单据签字确认；

(7) 在省级稽核管理系统完善重点关注名单信息或联系录入单位申请转为追缴名单后，在省级稽核管理系统更新上传处理信息与补缴单据等证据资料，追缴名单自动撤销。

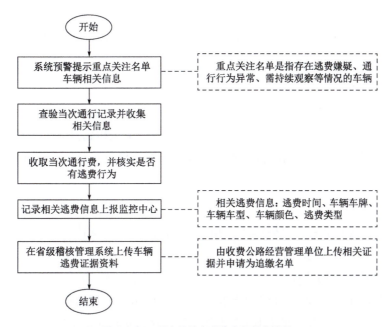

图 3-2-28 重点关注名单内车辆操作流程

**9. 追缴名单内车辆**

(1) 收费员根据车道显示器提示的内容，现场告知驾驶员该车所欠缴通行费，并根据稽核业务要求对车辆收取通行费（已补缴的需出具相关证明文件或"收费现场相关信息处理表"，按CPC卡车辆收取车辆通行费后放行），车辆告知拒不补缴的驾驶员，追缴名单内的车辆将在全国全网限制通行（核实逃费车辆特征与当前车辆是否一致，如车辆存在套牌，按正常车处理）。

(2)现场人员应通过相关设备全程记录补费过程,告知驾驶员相关法律依据和通行费核算金额,驾驶员需对补费记录签字确认;车辆追缴名单解除生效时间自发生起4h内。在未解除之前,遇出口拦截,出示"收费现场相关信息处理表"。

(3)处置完成后按照CPC卡车辆收取车辆通行费(无卡/坏卡需收取通行介质工本费)。

(4)在省级稽核管理系统做好追缴信息的登记上传工作。

### 10. 持纸质通行券车辆

纸质通行券用于重大节假日小型客车免费通行期间、出现收费站所有入口车道瘫痪等紧急情况。应通过使用便携设备等方式,最大限度减少纸质通行券使用。交通运输部将定期通报纸质通行券使用情况。纸质通行券使用前应经省中心同意,省中心及时通过通行介质管理平台向部联网中心报备启用和停用情况,由部联网中心告知相关参与方。收费员按纸质通行券上的入口信息、车牌、车型和车种发起兜底计费请求,根据获取到的计费信息进行收费。

### 11. 临牌车辆

临牌车辆无OBU车载装置的,按CPC卡流程收取车辆通行费,如驾驶员丢卡或坏卡则按照丢卡/坏卡特情处理。

### 12. 无牌车辆

原则上按照CPC卡车辆收取车辆通行费,对于既无号牌也无CPC卡(或纸质通行券)的无牌车辆,可协调交警处理。但法定免费通行的军队和武警部队车辆,公安机关等制式警车等除外。对安装OBU的无牌车辆参照ETC车辆收费通行费,登记特情,并事后稽核。

### 13. 遮挡号牌或改变车牌

(1)收费员应要求驾驶员拆除遮挡物(如驾驶员不配合则协调交警处理,制式军警车或标识为专用军警车除外)。

(2)按CPC卡车辆处理。

(3)如无通行介质,收费员要与驾驶员确认入口站及入口时间并向监控中心核实,输入实际车牌、车型和车种,按【手工】键通过后台发起兜底计费服务。

(4)在省级稽核管理平台做好特殊事件登记,按稽核业务流程处理。

(5)如果为制式军警车或专用军警车等法定免费通行车辆,应快速放行。

### 14. 闯关车

驾驶员在提交了CPC卡或无卡的情况,未缴纳通行费情况下闯关通行时,按以下流程处理:

(1)如车辆未离开收费现场,则现场按CPC卡收费流程收取通行费;有ETC卡则在确认未扣费情况下,用ETC手持机刷写或拔卡人工读写操作收取通行费。

(2)如车辆已离开收费现场,现场应及时上报监控中心,按照特殊事件登记要求,在省级稽核管理系统将实际车辆车牌、车型、车种等信息录入系统,并提供车道视频等资料作为辅证。

### 15. 非 ETC 车辆(CPC 卡及纸质通行券)收费调整

非 ETC 车辆完成收费后出现多收或少收的,收费员需要进行交易冲正,具体操作如下:

(1)车辆未驶离前线圈时,可使用"修改"操作冲正。

(2)车辆已驶离前线圈无法使用修改冲正,广场人员回收发票;收费员核实入口信息并按实际进行手工操作收费,将打印的发票交给驾驶员,填写"收费现场相关信息处理表"下班后提交票管室。

### 16. OBU 损坏或低电量

ETC 车辆出现 OBU 损坏/低电量的,收费员提示驾驶员相关情况并根据实际车牌、车型(轴数),在车道系统发起入口信息查询和计费请求并按以下要求处理:

(1)返回结果为有入口信息且确认为 ETC 车辆的,享受 ETC 优惠,按系统返回的金额进行收费,抬杆放行;

(2)返回结果为有入口信息并确认该车辆已领取 CPC 卡但驾驶员无法出示 CPC 卡的,按非 ETC 车辆处理,收取 CPC 卡工本费和通行费后抬杆放行;

(3)返回结果为无入口信息的,不享受 ETC 优惠,根据获取到的计费信息收取通行费。

### 17. 无 OBU 车辆或单卡车辆

按 CPC 车辆收取车辆通行费。

### 18. 移动 OBU

(1)核实车辆实际车牌、车型、车种与 OBU 内置车辆基础信息是否一致。

(2)如果上述信息核对一致,按正常 ETC 车辆处理,并登记特殊事件。

(3)如果上述信息核对不一致:

①输入正确车牌、车型和车种通过后台请求发起在线计费服务;

②在线计费服务返回失败则发起兜底计费服务;

③收集资料(抓拍、OBU 读取信息等),登记特殊事件,事后进行稽核。

(4)同时告知驾驶员联系 ETC 发行方进行售后处理。

### 19. 出口一车多卡(多张 CPC 卡)

(1)上报监控中心核实每张卡号的入口信息,核实到属于当次实际入口站的通行卡刷卡收费,其他卡如属于多发的则回收交回票管室;

(2)核实该车辆其他通行介质情况,涉嫌逃费的按稽核流程处理,并回收多余 CPC 卡。

**20. 绿通车**

申请绿通预约及退费操作流程按照《收费公路联网收费运营和服务规程补充细则（广东试行）(2020)》等文件执行，具体以上级有关部门最新正式发布的有关文件和规程为准。

(1) 现场查验软件或查验设备无法正常使用。在现场查验软件或查验终端无法正常使用的特殊情况下，对绿通车辆现场查验及拍照，并填写"预约通行车辆现场查验手工登记表"。

(2) 车辆已预约，但当前非预约行程，收费现场直接取消，按正常车辆收费，禁止按不合格绿通收费，避免造成不合理绿通流水。

(3) 安装 ETC 车载装置的绿通车辆，未进行网络预约，在出口混合车道自动扣费或刷 ETC 卡按【绿通】无效的：

①正常查验绿通车辆；

②拍照及录入按【改轴】键—功能—查询流水情况，选择相应的车牌按【确认】键，弹出二维码，对该车次识别交易码进行扫码；

③现场查验人员告知驾驶员五个自然日后，通过"中国 ETC 服务"微信小程序，申请退费处理，或拨打部客服热线电话 95022 申请退费。

(4) 无预约二维码或无效预约 ETC 车辆。现场未能扫描到驾驶员 ETC 预约二维码、预约信息不符（包括车牌不符）相关要求或者预约信息已失效时，可按以下流程操作：

①按未预约车辆进行查验。

②查验合格如已产生扣费的，应当告知驾驶员可通过全国统一的预约平台"中国 ETC 服务"微信小程序或者拨打部客服热线电话"95022"和 ETC 卡发行省份驾驶员热线电话等渠道申请退费。

③ETC 驾驶员已预约，且预约名单已下发至车道系统，查验时驾驶员无法提供预约二维码。查验登记时可以不扫描预约二维码，其他按照已预约车辆处理。

(5) 已预约 ETC 车辆无入口信息，在出口持 CPC 卡、纸质通行券通行或者无通行介质通行的，行驶 MTC 出口混合车道或人工车道时，可按以下流程操作：

①车道系统对预约通行车辆交易进行拦截。

②现场查验人员通过交通运输部相关业务平台查询或联系相应收费公路经营管理单位等方法核实是否因入口设备故障，驾驶员无法使用 ETC 车载装置。

③属实并持有 CPC 卡或纸质通行券等通行介质查验合格的，按预约通行车辆处理。

④属实但无通行介质查验合格的，按特殊操作现场免费处理。核实入口发放了通行介质的需按规定赔偿相应的卡券工本费。

⑤不属实或查验不合格的按普通货车处理，核实入口发放了 CPC 卡的还需按规定

赔偿相应的通行卡工本费；登记相应的特殊事件并取证。

（6）无交易二维码查验登记时，出口车道系统暂时未生成交易二维码，或者无法获取出口车道交易二维码信息时，可启用"查验 App"草稿暂存功能（暂存）保存查验记录，先实施其他流程，待能获取到交易二维码信息时，需按规定及时（6h 内）在查验 App 端或预约通行管理后台系统进行查验记录的补录。

（7）已预约但省中心或车道未收到预约信息。ETC 车辆驾驶员已通过预约平台预约通行，但省中心或车道未收到预约信息（广东省包含 ETC 车辆驾驶员未按指定的预约通行车道出口，经 ETC 专用车道出口的情况），且驾驶员未离开收费现场的，可按以下流程操作：

①生成普通货车通行的交易数据；

②未将车辆驶离广场的驾驶员申请预约通行车辆查验时，根据出口收费站实际情况，自行选择在车道内或外广场指定的查验点进行查验；

③根据查验情况对于已预约的安装并正常使用的 ETC 车载装置查验合格的，现场告知查验结果，车道出口软件对 ETC 卡进行卡面 0 元扣费，完成收费业务操作；

④对于未预约或者已预约但查验结果未在自交易发生后 6h 内上传，发生扣费的，收费员应告知驾驶员通过全国统一的高速公路绿色通道预约通行服务平台（以下简称"预约平台"）、"中国 ETC 服务"微信小程序、交通运输部中心客服电话"95022"或 ETC 卡发行省份驾驶员热线电话、公众号等申请退费。

### 21. 免费车

免费车辆经过收费站出口时，判定为免费车。

(1)输入车辆类型(客车/货车)；

(2)输入车型(1~6)，按【军警】键，按【确认】键，栏杆抬起，完成免费车操作。

### 22. 车队

(1)按【车队】键，栏杆升起；

(2)车队全部通过后，按【确认】键，栏杆落下；

(3)除军警车辆、公安制式车辆、应急抢险等法定免费车外，对其他民用车辆应做好事后车牌登记，并开展事后稽核。

### 23. 专项作业车

参照货车流程处理。

### 24. 修改

(1)判断操作车辆信息有误。

(2)若已刷卡，则按【修改】键，班长进行身份校验，重新刷卡，输入正确车辆信息，重新计费收费。

(3)若未刷卡，直接按【取消】键，输入正确车辆信息（车种、车型），刷卡计费收费。

## 第七节　特种车辆处理

### 一、牵引、拖挂车出入口处理

（1）ETC卡入口车辆

车辆驶入入口车道前，需通过称重车道检测。

①车辆驶入车道时，系统自动关联称重数据判断是否已检测（车道系统判断为特种车辆，需人工确认计重信息的轴数与实际轴数是否相符，如不相符以人工确认的轴数为准输入）、是否超限超载（如超限超载，进行劝返并开具"车辆公路行驶超限告知书"）。

②车辆已进行入口称重检测且未超限超载，系统读取OBU、ETC卡信息，自动判断OBU有效性、ETC卡有效性、是否为黑名单车辆、储值卡余额是否大于零等。

③判断车辆可以通过的，正常抬杆放行，将车辆入口信息、准确轴数、重量、门架金额（如入口站启用代写门架功能）写入OBU和ETC卡，生成入口流水。

④如有匝道门架功能车道，生成门架过车流水；车辆通过后，栏杆落下，完成ETC车辆操作。

（2）CPC卡入口车辆

入口车道系统获取计重信息后，对特种车辆，要人工确认计重信息的轴数与实际轴数是否相符，如不相符，以人工确认的轴数为准，并写入CPC卡入口信息文件中。车辆驶入车道前，需通过独立治超站或称重车道检测。

①车辆驶入车道时，系统自动判断是否已检测、是否超限超载（如超限超载，进行劝返并开具"车辆公路行驶超限告知书"）；

②输入车辆类型（货车、专项作业车）；

③系统自动识别车牌，如识别失败按【次票】键进行重新识别。收费员应核对校正车牌信息，可手工输入全车牌；

④收费员输入车型（1~6）；

⑤取一张CPC卡放在读写器天线上写卡（车道系统判断为特种车辆，需人工确认计重信息的轴数与实际轴数是否相符，如不相符以人工确认的轴数为准）；

⑥写卡成功后（包括写入入口信息、轴组、重量，如入口站启用代写门架功能，把门架金额、里程写入卡内，并把卡唤醒并提示CPC卡剩余电量信息），生成入口流水，栏杆抬起；

⑦如有匝道门架功能车道，生成门架过车流水；

⑧收费员把 CPC 卡交给驾驶员;
⑨车辆通过,栏杆落下。

(3) ETC 卡出口车辆

①出口车道 ETC 车辆压前线圈,打开交易天线。

②系统自动判断 OBU 有效性、ETC 卡有效性、是否为黑名单车辆、车牌是否一致等。车道系统将读取 OBU 中的用户类型,对特种车辆(牵引、拖挂车)按入口信息中的轴数收费;如出口需抽查计重信息的,获取计重信息后,进行人工确认轴数,并按出口确认的轴数收费。

③判断 ETC 车辆可正常通行,对 ETC 卡进行扣费并通过费显显示车牌号码和扣费金额、抬杆放行,生成出口交易记录和出口流水,存在超限情况的,开具"车辆公路行驶超限告知书"。

④如有匝道门架功能车道,生成门架过车流水;车辆通过后,栏杆落下,完成 ETC 车辆操作。

(4) CPC 卡出口车辆

①出口车道输入车辆类型(货车、专项作业车)。

②系统自动识别车牌,如识别失败,收费员按【次票】键进行重新识别,或手工输入全车牌。

③收费员输入车型(1~6)。

④读 CPC 卡成功后(包括读取入口信息、卡内计费信息、卡内里程),语音报价器报价,系统提示"应缴现金××元"。车道系统读取 CPC 卡中的车种信息,获取计重信息后,对特种车辆(牵引、拖挂车)轴数进行人工确认,并按出口确认的轴数收费。

⑤收取通行费后,收费员按【确认】键抬杆,打印发票交给驾驶员;车辆通过后落杆,完成 CPC 卡现金收费操作,存在超限情况的,开具"车辆公路行驶超限告知书"。

## 二 大件运输车辆出入口处理

### 1. 定义

大件运输车辆是指经合法审批载运不可解体物品,车货总体的外廓尺寸或者总质量超过公路、公路桥梁、公路隧道的限载限高、限宽、限长标准,确需在公路、公路桥梁、公路隧道行驶的车辆。

### 2. 入口操作流程(图3-2-29)

大件运输车辆驶入车道前,需通过称重车道检测。

(1)货车驶入车道时,系统自动判断是否已检测、是否超限超载;

(2)输入车辆类型(货车);

(3)系统自动识别车牌,如识别失败按【次票】键进行重新识别。收费员应核对和校正车牌信息,可手工输入全车牌,系统查找"大件货物"车辆名单表,符合的话需查验大件运输许可证;

(4)收费员输入车型(1~6);

(5)收费员查验大件运输许可证,核实运输货物名称及重量,并上报监控中心核实,确认大件货物运输,不再判断该货车是否超重;对车辆相关证件进行拍照、录像取证,如经查验为伪造通行证、实际运输货物与许可证记载不一致、超限运输车辆通行证过期等不合格情况,入口进行劝返;

(6)取一张 CPC 卡放在读写器天线上写卡;

(7)写卡成功后(包括写入入口信息、轴组、重量,如入口站启用代写门架功能,把门架金额、里程写入卡内,并把卡唤醒并提示 CPC 卡剩余电量信息),生成入口流水,栏杆抬起;

(8)如有匝道门架功能车道,生成门架过车流水;

(9)收费员把 CPC 卡交给驾驶员;

(10)车辆通过,栏杆落下。

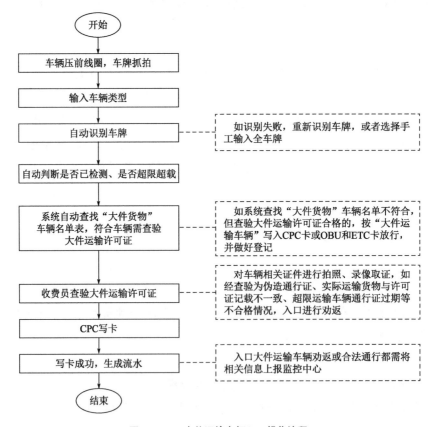

图 3-2-29 大件运输车辆入口操作流程

**3. 出口操作流程**

大件运输车辆驶入车道前,需通过称重车道检测。

(1)货车驶入车道时,输入车辆类型(货车);

(2)系统自动识别车牌,如识别失败按【次票】键进行重新识别。收费员应核对校正车牌信息,可手工输入全车牌,查找"大件货物"车辆名单表,符合的话需查验大件运输许可证;

(3)收费员输入车型(1~6);

(4)收费员查验大件运输许可证,核实运输货物名称及重量,并上报监控中心核实,确认大件货物运输,不再判断该货车是否超重;

(5)回收 CPC 卡放在读写器天线上写卡、计费、收费;

(6)如有匝道门架功能车道,生成门架过车流水;

(7)车辆通过,栏杆落下。

**4. "超限运输车辆通行证"检验流程**

"超限运输车辆通行证"分跨省通行和省内通行两种。

(1)跨省"超限运输车辆通行证"检验流程

检验流程:搜索并关注"跨省大件审批"微信公众号→选择左下角"许可验证"的"跨省验证"→选择微信扫码或手工输入通行证号→查询通行证信息与承运人所持证件信息。

(2)省内"超限运输车辆通行证"检验流程

检验流程:搜索并关注"××交通"微信公众号→进入公众号→依次点击"交通服务—大件运输查询—大件运输许可验证"→点击扫描框→扫描"超限运输车辆通行证"二维码→若扫描结果为真的→显示超限运输车辆具体信息→若扫描结果为假或过期的→出现"未查询导数据,请确认许可证号是否正确"或"error"界面。

(3)查询"超限运输车辆通行证"真伪流程

必须对大件运输车辆行驶时间、线路、车辆总重等相关信息严格进行核对,通过驾驶员提供的"超限运输车辆通行证"原件,运用手机查询。省内通行可通过"广东交通"微信公众号查询,跨省通行可通过"跨省大件审批"微信公众号进行查询,如查询无结果,上报相关交通执法部门后实施劝返。

对查询到结果的车辆还应做好行驶时间、线路、车辆总重等相关信息核对工作,如行驶时间、线路与网上查询不相符时,也应实施劝返。

同时对证件查询结果截图,对"超限运输车辆通行证"原件、超限运输许可证号码、车辆等进行拍照,做好相关资料的登记与存档工作。

# 第三章 清分结算

## 第一节 一般规定

（1）清分结算业务采用部、省两级模式。

（2）清分结算业务包含通行费交易清分结算和拓展应用交易清分结算。其中通行费交易清分结算包括 ETC 通行交易清分、ETC 通行交易拆分、多省其他交易省际拆分、退费补交清分、资金结算、交易对账；拓展应用交易清分结算包括 ETC 拓展服务交易清分、退费补交清分、资金结算。

（3）清分结算业务以出口交易记录和 ETC 门架汇总记录为依据开展。

（4）清分结算的结果确认、资金归集及划拨工作在工作日进行。

（5）在不影响各省（区、市）原有联网收费主体结算账户的基础上，部联网中心和各省中心在同一结算银行设立跨省通行费结算账户。

（6）相关参与方应对相关数据情况进行检查，确保交易数据真实、及时、准确，不应上传交易时间异常的数据至省中心和部联网中心。出现可能影响清算准确性和及时性的情况时，相关参与方应采取合理应对措施，并及时上报部联网中心，由部联网中心视情况处理。

（7）应付款参与方应按照要求及时将应付款足额划至相应结算账户。

（8）未在规定时间内上传和未在规定时间完成记账的 ETC 出口交易记录，不再通过收费公路联网收费系统对用户账户进行扣款。少交的车辆通行费由出口所在省的省联网中心按照《收费公路管理条例》的规定另行主张。

## 第二节 通行费交易清分结算

### 一、ETC 通行交易清分

(1) 发行服务机构与出口省中心归属同一联网省份的单省 ETC 交易,由省中心进行清分;其他 ETC 交易,由部联网中心进行清分。

(2) ETC 出口交易记录应实时上传至省中心,最晚不得超过 3 个自然日,省中心收到出口交易记录后应实时上传至部联网中心,最晚不得超过 1 个自然日。

(3) 部联网中心收到经省中心确认的交易数据后,应即时将 ETC 出口交易记录发布给发行服务机构进行记账处理。自出口交易发生之日起超过 4 个自然日上传至部联网中心的交易数据,部联网中心系统不再转发至发行服务机构处理。

(4) 发行服务机构应即时完成 ETC 出口交易记录记账并返回结果,最晚不超过 24h。发行服务机构应按 ETC 出口交易记录进行完整行程扣款。

①部联网中心在记账结果返回日($T$ 日)0:00:00—23:59:59 收到发行服务机构返回的记账结果(含正常记账的 ETC 出口交易记录、确认记账的 ETC 通行争议交易数据、确认不记账的 ETC 通行争议交易数据)后,于 $T+1$ 日向发行服务机构和各出口省中心下发 ETC 通行交易清分通知书。

②相关参与方在 $T+1$ 日对 ETC 通行交易清分通知书进行确认,部联网中心进行封账。

(5) ETC 通行争议交易处理。

①相关参与方应提供完整证据,配合完成 ETC 通行争议交易处理。

②发行服务机构和收费公路经营管理单位应在 5 个自然日(遇法定节假日顺延)内完成 ETC 通行争议交易处理,未在规定时间内提交处理意见的参与方视为接受对方前一步处理意见并自动结束争议流程。规定时间内双方未能就争议处理结果达成一致时,应提交部联网中心处理。部联网中心应于 2 个自然日(遇法定节假日顺延)内提出意见并进行处理。

③ETC 通行争议交易的处理结果应为确认记账的 ETC 通行争议交易或确认不记账的 ETC 通行争议交易。

④争议交易处理结果应纳入当日记账返回的统计数据中。

(6) 省际拆分异常数据处理。

各通行省中心上传的 ETC 门架汇总记录金额与 ETC 出口交易记录金额(含分省金

额)不等的,通行省中心应在途经本省最后一个门架交易时间的 5 个自然日内补传正确的 ETC 门架汇总记录,补传后符合拆分条件的正常进行拆分;超期未补传或补传后金额仍不等的,按 ETC 门架汇总记录金额比例进行全额拆分,通行省中心按规定时间上传 ETC 门架汇总记录,但出口省中心未在规定时间内上传出口交易记录的,进入交易对账业务流程处理。

各省中心在对省际 ETC 通行交易拆分结果进行确认后,通行介质为 CPC 卡且按 CPC 卡内计费收费的 ETC 交易以及按 ETC 门架汇总记录金额比例进行拆分的 ETC 交易,省中心在确认拆分结果后 2 个自然日内上传发票基础数据,其他由部联网中心将发票基础数据提供给发票服务平台。

(7)其他交易省际拆分。

其他交易的出口交易记录应实时上传至省中心,最晚不得超过 3 个自然日,省中心收到出口交易记录后应实时上传至部联网中心,最晚不得超过 1 个自然日。

多省其他交易均由部联网中心拆分至各联网省份,省中心拆分至收费公路经营管理单位。

部联网中心在交易上传日($S$ 日)0:00:00—23:59:59 收到多省其他交易数据后,于 $S+1$ 日向各省中心下发多省其他交易省际拆分通知书。各省中心在 $S+1$ 日对多省其他交易省际拆分通知书进行确认,部联网中心进行封账。

因交易特情需现场进行收费金额调整的,应生成原交易的冲正交易流水、新的正确交易流水,并与原始交易流水关联,纳入当日数据并上传。

CPC 卡正常计费的,各省中心在对省际拆分结果进行确认后,2 个自然日内拆分至各路段,并上传发票基础数据;其他的由部联网中心将发票基础数据提供给发票服务平台。

各省中心应自交易发生之时起 2 个自然日内完成省内交易拆分,并上传发票基础数据。拆分应按照用户实际通行路段构成精确拆分。拆分应分路段逐条拆分,路段运营公司应属于唯一法人单位且税率唯一。

## 二 资金结算

部联网中心在 $T(S/R)+1$ 日向相关参与方下发轧差结算通知书。轧差结算通知书包括当日 ETC 通行交易拆分通知书、其他交易省际拆分通知书、退费补缴清分通知书中的应收应付金额,及轧差后各参与方应收应付金额。($T$ 为记账结果返回日;$S$ 为交易上传日;$R$ 为业务确认日)

相关参与方在 $T(S/R)+1$ 日对轧差结算通知书进行确认,部联网中心进行封账。所有应付款参与方应于 $T(S/R)+2$ 日将应付费用划拨到指定结算账户,结算银行将所有款项归集至部联网中心结算账户,并将归集结果反馈至部联网中心、各应付款参与方。

部联网中心于 $T(S/R)+3$ 日向结算银行下发资金划拨指令;结算银行将资金划拨至各应收款参与方指定结算账户,并将划拨结果反馈至部联网中心、各应收款参与方。

## 三 交易对账

交易对账包括部级对账服务工作和省级对账工作,对账范围涵盖所有交易类型。

部级对账服务工作范围包括出口省份未在规定时间内上传出口交易记录的,发行服务机构未及时记账的,以及部站数据与部省数据不匹配的,部联网中心向各省中心提供部级交易对账结果查询服务。

省级对账工作范围包括所有涉及本省的 ETC 通行交易和其他交易数据,可参照部级交易对账数据内容,由省中心负责牵头组织开展,省中心应与各收费公路经营管理单位建立省内对账机制,并向各收费公路经营管理单位提供 ETC 交易和其他交易的清分报表、交易对账报表及差异查询服务。

相关参与方可依据交易对账情况,确认存在漏收通行费后可发起通行费追偿。经相关参与方确认后,责任方应承担相应的通行费损失。

对于数据积压、逾期等造成全国联网清分结算工作受到影响的省份,部联网中心将暂缓支付其应收资金;对于跨省其他交易数据延迟上传或不上传的省份,部联网中心将视情况暂缓支付该省其他应收资金。

# 第三节 拓展应用交易清分结算

## 一 ETC 拓展服务交易清分

ETC 拓展服务交易数据主要包括 ETC 停车、加油等交易信息。

ETC 拓展服务运营方应实时上传 ETC 拓展服务交易数据至省中心,最晚不得超过 3 个自然日,省中心应实时上传交易数据至部联网中心,最晚不得超过 1 个自然日。ETC 拓展服务交易发布给发行服务机构进行交易数据记账。发行服务机构应即时完成 ETC 拓展服务交易数据记账并返回结果,最晚不超过 24h。

部联网中心在记账结果返回日($t$ 日)0:00:00—23:59:59 收到发行服务机构返回的

记账结果(含正常记账的 ETC 拓展服务交易数据、确认记账的 ETC 拓展服务争议交易数据、确认不记账的 ETC 拓展服务争议交易数据)后,于 $t+1$ 日向相关参与方下发 ETC 拓展服务交易清分通知书。相关参与方在 $t+1$ 日对 ETC 拓展服务交易清分通知书进行确认,部联网中心进行封账。

部联网中心在收到发行服务机构返回的记账信息后,发布 ETC 拓展服务争议交易明细记录。ETC 拓展服务争议交易涉及的各参与方应提供证据,配合完成 ETC 拓展服务争议交易的最终处理。

发行服务机构和 ETC 拓展服务运营方应在 5 个自然日(遇法定节假日顺延)内完成 ETC 拓展服务争议交易处理,未在规定时间内提交处理意见的参与方视为接受对方前一步处理意见并自动结束争议流程。规定时间内双方未能就争议处理结果达成一致时,应提交部联网中心处理。部联网中心应于 2 个自然日(遇法定节假日顺延)内提出意见并进行处理。

争议交易的处理结果,应为确认记账的 ETC 拓展服务争议交易或确认不记账的 ETC 拓展服务争议交易。争议交易处理结果应纳入当日记账返回的统计数据中。

## 二 退费补缴清分

部联网中心在业务确认日(退费补缴流水生成)($R$ 日)0:00:00—23:59:59 收到经业务确认的退费、补缴数据后,于 $R+1$ 日向相关参与方下发退费补缴清分通知书。

相关参与方在 $R+1$ 日对退费补缴清分通知书进行确认,部联网中心进行封账。相关参与方在确认退费、补缴业务后,应及时上传数据,退费交易应与原交易记录匹配,补缴交易应与补收数据匹配。

## 三 资金结算

部联网中心在 $t(R)+1$ 日向相关参与方下发轧差结算通知书。轧差结算通知书包括当日 ETC 拓展服务清分通知书、退费补缴清分通知书中的应收应付金额,及轧差后各参与方应收应付金额。

相关参与方在 $t(R)+1$ 日对轧差结算通知书进行确认,部联网中心进行封账。所有应付款参与方应于 $t(R)+2$ 日将应付费用划拨到指定结算账户,结算银行将所有款项归集至部联网中心结算账户,并将归集结果反馈至部联网中心、各应付款参与方。

部联网中心于 $t(R)+3$ 日向结算银行下发资金划拨指令;结算银行将资金划拨至各应收款参与方指定结算账户,并将划拨结果反馈至部联网中心、各应收款参与方。

## 第四节　省级交易清分结算

### 一、省级 ETC 交易清分

ETC 出口交易记录应实时上传至省中心,最晚不得超过 3 个自然日。省中心收到发行服务机构为本省且仅在本省通行的 ETC 出口交易记录后,应即时发布给发行服务机构进行记账。

发行服务机构应即时完成 ETC 通行交易数据记账并返回结果,最晚不得超过 24h。

省中心在记账返回日（$T$ 日）0:00:00—23:59:59 收到发行服务机构返回的记账结果后,进行清分并与相关参与方进行确认。

### 二、省级交易拆分

对于直接进行省内拆分的 ETC 交易,省中心进行省内拆分后,实时上传发票基础数据至部联网中心,最晚不得超过 2 个自然日。

对于直接进行省内拆分的其他交易,省中心在交易上传日（$S$ 日）收到其他交易数据后进行省内拆分,并实时上传发票基础数据至部联网中心,最晚不得超过 2 个自然日。

对于经省际拆分后再进行省内拆分的交易,省中心在收到省际拆分结果后进行省内拆分,并实时上传发票基础数据至部联网中心,最晚不得超过 2 个自然日。

省内拆分应分路段逐条拆分,路段运营公司应属于唯一法人单位且税率唯一。

省内资金结算规则由各省自定,可参照跨省资金结算流程。

## 第五节　结算效果评价

### 一、清分结算及时率

清分结算及时率 = 规定时间内已完成交易清分结算笔数/规定时间内应完成交易清分结算笔数 × 100%。

## 二 资金划拨到账及时率

资金划拨到账及时率＝规定时间内已完成资金划拨笔数/规定时间内应完成资金划拨笔数×100%。

## 三 争议处理及时率

争议处理及时率＝规定时间内已完成争议处理笔数/规定时间内应完成争议处理笔数×100%。

## 四 退费处理及时率

退费处理及时率＝规定时间内已完成退费处理笔数/规定时间内应完成退费处理笔数×100%。

## 五 补缴处理及时率

补缴处理及时率＝规定时间内已完成补缴处理笔数/规定时间内应完成补缴处理笔数×100%。

# 第四章 预约通行

## 第一节 鲜活农产品运输车辆预约服务

### 一 鲜活农产品定义

鲜活农产品是指新鲜蔬菜，水果，鲜活水产品，活的畜禽，新鲜的肉、蛋、奶。为规范车辆查验及政策落实相关工作，交通运输部、国家发展改革委等对鲜活农产品具体品种进行了进一步界定，制定了《鲜活农产品品种目录》。

畜禽、水产品、瓜果、蔬菜、肉、蛋、奶等的深加工产品，以及花草、苗木、粮食等不属于鲜活农产品范围。

### 二 鲜活农产品种类

根据《国务院办公厅关于进一步做好非洲猪瘟防控工作的通知》（国办发明电〔2018〕12号）以及《交通运输部办公厅 国家发展改革委办公厅 财政部办公厅 农业农村部办公厅关于进一步提升鲜活农产品运输"绿色通道"政策服务水平的通知》（交办公路〔2022〕78号）等有关规定，对《鲜活农产品品种目录》（表3-4-1）进行了修订完善，其包括新鲜蔬菜，新鲜水果，鲜活水产品，活的畜禽，新鲜的肉、蛋、奶等5个大类24个分类138个品种。按照"大众化、入口吃、易腐烂、不耐放、种植广、销量大"的原则，新增蔬菜别名及常用商品名称对照表（表3-4-2）和水果别名及常用商品名称对照表（表3-4-3），确保所有符合标准的鲜活农产品正常享受"绿色通道"政策。

鲜活农产品品种目录　　　　表3-4-1

| 类别 | | 品种名称 |
|---|---|---|
| 新鲜蔬菜 | 白菜类 | 大白菜、普通白菜、菜薹 |
| | 甘蓝类 | 菜花、芥蓝、青花菜、结球甘蓝 |

续上表

| 类别 | | 品种名称 |
|---|---|---|
| 新鲜蔬菜 | 根菜类 | 萝卜、胡萝卜、芜菁 |
| | 绿叶菜类 | 芹菜、菠菜、莴笋、生菜、空心菜、香菜、茼蒿、茴香、苋菜、木耳菜 |
| | 葱蒜类 | 洋葱、大葱、香葱、蒜苗、蒜苔、韭菜、大蒜、生姜 |
| | 茄果类 | 茄子、青椒、辣椒、番茄、樱桃番茄 |
| | 豆类 | 扁豆、荚豆、豇豆、豌豆、四季豆、毛豆、蚕豆、豆芽、豌豆苗、四棱豆 |
| | 瓜类 | 黄瓜、丝瓜、冬瓜、西葫芦、苦瓜、南瓜、佛手瓜、蛇瓜、节瓜、瓠瓜 |
| | 水生蔬菜类 | 莲藕、荸荠、水芹、茭白 |
| | 新鲜食用菌类 | 香菇(不含干香菇)、平菇、金针菇、滑菇、双孢蘑菇、木耳(不含干木耳) |
| | 多年生和杂类蔬菜 | 竹笋、芦笋、金针菜、香椿 |
| | 其他类 | 马铃薯、甘薯、山药、芋头、鲜玉米、鲜花生 |
| 新鲜水果 | 仁果类 | 苹果、梨、海棠、山楂 |
| | 核果类 | 桃、李、杏、杨梅、樱桃 |
| | 浆果类 | 葡萄、草莓、猕猴桃、石榴、桑葚 |
| | 柑橘类 | 橙、桔(橘)、柑、柚、柠檬 |
| | 热带及亚热带水果 | 香蕉、大蕉、金香蕉、粉蕉、菠萝、龙眼、荔枝、橄榄、枇杷、椰子、芒果、杨桃、木瓜、火龙果、番石榴、莲雾 |
| | 什果类 | 枣、柿子、无花果 |
| | 瓜果类 | 西瓜、甜瓜 |
| 鲜活水产品(仅指活的或者新鲜的) | | 鱼类、虾类、贝类、蟹类 |
| | 其他水产品 | 海带、紫菜、海蜇、海参 |
| 活的畜禽 | 家畜 | 仔猪 |
| | 其他 | 蜜蜂(转地放蜂) |
| 新鲜的肉、蛋、奶 | | 新鲜的鸡蛋、鸭蛋、鹅蛋、鹌鹑蛋、鸽蛋、火鸡蛋、珍珠鸡蛋、雉鸡蛋、鹧鸪蛋、番鸭蛋、绿头鸭蛋、鸵鸟蛋、鹎鹑蛋、新鲜家禽肉和家畜肉、生鲜乳 |

**蔬菜别名及常用商品名称对照表**　　　　表3-4-2

| 类别 | 品种名称 | 别名及常用商品名称 |
|---|---|---|
| 白菜类 | 大白菜 | 结球白菜、黄芽菜、包心白菜、娃娃菜、快菜、黄矮菜、水白菜、黄泥白、麻叶菜、翻心黄、黄芽白、齐心白 |
| | 普通白菜 | 不结球白菜、小白菜、油菜、青菜、青梗菜、鸡毛菜、瓢菜、瓢儿白、瓢儿菜、上海青 |
| | 菜薹 | 菜心、菜蕻儿、大股子、红菜薹、绿菜薹 |
| 甘蓝类 | 菜花 | 花菜、花椰菜、白花菜、松花菜、椰花菜、花甘蓝、洋花菜 |
| | 芥蓝 | 白花芥蓝、芥兰、芥兰薹 |
| | 青花菜 | 西兰花、菜花、绿花菜、绿花椰菜、茎椰菜 |
| | 结球甘蓝 | 包菜、洋白菜、卷心菜、圆白菜、高丽菜、莲花菜、牛心菜、包头菜、钵钵菜、嘎达白、茴子白、疙瘩白、大头菜、刚白菜、椰菜 |

续上表

| 类别 | 品种名称 | 别名及常用商品名称 |
|---|---|---|
| 根菜类 | 萝卜 | 莱菔、葖、大萝卜、白萝卜、青萝卜、心里美、辣萝卜、水果萝卜、菜头、红丁 |
| | 胡萝卜 | 红萝卜、黄萝卜 |
| | 芜菁 | 芥菜疙瘩、疙瘩菜、恰玛古、盘菜、蔓菁 |
| 绿叶菜类 | 芹菜 | 西芹、本芹、白芹、黄芹、玻璃脆、胡芹、香芹、富菜 |
| | 菠菜 | 波斯菜、赤根菜、鹦鹉菜、尖角菜、波斯草、圆籽菠菜、刺籽菠菜、扯根菜 |
| | 莴笋 | 茎用莴苣、莴苣、莴苣笋、青笋 |
| | 生菜 | 叶用莴苣、鹅仔菜、唛仔菜、莴仔菜、鸡窝菜、盘子菜、油麦菜 |
| | 空心菜 | 蕹菜、藤藤菜、藤儿菜、通菜蓊、蒿菜、通菜 |
| | 香菜 | 芫荽、胡荽、香荽、延荽、芫茜、臭菜 |
| | 茼蒿 | 蒿子秆、蓬蒿、蒿菜、菊花菜、塘蒿、蒿子、蓬花菜、桐花菜、鹅菜、义菜 |
| | 茴香 | 大茴香、小茴香、八月珠、舶茴香、八角香 |
| | 苋菜 | 马齿苋、大叶苋菜、绿苋菜、白苋菜、红苋菜、玉谷菜、雁来红、马马菜 |
| | 木耳菜 | 潺菜、落葵、豆腐菜、紫角叶 |
| 葱蒜类 | 洋葱 | 葱头、圆葱、玉葱、元葱、洋蒜、皮牙子 |
| | 大葱 | 葱、青葱、钢杆葱、鸡腿葱、发芽葱 |
| | 香葱 | 小葱、分葱、细香葱、四季葱 |
| | 蒜苗 | 蒜黄、青蒜、大蒜苗 |
| | 蒜苔 | 蒜薹、蒜毫、蒜苓 |
| | 韭菜 | 起阳草、韭黄 |
| | 大蒜 | 蒜瓣、蒜头、蒜球、独头蒜、胡蒜、大蒜子 |
| | 生姜 | 姜、大姜、黄姜、老姜、辣姜 |
| 茄果类 | 茄子 | 圆茄、长茄、长茄子、圆茄子、矮瓜、吊菜子、落苏、六蔬、茄瓜 |
| | 青椒 | 柿子椒、甜椒、菜椒、灯笼椒、方椒、油椒、彩椒、大椒 |
| | 辣椒 | 辣子、尖椒、胡椒、尖辣子、牛角椒、羊角椒、线椒、小米椒、长辣椒、番椒、番姜、海椒、辣角、秦椒、朝天椒 |
| | 番茄 | 西红柿、洋柿子、火柿子、柿子、番柿、狼茄、海茄 |
| | 樱桃番茄 | 圣女果、小西红柿、小柿子、洋枣、小番茄 |
| 豆类 | 扁豆 | 藤豆、沿篱豆、鹊豆、蛾眉豆 |
| | 荚豆 | 眉豆 |
| | 豇豆 | 长豆角、豆角、长豇豆、豆橛子、带豆、豆角子 |
| | 豌豆 | 荷兰豆、青斑豆、何豆、小寒豆、淮豆、麻豆、金豆、回回豆 |
| | 四季豆 | 芸豆、菜豆、刀豆、二季豆、无筋豆、架豆、芸扁豆、白不老、油豆角 |
| | 毛豆 | 菜用大豆、青豆、枝豆、黄豆、鲜食大豆、菜青豆、青皮豆、豆青、豆子 |
| | 蚕豆 | 南豆、胡豆、佛豆、罗汉豆、大豌豆 |

续上表

| 类别 | 品种名称 | 别名及常用商品名称 |
|---|---|---|
| 豆类 | 豆芽 | 豆芽菜、芽苗菜、黄豆芽、绿豆芽、巧芽、如意菜、掐菜、银芽、银针、银苗、芽心、大豆芽、清水豆芽 |
| | 豌豆苗 | 龙须菜、豌豆尖、安豆苗、豌豆头 |
| | 四棱豆 | 皇帝豆、香龙豆、四角豆、热带大豆、翼豆、四稔豆、翅豆、杨桃豆 |
| 瓜类 | 黄瓜 | 青瓜、胡瓜、王瓜、刺瓜、勤瓜、唐瓜、水黄瓜 |
| | 丝瓜 | 水瓜、棱丝瓜、天丝瓜、天罗、布瓜、蛮瓜 |
| | 冬瓜 | 毛冬瓜、石瓜 |
| | 西葫芦 | 美洲南瓜、搅瓜、三月瓜、小瓜、菜瓜、角瓜、茭瓜、熊(雄)瓜、窝瓜、荀瓜、葫芦瓜 |
| | 苦瓜 | 凉瓜、癞葡萄、锦荔枝、癞瓜、君子菜 |
| | 南瓜 | 倭瓜、倭葫芦、番瓜、玉瓜、吊瓜、方瓜、金瓜、饭瓜、番南瓜、北瓜、谢花面 |
| | 佛手瓜 | 合手瓜、合掌瓜、丰收瓜、洋瓜、捧瓜、土耳瓜 |
| | 蛇瓜 | 蛇豆、蛇丝瓜、大豆角、蛇豆角 |
| | 节瓜 | 小冬瓜、毛瓜、毛节瓜 |
| | 瓠瓜 | 瓠、瓠子、葫芦、小葫芦、大葫芦、瓠子瓜、扁蒲、夜开花、瓢瓜、长瓜 |
| 水生蔬菜类 | 莲藕 | 藕、藕节、湖藕、果藕、菜藕、莲菜、莲生菜、莲根 |
| | 荸荠 | 马蹄、地栗、乌芋、菩荠、荠米 |
| | 水芹 | 水芹菜、野富菜、水英、细本山芹菜、牛草、楚葵、刀芹、蜀芹、野芹菜 |
| | 茭白 | 茭笋、菰笋、菰米、茭儿菜、菰实、菰菜、高笋 |
| 新鲜食用菌类 | 香菇 | 花菇、天白花菇、茶花菇、水菇、冬菇、冬菰、香蕈、香信、椎茸、白面菇、黑面菇 |
| | 平菇 | 侧耳、糙皮侧耳、北风菌、冻菌 |
| | 金针菇 | 冬菇、构菌、毛柄金钱菌、金菇、增智菇 |
| | 滑菇 | 珍珠菇、滑子菇、滑子蘑、光帽鳞伞 |
| | 双孢蘑菇 | 白蘑菇、双孢菇、洋蘑菇 |
| | 木耳 | 红木耳、光木耳、云耳、木耳菇 |
| 多年生和杂类蔬菜 | 竹笋 | 笋、玉兰 |
| | 芦笋 | 石刁柏、狄笋、南荻笋 |
| | 金针菜 | 黄花菜、萱草 |
| | 香椿 | 椿、香椿芽、春芽、香椿头 |
| 其他类 | 马铃薯 | 土豆、山药蛋、洋芋、地蛋、地豆、洋山芋 |
| | 甘薯 | 红薯、地瓜、白薯、甜薯、红苕、香薯、红芋 |
| | 山药 | 怀山药、怀山、淮山药、淮山、薯蓣、薯药、山薯、脚板苕 |
| | 芋头 | 芋、毛芋、芋艿、芋子、芋奶、家芋、香芋、槟榔芋、芋魁、蹲鸱 |
| | 鲜玉米 | 苞米、嫩棒子、包谷、麻英、麻拂拂、粟米、番麦、珍珠粒、水果玉米、玉米棒 |
| | 鲜花生 | 落花生、长果、长生果、泥豆、番豆、鲜落生 |

**水果别名及常用商品名称对照表**　　　　　　　　　　　　　　表 3-4-3

| 类别 | 品种名称 | 别名及常用商品名称 |
|---|---|---|
| 仁果类 | 苹果 | 红富士、蛇果、花牛、寒富、青香蕉、七月鲜、沙果、嘎啦、红将军苹果、金帅苹果、乔纳金果、红星苹果、国光苹果、红玉苹果、澳洲青苹、冰糖心苹果、元帅苹果、金冠苹果、维纳斯黄金、华冠苹果、王林 |
| | 梨 | 酥梨、砀山酥梨、鸭犁、香梨、库尔勒香梨、贡梨、蜜梨、南果梨、黄冠梨、翠冠梨、雪花梨、苍溪雪梨、白梨、砂梨、秋月梨、褐梨、苹果梨 |
| | 海棠 | 鸡心果 |
| | 山楂 | 山里红、红果、山里果 |
| 核果类 | 桃 | 蟠桃、油桃、寿星桃、山桃、毛桃、黄桃、水蜜桃、碧桃 |
| | 李 | 布朗、黑布林、中国李、杏李、欧洲李、美洲李、西梅、新梅、椋、恐龙蛋 |
| | 杏 | 山杏、藏杏、紫杏、东北杏、梅、凯特杏、金太阳杏、岱玉杏 |
| | 杨梅 | 杨梅豆、毛杨梅、青杨梅、矮杨梅、大杨梅、乌杨梅 |
| | 樱桃 | 莺桃、含桃、荆桃、毛樱桃、车厘子 |
| 浆果类 | 葡萄 | 提子、红提、黑提、青提、巨峰、先锋、玫瑰香、阳光玫瑰、茉莉香、红地球、夏黑、无核白鸡心、木纳格、户太八号、金手指、牛奶、藤稔、美人指、蓝宝石、维多利亚、京亚 |
| | 草莓 | 白草莓 |
| | 猕猴桃 | 奇异果、毛梨、软枣猕猴桃 |
| | 石榴 | 软籽石榴、玛瑙石榴、楼子石榴、墨石榴、天红蛋、粉红石榴、铜壳石榴、红壳石榴、青壳石榴、并蒂石榴 |
| | 桑葚 | 桑果、桑枣、桑实、桑子 |
| 柑橘类 | 橙 | 甜橙、脐橙、酸橙、血橙、宜昌橙、冰糖橙、红橙、柳橙、锦橙、夏橙、改良橙、梨橙、晚棱脐橙、卡拉卡拉脐橙、特罗维塔甜橙、青秋脐橙、长叶香橙、红韵香柑、哈姆林甜橙、华盛顿脐橙 |
| | 桔（橘） | 砂糖橘、马水桔、红橘、贡桔、温江蜜桔、温州蜜柑、南丰蜜桔、椪柑、蕉柑 |
| | 柑 | 潮州柑、贡柑、皇帝柑、沃柑、芦柑、茂谷柑、默科特、阳光一号、大雅柑、春见、清见、爱媛、果冻橙、耙耙柑、丑柑、红美人、不知火、金柑、金弹、金桔、罗浮、长寿金柑、脆蜜金柑 |
| | 柚 | 金柚、沙田柚、青柚、蜜柚、梁平柚、垫江晚柚、垫江柚、红心柚、虎蜜柚、五布柚、三红柚、葡萄柚、西柚、橘柚、橙柚、长寿柚、琯溪蜜柚、龙安柚、鸡尾葡萄柚、矮晚柚 |
| | 柠檬 | 尤力克柠檬、香水柠檬、莱檬、梾檬、枸橼、檬檬、来檬、绿檬、佛手 |
| 热带及亚热带水果 | 香蕉 | 甘蕉、甜蕉 |
| | 大蕉 | 龙牙蕉、酸蕉、酸芭蕉、牛角蕉、美食蕉 |
| | 金香蕉 | 贡蕉、皇帝蕉、玫瑰蕉、佳丽蕉 |
| | 粉蕉 | 糯米蕉、苹果蕉 |
| | 菠萝 | 凤梨、黄梨、番梨、露兜子 |
| | 龙眼 | 桂圆、益智果 |
| | 荔枝 | 离枝、丹荔、荔支、荔果 |
| | 橄榄 | 黄榄、青果、山榄、白榄、红榄、青子 |
| | 枇杷 | 卢桔、金丸、芦枝 |

续上表

| 类别 | 品种名称 | 别名及常用商品名称 |
|---|---|---|
| 热带及亚热带水果 | 椰子 | 胥余、椰青 |
| | 芒果 | 杧果、檬果、莽果、庵罗果 |
| | 杨桃 | 羊桃、五敛子、星星果、五棱子、洋桃、阳桃 |
| | 木瓜 | 番木瓜、万寿果、乳瓜 |
| | 火龙果 | 红龙果、龙珠果、仙蜜果、玉龙果 |
| | 番石榴 | 芭乐、鸡矢果、拔仔、花稔 |
| | 莲雾 | 洋蒲桃、琏雾、爪哇蒲桃 |
| 什果类 | 枣 | 鲜枣、冬枣、脆枣、青枣、蟠枣、南疆红、七月鲜 |
| | 柿子 | 鸡心黄柿子、镜面柿、四周柿、罗田甜柿、尖柿、牛心柿 |
| | 无花果 | 蓬莱柿、青皮、布兰瑞克、新疆早黄、金傲芬、日紫、波姬红 |
| 瓜果类 | 西瓜 | 红心西瓜、黄心西瓜、麒麟瓜 |
| | 甜瓜 | 哈密瓜、香瓜、伊丽莎白瓜、华莱士瓜、网纹瓜、白兰瓜、蜜瓜、河套瓜、银瓜、芝麻香、九里香、羊角蜜、玫瑰、雪玉、玉奶瓜、绿宝石、黄宝石、甜宝 |

## 三 鲜活农产品运输车辆预约规程

### 1. 鲜活农产品运输车辆抽免检预约流程

（1）用户应于车辆驶入高速公路前 2h 通过全国统一的高速公路绿色通道预约通行服务平台（以下简称"预约平台"）进行网络预约后通行。

（2）用户注册、登录"中国 ETC 服务"微信小程序完成车辆绑定后，按照界面提示跳转至"高速公路预约通行"微信小程序进行预约。

（3）用户预约时，应填报车牌号、运输货物、预约下高速时间（精确到小时）、高速起终点省份（可精确到收费站）、驾驶员电话号码等信息进行预约。

（4）预约成功后，预约平台生成预约单及对应预约二维码，预约信息仅当次通行有效。

（5）预约平台根据预约信息生成出口省全量预约通行名单的 ZIP 压缩文件，出口省中心应实时下载，并在 1h 内下发至出口收费车道。预约车辆在出口车道完成查验并上传查验结果至预约平台后，或自预计驶出高速时间起 24h 内无查验结果的，预约平台将预约信息从出口省预约全量名单中撤销。

### 2. 鲜活农产品运输车辆抽免检预约操作

（1）微信搜索"中国 ETC 服务"小程序，如图 3-4-1 所示。

（2）进入"中国 ETC 服务"小程序并登录，点击【预约通行】。

(3)由"中国ETC服务"小程序跳转到"高速公路预约通行"小程序选择【鲜活农产品运输车辆】,根据界面提示(图3-4-2),完成信息填写,点击【预约】,确认完成预约。

图3-4-1 微信搜索小程序界面

图3-4-2 鲜活农产品通行预约界面

### 3. 鲜活农产品运输车辆抽免检业务

(1)对于预约查验系统提示"免检"的绿通车辆,出口收费站可根据现场实际情况判定是否"免检",不符合免检的可继续查验。

(2)连续3次免检的车辆,下次通行时为必检车辆。

(3)追缴名单内车辆应为必检车辆。

(4)省内宜通过激励措施提高绿通车辆预约通行积极性。

(5)可根据本省绿通车辆实际运行情况,适当调整免检比例,并在抽免检规则生效前5个工作日报备至部联网中心。

## 四 绿色通道免费标准

### 1. 合格鲜活农产品运输车辆判断标准

(1)运输全国统一的《鲜活农产品品种目录》内的产品的车辆。

(2)运输鲜活农产品的车辆必须是货车且整车合法装载运输。整车合法装载运输是指车货总重和外廓尺寸均未超过国家规定的最大限值,且所载鲜活农产品应占车辆核定载质量或者车厢容积的80%以上、没有与非鲜活农产品混装等行为。

(3)对《鲜活农产品品种目录》范围内不同鲜活农产品混装的车辆,比照整车合法装载鲜活农产品车辆执行。

（4）对《鲜活农产品品种目录》范围内的鲜活农产品与《鲜活农产品品种目录》范围外的其他鲜活农产品混装,且混装的其他鲜活农产品不超过车辆核定载质量或车厢容积的20%的车辆,比照整车合法装载鲜活农产品车辆执行。

（5）转地放蜂车辆混装放蜂用具的,按照整车合法装载鲜活农产品车辆执行。

（6）鲜活农产品运输车辆应在收费站绿色通道车道通过。

（7）鲜活农产品运输车辆必须接受收费工作人员查验,查验合格后可免收通行费。

### 2. 不合格鲜活农产品运输车辆判断标准

（1）车货总质量或外廓尺寸超过国家规定的最大限值。

（2）运载货物不属于《鲜活农产品品种目录》范围。

（3）运载货物属于畜禽水产品、瓜果、蔬菜、肉、蛋、奶等的深加工产品。

（4）运输冷冻发硬、腐烂、变质有异味农产品的车辆。

（5）装载鲜活农产品未达到车辆核定载质量或车厢容积的80%以上。

（6）混装非鲜活农产品的或混装《鲜活农产品品种目录》范围外的鲜活农产品超过20%。

（7）不配合现场工作人员依规查验的车辆可记录为查验不合格车辆。

（8）假冒鲜活农产品运输车辆,承运人主观上存在逃费动机,利用符合免费政策要求的农产品掩盖、围挡、混装深加工农产品及非农产品;利用增加虚轴、虚假证件参数、车牌造假;以及预约和现场申报时故意瞒报或谎报装载货物信息,现场查验时装载货物与预约或申报货物明显不一致等,企图蒙混过关。

（9）未提供行驶证原件,提供的国家政务服务平台或地方政府政务平台的电子证件无法确定核载质量或行驶证过期的车辆。

（10）行驶证标注"仅可运送不可拆解物体"的车辆。

## 五 鲜活农产品运输车辆查验方法

### 1. 鲜活农产品运输车辆查验流程

（1）用户主动申请查验。

（2）查验人员确认车辆未曾驶离收费站,否则不予查验按普通货车处理。

（3）查验人员按规定进行查验,采用"广东高速稽核"App扫描通行交易二维码获取车辆通行交易相关信息,已预约车辆应扫描用户预约码。

（4）进行查验时,原则上应不少于2人完成检查及确认工作;对跨省运输车辆,原则上应由班长(含班长)以上或指定权限人员进行复核确认。

（5）查验人员佩戴事件记录仪设备,做好整个查验过程的影像记录。

（6）在查验的过程中,使用"广东高速稽核"App拍照时应注意参照物与角度的选择,照片应能分别准确显示车型(轴)、车辆完整外观、车牌号码、车牌颜色、货物容积等内容,避免出现有歧义或者无法证明拍摄场景的情况。

(7)查验人员提交查验信息后,系统实时生成查验记录。

(8)收费员根据查验结果,予以鲜活农产品运输车辆免费通行或收取通行费。

**2. 鲜活农产品运输车辆容积率核算**

(1)普通货车:以车辆车厢长、宽、高计算总容积。

(2)仓栅式货车:以实心栏板长、宽、高计算总容积。

(3)厢式货车(封闭货车):以车辆货厢的总容积判断是否合格。

(4)敞篷货车(平板式、栅栏式):以本车长、宽以及比照同轴型普通货车车厢高度计算总容积判断是否合格。

(5)罐式货车:运输鲜奶等罐式车辆,如载重不符合标准,依据载重计算容积(液体体积)是否合格。车主改装的罐式车辆,无罐体容积的有效证明,按照载重标准确定是否免费(注:牛奶的密度平均为 $1.030 kg/dm^3$ )。

(6)特殊结构货车(水箱式):装运的水体中载运有可见活动水产品较多的,视同整车装载。

**3. 鲜活农产品运输车辆荷载情况计算**

(1)通行高速公路的鲜活农产品运输车辆,统一由出口收费站负责对车货总重进行认定。

(2)考虑到称重设备可能出现的合理误差,对车货总重超限超载幅度未超过5%的鲜活农产品运输车辆,比照整车合法装载车辆执行。

(3)车货总重严格按照国家强制性生产标准《汽车、挂车及汽车列车外廓尺寸、轴荷及质量限值》(GB 1589—2016)和相关规定执行。

(4)二轴货车车货总重不超过行驶证标明的总质量。其合法装载最小限值:(现场称重 – 整备质量)/核定载质量 = 实际载重量×100%。合法装载最大限值:总质量 × 1.05。

(5)鲜活农产品运输车辆载重达80%的计算方法:

①普通货车:(现场称重质量 – 行驶证上整备质量)÷行驶证上核定载重量 = 实际载重量×100%。

②牵引货车:(现场称重质量 – 车头行驶证上整备质量 – 拖挂车行驶证上整备质量)÷拖挂车行驶证上核定载重量 = 实际载重量×100%。

## 六 预约车辆查验方法

(1)查验人员按规定进行查验,采用预约平台查验系统(App)的,扫描收费屏幕通行交易二维码关联车辆通行信息；采用自建平台或系统的，可通过扫描通行交易二维码或其他形式获取车辆通行交易相关信息。已预约车辆应扫描用户预约二维码，将查验结果与预约信息进行关联。

（2）查验人员提交查验信息后，系统实时生成查验记录，用户可通过预约小程序查看查验记录，收费公路经营管理单位可通过预约平台管理端查看查验记录。

## 七 绿通车辆特情业务处理流程

鲜活农产品运输车辆在收费站出口申报查验时可能会发生的纠纷主要有混装货物、车辆超限、证件不全、服务态度等。纠纷事件发生的主要原因是驾驶员对政策的不理解、对现场工作人员查验的尺度不认可、对现场工作人员的工作态度不满、意图蒙混过关逃缴通行费等。此类纠纷事件可能会造成较为严重的交通瘫痪、经济损失和社会影响。其处理流程主要包括以下几个方面：

（1）现场处置人员应佩戴记录仪，记录相关证据，当驾驶员不接受处理结果时，应立即向收费站值班站长和监控中心报告，做好现场车流的指引工作。

（2）值班站长接报后立即赶赴现场做好人员调度、增开车道、协商处理等相关处置工作。

（3）监控中心接报后，立即调整监控摄像机，全程对现场进行录像，视事件响应级别做好相关的上传下达工作。

（4）在与驾驶员沟通处理过程中，注意文明服务，保持安全距离，如发生肢体冲突或人身安全受到威胁时，应及时报公安机关处理。

（5）尽可能引导车辆开至车道外处理，避免造成拥堵。

（6）监控中心做好录像及相关资料的存档，收费站24h内提交事件报告。

# 第二节 跨区作业联合收割机（插秧机）运输车辆预约服务

## 一 联合收割机（插秧机）运输定义

联合收割机（插秧机）运输是指专用于运载各类自走式或悬挂式联合收割机的货车进行跨区作业的活动。联合收割机（插秧机）运输车辆在转移过程中，经过公路、桥梁等收费站时，要遵守收费站区管理规定，主动停车出示"联合收割机（插秧机）跨区作业证"

(以下简称"作业证"),自觉配合收费站工作人员的检查和审证。联合收割机(插秧机)运输车辆在空车返回途经收费站时,必须按章缴纳车辆通行费。

## 二 跨区作业联合收割机（插秧机）运输车辆免费政策

**1. 联合收割机(插秧机)运输车辆符合以下几点可享免费优惠政策**

(1)所载联合收割机(插秧机)均持有省级农机、交通部门和县级农机管理部门加盖公章的"作业证"且在有效期内。

(2)收割机(插秧机)运输车辆车货总质量(由出口负责认定)和外廓尺寸均未超过国家规定的最大限值。除装载联合收割机(插秧机)及其常用必备配件外,未装载其他货物。

(3)联合收割机(插秧机)号牌均与"作业证"登记信息一致且无涂改。

(4)根据《交通运输部办公厅 农业农村部 办公厅关于支持农业防灾减灾做好"三秋"跨区农防灾减灾做好"二秒"跨区农机通行服务保障和农机安全生产工作的通知》(交公路明电〔2023〕148号),对"三秋"期间运输跨区作业联合收割机(插秧机)车辆进一步简化查验程序,凭跨区作业证一律免费快速放行。

**2. 联合收割机(插秧机)运输车辆如出现以下条件中任意一项均不能享受免费政策**

(1)无"作业证","作业证"上省级农机、交通部门和县级农机管理部门公章不清晰或不完整,以及未在有效期内。

(2)"作业证"登记信息与当前运输的联合收割机(插秧机)未对应或"作业证"有涂改。

(3)车货总质量(由出口负责认定)或外廓尺寸超过国家规定的最大限值。

(4)联合收割机(插秧机)未悬挂正式号牌。

(5)除联合收割机(插秧机)必要配件以外,混装其他物品。

(6)未提供行驶证原件、提供的国家政务服务平台或地方政府政务平台的电子证件无法确定核定载质量或行驶证过期的车辆。

## 三 联合收割机（插秧机）运输车辆预约

**1. 联合收割机(插秧机)运输车辆预约流程**

(1)用户应于车辆驶入高速公路前2h通过全国统一的高速公路绿色通道预约通行服务平台(简称"预约平台")进行网络预约后通行。

(2)用户注册、登录"中国ETC服务"微信小程序完成车辆绑定后,按照界面提示跳转至"高速公路预约通行"微信小程序进行预约。

（3）用户预约时，应填报车牌号、运输货物、预约下高速时间（精确到小时）、高速起终点省份（可精确到收费站）、驾驶员电话号码、收割机号牌、作业证编号等信息进行预约。

（4）预约成功后，预约平台生成预约单及对应预约二维码，预约信息仅当次通行有效。

（5）预约平台根据预约信息生成出口省全量预约通行名单的 ZIP 压缩文件，出口省中心应实时下载，并在 1h 内下发至出口收费车道。预约车辆在出口车道完成查验并上传查验结果至预约平台后，或自预计驶出高速时间起 24h 内无查验结果的，预约平台将预约信息从出口省预约全量名单中撤销。

**2. 联合收割机（插秧机）运输车辆预约操作**

（1）微信搜索"中国 ETC 服务"小程序，见图 3-4-1。

（2）进入"中国 ETC 服务"小程序并登录，点击【预约通行】，见图 3-4-3。

（3）由"中国 ETC 服务"小程序跳转到"高速公路预约通行"小程序，见图 3-4-4。

（4）选择【运输联合收割机车辆（包括插秧机）】，根据界面提示（图 3-4-5），完成信息填写，点击【预约】，确认完成预约。

图 3-4-3　"中国 ETC 服务"小程序界面

图 3-4-4　预约车种选择界面

图 3-4-5　收割机运输车辆预约界面

## 四　跨区作业联合收割机（插秧机）运输车辆查验

**1. 联合收割机（插秧机）运输车辆查验流程**

（1）用户主动申请查验。

（2）查验人员应严格按照要求对申请查验车辆进行查验，未申请查验驶离收费站的按普通货车处理。

（3）查验人员按规定进行查验,采用"广东高速稽核"App（以广东省为例）扫描通行交易二维码获取车辆通行交易相关信息,已预约车辆应扫描用户预约码。

（4）收费站进行查验信息登记时,宜使用预约平台查验系统（App）,同时,应确保查验结果及时、准确上传至预约平台。

（5）查验结果应现场告知用户,已预约用户应系统推送查验结果,若用户对结果有异议,收费站应现场妥善处理并做好相关查验证据的保存工作。查验合格但发生扣费的,用户可通过预约平台小程序或部、省客服中心申请退费。

（6）根据查验结果,对联合收割机（插秧机）运输车辆予以免费通行或收取通行费。

**2. 联合收割机（插秧机）运输车辆预约名单查验结果与预约信息的关联**

（1）查验人员按规定进行查验,采用预约平台查验系统（App）的,扫描收费屏幕通行交易二维码关联车辆通行信息;采用自建平台或系统的,可通过扫描通行交易二维码或其他形式获取车辆通行交易相关信息。已预约车辆应扫描用户预约二维码,将查验结果与预约信息进行关联。

（2）查验人员提交查验信息后,系统实时生成查验记录,用户可通过预约小程序查看查验记录,收费公路经营管理单位可通过预约平台管理端查看查验记录。

## 五 联合收割机（插秧机）运输车辆预约特情处置

联合收割机（插秧机）运输车辆预约通行特情包括已预约但省中心或车道未收到预约信息,已预约但查验结果未在自交易发生后7个自然工作日上传,已预约但中途变更出口省份等。发生特情时,车辆通行高速公路如按正常货车计费扣费的,查验结果为合格车辆时,用户可通过预约平台小程序或部、省客服中心申请退费。

（1）用户可通过预约平台发起退费申请或拨打部、省客服中心电话申请退费。

（2）发行服务机构应在收到客户申请后,按照《收费公路联网收费运营和服务规则（2020）》及相关规程要求完成投诉处理。

（3）预约平台实时获取用户服务支撑系统退费工单处理进度,并将退费结果反馈给用户。

## 六 联合收割机（插秧机）运输车辆纠纷处理流程

联合收割机（插秧机）运输车辆在收费站出口申报查验时可能会发生的纠纷主要有车辆超限、证件不全、混装货物、服务态度等。纠纷事件发生的主要原因是驾驶员对政策的不理解、对现场工作人员查验的尺度不认可、对现场工作人员的服务态度不满等。此类纠纷事件可能会造成较为严重的交通瘫痪和社会影响。其处理流程主要包括以下几个方面：

（1）现场处置人员应佩戴记录仪，记录相关证据，当驾驶员不接受处理结果时，应立即向收费站值班站长和监控中心报告，做好现场车流的指引工作。

（2）值班站长接报后立即赶赴现场做好人员调度、增开车道、协商处理等相关处置工作。

（3）监控中心接报后，立即调整监控摄像机，全程对现场进行录像，视事件响应级别做好相关的上传下达工作。

（4）在与驾驶员沟通处理过程中，注意文明服务，保持安全距离，如发生肢体冲突或人身安全受到威胁时，应及时报公安机关处理。

（5）尽可能引导车辆开至车道外处理，避免造成拥堵。

（6）监控中心做好录像及相关资料的存档，收费站24h内提交事件报告。

# 第五章

# 优惠政策

## 第一节 优惠政策解读

### 一、国家部委优惠政策

#### 1.鲜活农产品运输车辆优惠政策

2005年以来，全国各地有关部门认真贯彻落实党中央、国务院决策部署，组织指导收费公路经营管理等单位，大力推进鲜活农产品运输"绿色通道"建设，全面落实整车合法装载运输鲜活农产品车辆免收通行费政策，有力促进了"菜篮子"供应，保障了群众基本生活需求。

（1）鲜活农产品运输车辆免收通行费政策文件主要包括：

①《关于进一步完善和落实鲜活农产品运输绿色通道政策的通知》（交公路发〔2009〕784号）

②《国务院办公厅关于进一步做好非洲猪瘟防控工作的通知》（国办发明电〔2018〕12号）

③《交通运输部 国家发展改革委 财政部关于进一步优化鲜活农产品运输"绿色通道"政策的通知》（交公路发〔2019〕99号）

④《交通运输部办公厅 国家发展改革委办公厅 财政部办公厅 农业农村部办公厅关于进一步提升鲜活农产品运输"绿色通道"政策服务水平的通知》（交公路发〔2022〕78号）

（2）鲜活农产品运输车辆必须满足以下条件才能免费通行：

①运输全国统一的《鲜活农产品品种目录》内的产品的车辆。

②运输鲜活农产品的车辆必须是货车且整车合法装载运输。

③整车合法装载运输是指车货总重和外廓尺寸均未超过国家规定的最大限值，且所载鲜活农产品应占车辆核定载重量或者车厢容积的80%以上，没有与非鲜活农产品混

装等行为。

④鲜活农产品运输车辆应在收费站绿色通道车道通过。

⑤鲜活农产品运输车辆必须接受收费工作人员查验,查验合格后可免收通行费。

**2. 联合收割机(插秧机)运输车辆优惠政策**

我国《收费公路管理条例》第一章第七条明确规定:进行跨区作业的联合收割机、运输联合收割机(包括插秧机)的车辆,免交车辆通行费。联合收割机(插秧机)不得在高速公路上通行。为深入贯彻落实《国务院办公厅关于印发深化收费公路制度改革取消高速公路省界收费站实施方案的通知》(国办发〔2019〕23号)精神,进一步规范跨区作业联合收割机(插秧机)运输车辆预约通行高速公路的相关工作,更好服务农业生产,交通运输部办公厅、农业农村部办公厅联合制定了《高速公路跨区作业联合收割机(插秧机)运输车辆预约通行业务规程》。高速公路经营管理单位要按规程切实保障好符合条件的联合收割机(插秧机)运输车辆免费通行。(具体免费条件详见本书第301页跨区作业联合收割机(插秧机)运输车辆免费政策。)

**3. 电子不停车收费(ETC)优惠政策**

按照国家发展改革委、交通运输部《加快推进高速公路电子不停车快捷收费应用服务实施方案》关于"自2020年1月1日起,除国务院另有规定外,各类通行费减免等优惠政策均依托ETC系统实现"的要求,根据交通运输部有关文件规定,相关通行费优惠政策将调整为只对ETC车辆实施优惠。

**4. 重大节假日免收7座及以下小型客车通行费政策**

在重大节假日期间免收7座及以下小型客车通行费是调整和完善收费公路政策的重要举措,对于提高重大节假日公路通行能力和服务水平,降低公众假日出行成本具有重要意义。根据《国务院关于批转交通运输部等部门重大节假日免收小型客车通行费实施方案的通知》(国发〔2012〕37号)文件,行驶收费公路的7座以下(含7座)载客车辆在春节、清明节、劳动节、国庆节等四个国家法定节假日,以及当年国务院办公厅文件确定的上述法定节假日连休日可免费通行。

## 二 广东省相关优惠政策

(1)按照深化收费公路制度改革取消高速公路省界收费站有关工作部署,根据《广东省交通运输厅关于印发广东省大力推动高速公路ETC发行工作方案的通知》(粤交费〔2019〕528号)文件,从2019年7月1日零时起,行驶广东省境内高速公路并使用ETC用户卡(含粤通卡及外省用户卡)或ETC车载设备成功缴纳通行费的车辆,享受当次应交车辆通行费5%的优惠。

(2)从 2017 年 7 月 1 日零时起,符合广东省现行货运车辆收费基本费率及计费规则,使用粤通卡缴费的合法装载货运车辆,行经指定的高速公路路段,同时满足以下条件,可享受通行费八五折优惠:

①合法装载货运车辆;

②使用粤通卡支付通行费;

③货运车辆的车牌号与缴纳通行费的粤通卡上登记的车牌号一致;

④货运车辆未被列入偷逃费黑名单,无偷逃通行费行为。

(3)《广东省应急管理厅 广东省交通运输厅关于建立社会力量车辆公路免费通行联动机制的意见》中关于广东省应急管理厅审核通过的社会力量车辆免费通行的有关内容。

## 三、国家部委差异化收费政策

为贯彻落实 2021 年《政府工作报告》部署要求,进一步提高高速公路网通行效率和服务水平,促进物流降本增效。2021 年 6 月 2 日,交通运输部、国家发展改革委、财政部发布了《全面推广高速公路差异化收费实施方案》,方案提出六种差异化收费方式供各地方路网选择,不断优化完善高速公路差异化收费长效机制。

### 1. 分路段差异化收费

进一步优化完善分路段差异化收费模式,稳步扩大差异化收费实施范围。重点在普通国省干线公路或城市道路拥堵严重但平行高速公路交通流量较小的路段、平行高速公路之间交通量差异较大的路段以及交通量明显低于设计能力的路段,实施灵活多样的差异化收费,利用价格杠杆,均衡路网交通流量分布,提高区域路网整体运行效率,促进区域物流运输降本增效。

### 2. 分车型(类)差异化收费

继续深化分车型(类)差异化优惠政策。强化技术创新和管理创新,结合实际情况,对不同车型(类)普通货车或国际标准集装箱运输车辆、危险货物运输罐式车辆等专用运输车辆实施差异化收费,提高专业运输效率,支持物流运输转型升级,促进实体经济发展。

### 3. 分时段差异化收费

重点针对交通量波峰波谷明显、承担较多通勤功能的高速公路路段,在不同时段执行差异化的收费标准,引导客、货运车辆错峰出行,缓解高峰时段交通拥堵,均衡路网时空分布,提升路网通畅水平。

### 4. 分出入口差异化收费

通过大数据分析论证,重点针对邻近港口和大型工矿企业的高速公路出入口、交通量差异较大的相邻平行路段、城市周边高速公路项目等特定区间、特定出入入口差异化收费,扩大精准调流降费的实施效果。

#### 5. 分方向差异化收费

重点针对资源省份货物单向运输特征明显的高速公路,可对上行方向和下行方向实施差异化收费,利用价格杠杆,引导车辆科学合理地使用公路资源。

#### 6. 分支付方式差异化收费

进一步完善ETC电子支付优惠模式,通过加大ETC电子支付优惠力度,鼓励并引导车辆安装使用ETC,实现高速公路的不停车快捷通行。

## 四 广东省差异化收费政策

为深入贯彻习近平总书记关于交通运输系列重要论述精神,进一步深化交通运输领域供给侧结构性改革,提升高速公路通行效率和服务水平,促进物流降本增效,让社会公众得到更多高速公路改革发展的红利,根据《收费公路管理条例》及《交通运输部 国家发展改革委 财政部关于印发〈全面推广高速公路差异化收费实施方案〉的通知》(交公路函〔2021〕228号)等规定和要求,广东省制定了《广东省全面推广高速公路差异化收费实施方案》。该方案提出5条主要工作措施:

#### 1. 继续执行现有差异化收费政策

(1)对通行全省高速公路的ETC车辆实行5%的通行费基本优惠;

(2)全省高速公路40座以上大型客车降档收费,执行3类客车收费标准;

(3)对通行全省高速公路(汕头海湾大桥除外)的第6类货车实行通行费九九折收费。

#### 2. 扩大货车粤通卡八五折优惠政策实施范围

明确新建的省属国有交通企业全资和控股高速公路自建成通车收费之日起,对使用粤通卡ETC支付通行费的合法装载货车实行通行费八五折收费(不与ETC车辆通行费九五折基础优惠叠加),鼓励其他高速公路参照实施。

#### 3. 鼓励有条件的地市对辖区内高速公路实施通行费优惠措施

各地可结合政府财力状况,通过政府购买服务等方式,从缓解交通拥堵、均衡交通流量、促进区域物流运输降本增效、提升营商环境等角度出发,在不影响路网整体运行效率的前提下,针对辖区内高速公路实施多种方式的通行费优惠措施。

#### 4. 鼓励新通车高速公路免费试运行

新建高速公路经评估交通流量较小、明显低于设计流量的,可在交工验收合格后实施"零费率"免费通车运营,收费期限自开始收费之日起计算;免费通车运营时长一般情况下不超过 1 年,经评估论证后确有必要的,可适当延长。对于分段通车的高速公路,支持先通车的路段免费通车运营,待全线建成通车后再同步开始收费。

**5. 支持经营性高速公路经营管理单位自主实施差异化收费**

经营性高速公路经营管理单位可在确保不影响路网运行及联网收费秩序、不影响交通安全、不影响高速公路服务水平的基础上,以省人民政府批准的车辆通行费收费标准为上限,合理选择差异化收费方式,实行差异化下浮。

# 第二节　通行费优惠金额计算

熟悉和掌握相关优惠政策的同时要清楚通行费优惠金额的计算,这样可以更好地为用户进行详细解读。

(1)车辆通行费根据实际通行路径以省为单位累加计算,单省应收金额为途经 ETC 门架通行费累加金额并按四舍五入取整到元。

(2)ETC 车辆在途经 ETC 门架通行费累加金额(尾数小于 0.5 元则舍去,其他不作处理)的基础上,按相关政策实施优惠并按四舍五入精确到分。

# 第六章

# 高速公路收费系统设备使用与维护

## 第一节　收费系统车道设备使用及保养

收费系统车道设备包括收费操作台、收费员终端（车道显示器、收费专用键盘）、车道计算机、票据打印机（出口车道）、自动栏杆、CPC 卡读写器、费额显示器、计重设备、执法记录仪等。

车道设备是相对独立的一套系统，工控机是车道设备的核心，车道上的所有外围设备是在工控机的控制下完成各项工作的。工控机对相应设备的控制是通过 I/O 卡和串口实现的。

### 一　收费操作台

收费操作台用于放置车道显示器、票据打印机、CPC 卡读写器、收费专用键盘等设备。

**1. 收费操作台清洁保养步骤**

（1）关闭车道显示器、票据打印机、CPC 卡读写器电源，避免做清洁时影响上述设备；

（2）用柔软的湿布进行擦拭。对表面不易清除掉的油污，可用软布蘸上乙醇进行擦拭。

**2. 收费操作台清洁保养注意事项**

清洁过程中若需移动台面设备的，要轻拿轻放，且不宜远距离移动，清洁完成后及时把设备放回原位置。

## 二、车道显示器

车道显示器被放置在收费操作台上,用来显示收费、发卡等各种信息,即车道设备的出行状态,是微型计算机不可缺少的输出设备。

### 1. 显示器的连接和更换

显示器是车道计算机的输出设备,是人机对话的载体。

不管是哪种类型的显示器,其连接和更换方法都一样。显示器的连接线有两根,一根是电源线,连接到220V电源插座或收费亭接线端子上。另一根是信号线,连接到车道计算机上。

1)连接和更换显示器的方法

(1)关闭显示器电源开关,切断显示器电源。

(2)关闭车道计算机电源。

(3)显示器一端有信号接插件的,可在显示器一端拆下信号线接头。反之,拆下车道计算机 VGA 插孔上的接头。拆下接头的办法是,旋松接头两侧的紧固螺栓。

(4)更换时,先连接显示器和车道计算机之间的信号线,VGA 插孔和信号线接头都是"D"字形。注意连接时接头的插入方向。

(5)信号线连接完毕后,可连接显示器电源线,最后接通显示器电源,打开显示器上的电源开关。

2)连接和更换显示器的注意事项

(1)拔插接头时动作一定要轻,以免折弯针脚。

(2)插入信号线接头时注意插入的方向。

(3)连接显示器时最好切断电源。

(4)对于新更换的显示器,可使用显示器面板上的自动调节按钮,使显示器自动调节到最佳分辨率。

(5)为延长显示器使用寿命,不要将显示器亮度调到最高。

### 2. 显示器的清洁保养步骤

(1)关闭电源。关闭显示器电源按钮,拔下显示器电源线和信号电缆线。

(2)清洁显示器屏幕。使用专用的镜面擦拭纸、干面纸或柔软的棉布小心地从屏幕中心向外擦拭。如果条件允许,可使用专用清洁剂清洗屏幕。如没有专用清洁剂,可用软棉布蘸少量清水擦拭。

(3)清洁显示器外壳。使用毛刷或小型吸尘器,去除显示器机壳上的灰尘。如还有不易擦除的污垢,可用干绒布或用干绒布蘸少量清水进行擦拭。

### 3. 显示器清洁保养的注意事项

（1）不要使用酒精等化学试剂擦拭显示器，避免造成涂层脱落或屏幕磨损。也不要使用粗糙、质地较硬的布、纸张等物品进行擦拭，以免划伤显示屏。

（2）不要将水、专用清洁剂等液体直接喷洒到屏幕、机壳上，以免水汽侵入显示器内部。

## 三 收费专用键盘

收费专用键盘被放置在收费操作台上，用于输入车辆信息、付款信息和控制人工收费车道等，是收费员收费操作中使用最频繁的外围设备之一。

### 1. 键盘的连接和更换

1）键盘的连接方法

键盘是收费员日常收费工作中操作最频繁的设备，也比较容易出故障。因此，收费员需要经常更换、连接键盘。根据不同的键盘接口类型，键盘与车道计算机的连接方法也不同。不同的接口要插入车道计算机面板对应的接口上。USB 和 PS/2 接口的键盘必须分别插入对应的接口插孔中。

（1）关闭车道计算机。将收费键盘插头从车道计算机上拔出，取下需更换的收费键盘。

（2）将新的收费键盘插头插到车道计算机上。

（3）键盘的连接和更换完成后，开启车道计算机。

2）收费键盘更换中的注意事项

目前公路收费系统中常用的收费键盘接口有两类，一种是 USB 接口，另一种是 PS/2 接口（一种 6 针的迷你 DIN 接口），这两种连接都是有线连接。对于收费键盘是 PS/2 接口，车道计算机只有 USB 接口的情况，收费键盘可通过转接线（USB 转 PS/2）与车道计算机 USB 接口相连接。更换、连接键盘时应注意如下事项：

（1）对于 PS/2 接口的键盘，拔插时一定要关机操作，否则可能烧毁车道计算机键盘接口电路；USB 接口键盘可以带电拔插。

（2）要根据不同的键盘接口插入车道计算机不同的键盘插孔中。

（3）拔插键盘时动作要轻，特别是 PS/2 接口的键盘，不可过分用力，以免折弯接口内针脚。

（4）键盘插入时都有方向。方向不正确是无法插入的。

（5）对于鼠标、键盘都提供接口插孔的车道计算机来说，插入 PS/2 接口的键盘时，要分辨哪个插孔插键盘、哪个插孔插鼠标，因为它们的接口和插孔在外观上相同。具体可以通过观察插孔旁的图标来分辨。

**2. 收费专用键盘的清洁保养步骤**

(1)关闭车道计算机电源,拔下键盘与计算机连接的接头。

(2)用平口螺丝刀或其他合适的工具轻轻将键帽往上抬松,取下每个键帽。

(3)用螺丝刀卸下键盘背面底板上的螺钉,拆开底板。

(4)取下电路板上的按键胶垫。

(5)用毛刷扫除电路板上的灰尘。难以去除的杂物可用橡皮擦拭。

(6)将所有按键胶垫按原位放回各字键位置。

(7)将键盘底板盖上,上好螺钉完成键盘内部电路板的清洁工作。

(8)使用柔软绒布蘸专用清洁剂或清水擦拭拆下的键帽和键盘底板、面板。

(9)将擦拭干净的键帽对准相应的键座按下,完成键盘的清洁工作。

**3. 收费专用键盘清洁保养的注意事项**

(1)清洁键盘前必须关闭计算机电源,拔下键盘插头。

(2)清洁后勿将水等液体残留在键盘电路板或键帽上,以免腐蚀电路板或引起电路短路故障。需去除积水或充分晾干后再使用键盘。

## 四 车道计算机

车道计算机是一种适应特殊、恶劣环境的工业控制计算机,它的电源、机箱、主板都是基于满足长时间不间断运行需求而设计的。

车道计算机是专门用于公路收费的。因此,从这个意义上讲,使用车道计算机就是使用公路收费软件。

**1. 车道计算机的清洁保养步骤**

(1)关闭车道计算机电源,拔下车道计算机连接的电源插头。

(2)用螺丝刀卸下车道计算机侧板,取下车道机盖板。

(3)用软刷扫除CPU风扇及机箱风扇叶片上的灰尘。

(4)拆下机箱风扇外部的滤网,使用清水清洗后吹干。

(5)拔出板卡,使用吹风机将板卡插槽内和板卡上的灰尘吹掉。

(6)使用吹风机或吸尘器对机箱内部(电源、连线、各部件结合部)除尘。

(7)用柔软抹布蘸清洁剂或清水擦拭拆下的车道计算机侧板及盖板并擦干。

(8)拆下的部件按原位安装后,盖上车道计算机侧板及盖板。

**2. 车道计算机清洁保养的注意事项**

(1)清洁保养前必须关闭车道计算机电源,拔下连接的电源插头。

(2)插拔板卡时不可用力过猛、过大,要注意防止维护工具划伤板卡。

（3）使用吹风机或吸尘器时避免接触到连线造成损坏。

### 五、票据打印机

票据打印机是车道计算机的输出设备，是打印车辆通行费票据的设备。熟练掌握票据打印机的使用和维护方法，对保证票据即时打印和打印质量十分重要。

#### 1. 票据打印机的使用环境

（1）保持票据打印机工作环境的清洁，尽可能地减少灰尘。

（2）放置票据打印机的工作台要平稳、无振动，避开火炉、暖气片等发热装置。

（3）避免在有较强电势场中使用票据打印机，尽量避开诸如扬声器和无线电话机、电台的干扰。

（4）保持票据打印机合适的工作环境温度，一般在 5~40℃之间。尽量保证工作环境温度不要突变，以防打印机内部结露。

#### 2. 票据打印机的连接和更换

票据打印机工作的稳定性直接影响收费速度和收费窗口服务质量。而打印机作为使用非常频繁的车道收费设备之一，其出故障的概率也是很高的。因此，掌握票据打印机的连接和更换方法，对于收费员来说十分必要。

（1）关闭打印机电源开关。

（2）切断打印机输入电源。

（3）旋松打印机数据通信线缆接头两侧的紧固螺栓，拆下打印机上的通信线缆接头。

（4）更换新打印机后，连接打印机通信线缆接头。

（5）连接打印机电源线，开启打印机电源开关。

（6）安装打印机色带，调整打印头间隙。

#### 3. 票据打印机打印票卷的安装

公路收费系统中的打印票卷一般都为连续纸。打印机类型不同或者纸张类型不同，打印票卷的具体安装方法也略有区别。下面以 STARSP320 票据打印机为例，说明打印票卷的安装步骤及注意事项。

1）打印票卷的安装步骤

（1）关闭打印机电源。打开打印机上面板。

（2）将打印票卷的第一张打印票据的顶端（即塞入打印机的一端）用手捋平整。将打印票据塞入进纸槽，并使票据两侧的齿孔对准。

（3）旋转打印机左侧面的旋钮，使打印票据处于合适位置，保证票据位于色带和打印辊之间。

(4)调整纸厚调节杆,使打印头与打印票据之间保持合适的间隙。

(5)盖上打印机上面板,观察票据顶端是否与撕纸口齐平。如果不齐平,旋转左侧面的旋钮进行调整。

(6)打开打印机电源开关。

2)打印票卷安装的注意事项

(1)打印票卷中的每张打印票据都有印制好的发票号码。安装票卷时应将号小的一端装入打印机。

(2)安装票卷时应关闭打印机电源,以免带电旋转进纸旋钮导致电机损伤。

(3)塞入进纸槽的打印票据顶端要光滑平整。如有毛边,一定要撕掉。

(4)注意将票据正面即打印面对准打印头,以免将字符打印到票据背面。

### 4. 票据打印机打印色带的安装

公路收费员在收取车辆通行费后,应向驾驶员出示打印票据。公路收费站除使用印制好的定额通行费票据外,大多采用票据打印机即时打印的通行费票据,随着打印字符的增加和使用时间的延长,打印机打印出的字符颜色会逐渐变淡。为保证打印质量,此时需更换色带。下面以 STARSP320 打印机为例,说明色带更换的步骤和更换过程中的注意事项。

1)色带更换的步骤

(1)打开打印机上面板,取出原色带盒。

(2)将新色带盒按照原色带盒位置装入打印机,并使驱动色带转动的齿轮与色带盒下方齿轮孔啮合。

(3)色带盒安装到位后,将色带平整地嵌入打印头和打印票据之间的间隙。

(4)旋转色带盒上方的旋钮,拉直色带。

(5)盖上打印机上面板。

2)色带更换过程中的注意事项

(1)更换完色带后,如果手上沾有油墨,应先清洗双手,避免将油墨沾染到键盘、打印机外壳表面。

(2)色带安装好后,应注意调节纸厚调节杆,以免造成打印头与色带之间间隙过小,引起色带缠绕打印针。

(3)安装色带盒时,一定要保证驱动色带转动的齿轮与色带盒下方齿轮孔啮合。

### 5. 票据打印机的清洁保养步骤

(1)关闭打印机电源,拔下电源插头。

(2)打印机表面清洁。用软布蘸取酒精或专用清洁剂擦除打印机外壳上的色带墨迹、油污和灰尘等,以保持外观清洁。

(3)打印机机内清洁。清除机内的纸屑(主要是使用穿孔纸的纸屑)和灰尘;用柔软的干布擦除字车导轨上的污垢,用吸尘器清除电路板上的灰尘,特别应注意清除机内的光敏遮断器(字车初始位置检测器)和反射式光电耦合器(缺纸检测器或纸宽检测器)的纸屑和灰尘,以免造成打印机误检测。

(4)清洗打印辊。色带上的油墨对打印辊有腐蚀作用,长时间使用会使打印辊变得凹凸不平,并加速其老化。为了避免上述现象发生,要定期清洗打印辊。可用柔软的布蘸取少许酒精(不可使用橡胶水、汽油等对打印辊有腐蚀作用的溶剂),清除掉打印辊上的油泥、污垢,使其保持光滑、平整。

(5)清洗打印头。拆下打印头,将其前端出针处 $1\sim2cm$ 浸泡在无水酒精中,一般浸泡 $2h$ 左右。如果打印头出针处污染严重,可适当延长浸泡时间;取出浸泡好的打印头,用软刷轻轻刷洗打印头出针处,或用医用注射器吸入无水酒精对准出针口注射多次,直至将污物洗净,然后晾干;将打印头电缆和打印头连接好,打印头先不装在打印机的字车架上而是拿在手中(最好把打印头连接电缆从字车架上拆下再安装打印头,这样可以在机架的左侧或右侧拿着打印头而不受运动中的字车干扰),执行自检打印 $2min$ 左右。自检完毕后,用脱脂棉吸干打印头出针处的酒精及污物,再进行自检打印,并吸干出针处的酒精及污物,直至脱脂棉上无污物。

**6. 票据打印机清洁保养的注意事项**

(1)清洁前必须关闭打印机电源,拔下电源插头。

(2)清洁时避免液体流进打印机内部造成元件损坏,应吹干后再使用。

## 六 自动栏杆

自动栏杆是车道通行控制设备,接收车道工控机和车辆检测器的指令做出一系列动作,通过与车道通行信号灯配合完成收费流程的外围控制与疏导。正常车辆通过时,自动栏杆的抬杆受车道工控机发出的抬杆信号控制;落杆时受车辆检测器落杆信号直接控制,当车辆驶离落杆线圈后,检测器发出脉冲信号并输出至自动栏杆控制端子,栏杆机自动落杆。当车队通过时,由车道控制机向自动栏杆发送抬杆及锁定信号保持抬杆状态。

**1. 自动栏杆的使用方法**

当收费员收取完车辆通行费后,操作车道计算机键盘,车道计算机通过机箱内的板卡将抬杆信号发送到自动栏杆控制器,栏杆自动抬起。当车辆驶过自动栏杆旁的车辆检测器线圈后,连接线圈的车辆检测器检测到过车信号。控制器控制自动栏杆落下。

### 2. 自动栏杆横杆的更换步骤

1）拆卸横杆

(1) 关闭车道,关闭栏杆机电源。

(2) 横杆处于水平状态,使用活动扳手拧下横杆根部的紧固螺丝并抽出螺栓。

(3) 将损坏的横杆从根部的龙爪处抽出。

2）安装横杆

(1) 将正常横杆根部放入龙爪处,插上螺栓,使用活动扳手紧固横杆根部的螺丝。

(2) 将横杆推回正常水平状态。

### 3. ETC 双开栏杆横杆的更换步骤

1）拆卸横杆

(1) 关闭车道,关闭栏杆机电源。

(2) 横杆处于水平状态,使用专用扳手拧松横杆与根接合部旋钮。

(3) 将损坏的横杆抽出。

2）安装横杆

(1) 将正常横杆插入根接合部,使用专用扳手拧紧横杆与根接合部旋钮。

(2) 将横杆推回正常水平状态。

### 4. 栏杆机缓冲胶垫的更换步骤

栏杆机缓冲胶垫,经长期使用后易磨损,损坏后应及时更换,否则影响电机的使用寿命。

1）更换方法

(1) 切断栏杆机电源。

(2) 打开机门,放下控制板。

(3) 取下机帽。

(4) 拆下损坏的缓冲胶垫,换上新的胶垫,固定好即可。

2）注意事项

(1) 更换缓冲胶垫时不要增减所垫垫圈。

(2) 更换好缓冲胶垫、固定好机帽后应手扶杆上、下运动几次确认机械运动灵活,无阻滞现象,方可加电运行。

### 5. 自动栏杆使用中的注意事项

(1) 当机箱内电机未断电时,不要强行手动抬、落杆,以免损伤电机。

(2) 不要在栏杆下落方向走动,以免栏杆抬落时伤及过往人员。

(3) 不要在自动栏杆箱上放置物品。栏杆动作时,机箱可能产生的振动会使物品掉落。

(4) 收费员在未收到车辆通行费前,不要过早将栏杆抬起,以免车辆闯卡,造成通行费的逃漏。同理,在入口车道发放通行卡时,也要等车辆停稳,将通行卡交到驾驶员手中,才能抬杆放行车辆。

(5)自动栏杆工作过程中,严禁打开机箱门,以免造成损坏或意外人身伤害事故。

(6)维护自动栏杆时,应将车道关闭。避免在维护过程中通行车辆伤及维护人员或维护过程中栏杆误动伤及车辆。

## 七、CPC 卡读写器

在使用 CPC 卡作为车辆通行券的收费公路上,CPC 卡读写器是车道计算机和 CPC 通行卡进行车型、入口收费站等信息数据交换的设备。

### 1. CPC 卡读写器清洁保养步骤

(1)断开读写器电源。

(2)用柔软的湿布进行擦洗。对表面不易清除掉的油污,可用软布蘸取酒精进行擦拭。

### 2. CPC 卡读写器清洁保养注意事项

(1)如用水清洁,应先关闭读写器电源。

(2)清洁时,注意不要将水渗入读写器内部。

## 八、费额显示器

公路收费站使用的费额显示器一般都是由金属外壳加内部 LED(Light Emitting Diode,发光二极管)显示板组成,由于费额显示器一般安装在收费亭外或车道安全岛上,故室外环境对费额显示器影响较大。

### 1. 费额显示器清洁保养步骤

对费额显示器的清洁保养分为外部清洁保养和内部清洁保养。

(1)费额显示器的外部清洁保养

费额显示器外部清洁主要是擦拭灰尘和油污。可用软布蘸清水或专用金属外壳清洗剂擦拭。清洁完毕,最好将外壳残留液体擦干。

(2)费额显示器的内部清洁保养

费额显示器内部清洁包括电路板的清洁、散热孔和散热风扇的检查和维护。

①打开费额显示器门,关闭供电电源。

②用细毛刷刷去电路板上吸附的灰尘。如积灰较多,或毛刷无法作业的,可用吸尘器或吹风机去除灰尘。

### 2. 费额显示器清洁保养注意事项

(1)如用水清洁,应先关闭费额显示器电源。

(2)清洁时,注意不要将水渗入费额显示器。

## 九 计重设备

计重设备是一种专门用于称量行驶中车辆重量的设备。计重设备测量的精度受车辆类型、路面情况、收费车道的坡度、车速、车辆的动态平衡、车辆悬挂特征、驾驶员的操作水平等多种因素的影响。公路收费员应在日常使用和操作中尽量规避人为因素,力求称重数据的准确。

### 1. 计重设备清洁保养步骤
(1)使用扫帚清理秤台四周、秤台与秤台框之间的间隙内垃圾。
(2)使用抹布蘸中性清洁剂或清水清洗车辆分离器外壳并擦干,特别是玻璃部分应用棉布或柔纸擦拭干净。
(3)打开车辆分离器仓盖,用毛刷清理设备表面尘土。
(4)使用吹风机清理控制柜中灰尘。

### 2. 计重设备清洁保养注意事项
(1)在车道日常的清洁工作中,严禁将垃圾扫入秤台基坑和秤台与秤台框之间的间隙。
(2)轴重衡坑内应经常清理,秤体四周不得有异物卡住、不得结存淤泥。
(3)雨雪天应留意光幕判断的准确性,对光幕上的玻璃进行定期清洗。
(4)轮胎识别传感器处有石块等颗粒物时,应清理干净,以免影响车型判别的准确率。
(5)定期(半个月左右)对车辆分离器外壳进行清理,特别是玻璃应用棉布或柔纸擦拭干净。
(6)定期(两个月左右)打开车辆分离器仓盖,用毛刷清理设备表面尘土。

## 十 执法记录仪

执法记录仪是随身佩戴的集实时视音频摄录、照相等功能于一体的取证技术装备,常用于绿通查验。此外,执法记录仪还用于广场异常事件的录像取证。

### 1. 执法记录仪的使用方法
(1)对讲按键:按下按钮进行对讲,松开结束对讲。
(2)快速拍照按键:短按进行拍照,照片会存放在文件管理中,文件命名是以当地时间命名的;长按开启/关闭灯光。
(3)电源键:短按熄屏/亮屏;长按开机/关机。

（4）音量+键：短按增加音量；长按开启/关闭麦克风（录视频时开启/关闭声音录入）。

（5）音量-键：短按减少音量；长按开启/结束录音。

（6）灯光键：短按开启/关闭红外功能（摄像时可以体现效果，适用于夜间拍摄）；双击按键开启/关闭激光灯（一个红色的小点，用于辅助拍摄瞄准）；长按开启/关闭警灯。

（7）一键报警：长按进行报警，无须调度台接听就可实时建立视频聊天。

当遇到紧急情况，如暴恐案件或重大紧急突发事件时可按下"一键报警"按钮，可以快速与调度中心取得联系，且无须调度中心同意，直接进行联系。

（8）录像按键：双击开启/关闭隐秘模式（就是开启/关闭按键提示音）；长按开启/关闭录像（和背部录像按键一样）。

### 2. 界面功能

执法记录仪软件界面如图3-6-1所示。

图3-6-1 执法记录仪软件界面

## 第二节 设备常见异常判断及检测排除

### 一、设备常见异常判断

#### 1. 车道计算机常见异常判断

车道计算机是收费工作的核心设备。尽管它是性能较为稳定的工业控制计算机，但也会出现一些和普通计算机一样的常见异常现象。下面列举车道计算机常见异常现象及其出现的原因：

(1) 显示器黑屏

显示器出现黑屏的原因及判断如下：

①显示器电源被切断或显示器电源开关被关闭。

②车道计算机突然断电。

③如果车道计算机一启动，显示器就黑屏，则问题出自车道计算机内部。车道计算机电源部分、主板、CPU、内存都有可能引发其启动时的显示器黑屏现象，出现异常的实质原因是车道计算机没有真正启动。

(2) 车道计算机开机提示"keyboard error"系统无法正常引导

出现异常的原因如下：

①键盘未插到位。

②键盘损坏。

③车道计算机键盘接口电路存在故障。

对于第一种情况，可以重新拔插键盘接口，再启动车道计算机。如故障消除，可判定故障原因就是键盘没有插好。如果故障仍未消除，可更换键盘。如果故障排除，说明原键盘有问题。反之，则车道计算机键盘接口电路可能存在故障。此时，收费员要报修。

(3) 车道计算机启动后出现"Hard disk install failure"的提示，无法继续引导系统

出现异常的原因如下：

①硬盘的电源线或数据线未接好。

②硬盘损坏。

该异常现象一般在对车道计算机内部进行维护后，重新启动计算机时出现。引发该异常的主要原因是维护人员在连接硬盘时，数据线和硬盘电源线没有连接好。此外，硬盘内部电路故障也会导致该故障现象。遇到该故障，收费员要及时报修，并能正确解读故障提示，以便维护人员正确判断。

(4) 车道计算机经常死机

计算机死机的原因有很多，也很复杂。软件、硬件和病毒都可能导致计算机死机。遇到该异常现象，收费员要结合当时车道计算机运行的软硬件环境，科学分析和判断。可以从以下几个方面进行分析判断。

①车道计算机工作温度是否过高。可以用手触摸机箱，如温度明显高于正常情况下的温度，则高温可能是死机的原因。具体确认办法是：打开机箱，观察电源风扇和CPU风扇是否运转正常；车道计算机机柜上的散热风扇是否运行正常；收费亭内室温是否明显偏高。

②其他车道计算机是否同时也有类似情况发生。如有，则有可能是收费软件不稳定

导致计算机死机。

③如上述情况都不存在,则可能是车道计算机硬件板卡存在问题。此时,需要报告维护人员,采取替换法来判断故障硬件。

### 2. 票据打印机常见异常判断

(1)票据打印机忽然停止打印

出现异常的原因如下:

①打印机电源被切断或打印机电源开关被关闭。

②不慎按了打印机"联机"按钮,使打印机处于脱机状态。

③打印机打印针被色带挂住,打印头无法正常移动,使打印机打印动作中断。

④在移动打印机或触碰打印机通信线缆时,数据通信线缆脱落。

(2)打印出的字符颜色很淡

出现异常的原因如下:

①色带使用时间过长,色带上的油墨已不多了。

②打印头间隙过大,打印针打在打印辊上的压力不足。

(3)打印机打印出的字符不完整或缺笔画

出现异常的原因如下:

①打印头上的打印针折断。

②打印针驱动线圈短路或烧坏。

③连接打印头的电缆出现断头或插头与插座之间的个别插脚接触不良。

④打印头控制与驱动电板出现故障。

### 3. 自动栏杆异常判断

(1)栏杆不抬

出现异常的原因如下:

①自动栏杆无电源输入。

②栏杆控制器发生故障,未能触发电机转动。

③车道计算机与自动栏杆之间的通信、控制信号传输不畅。

④车道计算机内控制自动栏杆的相关板卡出现故障,未能将抬杆信号发送到栏杆机。

⑤自动栏杆内电机或机械传动部分发生故障,栏杆无法抬起。

异常现象原因分析如下:

①观察自动栏杆控制器和检测器指示灯是否亮起。如果不亮,可用万用表检测,确认自动栏杆机有无电源输入。

②更换一个好的控制器,测试栏杆能否正常抬起。

③检查车道计算机和栏杆机两头的接线,观察有无线缆脱落。

④更换车道计算机内与自动栏杆连接的板卡,判断是否因板卡损坏,栏杆不动作。

⑤如果异常仍不能排除,可切断自动栏杆机电源,看能否手动抬起栏杆,如果不能,说明电机或机械传动部分出现故障。

(2)栏杆不落

出现异常的原因如下:

①自动栏杆电源断电。

②车辆检测线圈断裂,检测器检测不到过车信号。

③控制器出现故障,不能触发电机转动。

④电机或机械传动部分存在故障。

异常现象原因分析如下:

①将金属物体放置在车辆检测线圈上,观察检测器指示灯是否亮起。如果不亮,说明检测器未能检测到过车信号。

②用万用表检测车辆检测线圈是不是通路。如果是通路,考虑更换车辆检测器。

### 4. 称重系统异常判断

称重系统由光幕分车器、计重设备、胎型识别器和数据采集控制箱组成。称重系统常见异常现象及其出现的原因如下。

(1)车道计算机接收不到称重信息

出现异常的原因如下:

①光幕分车器无电源。

②光幕分车器发射的红外线被阻挡,无法分离车辆。

③数据采集控制箱没有接收到光幕分车器传送的信号。

④数据采集控制器未将称重信息发送到车道计算机。

⑤车道计算机内连接数据采集控制器的板卡出现故障。

异常原因的判断如下:

①观察光幕分车器发射和接收端指示灯是否亮起,如果不亮,说明光幕分车器已断电。

②观察光幕分车器玻璃罩上有无灰尘、污物、雨水等,这些因素会影响红外信号的发射。

③检查光幕分车器到数据采集控制箱之间的线缆是否脱落。

④检查数据采集控制器到车道计算机之间的连线是否脱落。

⑤更换车道计算机内与数据采集控制箱连接的板卡,观察计算机能否接收信息。

(2)单胎经常被判为双胎

出现异常的原因:胎型识别器受损。

异常原因的判断:打开称重数据控制箱,观察胎型识别器各检测单元指示灯是否常亮。如果常亮,说明胎型识别器上该检测单元电路处于常通状态,当单胎碾压到胎型识别器上其他正常的检测单元,胎型识别器会误认为该轴是双胎。

(3)双胎经常被判为单胎

出现异常的原因:胎型识别器受损。

异常原因的判断:打开称重数据控制箱,逐个按压或用力敲打胎型识别器检测单元,如果相应的指示灯不亮,说明该检测单元电路处于常断状态。车轮压到该检测单元上,胎型识别器误认为车辆该轴一侧是单胎。

(4)称重数据严重偏离允许的精度范围

出现异常的原因如下:

①低速称重仪秤台被卡死。

②秤台四周传感器出现故障。

③数据采集控制箱内数据采集模块存在异常。

异常原因的判断如下:

①观察秤台和秤框之间的缝隙有无异物卡死。

②站在秤台四角跳跃,看秤台是否出现明显的上下晃动。

③上报专业维护人员,检测数据采集模块是否存在故障。

车道收费设备种类繁多,而且是一个集成的系统。在实际使用过程中,出现的异常现象也非常多,收费员在使用过程中要注意观察,科学分析异常产生的原因,能准确描述故障现象,为维护人员判断故障原因、及时维护提供准确可靠的依据。

## 二 设备检测与故障排除

### 1. 栏杆与后地感线圈

自动栏杆偶发收费完成后无法降杆异常,多由栏杆或后地感线圈故障引起。出现该情况,先留意收费软件左下角栏杆和后地感线圈图标状态。栏杆图标亮红色代表与工控机通信中断,需在栏杆前仓重启电源尝试恢复通信(图3-6-2)。后地感线圈图标显示有车,多为后地感线圈车辆检测器卡死,需在栏杆前仓检查其指示灯状态(正常信号灯无车时亮绿色,有车时亮红色),亮红色时系统判断线圈上有车辆未驶离,触发防砸功能无法降杆,按复位键重启后地感线圈车辆检测器可恢复正常。

### 2. 工控机

收费软件偶发卡顿甚至卡死异常,通常是由工控机长时间使用占用内存过高引起。软件卡顿时可尝试软重启工控机释放内存(收费键盘管理键—重启计算机选项,见图3-6-3)尝试恢复。收费软件卡死后,右上角系统时间即不再正常跳动,操作收费专用键盘无任何响应,需在工控机电源处直接按电源键进行断电硬重启处理。

图 3-6-2　栏杆重启

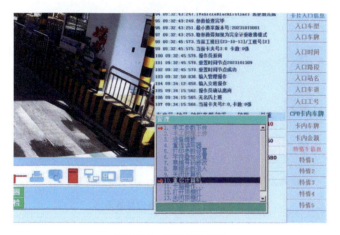

图 3-6-3　软重启工控机

### 3. 车牌识别仪与前地感线圈

车牌识别仪偶发无法自动触发抓拍和车牌信息抓拍错误异常。车辆驶入车道时无法自动触发抓拍多为前地感线圈无反馈，一般由车辆检测器卡死导致，需前往栏杆前仓按复位键重启前线圈车辆检测器解决。车牌信息抓拍错误多为光线过暗或摄像机镜头污染引起，夜间抓拍车牌时补光灯或爆闪灯未响应，可重启摄像机电源尝试恢复，摄像机镜片（前保护镜片，非内部镜头镜片）有污迹或者雾气可用干抹布擦拭、清洁（图 3-6-4）。

图 3-6-4　车牌识别仪镜头清洁

### 4. 计重设备

入口货车通行时偶发无称重数据、称重数据偏差大、货车轴组识别错误等异常,通常由称重控制器、称重传感器、光栅分离器异常引起。无称重数据时,应先留意收费软件左下角秤台图标状态,图标为红色则表示称重控制器与工控机通信中断,需在称重控制柜内重启称重系统电源尝试恢复。称重数据偏差大,可在秤台四边角站人观察称重控制器显示重量,若与人实际体重无偏差则判断称重传感器无异常,需考虑驾驶员不规范驾驶导致(压边、冲磅、跳磅等),引导车辆复称时规范行驶。轴组识别错误可能为红外光栅分离器感应区有污染,可以用干抹布擦拭、清洁(图3-6-5)。

图3-6-5　光栅分离器传感器清洁

### 5. 票据打印机

出口采取现金收费时偶发纸质发票打印异常,多由票据打印机故障引起。无法打印发票时需检查收费软件左下角票据印记图标状态,图标为红色则表示通信中断,可重启打印机开关电源再按"联机"键尝试恢复通信。发票打印过程中卡纸,可尝试清理内部纸屑后重新装纸打印(图3-6-6)。小票打印字样模糊需检查色带是否安装牢固,颜色是否鲜明,否则作加固或更换新色带处理。

图3-6-6　票据打印机内部清理

#### 6. 收费站顶棚照明灯

收费站顶棚照明灯在雨天偶发跳闸故障,多由供电线路遇水短路引起。收费现场顶棚照明供电常为并联设计,每组照明单独供电,由分开关汇聚至总开关。当收费员操作总开关送电时跳闸,可将全部开关断开,将总开关合闸,再逐一将分开关合闸(图 3-6-7),通过排除法判断出短路线路,把其他正常线路开关合闸可暂时恢复顶棚照明。

图 3-6-7 顶棚照明灯开关电源检修

## 三 车道设备及软件维护

### 1. 入口车道设备及软件维护

入口车道系统定期维护内容如表 3-6-1 所列。

入口车道系统定期维护内容表  表 3-6-1

| 维护对象 | 维护内容 | 检查参考指标 |
| --- | --- | --- |
| 车道计算机 | (1)清洁车道计算机内部灰尘;<br>(2)清洁挡灰面板;<br>(3)检查软件运行界面情况 | (1)设备干净、工作正常;<br>(2)软件正常运行 |
| 车道控制器 | (1)清洁车道控制器内部灰尘;<br>(2)检查外部设备接线是否牢固;<br>(3)控制车道各类设备情况 | (1)设备干净、工作正常;<br>(2)正确控制外部设备;<br>(3)正确检测设备状态 |
| 发卡机及 CPC 卡读写器 | (1)检查天线和通信线端口连接是否牢固;<br>(2)检查读写器的读写灵敏度 | (1)设备洁净、工作正常;<br>(2)在规定距离和角度正常读写 |
| 雨棚信号灯 | (1)检查像素管光亮度;<br>(2)检查切换雨棚信号灯红色和绿色是否正常 | (1)200m 外清晰辨识;<br>(2)雨棚信号灯红色和绿色切换动作与命令一致 |
| 车道通行灯 | (1)检查像素管光亮度;<br>(2)检查红色和绿色灯切换是否正常 | (1)灯管显示齐全、正常;<br>(2)打印票据或抬杆后亮绿灯、车过后亮红灯 |

续上表

| 维护对象 | 维护内容 | 检查参考指标 |
| --- | --- | --- |
| 自动栏杆 | (1)检查橡胶垫磨损状况和机械传动性能；<br>(2)检查齿轮和机械传动部位的润滑剂；<br>(3)检查电机是否有异常响声；<br>(4)测试栏杆的防砸车功能和防撞功能 | (1)设备工作正常；<br>(2)抬杆、降杆动作与命令一致 |
| 车辆检测器 | (1)清洁车辆检测器表面灰尘、油污；<br>(2)检查外部接线是否松动、虚接；<br>(3)检查线圈参数及灵敏度 | (1)设备工作正常；<br>(2)线圈电感量 70~1000μH；<br>(3)线圈电阻小于 10Ω |
| 亭内摄像机 | (1)清洁摄像机护罩灰尘；<br>(2)检查摄像机温度；<br>(3)检查图像清晰度 | (1)设备干净、工作正常；<br>(2)图像清晰 |
| 车道摄像机 | (1)清洁摄像机护罩灰尘；<br>(2)检查摄像机温度；<br>(3)检查图像清晰度 | (1)设备干净、工作正常；<br>(2)图像清晰 |
| 光端机 | (1)检查光端机输入电源电压和温度、接口清洁情况；<br>(2)检查图像传输情况和中心控制摄像机情况 | (1)光端机输入电源电压和温度正常，接口尾纤清洁、牢固；<br>(2)接收图像清晰、可控制摄像机 |
| 语音报价器 | 检查语音报价器播报声音是否清晰 | 外观整洁、声音清晰 |
| 收费专用键盘 | (1)清洁键盘表面灰尘；<br>(2)检查键盘按键状况；<br>(3)检查键盘按键和回弹是否灵敏 | 按键灵敏、正常 |
| 显示器 | (1)调节对比度；<br>(2)调节亮度 | 图像清晰、无抖动 |
| 车道电话 | (1)检查按键和回弹是否灵敏；<br>(2)检查通话质量 | 正常运行，可按键通话，语音清晰、无杂音 |
| 脚踏报警器 | (1)检查脚踏信号线是否接触良好；<br>(2)自检脚踏开关是否灵敏 | 工作正常，能输出报警信号 |
| 网络性能测试 | (1)检查网络状态；<br>(2)运行繁忙测试；<br>(3)进行网络 PING 命令测试 | 网络性能可靠、稳定 |
| 操作系统 | (1)升级操作系统、更新补丁；<br>(2)检查系统错误日志 | 操作系统运行正常 |
| 系统检测 | (1)清除各逻辑盘临时文件、回收站文件、索引分类文件；<br>(2)整理各逻辑盘文件碎片 | 系统运行正常、稳定 |
| 车道收费软件 | (1)检查车道收费模块运行情况；<br>(2)检查车道收费模块控制外部设备情况；<br>(3)检查收费流水、工班上传情况 | (1)正常运行、有效控制外部设备；<br>(2)收费流水全部完整上传 |
| 查杀计算机病毒 | (1)病毒库升级；<br>(2)病毒扫描、清除计算机病毒 | 无计算机病毒 |

## 2. 出口车道设备及软件维护

出口车道系统定期维护内容如表3-6-2所示。

**出口车道系统定期维护内容表**　　　　　表3-6-2

| 维护对象 | 维护内容 | 检查参考指标 |
|---|---|---|
| 车道计算机 | (1)清洁车道计算机内部灰尘；<br>(2)清洁挡灰面板；<br>(3)检查软件运行情况 | (1)设备干净、工作正常；<br>(2)软件正常运行 |
| 车道控制器 | (1)清洁车道控制器内部灰尘；<br>(2)检查各外部设备接线是否牢固；<br>(3)控制车道各类设备情况 | (1)设备干净、工作正常；<br>(2)正确控制外部设备；<br>(3)正确检测设备状态 |
| 发卡机及CPC卡读写器 | (1)检查天线和通信线端口连接是否牢固；<br>(2)检查读写器的读写灵敏度 | (1)设备干净、工作正常；<br>(2)在规定距离和角度能正常读写 |
| 光端机 | (1)检查光端机输入电源电压和温度、接口清洁情况；<br>(2)检查图像传输情况和中心控制摄像机情况 | (1)光端机输入电源电压和温度正常，接口尾纤清洁、牢固；<br>(2)接收图像清晰、可控制摄像机 |
| 亭内摄像机 | (1)清洁摄像机护罩灰尘；<br>(2)检查摄像机温度；<br>(3)检查图像清晰度 | (1)设备干净、工作正常；<br>(2)图像清晰 |
| 车道摄像机 | (1)清洁摄像机护罩灰尘；<br>(2)检查摄像机温度；<br>(3)检查图像清晰度 | (1)设备干净、工作正常；<br>(2)图像清晰 |
| 雨棚信号灯 | (1)检查像素管光亮度；<br>(2)检查切换雨棚信号灯红色和绿色是否正常 | (1)200m外清晰辨识；<br>(2)雨棚信号灯红色和绿色切换动作与命令一致 |
| 自动栏杆 | (1)检查橡胶垫磨损状况和机械传动性能；<br>(2)检查齿轮和机械传动部位的润滑剂；<br>(3)检查电机是否有异常响声；<br>(4)测试栏杆的防砸车功能和防撞动能 | (1)设备工作正常；<br>(2)抬杆、降杆动作与命令一致 |
| 车辆检测器 | (1)清洁车辆检测器表面灰尘、油污；<br>(2)检查外部接线是否松动、虚接；<br>(3)检查线圈参数及灵敏度 | (1)设备工作正常；<br>(2)线圈电感量70~1000μH；<br>(3)线圈电阻小于10Ω |
| 票据打印机 | (1)检查齿轮传动润滑剂；<br>(2)检查打印色带清晰度和打印头断针情况；<br>(3)检查打印端口是否可靠 | (1)票据打印机工作正常；<br>(2)打印信息清楚 |
| 费额显示牌<br>（带车道通行灯） | (1)检查显示内容是否与命令一致；<br>(2)检查通行红绿灯切换是否与命令一致；<br>(3)检查是否有不亮点 | (1)显示与报价一致；<br>(2)打印票据或抬杆后亮绿灯，车过后亮红灯；<br>(3)显示点阵齐全 |
| 语音报价器 | 检查语音报价器报价是否正确、声音是否清晰 | 外观整洁、声音清晰 |
| 字符叠加器 | (1)检查各接口是否牢固；<br>(2)检查输出波形和叠加字符情况 | 图像、叠加字符清晰 |

续上表

| 维护对象 | 维护内容 | 检查参考指标 |
|---|---|---|
| 收费专用键盘 | (1)清洁键盘表面灰尘；<br>(2)检查键盘按键状况；<br>(3)检查键盘按键和回弹是否灵敏 | 按键灵敏、正常 |
| 显示器 | (1)调节光度；<br>(2)调节亮度 | 图像清晰、无抖动 |
| 车道电话 | (1)检查按键和回弹是否灵敏；<br>(2)检查通话质量 | 正常运行,可按键通话,语音清晰、无杂音 |
| 脚踏报警器 | (1)检查脚踏信号线是否接触良好；<br>(2)自检脚踏开关是否灵敏 | 工作正常、能输出报警信号 |
| 计重收费设备 | (1)冲洗称重平台表面淤泥,清除杂物,接线盒不泡水,检查秤台是否平稳；<br>(2)检查数据采集器密封情况、显示状况,数据采集准确度；<br>(3)检查胎型识别器中传感器运行状况,除泥砂、故障自检、轴、胎判断准确率；<br>(4)检查红外光栅车辆分离器分离准确度,是否有异物遮挡,有故障切换对线圈进行测试；<br>(5)检查控制柜、防护罩上锁及钥匙保管情况；<br>(6)检查通信中断情况 | 计重收费设备运行正常 |
| 操作系统 | (1)升级操作系统、更新补丁；<br>(2)检查系统错误日志 | 操作系统运行正常 |
| 网络性能测试 | (1)检查网络状态；<br>(2)运行繁忙测试；<br>(3)进行网络 PING 命令测试 | 网络性能可靠、稳定 |
| 系统检测 | (1)清除各逻辑盘临时文件、回收站文件、索引分类文件；<br>(2)整理各逻辑盘文件碎片 | 系统运行正常、稳定 |
| 查杀计算机病毒 | (1)升级病毒库；<br>(2)进行病毒扫描、清除计算机病毒 | 无计算机病毒 |
| 车道收费软件 | (1)检查车道收费模块运行情况；<br>(2)检查车道收费模块控制外设情况；<br>(3)检查收费流水、工班上传情况 | (1)正常运行、有效控制外部设备；<br>(2)收费流水全部完整上传 |

**3. 收费站设备及软件维护**

(1)站级机电系统定期维护内容如表3-6-3所示。

**站级机电系统定期维护内容表** 表 3-6-3

| 维护对象 | 维护内容 | 检查参考指标 |
| --- | --- | --- |
| 收费服务器 | (1)清洁服务器电路板；<br>(2)检查开关电源安装是否牢固；<br>(3)清洁散热风扇和抽风板风扇；<br>(4)检测服务器性能,查看服务器工作状况；<br>(5)清洁 CPU 风扇的灰尘；<br>(6)检测软件运行情况 | (1)设备干净、工作正常；<br>(2)标签标识清晰；<br>(3)牢固、整洁；<br>(4)软件运行稳定、可靠 |
| 工作站计算机 | (1)清洁电路板；<br>(2)检查开关电源安装是否牢固；<br>(3)检测系统,查看系统性能；<br>(4)检测软件运行情况 | (1)设备干净、工作正常；<br>(2)标签标识清晰；<br>(3)软件正常运行 |
| 显示器 | 调节光度、亮度 | 图像清晰、无抖动 |
| 收费专用键盘 | (1)清洁键盘表面灰尘；<br>(2)检查键盘按键状况；<br>(3)检查键盘按键和回弹是否灵敏 | 按键灵敏、正常 |
| 票据打印机 | (1)检查打印机电源与插板接触是否牢固；<br>(2)检查打印硒鼓使用状态；<br>(3)检查打印端口是否可靠 | (1)票据打印机工作正常；<br>(2)打印信息清楚 |
| 收/发卡机及 CPC 卡读写器 | (1)检查收/发卡机状态灯、显示屏；<br>(2)检查卡箱卡夹装载情况；<br>(3)检查收/发卡机与 CPC 读写器通信接口是否牢固；<br>(4)检查电源接口与插板连接是否牢固；<br>(5)检查读写器的读写灵敏度 | (1)收/发卡机运行正常；<br>(2)设备干净、工作正常；<br>(3)在规定距离和角度能正常读写 |
| UPS | (1)检查 UPS 状态灯、显示屏是否正常；<br>(2)检测电池使用情况 | 系统运行稳定、可靠 |
| 系统检测 | (1)清除各逻辑盘临时文件、回收站文件、索引分类文件；<br>(2)整理各逻辑盘碎片 | 系统运行稳定、可靠 |
| 查杀计算机病毒 | (1)进行升级病毒库；<br>(2)进行病毒扫描、清除计算机病毒 | 无计算机病毒 |

(2)收费软件功能模块维护内容如表 3-6-4 所示。

**收费软件功能模块维护内容表** 表 3-6-4

| 维护对象 | 维护内容 | 检查参考指标 |
| --- | --- | --- |
| 操作系统维护 | (1)升级操作系统、更新补丁；<br>(2)检查系统错误日志 | 操作系统运行正常 |
| 车道收费软件 | (1)检查车道收费模块运行情况；<br>(2)检查车道收费模块控制外部设备情况；<br>(3)检查收费流水、工班上传情况 | (1)正常运行、有效控制外部设备；<br>(2)收费流水全部完整上传 |

续上表

| 维护对象 | 维护内容 | 检查参考指标 |
| --- | --- | --- |
| 参数管理模块 | (1)检查参数管理运行情况；<br>(2)设置、查询、下发各种参数 | 工作正常、可进行各种参数的设置、查询、下发 |
| 监视监控模块 | (1)监视监控模块运行情况；<br>(2)检查车道操作信息上传情况 | 工作正常、操作信息实时上传 |
| 图像稽查模块 | (1)检查图像稽查模块运行情况；<br>(2)检查各种稽查功能 | 正常运行、可进行各种稽查 |
| 业务报表模块 | (1)检查业务报表模块运行情况；<br>(2)核查各种数据是否准确 | 正常运行、数据准确 |
| 交接班模块 | (1)检查交接班模块运行情况；<br>(2)检查交接班各种功能 | 正常运行、能完成交接班登记 |
| 数据备份与浏览模块 | (1)检查数据备份及浏览模块运行情况；<br>(2)检查备份及浏览数据 | 正常运行,能备份、浏览数据 |
| CPC卡管理模块 | (1)检查CPC卡管理模块运行情况；<br>(2)检查CPC卡片制作功能；<br>(3)检查CPC卡查询功能 | (1)正常运行；<br>(2)能制作各种卡片；<br>(3)能查询到CPC卡信息 |
| 数据轮循、同步模块 | (1)检查轮循、同步运行情况；<br>(2)检查同步日志 | 正常运行、收费流水实时上传 |
| 收费系统时间同步模块 | (1)检查各工作站时间与服务器时间是否一致；<br>(2)检查各工作站可以接收服务器时间 | 正常运行、时间一致 |
| 数据库性能维护 | (1)检查维护计划；<br>(2)删除空数据库页、压缩数据文件；<br>(3)重新组织数据和索引页上的数据；<br>(4)更新索引统计 | 数据库运行正常、查询快速 |
| 数据库完整性检查 | 对数据库内的数据和数据页执行内部一致性检查 | 数据库完整、无错误 |
| 执行数据库备份 | (1)制定备份策略；<br>(2)查看备份记录、文件 | 数据库正常备份 |
| 网络性能测试 | (1)检查网络状态；<br>(2)运行繁忙测试；<br>(3)进行网络PING命令测试 | 网络性能可靠、稳定 |

## 四 收费版本号检查

通过个人账号登录路段综合收费管理平台,选择【数字化监测系统】→【版本监测】,对应查询操作如下:

### 1. 费率版本监测

点击左侧菜单【版本监测】→【费率版本监测】,可查询【车道费率监测】及【门架费率监测】,如图 3-6-8 所示。

图 3-6-8　费率版本监测

### 2. 软件版本监测

点击左侧菜单【版本监测】→【软件版本监测】,可查询【车道软件监测】及【门架软件监测】,如图 3-6-9 所示。

图 3-6-9　软件版本监测

### 3. 黑名单监测

点击左侧菜单【版本监测】→【黑名单监测】,如图 3-6-10 所示。

图 3-6-10　黑名单监测

# 第七章

# 安全畅通保障

## 第一节 超限超载车辆管控

### 一、超限超载车辆管控执行标准及要求

(1) 入口拒超严格执行全国统一的违法超限超载认定标准。按照《交通运输部 公安部关于治理车辆超限超载联合执法常态化制度化工作的实施意见(试行)》(交公路发〔2017〕173号)规定的《公路货运车辆超限超载认定标准》执行(表3-7-1)。

公路货运车辆超限超载认定标准  表3-7-1

| 轴数 | 车型 | 图例 | 总质量限值(t) |
|---|---|---|---|
| 2轴 | 载货汽车 | | 18 |
| 3轴 | 中置轴挂车列车 | | 27 |
| | 铰接列车 | | 27 |
| | 载货汽车 | | 25 |

335

续上表

| 轴数 | 车型 | 图例 | 总质量限值(t) |
|---|---|---|---|
| 4轴 | 中置轴挂车列车 | | 36 |
| | | | 35 |
| | 铰接列车 | | 36 |
| | 全挂汽车列车 | | 36 |
| | 载货汽车 | | 31 |
| 5轴 | 中置轴挂车列车 | | 43 |
| | | | 43 |
| | 铰接列车 | | 43 |
| | 铰接列车 | | 43 |
| | | | 42 |
| | 全挂汽车列车 | | 43 |
| | | | 43 |

续上表

| 轴数 | 车型 | 图例 | | 总质量限值(t) |
|---|---|---|---|---|
| 6轴 | 中置轴挂车列车 | | | 49 |
| | | | | 46 |
| | | | | 49 |
| | | | | 46 |
| | 铰接列车 | | | 49 |
| | | | | 46 |
| | | | | 46 |
| | 全挂列车 | | | 49 |
| | | | | 46 |

备注：
1. 2轴货车车货总重还应当不超过行驶证标明的总质量。
2. 除驱动轴外，图例中的2轴组、3轴组以及半挂车和全挂车，每减少两个轮胎，其总质量限值减少3t。
3. 安装名义断面宽度不小于425mm轮胎的挂车及其组成的汽车列车，驱动轴安装名义断面宽度不小于445mm轮胎的载货汽车及其组成的汽车列车，其总质量限值不予核减。
4. 驱动轴为每轴每侧双轮胎且装备空气悬架时，3轴和4轴货车的总质量限值各增加1t；驱动轴为每轴每侧双轮胎并装备空气悬架且半挂车的两轴之间的距离 $d \geq 1800mm$ 的4轴铰接列车，总质量限值为37t。
5. 图例中未列车型，根据《汽车、挂车及汽车列车外廓尺寸、轴荷及质量限值》(GB 1589—2016)规定，确定相应的总质量限值。
6. 对于车货外廓尺寸超限行为，按照国家有关部门的统一部署，分阶段有步骤地推进。在部署工作开展前，暂不对外廓尺寸进行检查。
7. 危险化学品运输车辆违法超限超载的，由公安机关依据《危险化学品安全管理条例》第八十八条的有关规定进行处罚。
8. 运输鲜活农产品车辆违法超限超载运输的，通行收费公路时，该运次不得给予免收车辆通行费的优惠政策；通行非收费公路时，以批评教育为主，暂不实施处罚。
9. 载运标准集装箱的挂车列车的整治工作另行部署，在专项整治前，重点检查其车货总质量是否超过限载标准的行为，暂不对外廓尺寸进行检查。
10. 低平板半挂车运输普通货物的整治工作另行部署，在专项整治前，重点查纠其车货总质量超过限载标准和假牌套牌违法行为

（2）按照《交通运输部办公厅关于进一步规范全国高速公路入口称重检测工作的通知》（交办公路明电〔2019〕117号）要求，对货车总质量不超过18t的两轴货车，不得以超限为由禁止其通行高速公路。

（3）对符合《汽车、挂车及汽车列车外廓尺寸、轴荷及质量限值》（GB 1589—2016）规定，且车货总质量未超过限定标准的专用作业车，不认定为超限运输车辆。

（4）对于车主提供过货单等证据举证车辆不属于违法超限车辆的，站场收费管理人员应做好收费站秩序指引工作，并引导车辆进行1次复称；复称后属合法运输的，予以发卡抬杆放行，复称仍属超限超载的予以拒入，引导车辆驶离高速公路。

（5）对由收费站停电、设备故障等，造成入口称重设备无法检测或无法对超限车辆进行有效管控的，按照应急预案及时发布信息，组织引导货车绕行其他收费站；现场做好交通疏导工作；及时修复称重检测设备，杜绝货车未经检测驶入高速公路。

## 二 收费站入口拒超操作细则

（1）收费站利用标志、标线结合人工指引，将货车引导至超宽称重车道进行超限超载检测。

（2）货车进入称重检测区域检测，显示实时称重数据，收费站利用一体化抓拍系统进行图片与视频抓拍，对相关图像证据单独保存。

（3）检测发现货车超限超载时，系统与大件运输系统、黑名单系统数据对比核查，属于合法装载且未纳入黑名单的自动抬杆放行；属违法超限超载运输或列入黑名单的货车，系统拒绝发卡和抬杆，收费管理人员介入处理。

（4）经人工核查，货车运输超过规定限重5%及以上的，收费管理人员应当明确告知驾驶员禁止驶入高速公路，并引导货车离开高速公路；未超过规定标准5%以内放行；对不听劝阻、强行冲卡的车辆及堵塞车道、损坏设施设备的行为及时报警处理，同时通知属地交警和上级治超政府部门（交通运输局、公安交警和当地派出所等）；对由拒超纠纷可能引发现场秩序混乱的，及时通知辖区路政中队派员协助处理。

（5）发现违法超限超载车辆时，及时做好相关数据保存和传输工作，并通知路段监控中心；监控中心及时向辖区交通综合行政执法机构和公安机关交通管理部门报告。

（6）对违法超限超载车辆、冲卡超限超载车辆、大件运输车辆、专业作业车辆进行登记。

（7）入口拒超人员可着路政制服，佩戴执法记录仪、穿反光背心等安全防护装备，在臂章、胸牌等标识上标明"协管"字样。

## 三、收费站出口检测操作细则

（1）通过设立标志标识等措施，引导货车进入指定车道接受不停车称重检测，利用一体化抓拍系统进行图片与视频抓拍。

（2）发现货车超限超载时，通过收费系统检测该车是否为合法大件运输车辆，如果为违法超限超载车辆的，除按规定收取车辆通行费外，还应通过电子显示屏或人工等方式，告知当事人存在违法超限超载行为和处理流程，按规定上传相关数据至治超系统。

（3）出口检测为违法超限超载车辆或黑名单车辆的，应核实车辆入口信息。

## 四、收费站大件运输车辆检查项目

系统弹框显示通行货车属于经审批的大件运输车辆的，站场收费管理人员应核查大件运输车辆是否属于合法装载通行，检查事项包括：

（1）核查超限超载运输车辆通行证真实性。

（2）核查通行时间、线路是否与许可内容一致。

（3）属于三类大件运输车辆的（车货总高度从地面算起超过4.5m，或者总宽度超过3.75m，或者总长度超过28m，或者总质量超过100000kg），核查是否按许可护送方案采取护送措施。

（4）大件运输车辆通行收费站时，站场收费管理人员发现车辆及装载情况与超限运输车辆通行证记载的内容不一致的，应及时上报监控中心；监控中心接报后应及时报告辖区交通综合执法机构、公安机关交通管理部门依法处理，并通知路段路政部门及时将有关情况向大件运输许可机关报告。

## 五、拒超监督管理

入口拒超业务需进行监督检查，其中对收费站入口拒超的实施情况检查每日不少于1次，对入口拒超设施设备管理情况检查每月不少于1次。监督管理具体包括：

（1）监管拒超软硬件设施建设情况。是否按照规范落实治超标志标线设置工作，是否设置客货分离设施且有效落实货车必检工作，车道是否设置称重检测设备，出入口检测数据、图像等信息是否按要求上传等。

（2）违法超限超载拒入情况。是否对违法超限超载车辆实施拒入，是否做好违法超限超载车辆登记工作,是否及时向辖区公安交警、交通执法部门通报超限超载车辆信息,是否按规定实施出口抽查工作等。

(3)合法超限超载车辆核查情况。是否对大件运输车辆合法性进行核查,是否对专用作业车辆合法性进行核查,是否对列入黑名单车辆实施拒入等。

(4)拒超软硬件设施维护情况。是否按相关规范落实治超设备系统检测标定等工作。

(5)入口拒超人员配置情况。收费站场现场入口拒超人员是否就位,是否做好拒超人员合理排班,拒超人员拒超作业是否规范,是否对参与拒超人员进行治超业务培训等。

## 六 超限车辆纠纷处理

(1)要具备较强的现场处置应变能力,处理特情时坚持原则,但不失灵活。
(2)处理特情时做到有理有据,文明用语,避免出现负面舆情。
(3)不宜长时间在车道处理纠纷,应引导车辆驶至车道外,避免造成拥堵。
(4)现场佩戴记录仪按政策为驾驶员解答,要注意说话的方式方法,使用文明用语,有理有据。
(5)必要时报公安机关协助处理。

# 第二节 工作场所安全防护

## 一 安全职责

(1)收费站:负责对现场安全和环境要求作出具体规定,并定期对现场安全和环境管理实施检查评审。

(2)收费班组:贯彻落实收费站安全管理制度和环境卫生管理制度,确保收费现场的安全和环境卫生符合要求。

(3)监控中心:负责收费现场的监督和录像工作。

(4)安全员:负责收费现场安全工作。

(5)安全管理:

①安全管理工作实行"谁主管谁负责"的责任制,收费站站长为现场安全第一责任人,对收费站现场安全工作负领导责任,并坚持"安全第一,预防为主"的管理原则,具体

工作由各收费班组负责实施,班长为现场安全工作的直接责任人。

②收费站每月组织召开站务会时要对员工进行安全教育,并做好记录。

③收费人员必须"三懂""三会","三懂"即懂火灾的危险性,懂预防火灾的措施,懂扑救初起火灾的方法;"三会"即会报警(火警119、公安110、急救120),会使用消防器材,会扑救初起火灾。

## 二 收费站安全管理

(1)收费亭安全标志明显,交通安全设施(反光锥、沙桶、水码)排放整齐、有序。

(2)收费站应配备有效的灭火器。

(3)安全员要制止闲杂人员靠近、进入收费广场。

(4)收费亭、办公区域必须上锁。

(5)收费人员过往车道时需注意车辆的来往,遵守"一停、二看、三通过"的规定,且工作人员需身穿反光衣以保证人身安全。

(6)雨雾天气条件下,当班工作人员需打开雾灯,并在收费岛明显位置摆放提示车辆减速行驶标志。

(7)收费人员发现异常情况和可疑人员要立即报告班长。

(8)在交接班及往返清点室的过程中,现场人员必须保持高度警惕,防止不法分子抢劫作案。

(9)在清点的过程中,班长要监控整个清点现场,制止闲杂人员进入清点室。

(10)清点室应安装防盗设施,未经单位主管领导批准,其他人员不得进入清点室。

(11)收费站的各种电源线路和插座保持完好,不得将任何火源、高温或者易燃易爆物体带入收费工作现场。

(12)收费站应有防雨、防潮、防虫、防鼠措施。

## 三 准确识别安全警示标志

### 1. 安全信号装置和安全标志的作用

安全信号装置和安全标志属于警告装置,是提醒人们避开危险的装置,也是一种消极被动的、防御性的措施,在安全生产实际中仍有十分重要的作用。

安全信号装置:分声、光信号装置,如警铃、信号灯,各种显示设备运行参数的仪器、仪表,如温度计、压力表、液位计、流量计等。

安全标志:用简明、醒目的颜色(安全色)、几何图形符号并辅以必要的文字说明,以提醒和警告人们注意安全。

### 2. 安全色[《安全色》(GB 2893—2008)]

安全色分为红、黄、蓝、绿四种。

红色:易见性最好,而且鲜艳夺目,适用于传递停止和禁止信号。

黄色:明度最高,最醒目,以黑色条纹衬托对比时视认性更强,因此适应于警告。

蓝色:彩度、明度都最低,因此单独使用时注目性、视认性不强,但与白色配合使用时对比鲜明,提高了视认性,因此适用于传递指令。

绿色:视认性不强,但具有安全、和平的意义,因此用来表示安全或用作提示。

### 3. 安全标志[《安全标志及其使用导则》(GB 2894—2008)]

安全标志共分四类:禁止标志、警告标志、指令标志、提示标志。它由图形符号、安全色、几何形状(边框)或文字构成,用以表达特定安全信息。如正在冒烟的香烟加斜杠表示禁止吸烟。为了更清楚地说明安全标志的具体含义,通常都在几何图形的下方或图形内部(仅提示标志)辅以简明的文字。

制作安全标志牌要用防腐蚀的坚固耐用的材料,安全标志应设在醒目的地点,应有充足的照明,并定期检修,涂刷颜色。

## 四 安全规范

### 1. 广场安全规范

(1)现场值勤人员必须穿着反光衣,在收费岛黄色安全线内保持站立姿势(处理特殊情况时除外,但要注意广场车辆行驶情况,确保人身安全)。

(2)现场值勤人员在广场回复驾驶员询问、处理索赔等情况时,必须注意来车方向,禁止站立在车辆前方。

(3)出现异常情况及突发事件情况时,按《收费站异常事件处理预案》的有关规定执行。

(4)现场值勤人员密切留意广场动态,劝阻非工作人员在广场随意行走。

(5)外单位作业(来访)人员(简称外来人员)需到广场作业或检查参观时,收费站必须提醒其穿着反光衣,必要时提供反光衣。

(6)外来人员如需在已开车道临时作业,收费站须安排收费员转车道收费(关闭该车道)。

(7)检查参观时,外来人员的站立位置必须在收费岛黄色安全线内。

(8)外来人员或车辆如在广场检查参观或停留,现场值勤人员必须要求其设置安全区域,必要时为其设置安全区域。

(9)人员进出广场时,必须走安全通道,经过车道时,严格遵守"一停、二看、三通过"

的安全原则。

### 2. 收费亭安全规范

(1)严禁与工作无关的人员进入收费亭。

(2)进入或离开收费亭后,必须确保收费亭窗、门上锁。

(3)在收费亭内发卡、收费时,按照《收费员服务流程规范》执行,确保在做手势时手臂处于钢护栏的保护范围内。

(4)在收费亭内发卡、收费时,应为驾驶员提供优质服务,任何情况下,应保持克制,避免与驾驶员发生纠纷,遇异常情况应及时上报当班管理人员,由管理人员处理;在收费亭内发卡、收费时,遇恶性治安事件且人员无法安全撤离的情况下,立即锁上窗门,人应蹲下,禁踩报警器。

## 五 危险源辨识与评价

### 1. 对收费工作场所危险源进行辨识

致险因素是指致使各类风险事件发生、增加其发生的可能性、提高其损失程度或扩大其不良社会影响的潜在原因或条件。致险因素可分为:人的因素、设施设备因素、环境因素、管理因素等。

(1)人的因素

①酒后作业;

②未持证上岗;

③作业人员经验能力不足;

④操作失误;

⑤未穿戴反光衣等安全防护用品;

⑥忽视警告标志、警告信号;

⑦作业人员违规上下抛接工具;

⑧作业人员未将工具及零配件放于工具袋或安全位置;

⑨在危险区域行走、停留。

(2)设施设备因素

①车辆故障;

②设备故障;

③机械设备带病运转;

④机械设备不满足施工要求;

⑤作业车辆随意摆放。

(3)环境因素

①场地地面潮湿、积水；

②照明光线不足；

③不良天气,如大风、雷电、雨雪等；

④作业平台防护不足；

⑤高温天气作业；

⑥施工设备、机具随意摆放；

⑦边坡滑塌。

(4)管理因素

①对机械设备、材料、作业人员和安全防护设施等的检查不及时；

②指挥失误、错误；

③未设专人进行现场监管或监管不到位；

④强令施工人员冒险作业；

⑤安全技术交底不到位；

⑥车辆超速、超载、超车造成交通事故。

**2. 对收费工作场所危险源进行评价**

高速公路营运安全生产风险等级由高到低统一划分为四级：重大、较大、一般、较小。风险等级由高到低分别用红色、橙色、黄色、蓝色标识(其中红色代表最高风险等级)。风险可根据实际情况采用不同方法进行分级。高速公路结构类、场所类的安全生产风险等级的判定采用风险矩阵法,高速公路作业类安全生产风险等级的判定采用作业条件危险性分析法(简称"LEC 评价法")。

(1)高速公路场所类的安全生产风险等级判定采用风险矩阵法。

$$D = L \times C$$

式中：$D$——风险值；

$L$——事故发生可能性；

$C$——事故后果的严重程度。

(2)风险等级判定

通过对高速公路场所进行辨识,确定其可能存在的事故类型,并判定该事故发生的可能性($L$)以及危害后果的严重程度($C$)。将这两者相乘,得出危害的风险值。最后,通过对照《风险等级判定表》(表 3-7-2),确定该场所的风险等级。

**风险等级判定表** 表 3-7-2

| 风险等级 | 风险等级取值区间($D = L \times C$) |
|---|---|
| 重大风险(红) | (70,100] |
| 较大风险(橙) | (40,70] |
| 一般风险(黄) | (20,40] |
| 较小风险(蓝) | (0,20] |

(3)收费站事故发生可能性($L$)评定标准

收费站事故发生可能性评定标准见表 3-7-3。

**收费站事故发生可能性评定表** 表 3-7-3

| 序号 | 事故类型 | 一级指标 | 二级指标 | 分值 | 取值说明 |
|---|---|---|---|---|---|
| 1 | 坍塌 | A1 收费顶棚结构(3分) | 收费顶棚结构 | 1~3 | 钢筋混凝土结构,取值1分;钢管结构,取值2分;膜结构,取值3分 |
| | | A2 地质条件(3分) | 地震活动频繁区 | — | 正处于我国23条地震带上的,列为较大风险 |
| | | | 滑坡、泥石流塌方等频发区域 | 3 | 滑坡、泥石流、塌方等地质灾害年均发生次数≥5次,取值3分;3次≤年均发生次数<5次取值2分;1次≤年均发生次数<3次,取值1分 |
| | | A3 周边环境(2分) | 危险设施场所 | 1~2 | 周边有加油(气)站、化工厂、高压线、锅炉房等,距离500m以内,取值2分;距离1000m以内,取值1分;否则不得分 |
| | | A4 气象条件(2分) | 气象恶劣程度 | 2 | 年平均出现8级大风≥10d,取值2分 |
| 2 | 交通事故 | A1 收费通道(7分) | 交通安全设施完善度 | 4 | 结合交通安全设施是否完善、历年货车闯关、集结的频次酌情打分 |
| | | | 断面专用通道 | 3 | 结合ETC、绿色通道等专用通道分布、数量情况等酌情打分。专用通道越多,分值越高 |
| | | A2 收费站服务水平(3分) | 收费站车辆平均通过时间>20s | 3 | 结合收费站车道平均等待车辆、收费是否迅速情况等酌情打分 |
| | | | 收费站车辆平均通过时间≤20s | 1~2 | 结合收费站车道平均等待车辆、收费是否迅速情况等酌情打分 |

注:1.若二级指标取值之和大于一级指标分值,取一级指标分值上限。
2.本表事故类型可根据营运实际进行补充,并针对新增事故类型的致险因素设置分值和取值标准,单个事故类型总分值为10分。

(4)事故后果的严重程度($C$)的取值标准

事故后果的严重程度取值标准见表 3-7-4。

C 取值标准表　　　　　　　　　　　　　　　　　表 3-7-4

| 分值(分) | 发生事故可能造成的后果 | |
|---|---|---|
| 100 | 大灾难,10 人及以上死亡 | 经济损失 500 万元以上 |
| 40 | 灾难,3~9 人死亡 | 100 万元＜经济损失≤500 万元 |
| 15 | 非常严重,1~2 人死亡 | 50 万元＜经济损失≤100 万元 |
| 7 | 严重 | 10 万元＜经济损失≤50 万元 |
| 3 | 重大,伤残 | 1 万元＜经济损失≤10 万元 |
| 1 | 引人注目,需要救护 | 经济损失 1 万元以下 |

## 第三节　火灾处置与消防应急预案编制要点

### 一、火灾的种类及选用的灭火器具

根据物质及其燃烧特性,火灾划分为如下几类:

A 类,指含有碳固体火灾。可选用清水灭火器、泡沫灭火器、磷酸铵盐干粉灭火器(ABC 干粉灭火器)。

B 类,指可燃液体火灾。可选用磷酸铵盐干粉灭火器、二氧化碳灭火器,泡沫灭火器只适用于油类火灾,而不适用于极性溶剂火灾。

C 类,指可燃气体火灾。可选用磷酸铵盐干粉灭火器、二氧化碳灭火器。

D 类,指金属火灾,目前尚无有效灭火器,一般可用沙土。

E 类,指带电火灾。可选用磷酸铵盐干粉灭火器、二氧化碳灭火器。

F 类,指厨房中烹饪器具内的烹饪油类火灾,使用泡沫灭火剂。

### 二、灭火器的种类及用途

几种常见的灭火器为泡沫灭火器、干粉灭火器、二氧化碳灭火器,各类灭火器的适用范围如下:

(1)泡沫灭火器:适用 A 类火灾,如木材、棉、麻、纸张等引发的火灾,也能扑救一般类火灾,如石油制品、油脂等引发的火灾;但不能扑救水溶性可燃、易燃液体引发的火灾,如醇、酯、醚、酮等物质引发的火灾。

(2)磷酸铵盐干粉灭火器:适用于扑救可燃液体、气体、电气火灾以及不宜用水扑救的火灾。ABC 干粉灭火器可以扑救带电物质火灾和 A、C、D 类物质燃烧的火灾。

（3）二氧化碳灭火器:适用于扑救 600V 以下电气设备、精密仪器、纸质物品引发的火灾,以及范围不大的油类、气体和一些不能用水扑救的物质引发的火灾。

## 三 正确使用灭火器

使用灭火器的四字口诀为"摇、拉、压、握"。如图 3-7-1 所示。
摇:提起灭火器摇一摇。
拉:拉出灭火器的保险销。
压:保持适当距离,按压手柄。
握:握住喷管对准火焰根部(一般 4～5m,干粉灭火器 2～3m)。

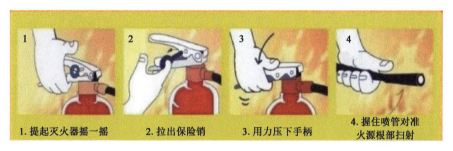

图 3-7-1　灭火器使用方法

## 四 灭火器检查的五个步骤

（1）看压力表,指针在绿色的区域为有效压力,1.2～1.4 为标准压力值。如果太低,就不能正确使用;如果太高,就有爆裂的危险。

（2）检查压把、保险销、塑料封条(铅封)。压把外观应为正常无变形、无生锈或未出现影响使用的故障。保险销应无生锈,封条完整。注意压把与保险销如果生锈会影响正常使用。

（3）检查皮管和喷嘴是否有裂纹损坏和喷嘴堵塞,如有则灭火材料会从破损处溢出,或在使用时喷嘴无法弹出。

（4）检查筒体。筒体应无生锈,外壳没有凸起,厂家等标签完整。瓶体有钢印,底部无锈迹。

（5）生产日期检查,干粉灭火器的瓶体使用寿命最长为 10 年,灭火器应每月巡检 1 次并做好记录,有问题应及时维修或更换。
①可看合格证出厂日期判断生产日期。

②可看瓶底钢印判断生产日期。

## 五、火灾起因及发生火灾时的处理程序

### 1. 引起火灾的主要原因
(1)电气设备老化短路。
(2)吸烟,乱扔烟头或是火柴梗。
(3)停电时,使用蜡烛照明,忽视安全,引燃可燃物或动用明火找东西。
(4)使用燃气及燃气用具不当。
(5)违章使用电、气焊,火花落在可燃物上。

### 2. 发生火灾时的处理程序
(1)报警;
(2)疏散,救援,灭火;
(3)安全警戒和防护;
(4)善后处理。

## 六、火灾报警

### 1. 向附近人员报警
在办公楼、工厂车间、仓库、居民区、影剧院、歌舞厅、宾馆、饭店、商场等场所,都可以采用大声呼喊、敲锣、广播或按火灾警铃等方法报警。

### 2. 向消防队报警
正确的报警方法是讲清失火单位的名称、地址、着火物质、火势大小,有无人员被困等,然后把自己的电话号码和姓名告诉救援中心,以便联系。打完电话后应立即派人到路口等候消防车的到来,一并引导消防车立即赶到现场。拨打火警电话和应急消防出警均不收取任何费用。但是如果随意拨打119,恶意骚扰或者谎报火情,则会受到相应的处罚。

## 七、火灾的预防及自救措施

### 1. 火灾的预防措施
(1)做好定期防火检查工作。
(2)保持消防通道畅通,消防门不能上锁,要记清楚安全出口、安全通道。

(3) 不乱拉乱接电线,对电路要经常检查,发现问题及时更换。

(4) 爱护消防设施,如消火栓、灭火器、消防沙箱,消防池一定要保证有充足的蓄水量。

### 2. 发生火灾时的自救措施

(1) 在火势可控的情况下,及时使用灭火器灭火。

(2) 火势较大时,立刻逃生,用手或者湿毛巾捂住口鼻,避免吸入过多烟雾。

(3) 燃烧的气体较轻,逃生时尽可能采取弯腰等姿势沿安全通道逃生。

(4) 拨打119火警电话,将情况描述清楚些。

## 八 消防器材管理

(1) 定点摆放,不能随意挪动。

(2) 定期巡查消防器材,保证处于完好状态。

(3) 定人管理。经常检查消防器材,发现丢失、损坏应立即上报及时补充,做到消防器材管理责任到人。

## 九 消防应急预案的编制

### 1. 预案编制原则

消防和应急疏散预案(以下简称"预案")的编制应遵循以人为本、依法依规、符合实际、注重实效的原则,明确应急职责、规范应急程序、细化保障措施。

### 2. 预案的分级

预案根据设定灾情的严重程度和场所的危险性,从低到高依次分为以下五级:

(1) 一级预案是针对可能发生无人员伤亡或被困,燃烧面积小的普通建筑火灾的预案。

(2) 二级预案是针对可能发生3人以下伤亡或被困,燃烧面积大的普通建筑火灾,燃烧面积较小的高层建筑、地下建筑、人员密集场所、易燃易爆危险品场所、重要场所等特殊场所火灾的预案。

(3) 三级预案是针对可能发生3人以上10人以下伤亡或被困,燃烧面积小的高层建筑、地下建筑、人员密集场所、易燃易爆危险品场所、重要场所等特殊场所火灾的预案。

(4) 四级预案是针对可能发生10人以上30人以下伤亡或被困,燃烧面积较大的高层建筑、地下建筑、人员密集场所、易燃易爆危险品场所、重要场所等特殊场所火灾的预案。

(5)五级预案是针对可能发生30人以上伤亡或被困,燃烧面积大的高层建筑、地下建筑、人员密集场所、易燃易爆危险品场所、重要场所等特殊场所火灾的预案。

### 3. 预案的分类

按照单位规模、功能及业态划分、管理层次等要素,可分为总预案、分预案和专项预案三类。

### 4. 预案编制组织程序

针对可能发生的火灾事故,结合本单位部门职能分工,成立以单位主要负责人或分管负责人为组长,单位相关部门人员为组员的预案编制工作组,也可以委托专业机构提供技术服务,明确工作职责和任务分工,制订预案编制工作计划,组织开展预案编制工作。

### 5. 预案实施原则

预案的实施应遵循分级负责、综合协调、动态管理的原则,全员学习培训、定期实战演练、不断修订完善。

## 第四节 网络安全行为管控

### 一、识别收费专网不安全行为

(1)煽动抗拒、破坏宪法和法律、行政法规实施的。
(2)煽动颠覆国家政权,推翻社会主义制度的。
(3)煽动民族仇恨、民族歧视、破坏民族团结的。
(4)捏造或者歪曲事实,散布谣言,扰乱社会秩序的。
(5)宣扬封建迷信、淫秽、色情、赌博、暴力、凶杀、恐怖,教唆犯罪的。
(6)公然侮辱他人或者捏造事实诽谤他人,有意影响机关稳定局面的。
(7)损害国家机关信誉的。
(8)其他违反宪法和法律、行政法规的。

### 二、准确表述和上报收费专网不安全因素

(1)网络管理员应当对网络使用情况进行监督、检查,坚决杜绝访问境内外反动、黄色网站,不阅览、传播各类反动、黄色信息。

（2）网络管理员应当保证计算机内日志文件及其他重要数据的完整性、真实性，并做好备份工作，配合各类安全检查。

（3）发现本单位计算机存有各类反动及不健康信息，各级管理员应当及时清除，情节较重的应及时上报。

（4）强化思想意识，自觉遵守网络法规，积极配合网络管理员做好计算机网络信息安全工作。

# 第五节 收费站保畅措施指引

## 一、空间资源不足保畅指引

### 1. 车流峰值车道处理能力不足

1）日常保畅措施

（1）安排足员上岗，开足所有车道。

（2）启动复式收费。

（3）启动潮汐车道收费。

（4）优化系统性能，提高 ETC 交易成功率，提升通行效率。

（5）增加移动收费终端，在车道前进行预收费。

（6）简化特情处理流程。

2）技术手段

（1）建设匝道自由流系统，进行预交易，提高通行效率。

（2）在车道外设置绿通车辆查验点。

（3）在车道外设置特情处置点，对于超过特情时长的异常车辆统一移至处置点处理。

（4）入口前广场建设称重预检配套设施，实行货车预检通行。

（5）将现有 ETC 车道集约化布设，最大化利用 ETC 车道资源。

### 2. 收费广场规模小

收费广场前后距离短，即收费广场与匝道会合处与收费岛头距离较短；收费广场规模不足、宽度不足、容量不足，即双向匝道会合车流或单向匝道车流没有充足的空间选择车道，从而引发通行交织不畅，导致拥堵。

1）日常保畅措施

（1）安排足员上岗，开足所有车道。

（2）启动复式收费。

(3)启动潮汐车道收费。

(4)增加移动收费终端,在车道前进行预收费。

(5)增设车道诱导标志,规划车道渠化,提前引导客货分流。

(6)安排现场管理人员进行交通诱导,实行客货分流,提高通行效率。

2)技术手段

(1)出口建设匝道自由流。

(2)有条件的收费站在入口前广场建设称重预检配套设施,实行货车预检通行。

(3)入口计重车道合理分布,在收费站入口两侧建设货车计重车道,减少货车穿插行驶。

(4)根据ETC货车通行量,在入口增设货车ETC专道。

### 3.单车道匝道

1)日常保畅措施

(1)现场管理人员协助交警对轻微交通事故快处快撤。

(2)征求属地公安机关交通管理部门同意,在特殊时段允许匝道路肩行驶。

(3)安排现场管理人员进行交通诱导,实行客货分流,提高通行效率。

2)技术手段

(1)建设匝道自由流系统,进行预交易,提高通行效率。

(2)在匝道前布设信息诱导屏,提前引导客货分流。

3)交通管制

当车流倒堵至主线路面且持续增大时,加强辖区交警联动,启动主线分流方案,减轻匝道压力。

## 二 车道类型分配不合理保畅指引

### 1.货车比例大(入口)

1)日常保畅措施

(1)安排足员上岗,开足所有车道。

(2)现场管理人员进行交通诱导,实行客货分流,提高通行效率。

(3)优化系统性能,提高ETC交易成功率,提升通行效率。

(4)优化入口超限超载车辆管理流程。

(5)增设车道诱导标志,规划车道渠化,提前引导客货分流。

2)技术手段

(1)有条件的收费站在入口前广场建设称重预检配套设施,实行货车预检通行。

(2)资源整合,ETC/混合车道重新调配优化,增加混合车道。

（3）根据货车通行量占比，配置 ETC/混合可切换车道。

（4）入口计重车道合理分布，在收费站入口两侧建设货车计重车道，减少货车穿插行驶。

（5）根据 ETC 货车通行量，在入口增设货车 ETC 专道。

### 2. 出入口车道分配不合理

1）日常保畅措施

（1）安排足员上岗，开足所有车道。

（2）启动复式收费。

（3）启动潮汐车道收费。

（4）现场管理人员进行交通诱导，实行客货分流，提高通行效率。

2）技术手段

（1）建设匝道自由流系统，进行预交易，提高通行效率。

（2）将现有 ETC 车道集约化布设，最大化利用 ETC 车道资源。

（3）通过整体布局改造，重新分配车道资源，将冗余车道改建为对向车道。

### 3. 出入口 ETC/混合车道分布不合理

1）日常保畅措施

（1）安排足员上岗，开足所有车道。

（2）优化系统性能，提高 ETC 交易成功率，提升通行效率。

（3）合理配置 ETC 手持终端，快速处理特情，提高 ETC 车道通行效率。

（4）混合车道配置手持天线，快速处理 ETC 特情，提高车道通行效率。

（5）增设车道诱导标志，规划车道渠化，提前引导客货分流。

2）技术手段

（1）建设匝道自由流系统，进行预交易，提高通行效率。

（2）根据货车通行量占比，配置 ETC/混合可切换车道。

（3）优化广场车道模式，根据实际通行情况调整车道位置布局，保持良好通行秩序。

（4）将现有 ETC 车道集约化布设，最大化利用 ETC 车道资源。

（5）根据收费站实际通行需要调整车道类型，合理配置 ETC/混合车道比例，按照实际用户比例将冗余的 ETC 车道改造为混合车道或将冗余的混合车道改造为 ETC 车道。

## 三 交通组织保畅指引

收费广场秩序混乱往往是交通组织不畅造成的。

### 1. 日常保畅措施

(1) 安排足员上岗,开足所有车道。

(2) 增设车道诱导标志,规划车道渠化,提前引导客货分流。

(3) 现场管理人员进行交通诱导,实行客货分流,提高通行效率。

### 2. 技术手段

(1) 建设匝道自由流系统,进行预交易,提高通行效率。

(2) 在匝道前布设信息诱导屏,引导客货分流。

(3) 根据货车通行量占比,配置 ETC/混合可切换车道。

(4) 优化广场车道模式,根据实际通行情况调整车道位置布局,保持良好通行秩序。

## 四 地方道路制约保畅指引

### 1. 日常保畅措施

(1) 安排足员上岗,开足所有车道。

(2) 地方道路堵塞现象缓解后启用复式收费、借用对向车道收费。

(3) 加强交警联动,维持交通秩序。

(4) 现场管理人员进行交通诱导,实行客货分流,提高通行效率。

### 2. 应急措施

(1) 及时在可变情报板发布路况信息,引导车辆绕行。

(2) 车流反堵至主线时,协助地方、高速交警进行交通管制。

### 3. 交通组织方案

(1) 与地方政府协商,在出口匝道与地方道路交会处合理设置或优化交通信号灯。

(2) 根据近期及中远期出入口车流情况,向地方政府提出收费站周边区域道路优化交通组织建议,必要时提出地方道路改造建议。

## 五 业务规则影响保畅指引

### 1. 入口拒超

1) 日常保畅措施

(1) 安排足员上岗,开足所有车道。

(2) 成立拒超队伍,负责入口超限超载车辆管理工作。

(3) 优化入口超限超载车辆管理流程。

(4) 建设入口超限超载车辆管理专道。

2）技术手段

（1）有条件的收费站入口前广场建设称重预检配套设施，实行货车预检通行。

（2）根据货车通行量占比，配置ETC/混合可切换车道。

3）专项管理

联合交通执法部门开展入口超限超载车辆专项管理行动。

### 2. 绿通车流大

1）日常保畅措施

（1）安排足员上岗，开足所有车道。

（2）在原有车道资源基础上优化车道使用，视日常车流情况增设绿通专用车道。

（3）配置绿通业务管理员，简化绿通业务处理流程，提高处置效率。

2）技术手段

（1）绿通车道配套查验X光机系统，提高查验效率。

（2）在广场外设置绿通车查验点。

### 3. 货车复称

1）日常保畅措施

（1）安排足员上岗，开足所有车道。

（2）加强日常管养，确保计重设备运行稳定、数据精准。

（3）现场管理人员进行交通诱导，实行客货分流，提高通行效率。

2）技术手段

（1）有条件的收费站在入口前广场建设称重预检配套设施，实行货车预检通行。

（2）根据货车通行量占比，配置ETC/混合可切换车道。

## 六 突发性事件保畅指引

### 1. 节假日车流大

1）日常保畅措施

（1）安排足员上岗，开足所有车道。

（2）配备机动应急人员支援保障。

（3）现场管理人员协助交警对轻微交通事故快处快撤。

（4）启动潮汐车道收费。

（5）启动复式收费。

（6）合理配置ETC手持终端，快速处置ETC特情，提高ETC车道通行效率。

（7）增加移动收费终端，在车道前进行预收费。

（8）建立有效的应急预案，并定期开展演练。

（9）车道外设置临时特情处理点，对于超过特情时长的异常车辆统一移至处置点处理。

（10）现场管理人员进行交通诱导，实行客货分流，提高通行效率。

（11）及时在可变情报板等信息发布平台发布收费站路况信息，引导车辆绕行。

2）技术手段

（1）根据货车通行量占比，配置 ETC/混合可切换车道。

（2）将现有 ETC 车道集约化布设，最大化利用 ETC 车道资源。

3）交通管制

加强周边路网近远端联动，有效实行分流管制。重大节假日车流量较大而主线及匝道收费广场畅通，但地方道路窄小而造成拥堵的收费站，日常要与地方相关部门建立应急预案，加强演练，提高车辆通行能力。

### 2. 大型活动

1）日常保畅措施

（1）安排足员上岗，开足所有车道。

（2）配备机动应急人员支援保障。

（3）启动潮汐车道收费。

（4）启动复式收费。

（5）合理配置 ETC 手持机，快速处置 ETC 特情，提高 ETC 车道通行效率。

（6）增加移动收费终端，在车道前进行预收费。

（7）提前与活动主办方密切沟通协调，全面掌握活动信息，做好车流高峰预判。

（8）建立有效的应急预案，并定期开展演练。

（9）在车道外设置特情处置点，对于超过特情时长的异常车辆统一移至处置点处理。

（10）现场管理人员进行交通诱导，实行客货分流，提高通行效率。

（11）及时在可变情报板等信息发布平台发布收费站路况信息，引导车辆绕行。

2）技术手段

（1）根据货车通行量占比，配置 ETC/混合可切换车道。

（2）将现有 ETC 车道集约化布设，最大化利用 ETC 车道资源。

3）交通管制

（1）加强与辖区交警联动，驻警实行交通管制，有效疏导车流。

（2）加强与周边路网的片区化联动，有效实行远端、近端等分流管制。

### 3. 设备故障

1）日常保畅措施

（1）安排足员上岗，开足所有车道。

(2)机电人员驻站管理,加强日常机电系统运维保障。

(3)启动潮汐车道收费。

(4)启动复式收费。

(5)增加移动收费终端,在车道前进行预收费。

(6)配备足够应急收费票证。

(7)建立有效的应急预案,并定期开展演练。

(8)加强交警联动,维持交通秩序。

(9)现场管理人员进行交通诱导,实行客货分流,提高通行效率。

2)交通管制

加强周边路网近远端联动,有效实行分流管制。

### 4. 主线倒灌

1)日常保畅措施

(1)入口。

①安排足员上岗,开足所有车道。

②交通引导,有条件的站点在入口前广场设置应急掉头口,指引车辆掉头返回。

③及时在可变情报板发布路况信息,引导车辆绕行。

(2)出口(当主线严重塞车且时间较长,需要从出口分流)。

①安排足员上岗,开足所有车道。

②配备机动应急人员支援保障。

③启动潮汐车道收费。

④启动复式收费。

⑤合理配置 ETC 手持机,快速处置 ETC 特情,提高 ETC 车道通行效率。

⑥增加移动收费终端,在车道前进行预收费。

⑦建立有效的应急预案,并定期开展演练。

⑧车道外设置临时特情处理点,对于超过特情时长的异常车辆统一移至处置点处理。

⑨现场管理人员进行交通诱导,实行客货分流,提高通行效率。

⑩及时在可变情报板发布路况信息,引导车辆绕行。

2)技术手段

(1)配置 ETC/混合可切换车道。

(2)将现有 ETC 车道集约化布设,最大化利用 ETC 车道资源。

3)交通管制

(1)加强与辖区交警联动,驻警实行交通管制,封闭入口。

(2)加强周边路网近远端联动,有效实行出口分流管制。

**5. 恶劣天气或突发重大事件引发主线交通中断**

1) 日常保畅措施

(1) 安排足员上岗,开足所有车道。

(2) 配备机动应急人员支援保障。

(3) 启动潮汐车道收费。

(4) 启动复式收费。

(5) 合理配置 ETC 手持机,快速处置 ETC 特情,提高 ETC 车道通行效率。

(6) 建立有效的应急预案,并定期开展演练。

(7) 增设车道诱导标志,规划车道渠化,提前引导客货分流。

(8) 车道外设置临时特情处理点,对于超过特情时长的异常车辆统一移至处置点处理。

(9) 现场管理人员进行交通诱导,入口指引车辆掉头返回。

(10) 及时在可变情报板等信息发布平台发布收费站路况信息,引导车辆绕行。

2) 交通管制

(1) 加强与辖区交警联动,驻警实行交通管制,封闭入口。

(2) 加强周边路网近远端联动,有效实行出口分流管制。

## 七、收费站扩容工作指引

管理拥堵收费站的终极措施就是对收费站进行扩建增容,增加广场面积、匝道车道数和收费车道数等。在收费站全面落实日常保畅措施、技术手段后仍然出现车流拥堵时,就需要启动收费站扩容措施。扩容时应考虑以下几个因素:

(1) 根据未来 5 年车流自然增长趋势扩建收费站车道。

(2) 根据车流在匝道积压的频率与时长、货车的占比等因素,视实际情况扩建匝道、广场。

(3) 根据车流自然增长规律,优化周边路网,协调地方政府对地方道路进行扩建增容。

## 八、大车流量收费站保畅优化

大车流量收费站是指不存在拥堵,广场日均车流量达到 6000 辆以上的收费站。

**1. 优化目标**

大车流量收费站优化目标为提升用户体验,提高通行效率及异常处理速度,其中,

ETC车道通行成功率提升至99.9%,抬杆率提升至99%,通行速度提升至20km/h以上,混合车道处理时间缩短20%。

### 2. 优化指引

为实现优化目标,采取以下优化措施:

(1) 提升站容站貌

统一车道布局,统一站场设计,提升广场整体形象。合理配置车道模式,减少广场车流交织、客货混行情况,提高广场通行效率。

(2) 提高车道通行效率

建设匝道自由流,前置车道改后置车道,提升通行速度、交易成功率和抬杆率。优化业务处理流程,降低异常率,减少异常处理对车道通行的影响。使用移动收费终端加快异常处理速度。加大ETC推广发行力度,提升OBU发行量,以提高通行效率。

(3) 后台系统优化

应用效能监测系统对广场车流进行态势感知及诱导,提高广场通行效率。应用数字化监测系统全面监测系统运行状态,保障系统稳定运行。

### 3. 实施策略

大车流量收费站应该结合收费站通行情况、现场资源等因素,制订具体的"一站一策"实施方案。

## 九 其他收费站保畅优化

其他收费站是指不存在拥堵,广场日均车流量低于6000辆的广场。

### 1. 优化目标

对于未发生拥堵且车流量不大的收费站,优化目标为减少人员投入,实现降本增效。

### 2. 优化指引

(1) 混合车道逐步实现无人化

按需投入入口自助发卡机、出口自助缴费终端,实现车道无人值守。

(2) 专用车道车主自助与移动处理相结合

优化ETC专用车道,实现车道异常的自动处理,减少人工干预;使用移动收费终端提高人工干预效率。

## 十 转换出入口收费系统进行潮汐车道发卡或收费

(1) 当出现以下情况时,可进行潮汐车道发卡或收费。

①车流峰值车道处理能力不足；
②出入口车道分配不合理；
③节假日车流量大；
④遇上大型活动；
⑤设备故障；
⑥主线倒灌；
⑦恶劣天气或突发重大事件引发主线交通中断等。
(2)可通过以下技术手段进行潮汐车道发卡或收费。
①建设匝道自由流系统,进行预交易,提高通行效率；
②在车道外设置绿通车辆查验点；
③在车道外设置特情处置点,对于超过特情时长的异常车辆统一移至处置点处理；
④入口前广场建设称重预检配套设施,实行货车预检通行。将现有 ETC 车道集约化布设,最大化利用 ETC 车道资源。

## 十一、开启复式车道发卡或收费

(1)当遇上以下情况时,可进行复式车道发卡或收费。
①收费广场规模小；
②出入口车道分配不合理；
③节假日车流量大；
④遇上大型活动；
⑤设备故障；
⑥主线倒灌；
⑦恶劣天气或突发重大事件引发主线交通中断等。
(2)可通过以下技术手段进行复式车道发卡或收费。
①出口建设匝道自由流；
②有条件的收费站在入口前广场建设称重预检配套设施,实行货车预检通行；
③入口计重车道合理分布,在收费站入口两侧建设货车计重车道,减少货车穿插行驶；
④根据 ETC 货车通行量,在入口增设货车 ETC 专用车道。

# 第八章
# 车辆通行费收费员职业技能等级认定考核要点

## 第一节 职业概况及技能等级

### 一 职业定义

从事高速公路车辆通行费收费及相关工作的人员。

### 二 职业环境条件

室内外随季节、地区变化接触低温和高温,因工作环境接触粉尘、噪声、电磁辐射及汽车尾气。

### 三 职业技能等级

车辆通行费收费员工种设三个等级,分别为五级/初级工、四级/中级工、三级/高级工。

### 四 职业能力特征

具有较强的学习、理解、分析、计算及判断能力,色觉正常,语言表达正常,手指、手臂灵活,动作协调性好。

## 五 普通受教育程度

初中毕业（或相当文化程度）。

## 六 基础知识要求

基础知识要求包括安全知识、收费知识、计算机知识、交通工程知识、电工、电子、通信、机械知识、文明服务相关法律、法规知识。

## 七 知识内容涵盖要求

本标准对五级/初级工、四级/中级工、三级/高级工的技能要求和相关知识要求依次递进，高级别涵盖低级别要求。

# 第二节　车辆通行费收费员（五级/初级工）

## 一 现金通行介质管理

**1. 复合通行卡管理**

（1）相关知识要求

①复合通行卡领取流程；

②复合通行卡数量计算方法；

③复合通行卡发放、回收、交接流程；

④自助发卡设备操作、检查方法；

⑤复合通行卡异常信息辨别方法；

⑥复合通行卡入库、出库和调拨操作方法；

⑦复合通行卡库存盘点流程。

（2）技能要求

①能核对复合通行卡数量；

②能填写复合通行卡领取凭证；

③能发放、回收、交接复合通行卡；

④能对不可读、发行属地无效或电量低于8%的无效复合通行卡进行回收；

⑤能检查自助发卡设备中复合通行卡余量，并进行复合通行卡补充；

⑥能辨别复合通行卡异常信息；

⑦能对复合通行卡进行装箱、拆箱、合箱、分箱、倒箱操作；

⑧能根据本站复合通行卡周转速度和使用效率进行库存测算；

⑨能根据收费站动、静态库存完成复合通行卡入库、出库和调拨操作；

⑩能对复合通行卡库存进行盘点。

### 2. 纸质通行券管理

(1)相关知识要求

①纸质通行券申领流程；

②纸质通行券使用规范；

③纸质通行券数量计算方法；

④纸质通行券发放、回收、交接流程；

⑤纸质通行券库存盘点流程。

(2)技能要求

①能填写纸质通行券领取凭证；

②能根据现场特殊紧急情况对使用纸质通行券做出判断；

③能核对纸质通行券数量；

④能发放纸质通行券；

⑤能回收、交接纸质通行券；

⑥能对纸质通行券库存进行盘点。

### 3. 现金管理

(1)相关知识要求

①现金清点方法；

②现金计算方法；

③票据管理和使用规范；

④假币识别方法。

(2)技能要求

①能领取备用金；

②能清点、交接备用金；

③能填写备用金领取记录；

④能识别假钞。

## 二、收费业务

### 1. 车道业务处理

(1) 相关知识要求

①收费管理规范；

②便携设备使用方法；

③漏逃费车辆处置流程。

(2) 技能要求

①能登录、退出收费软件；

②能判定货车是否超限；

③能查询超限运输车辆通行证真伪；

④能判定车型类别；

⑤能判定交接物品是否完好；

⑥能使用非现金结算系统；

⑦能在 18s 内完成 100 元以下的客车单车现金收费；

⑧能在 20s 内完成 100 元以下的货车单车现金收费；

⑨能使用便携设备进行发卡和收费；

⑩能核对实际车种、车型、车牌信息与通行介质内车种、车型、车牌信息是否一致；

⑪能识别车道大车小标、U/J 型、甩挂、换通行介质等漏逃费车辆。

### 2. 票据业务处理

(1) 相关知识要求

①票据领取、交接流程；

②票款结款流程；

③票款卡管理规定。

(2) 技能要求

①能核对票据数量；

②能填写票据领取凭证；

③能填写车道票据交接台账；

④能填写交款单；

⑤能交接票据。

### 3. 出行服务

(1) 相关知识要求

①交通指挥手势规范；

②收费站所在地辐射路网规划。

（2）技能要求

①能使用交通指挥手势疏导车辆；

②能使用普通话与用户沟通；

③能唱收唱付；

④能解答用户对收费站所在地辐射路网的咨询。

## 三 预约通行服务

### 1. 鲜活农产品运输车辆预约服务

（1）相关知识要求

①鲜活农产品品种目录；

②鲜活农产品运输车辆免费政策；

③鲜活农产品运输车辆预约规程。

（2）技能要求

①能辨识鲜活农产品品种；

②能对鲜活农产品运输车辆进行查验、取证；

③能对鲜活农产品运输车辆预约名单查验结果与预约信息进行关联。

### 2. 跨区作业联合收割机（插秧机）运输车辆预约服务

（1）相关知识要求

跨区作业联合收割机（插秧机）运输车辆免费政策。

（2）技能要求

①能辨识跨区作业联合收割机（插秧机）运输车辆；

②能对跨区作业联合收割机（插秧机）运输车辆证件真伪进行查验；

③能对跨区作业联合收割机（插秧机）运输车辆预约名单查验结果与预约信息进行关联。

## 四 设备使用和维护

### 1. 设备使用

（1）相关知识要求

①电气设备使用方法；

②收费设备使用方法。

(2)技能要求

①能根据收费设备运行和使用标准调节环境温度、湿度；

②能开启、关闭车道设备；

③能登录超限称重系统；

④能登录收费系统。

### 2. 设备维护

(1)相关知识要求

①收费、监控、通信设备的车道布局规范；

②票卷、色带等易耗品更换方法；

③计算机屏幕、键盘、打印机、读卡器、费额显示器、车道摄像机、便携设备清洁方法；

④收费终端设备软件版本号识别方法。

(2)技能要求

①能识别车道设备；

②能更换票卷、色带等易耗品；

③能清洁计算机屏幕、键盘、打印机、读卡器、费额显示器、车道摄像机等设备；

④能识别收费终端设备软件版本号；

⑤能检查收费便携设备待机电量，并给馈电设备充电。

## 五 安全畅通保障

### 1. 超限车辆管控

(1)相关知识要求

超限车辆禁行要求。

(2)技能要求

①能辨识超限禁行车辆；

②能对入口超限车辆进行劝返。

### 2. 工作场所安全防护

(1)相关知识要求

①交通安全规范；

②安全防护用品佩戴、使用方法；

③防疫防护要求；

④安全警示标志布控要求。

(2)技能要求

①能规范摆放锥标等物品；

②能正确佩戴安全防护用品；
③能准确识别安全警示标志。

### 3. 消防器材检查与使用
（1）相关知识要求
消防器材使用方法。
（2）技能要求
①能检查消防器材压力表标准值；
②能正确选择消防器材扑灭火情。

### 4. 网络安全行为管控
（1）相关知识要求
收费专网安全规范。
（2）技能要求
①能识别收费专网不安全行为；
②能准确表述和上报收费专网不安全因素。

## 第三节　车辆通行费收费员（四级/中级工）

### 一　收费业务

#### 1. 车道业务处理
（1）相关知识要求
车道业务操作流程。
（2）技能要求
①能在15s内完成客车单车100元以下现金收费；
②能在18s内完成货车单车100元以下现金收费；
③能在通行介质中正确写入车辆信息。

#### 2. 票据管理
（1）相关知识要求
①数据统计方法；
②现金、通行介质管理要求；
③票据管理规范；
④会计学原理；

(2)技能要求

①能通过系统对比交易数据,检查通行费差异;

②能操作通行介质状态名单;

③能填写票据账簿;

④能进行交易对账及差异查询;

⑤能盘点通行费票据。

### 3. 出行服务

(1)相关知识要求

①高速公路路网规划;

②差异化收费计算方法。

(2)技能要求

①能解答路网信息咨询;

②能处理收费现场业务纠纷;

③能解答差异化收费业务咨询。

### 4. 收费特情业务处理

(1)相关知识要求

①车辆特情业务辨识方法;

②退费业务处理流程;

③补费业务处理流程;

④误入 ETC 车道车辆引导方法;

⑤漏逃费车辆处理方法。

(2)技能要求

①能判断特情业务类型;

②能进行退费业务操作;

③能进行补费业务操作;

④能指挥和引导误入 ETC(电子收费系统)车道车辆;

⑤能处理车道大车小标、U/J 型、甩挂、换通行介质等漏逃费业务。

### 5. 特种车辆处理

(1)相关知识要求

①特种车辆类型识别方法;

②特种车辆业务处理流程。

(2)技能要求

①能对特种车辆类型进行判断;

②能处理特种车辆业务。

## 二 清分结算

### 1. 交易对账
（1）相关知识要求
补费、退费操作方法。
（2）技能要求
①能使用部级补费平台进行补费；
②能按流程对查验合格但发生扣费的车辆进行退费。

### 2. 资金结算
（1）相关知识要求
资金结算流程。
（2）技能要求
①能解读资金结算规则；
②能解读轧差结算规则；
③能查询差异化通行费。

### 3. 交易清分
（1）相关知识要求
清分结算流程。
（2）技能要求
①能解读 ETC 通行交易清分流程；
②能查找有效交易信息证据。

## 三 预约通行服务

### 1. 鲜活农产品运输车辆预约服务
（1）相关知识要求
①鲜活农产品运输车辆查验方法；
②预约车辆查验方法；
③预约车辆特情业务处理流程。
（2）技能要求
①能对鲜活农产品运输车辆进行预约服务指导；
②能对鲜活农产品运输车辆容积率进行估算；

③能对鲜活农产品运输车辆荷载情况进行计算；
④能按照操作流程处理鲜活农产品运输车辆特情业务；
⑤能为鲜活农产品运输车辆提供政策咨询服务。

### 2. 跨区作业联合收割机(插秧机)运输车辆预约服务

(1)相关知识要求
①跨区作业联合收割机(插秧机)运输车辆查验方法；
②跨区作业联合收割机(插秧机)运输车辆特情业务处理流程。
(2)技能要求
①能对跨区作业联合收割机(插秧机)运输车辆进行服务指导；
②能按照操作流程处理跨区作业联合收割机(插秧机)运输车辆特情业务；
③能为跨区作业联合收割机(插秧机)运输车辆提供政策咨询服务；
④能辨识不合格跨区作业联合收割机(插秧机)运输车辆。

## 四 设备使用和维护

### 1. 设备使用

(1)相关知识要求
①录像记录设备使用方法；
②预约车辆查验终端设备使用方法；
③键盘、读卡器、显示器、票据打印机等设备的连接方法。
(2)技能要求
①能登录入口不停车称重检测软件；
②能使用工作录像记录设备进行录像记录；
③能使用预约车辆查验终端设备进行查验和证据上传；
④能安装键盘、读卡器、显示器、票据打印机等设备；
⑤能使用电器仪表检测设备故障。

### 2. 设备维护

(1)相关知识要求
①收费、通信、供电设备运行状态辨别方法；
②车道收费软件、硬件维护方法；
③电工技术操作方法；
④查验终端设备维护方法；
⑤电器仪表检测方法；
⑥收费机电设备检查方法；

⑦计算机杀毒软件使用方法。
(2)技能要求
①能辨别收费、通信、供电设备运行状态;
②能判断并准确描述车道收费软件、硬件异常状态;
③能对车道收费软件进行升级;
④能判断查验终端设备常见故障;
⑤能对收费站机电设备进行检查;
⑥能对设备进行防锈、防水处理;
⑦能使用计算机杀毒软件。

## 五 安全畅通保障

### 1. 超限车辆管控
(1)相关知识要求
不停车称重检测系统操作方法。
(2)技能要求
①能对高速公路超限禁行政策进行解读;
②能使用入口不停车称重检测系统查验超限车辆。

### 2. 畅通保障
(1)相关知识要求
交通管制流程。
(2)技能要求
①能协助交警采取限行、封闭措施;
②能根据指令采取保畅通措施。

### 3. 消防安全培训
(1)相关知识要求
消防安全要求。
(2)技能要求
①能组织消防安全演练;
②能对五级/初级工进行消防安全知识培训。

### 4. 工作场所安全防护
(1)相关知识要求
①安全保障要求;
②防疫应急处置流程。

(2)技能要求

①能指导五级/初级工按照收费场所安全保障要求做好防护；

②能指导五级/初级工按照防疫防护要求做好隔离和疏散。

## 第四节 车辆通行费收费员(三级/高级工)

### 一、收费业务

**1. 收费基础参数管理**

(1)相关知识要求

①通行数据统计方法；

②交易数据统计方法；

③收费终端设备软件版本号检查方法。

(2)技能要求

①能对本班次通行数据进行统计；

②能对本班次交易数据进行统计；

③能对收费终端设备软件版本号进行检查。

**2. ETC 收费特情业务处理**

(1)相关知识要求

①入口 ETC 车辆特情业务处理流程；

②出口 ETC 车辆特情业务处理流程。

(2)技能要求

①能对入口通行失败 ETC 车辆进行处理；

②能对 OBU(车载单元)车型信息不符车辆进行处理；

③能对 OBU 累计计费金额明显异常车辆进行处理；

④能对 OBU 拆卸车辆进行处理；

⑤能对 OBU 或 ETC 卡损坏，以及无入口信息车辆进行处理；

⑥能对 OBU 和 ETC 卡车牌信息不一致车辆进行处理；

⑦能对 OBU 或 ETC 卡超过有效期进行处理；

⑧能对 OBU 或 ETC 卡状态名单进行处理；

⑨能对储值卡余额不足、ETC 卡复合交易失败进行处理；

⑩能对双片式 OBU 未插卡车辆进行人工处理。

### 3. 非 ETC 收费特情业务处理

（1）相关知识要求

①入口非 ETC 车辆特情业务处理流程；

②出口非 ETC 车辆特情业务处理流程。

（2）技能要求

①能根据车道系统提示对被纳入追缴名单的车辆进行追缴；

②能对入口不停车称重检测系统与车道系统数据同步异常或轴数与实际不符车辆的情况进行判断；

③能对非 ETC 车辆收费完成后需要补收或退还本次收费差额的进行交易冲正操作；

④能对复合通行卡通行异常车辆进行处理；

⑤能对持纸质通行券通行车辆进行处理。

### 4. 特种车辆处理

（1）相关知识要求

①货车出入口处理流程；

②半挂汽车出入口处理流程；

③大件运输车辆出入口处理流程。

（2）技能要求

①能进行货车出入口业务操作；

②能进行半挂汽车出入口业务操作；

③能进行大件运输车辆出入口业务操作。

## 二、清分结算

### 1. 退费补缴清分

（1）相关知识要求

①退费补缴清分数据核对方法；

②退费补缴操作流程。

（2）技能要求

①能对业务系统产生的退费补缴清分数据进行核对；

②能根据本省、跨省退费补缴清分数据完成退费补缴操作。

### 2. 交易对账

（1）相关知识要求

①现金交易数据对账方法；
②第三方支付交易数据对账方法；
③ETC 交易数据对账方法。
(2) 技能要求
①能对本班次现金交易数据进行核对；
②能对本班次第三方支付交易数据进行核对；
③能对本班次 ETC 交易数据进行核对。

## 三、预约通行服务

### 1. 鲜活农产品运输车辆预约服务

(1) 相关知识要求
①绿色通道免费标准；
②处理纠纷沟通技巧。
(2) 技能要求
①能对绿色通道免费政策进行解读；
②能处理鲜活农产品运输车辆业务纠纷。

### 2. 跨区作业联合收割机(插秧机)运输车辆预约服务

(1) 相关知识要求
跨区作业联合收割机(插秧机)运输车辆免费标准。
(2) 技能要求
①能对跨区作业联合收割机(插秧机)运输车辆免费政策进行解读；
②能处理跨区作业联合收割机(插秧机)运输车辆业务纠纷。

## 四、优惠管理

### 1. 优惠政策解答

(1) 相关知识要求
通行费优惠政策。
(2) 技能要求
①能对通行费优惠政策进行解答；
②能对通行费减免政策进行解答。

### 2. 优惠结算

(1) 相关知识要求

通行费优惠结算查询工具。
(2)技能要求
①能查询 ETC 车辆通行费优惠金；
②能查询鲜活农产品运输车辆通行费减免金额；
③能查询跨区作业联合收割机(插秧机)运输车辆通行费减免金额。

## 五 设备使用和维护

### 1.设备使用
(1)相关知识要求
①网络摄像机参数配置方法；
②ETC 门架软件操作方法。
(2)技能要求
①能配置网络摄像机参数；
②能使用 ETC 门架软件；
③能运用软件完成设备软重启和关机操作。

### 2.设备维护
(1)相关知识要求
①入口不停车称重检测设备、ETC 及 ETC 门架收费设备工作原理和维护保养方法；
②车牌识别摄像机、监控摄像机、拾音器、车检器、计重设备、信号灯、ETC 天线、ETC 控制器、ETC 工控机等设备维护保养方法；
③车道工控机工作原理和维护保养方法；
④视频监控设备、可变信息标志设备工作原理和维护保养方法；
⑤收费监控设备故障诊断与排除方法；
⑥监控系统电(光)缆链路链接及传输原理；
⑦网络和视频工具使用方法；
⑧布线标准规范；
⑨接地防雷措施检测方法；
⑩计算机杀毒软件安装、升级方法。
(2)技能要求
①能依托系统软件对 ETC 门架运行状态进行监测；
②能对远程升级不成功的车道、ETC 门架软件进行人工升级；
③能对入口不停车称重检测设备进行维护；

④能维护收费广场可变信息标志设备；
⑤能在维修工程师远程指导下进行设备保养；
⑥能检测收费、监控、通信网络状态；
⑦能使用仪器仪表完成弱电设备供电检测；
⑧能使用专用工具完成通信线缆成端制作，并使用仪器完成线路测试；
⑨能按照相关规范完成线缆敷设和检测工作；
⑩能对车道和广场基础设备进行维护；
⑪能使用仪器完成绝缘和接地电阻测试；
⑫能对计算机杀毒软件进行安装、升级。

## 六　安全畅通保障

### 1. 超限车辆管控

（1）相关知识要求

公路货运车辆超限超载认定标准规范。

（2）技能要求

①能解读公路货运车辆超限超载认定标准；

②能处理超限车辆纠纷。

### 2. 消防安全文案编写

（1）相关知识要求

①消防安全应急预案编制方法；

②火灾处置报告撰写方法。

（2）技能要求

①能编制消防安全应急预案；

②能撰写工作场所火灾处置报告。

### 3. 畅通保障

（1）相关知识要求

①潮汐车道切换流程；

②复式车道开启流程。

（2）技能要求

①能转换出入口收费系统进行潮汐车道发卡或收费；

②能开启复式车道发卡或收费。

### 4. 危险源辨识与评价

（1）相关知识要求

危险源辨识与评价方法。

(2) 技能要求

①能对收费工作场所危险源进行辨识；

②能对收费工作场所危险源进行评价。

# 本篇参考文献

[1] 北京中交国通智能交通系统技术有限公司.收费公路联网收费技术标准：JTG 6310—2022[S].北京:人民交通出版社股份有限公司,2022.

[2] 交通专业人员资格评价中心.公路收费及监控员(初级)[M].北京:人民交通出版社,2008.

[3] 交通专业人员资格评价中心.公路收费及监控员(中级)[M].北京:人民交通出版社,2008.

[4] 交通专业人员资格评价中心.公路收费及监控员(高级)[M].北京:人民交通出版社,2008.

[5] 广东省交通运输厅.广东省智慧高速公路建设指南(2023年版):GDJT 001-07—2023[R].2023.

[6] 交通运输部公路科学研究院.收费公路车辆通行费车型分类:JT/T 489—2019[S].北京:人民交通出版社股份有限公司,2019.

[7] 中国汽车技术研究中心,交通运输部公路科学研究院,公安部交通管理科学研究所.汽车、挂车及汽车列车外廓尺寸、轴荷及质量限值:GB 1589—2016[S].北京:中国标准出版社,2016.

[8] 广东省人民政府.广东省高速公路运营管理办法:广东省人民政府第297号令[R].2022.

[9] 交通运输部办公厅.交通运输部办公厅关于印发《收费公路联网收费运营和服务规则(2020)》的通知:交办公路函[2020]466号[R].2020.

[10] 交通运输部.交通运输部关于印发《收费公路联网收费运营和服务规则(2020)补充规定》的通知:交办公路函[2020]646号[R].2020.

[11] 广东省交通运输厅.广东省交通运输厅关于印发收费公路联网收费运营和服务规程补充细则等文件的通知:粤交营字[2020]39号[R].2020.

[12] 广东省交通运输厅.广东省交通运输厅关于发布《广东省高速公路收费广场标志标线及相关安全设施设置指南》的通知:粤交营字[2020]39号[R].2020.

[13] 广东省交通运输厅.广东省交通运输厅《转发交通运输部路网监测与应急处置中心关于加强现金通行介质管理工作的函》:粤交费便函[2020]18号[R].2020.

[14] 交通运输部.关于加强现金通行介质管理工作的函:交路网函[2020]12号[R].2020.

[15] 广东省交通运输厅.转发交通运输部关于做好高速公路车辆通行费优惠预约通行相关工作的通知:粤交费便函[2019]135号[R].2019.

[16] 交通运输部.交通运输部关于印发《取消高速公路省界收费站ETC费显和清分结算系统优化工程实施方案》的通知:交办公路函[2020]456号[R].2020.

[17] 交通运输部.交通运输部关于印发《ETC费显和清分结算系统优化工程实施方案(第四部分)预约通行服务平台优化方案(试行)》的函:交路网函[2020]129号[R].2019.

[18] 交通运输部.交通运输部关于印发《ETC费显和清分结算系统优化工程实施方案(第五部分)(试行)》的函:交路网函[2020]131号[R].2020.

[19] 广东省交通运输厅.关于规范收费业务相关要求的通知:粤交营便函[2021]65号[R].2021.

[20] 广东省交通运输厅,广东省发展和改革委员会,广东省财政厅.关于实行第6类货车高速公路通行费差异化收费的通知:粤交营函[2020]150号[R].2020.

[21] 交通运输部,应急管理部.关于做好国家综合性消防救援车辆免收车辆通行费有关工作的通知:交办公路[2019]5号[R].2019.

[22] 交通运输部.交通运输部关于印发《计费模块路径拟金及流程设计指南》的函:交路网函[2020]142号[R].2020.

[23] 交通运输部.交通运输部关于印发《高速公路联网收费在线计费服务实施指南》的函:交路网函[2020]164号[R].2020.

[24] 交通运输部.交通运输部关于印发《收费站入出口车道应用检查指南》的函:交路网函[2020]9号[R].2020.

[25] 交通运输部.交通运输部关于进一步完善和落实鲜活农产品和运输绿色通道政策的通知:交公路发[2009]784号[R].2009.

[26] 国务院办公厅.国务院办公厅关于进一步做好非洲猪瘟防控工作的通知:国办发明电[2018]12号[R].2018.

[27] 交通运输部,国家发展改革,委财政部.关于进一步优化鲜活农产品运输"绿色通道"政策的通知:交公路发[2019]99号[R].2019.

[28] 交通运输部办公厅,国家发展改革委办公厅,财政部办公厅,等.关于进一步提升鲜活农产品运输"绿色通道"政策服务水平的通知:交公路发[2022]78号[R].2022.

[29] 国务院办公厅.关于印发深化收费公路制度改革取消高速公路省界收费站实施方案的通知:国办发[2019]23号[R].2019.

[30] 广东省交通运输厅.关于印发广东省大力推动高速公路ETC发行工作方案的通知:粤交费[2019]528号[R].2019.

[31] 交通运输部,国家发展改革委,财政部.关于印发《全面推广高速公路差异化收费实施方案》的通知:交公路函[2021]228号[R].2021.

[32] 广东省交通运输厅,广东省发改委,广东省财政厅.广东省全面推广高速公路差异化收费实施方案:粤交[2022]7号[R].2022.

[33] 广东省交通运输厅,广东省发展和改革委员会,广东省财政厅.关于实行第6类货车高速公路通行费差异化收费的通知:粤交营函[2020]150号[R].2020.

[34] 关于印发高速公路跨区作业联合收割机(插秧机)运输车辆预约通行业务规程(试行)的通知:粤交营函[2020]189号[R].2020.

[35] 交通运输部办公厅.关于印发《交通运输安全应急标准体系(2022年)》的通知:交办科技[2022]82号[R].2022.

[36] 交通运输部,公安部.关于治理车辆超限超载联合执法常态化制度化工作的实施意见(试行):交公路发[2017]173号[R].2017.

[37] 交通运输部.交通运输部办公厅关于进一步规范全国高速公路入口称重检测工作的通知:交办公路明电[2019]117号[R].2019.

[38] 交通运输部.交通运输部 公安部关于治理车辆超限超载联合执法常态化制度化工作的实施意见(试行):交公路发[2017] 173号[R].2017.

# 附录一
# 广东省高速公路路线命名和编号表[1]

附表 1-1

| 编号 | 路线全称 | 路线简称 | 组成路段 | 备注 |
|---|---|---|---|---|
| S1 | 广州—连州高速公路 | 广连高速 | 广州机场第二高速 | |
| | | | 连州—花都高速 | |
| S2 | 广州—河源高速公路 | 广河高速 | 广州—河源高速 | 部分路段与汕湛高速共线 |
| S3 | 广深沿江高速公路 | 广深沿江高速 | 广深沿江高速 | 通香港 |
| S4 | 华南快速路 | 华南快速 | 华南快速(一期、二期)、番禺大桥 | |
| S5 | 广州—台山高速公路 | 广台高速 | 广州—高明高速 | 部分路段与莞佛高速共线 |
| | | | 高明—恩平高速 | |
| | | | 恩平—台山高速 | |
| S6 | 广州—龙川高速公路 | 广龙高速 | 虎门二桥 | 通江西南昌 |
| | | | 莞番高速 | |
| | | | 河惠莞高速 | |
| S8 | 广州—佛山—肇庆高速公路 | 广佛肇高速 | 凤凰山隧道 | 起点与济广高速对接，原编号 S303 取消 |
| | | | 华南快速三期 | |
| | | | 广州石井—肇庆大旺段 | |
| | | | 肇庆大旺—封开(粤桂界)段 | |
| S10 | 南雄—信丰高速公路 | 雄信高速 | 南雄—信丰(江西)高速 | |
| S11 | 大埔—潮州高速公路 | 大潮高速 | 大埔—潮州高速 | |
| S12 | 梅州—龙岩高速公路 | 梅龙高速 | 梅—龙岩高速 | 项目终点调整至梅县程江 |
| S1211 | 梅龙高速梅州东联络线 | 梅州东线 | 梅州东联络线 | |
| S13 | 揭阳—惠来高速公路 | 揭惠高速 | 揭阳—惠来高速 | |
| S14 | 汕头—湛江高速公路 | 汕湛高速 | 汕湛高速汕头—揭西段 | 部分路段与广河高速共线 |
| | | | 汕湛高速揭西—惠州博罗段 | |
| | | | 汕湛高速惠州—湛江段 | |
| S15 | 广州—佛山高速公路 | 广佛高速 | 原沈海高速广州支线 | 部分路段与广州环城高速北段共线 |
| S16 | 佛山—清远—从化高速公路 | 佛清从高速 | 派潭—街口段 | |
| | | | 佛清从高速北段、南段 | |
| S17 | 揭阳—普宁—惠来高速公路 | 揭普惠高速 | 揭普高速、普惠高速 | |

[1] 本表来源于广东省交通运输厅于 2017 年 2 月 23 日印发的《广东高速公路网路线命名和编号规则》(2017 年修订版)。

续上表

| 编号 | 路线全称 | 路线简称 | 组成路段 | 备注 |
| --- | --- | --- | --- | --- |
| S18 | 花都—东莞高速公路 | 花莞高速 | 花都—东莞高速 | |
| S19 | 梅州—汕尾高速公路 | 梅汕高速 | 原梅龙高速梅县程江—畲江段 | 部分路段与济广高速、汕昆高速、甬莞高速共线 |
| | | | 梅县畲江—五华段 | |
| | | | 五华—陆河段、陆河—汕尾段 | |
| S20 | 广州—中山—江门高速公路 | 广中江高速 | 番禺—中山—江门高速 | |
| S21 | 广州—惠州高速公路 | 广惠高速 | 广惠高速（小金口至赤砂） | |
| S22 | 惠阳—东莞塘厦高速公路 | 惠塘高速 | 惠阳沙田—清溪高速 | |
| | | | 从莞高速清溪支线、龙林高速 | |
| S23 | 惠州—大亚湾高速公路 | 惠大高速 | 惠州—大亚湾高速 | |
| S24 | 东莞—中山高速公路 | 莞中高速 | 深茂铁路公铁两用桥公路部分及两侧连接线 | 深茂铁路跨珠江口段建设方式尚未确定 |
| S26 | 中山—阳春高速公路 | 中阳高速 | 中山—开平高速 | |
| | | | 开平—阳春高速 | |
| S27 | 韶关—惠州高速公路 | 韶惠高速 | 韶关翁源—惠州龙门高速 | |
| S28 | 水官高速公路 | 水官高速 | 水官高速 | |
| S29 | 从化—东莞—深圳高速公路 | 从莞深高速 | 从莞高速公路 | 从化段、东莞段已建成，惠州段在建；部分与S86共线 |
| | | | 深圳清平高速 | 原编号S209取消 |
| S30 | 惠深沿海高速公路 | 惠深沿海高速 | 惠深沿海高速 | |
| S31 | 龙大高速公路 | 龙大高速 | 龙大高速 | |
| S32 | 西部沿海高速公路 | 西部沿海高速 | 西部沿海高速 | |
| S3211 | 西部沿海珠海机场支线 | 珠海机场高速 | 西部沿海珠海机场支线 | |
| S3213 | 西部沿海高栏港支线 | 高栏港支线 | 西部沿海高速高栏港支线 | |
| S3218 | 西部沿海阳江南联络线 | 阳江南线 | 西部沿海高速阳江南联络线 | |
| S33 | 南光高速公路 | 南光高速 | 南光高速 | |
| S34 | 香海高速公路 | 香海高速 | 香海高速公路及支线 | 含香海大桥 |
| S36 | 珠海—台山高速公路 | 珠台高速 | 洪湾—高栏港高速 | |
| | | | 黄茅海跨海通道 | |
| S37 | 莲花山跨江公路通道 | 莲花山通道 | 莲花山通道（大桥） | 路线方案正在研究中，远期可能北延至增城、从化 |
| S38 | 金海高速公路 | 金海高速 | 金海高速公路 | 含金海大桥 |
| S39 | 广州东沙—新联高速公路 | 东新高速 | 东新高速公路 | |
| S40 | 罗定—信宜高速公路 | 罗信高速 | 罗定—信宜高速 | |
| S41 | 广州机场高速公路 | 广州机场高速 | 广州机场高速公路 | 部分路段与乐广高速共线 |

续上表

| 编号 | 路线全称 | 路线简称 | 组成路段 | 备注 |
|---|---|---|---|---|
| S42 | 化州—廉江高速公路 | 化廉高速 | 汕湛高速廉江联络线 | |
| S43 | 广珠西线高速公路 | 广珠西线 | 广珠西线高速 | |
| S46 | 吴川—湛江高速公路 | 吴湛高速 | 吴川—湛江高速公路 | |
| S47 | 广州—佛山—江门—珠海高速公路 | 广佛江珠高速 | 广州花都—南海段（接广清高速） | 构成广州至珠海第三条高速公路通道 |
| | | | 佛山—环东线及北延线 | |
| | | | 佛山—江门高速 | |
| | | | 江门—珠海高速 | |
| S4711 | 广佛江珠高速小榄联络线 | 小榄联络线 | 广佛江珠高速小榄联络线 | |
| S49 | 新会—台山高速 | 新台高速 | 新会—台山高速 | |
| S50 | 东海岛—雷州高速 | 东雷高速 | 东海岛—雷州高速 | |
| S51 | 肇庆至阳江高速 | 肇阳高速 | 肇庆—云浮段 | |
| | | | 云浮—阳江高速 | |
| | | | 海陵岛大桥 | |
| S55 | 广州—三水高速公路 | 广三高速 | 广三高速公路 | 依附G55编号 |
| S59 | 怀集—郁南高速 | 怀郁高速 | 怀集—郁南高速 | |
| S60 | 连山—贺州高速公路 | 连贺高速 | 连山—贺州（广西）高速公路 | |
| S61 | 博贺港高速 | 博贺港高速 | 汕湛高速茂名博贺港支线 | |
| S63 | 广西玉林—湛江高速公路 | 玉湛高速 | 玉林—湛江高速 | 部分与G15共线 |
| S6311 | 玉湛高速湛江北支线 | 湛江北支线 | 玉湛高速公路湛江北支线 | |
| S66 | 梅州—平远高速公路 | 梅平高速 | 梅州—平远高速 | |
| S68 | 大埔—丰顺—五华高速公路 | 大丰华高速 | 丰顺至五华段、梅潮高速漳州支线 | |
| | | | 丰顺至大埔段 | |
| S73 | 南沙港快速路 | 南沙港快速 | 广州南沙港快速 | 原编号S105取消 |
| S76 | 黄榄快速干线 | 黄榄快速 | 黄榄快速干线 | 原编号S302取消 |
| S77 | 中山东部外环高速公路 | 中山东环 | 中山东部外环 | 部分路段与深岑高速共线 |
| S78 | 南沙—中山高速公路 | 南中高速 | 南中高速公路 | 部分路段与深岑高速共线 |
| S7811 | 南中高速万顷沙联络线 | 万顷沙联络线 | 万顷沙联络线 | 深中通道配套工程 |
| S79 | 江门银洲湖高速公路 | 银洲湖高速 | 银洲湖高速公路 | |
| S81 | 广州环城高速公路 | 广州环城高速 | 广州环城高速 | |
| S8111 | 广州环城高速新化连接线 | 新化快速 | 新化快速路 | 一期已建，二期待建 |
| S84 | 韶关北环高速公路 | 韶关北环高速 | 韶关北环高速 | |
| S85 | 潮汕环线高速公路 | 潮汕环线高速 | 潮汕环线高速 | |
| S8511 | 潮汕环线揭阳联络线 | 揭阳联络线 | 潮汕环线揭阳联络线 | |
| S86 | 深圳外环高速公路 | 深圳外环高速 | 深圳外环高速 | |
| S9911 | 甬莞高速潮州东联络线 | 潮州东线 | 甬莞高速潮州东联络线 | 连接甬莞、沈海高速 |

续上表

| 编号 | 路线全称 | 路线简称 | 组成路段 | 备注 |
|---|---|---|---|---|
| S9912 | 沈海高速潮安联络线 | 潮安联络线 | 沈海高速潮安联络线 | 连接汕昆、沈海高速 |
| S9915 | 沈海高速海丰西联络线 | 海丰西线 | 沈海高速海丰西联络线 | 连接甬莞、沈海高速 |
| S9917 | 武深高速始兴联络线 | 始兴东线 | 武深高速始兴东联络线 | 连接南韶、武深高速 |
| S9918 | 常虎高速虎门港联络线 | 虎门港高速 | 常虎高速虎门港支线 | 一期已建，二期待建 |
| S9919 | 广澳高速珠海支线 | 珠海支线 | 广澳高速珠海支线 | 接广澳高速终点 |
| S9925 | 长深高速惠州支线 | 惠州支线 | 长深高速惠州支线 | 原编号 S25 取消 |
| S9955 | 二广高速连山联络线 | 连山联络线 | 二广高速连山联络线 | 连接二广、许广高速 |
| S9975 | 兰海高速湛江支线 | 湛江支线 | 兰海高速湛江支线 | 原编号 S75 取消 |

# 附录二
# 常见高速公路标志标线

## 一 常见高速公路标志

附表 2-1

| 序号 | 所属类别 | 名称 | 图示 |
|---|---|---|---|
| 1 | 禁令标志 | 限制高度 | 3.5m |
| 2 | | 限制质量 | 10t |
| 3 | | 限制轴重 | 10t |
| 4 | | 禁止非机动车驶入 | |

续上表

| 序号 | 所属类别 | 名称 | 图示 |
|---|---|---|---|
| 5 | 禁令标志 | 禁止摩托车驶入 |  |
| 6 | | 禁止行人进入 |  |
| 7 | | 禁止某两种车辆驶入 |  |
| 8 | | 禁止通行 |  |
| 9 | | 禁止驶入 |  |
| 10 | | 禁止危险物品运输车辆驶入 |  |
| 11 | | 某一时段禁止客运车辆通行 |  凌晨2—5时禁止客运车辆通行 |

续上表

| 序号 | 所属类别 | 名称 | 图示 |
|---|---|---|---|
| 12 | 警告标志 | 急弯路 |  |
| 13 | | 反向弯路 |  |
| 14 | | 连续弯路 |  |
| 15 | | 陡坡 |  |
| 16 | | 连续下坡 |  |
| 17 | | 注意牲畜 |  |
| 18 | | 注意野生动物 |  |

续上表

| 序号 | 所属类别 | 名称 | 图示 |
| --- | --- | --- | --- |
| 19 | | 注意落石 |  |
| 20 | | 易滑 |  |
| 21 | | 事故易发路段 |  |
| 22 | 警告标志 | 注意危险 |  |
| 23 | | 线形诱导 |  |
| 24 | | 隧道 |  |
| 25 | | 注意保持车距 |  |

续上表

| 序号 | 所属类别 | 名称 | 图示 |
|---|---|---|---|
| 26 | | 注意车道数变少 |  |
| 27 | | 避险车道 |  |
| 28 | | 注意不利天气条件 |  |
| 29 | 警告标志 | 注意路面结冰 |  |
| 30 | | 注意雾天 |  |
| 31 | | 注意雨(雪)天 |  |
| 32 | | 注意合流 |  |

续上表

| 序号 | 所属类别 | | 名称 | 图示 |
| --- | --- | --- | --- | --- |
| 33 | 高速公路、城市快速路指路标志 | 沿线设施指引标志 | 设有电子收费(ETC)车道的收费站预告 |  |
| 34 | | | 电子收费(ETC)车道指引 |  |
| 35 | | | 人工收费车道 |  |
| 36 | | | 电子收费(ETC)车道 |  |
| 37 | | | 绿色通道 |  |
| 38 | | | 紧急电话 |  |
| 39 | | | 救援电话 |  |

续上表

| 序号 | 所属类别 | | 名称 | 图示 |
|---|---|---|---|---|
| 40 | 高速公路、城市快速路指路标志 | 沿线设施指引标志 | 服务区预告 |  |
| 41 | | | 高速公路起点 |  |
| 42 | | | 无编号的高速公路或城市快速路起点 |  |
| 43 | | | 终点预告 |  |
| 44 | | | 无编号的高速公路或城市快速路终点预告 |  |
| 45 | | | 高速公路终点 |  |
| 46 | | | 无编号的高速公路或城市快速路终点 |  |

续上表

| 序号 | 所属类别 | 名称 | 图示 |
|---|---|---|---|
| 47 | 沿线设施指引标志 | 里程牌 |  |
| 48 | | 停车领卡 |  |
| 49 | 高速公路、城市快速路指路标志 | 高速公路编号 |  |
| 50 | | 命名编号 |   |
| 51 | 路径指引标线 | 入口预告 |  |
| 52 | | 无编号高速公路或城市快速路入口预告 |  |
| 53 | | 两条高速公路路段重合的入口预告 |  |

续上表

| 序号 | 所属类别 | | 名称 | 图示 |
|---|---|---|---|---|
| 54 | 高速公路、城市快速路指路标志 | 路径指引标线 | 地点、方向 |  a)地点、方向 <br>b)带编号信息的地点、方向 <br>c)带编号、方向信息的地点、方向 |
| 55 | | | 路名 |  北四环 |
| 56 | | | 地点距离 |  璜塘 8 km / G42 17 km / 上海 25 km |
| 57 | | | 出口编号 |  出口 119 |
| 58 | | | 出口预告 |  |

续上表

| 序号 | 所属类别 | | 名称 | 图示 |
|---|---|---|---|---|
| 59 | 高速公路、城市快速路指路标志 | 路径指引标线 | 出口 |  |
| 60 | | | 下一出口预告 |  |
| 61 | | | 直出车道出口方向 | 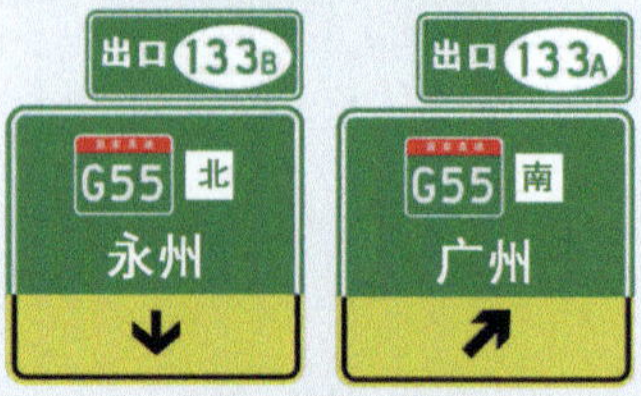 |
| 62 | | | 出口预告及出口方向 |  |

## 二、常见高速公路标线

附表2-2

| 序号 | 名称 | 图示 |
|---|---|---|
| 1 | 指示直行箭头 |  |
| 2 | 指示左转箭头 |  |

续上表

| 序号 | 名称 | 图示 |
|---|---|---|
| 3 | 指示右转箭头 |  |
| 4 | 可跨越同向车行道分界线 | 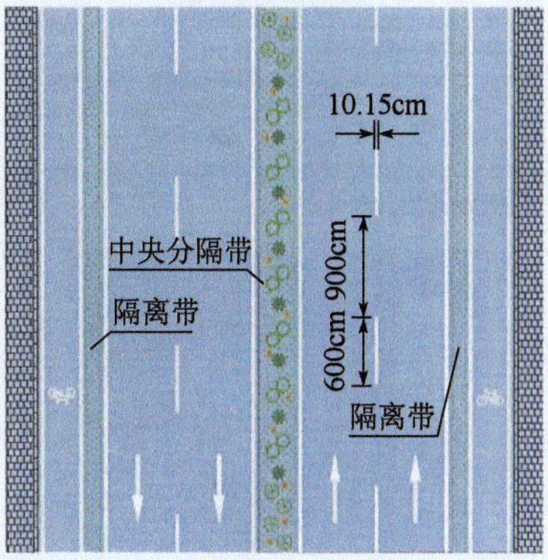 |
| 5 | 车行道边缘白色实线 | 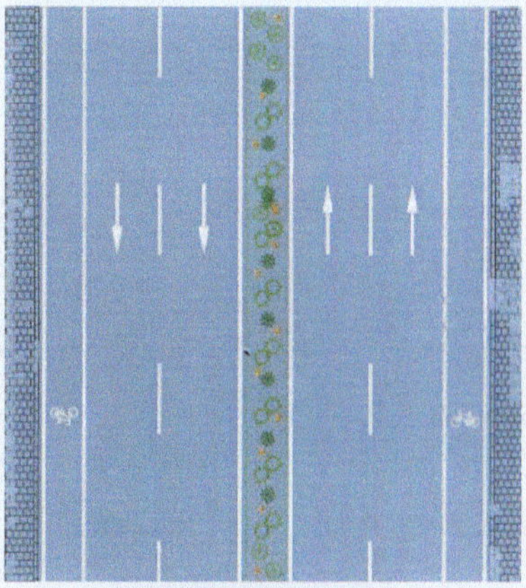 |
| 6 | 入口标线 | 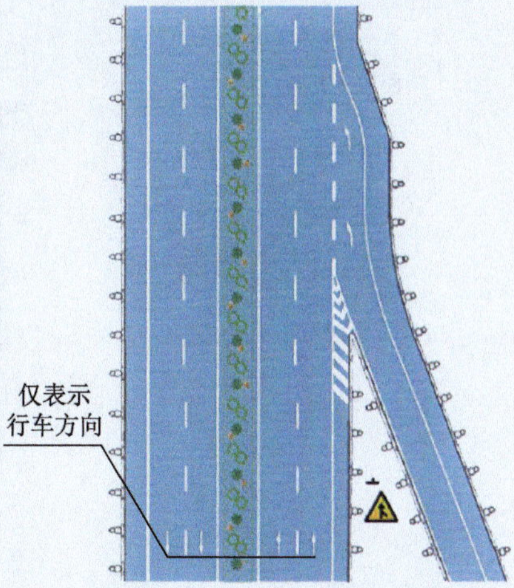 |

续上表

| 序号 | 名称 | 图示 |
|---|---|---|
| 7 | 港湾式停靠站标线 | 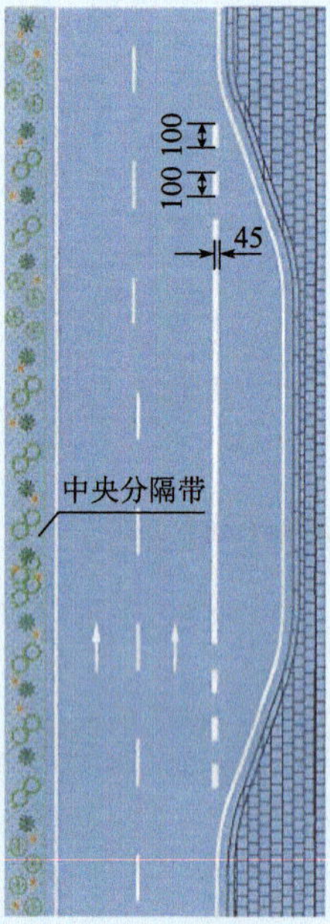 |
| 8 | 路面限速标记 | 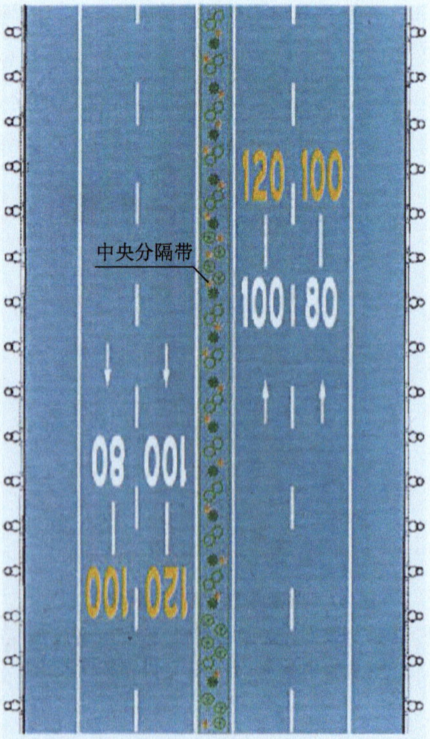 |

续上表

| 序号 | 名称 | 图示 |
|---|---|---|
| 9 | 收费广场减速标线 | |
| 10 | 出口匝道突起路标标线 | |

# 后　　记

"广东省公路收费及监控员职业技能等级认定培训教材"是广东省高速公路发展促进会(简称省高促会)开展广东省公路收费及监控员职业技能等级认定工作的阶段性研究成果。为编好本教材,作为主编单位的省高促会邀请了华南理工大学土木与交通学院符锌砂教授团队以及广东省高速公路各大业主单位参与了本教材的起草和修编工作,全书由符锌砂教授统稿。特邀交通运输部专家委员会主任周伟为本教材作序。本教材的编辑出版工作得到了广东省高速公路行业单位及个人的广泛参与和大力支持。

在此,对参加本教材起草、修编工作以及在本教材编写和出版过程中给予悉心指导和宝贵建议的单位和个人,还有本教材特邀评审委员会各位领导表示衷心的感谢。其中,参加本教材起草、修编工作的人员有:符锌砂、李多奇、何石坚、唐峰、赵梓城、张占书、吕莉、朱桂新、邱伟明、刘巍、许晓辉、邵宝华、刘胜科、杨少城、陈楚群、陈振宇、陈显强、周桂琼、易婉梅、陆国深、李靖、朱连财、李峻灏、戴福祥、梁守锋、郑佩洪、陈文材、刘志强、吕海峰、熊辉、徐振华、苏少勇、余志龙、丁实现、邹坚志、巫远剑、曹峰、丘晓仁、麦耀、徐先蔚、张波、刘罗丹、朱兆诚、杨德辉、张海艳、邵万里、朱碧凤、陈理浩、石虹、林根叶、杜国明、彭成章、胡波、杜健、李朝晖、罗燕忠、李一隆、涂娅敏、肖洲洋、黄军飞、罗雪云、崔恒明、卢志文、侯军强、罗卫良、何其毅、张秋霞、王素灵、刘滔滔、谭镜邦、陈连刚、卢宁、朱亚乔、马思歧、付红梅、王栋栋、康含等。

随着我国高速公路网、车流量的不断扩大,以及全国联网后新技术、新服务、新标准的不断更新,公路收费及监控员职业工种的职业内容也在不断丰富。本教材的编写仅仅只是一个开始,由于编写内容多而复杂,加之编者水平有限,书中不足之处在所难免,欢迎广大读者特别是高速公路行业学者、工作者不吝指正,提出宝贵的意见和建议。若在今后教材的使用过程中发现问题,也欢迎各单位与我们及时沟通和反馈,并结合本单位的管理办法和工作内容给我们提出一些建议,以便我们后续进一步修编、完善教材。

广东省高速公路发展促进会教材编委会<br>2024 年 1 月